河南省社会科学规划项目"中原作家群资料整理"研究成果

本成果出版得到淮河文明研究中心资助

李佩甫研究

中原作家群研究资料丛刊
程光炜　吴圣刚　主编

李佩甫研究

樊会芹 编著

河南大学出版社
HENAN UNIVERSITY PRESS

图书在版编目(CIP)数据

李佩甫研究/樊会芹编著. — 郑州:河南大学出版社,2015.3
(中原作家群研究资料丛刊)
ISBN 978-7-5649-1921-4

Ⅰ. ①李… Ⅱ. ①樊… Ⅲ. ①李佩甫-文学研究 Ⅳ. ①I206.7

中国版本图书馆 CIP 数据核字(2015)第 055653 号

出 版 人	张云鹏
出版统筹	侯若愚
责任编辑	薛建立
责任校对	柴桂玲
封面设计	侯一言

出 版	河南大学出版社
地 址	郑州市郑东新区商务外环中华大厦 2401 室
电 话	0371-60993151(人文社科出版分社)
	0371-86059753
网 址	www.hupress.com
排 版	河南金河印务有限公司
印 刷	河南省瑞光印务股份有限公司
版 次	2015 年 4 月第 1 版
印 次	2015 年 4 月第 1 次印刷
开 本	710mm×1000mm 1/16
印 张	22.75
字 数	420 千字
定 价	69.00 元

本书如有印装质量问题,请与河南大学出版社营销部联系调换。

编选说明

从最初动议到确定方案，再到最后完成，这套"中原作家群研究资料丛刊"历时一年有余。因为，它绝不仅仅是已有研究成果的简单整合。首先，编著者必须通读该作家的所有作品，包括文学作品、散文随笔、演讲报告、文艺批评等等，形成对作家作品的感性认识和理性判断，这是编选作家研究资料的基础和前提。然后收集研究资料，要求尽可能全面详尽，网络、期刊、报纸、杂志、著作、作家本人及其亲友、故交等各种途径、各种渠道，越全面越好。最耗时、最费力、最艰苦的工作是资料的分类、甄别和遴选，它体现了编著者的眼光、立场、态度和学养，决定了研究资料的分量和品质。典型性、历史性、多元性是我们选文的基本原则，力求覆盖作家不同时段、不同类型、不同风格的作品，兼顾专家批评和新锐批评，体现不同时期的文学生态和文化场域。总之，整个过程没有捷径可走，全是笨功夫、苦功夫。尽管如此，其疏漏之处肯定不少，恳请专家学者批评指正。

本研究资料共分四大部分，即作家"自述·访谈·印象记"、"研究论文选辑"、"作品年表"、"研究资料索引"。"研究论文选辑"以时间为线索，以"问题"为中心，先总论、后分论，同一"问题"相对集中，体现逻辑性和层次感，并努力体现作家作品研究的历史进程。对入选的文章，为了出版方便，作统一技术处理，删减了摘要、关键词，注释一律改为脚注，除对一些明显的文字和标点符号的疏误作订正外，其他方面包括注释的不完整、不规范，词语使用的不当等，则依旧保持原貌。"作品年表"部分按时间顺序排列整理收录，截止时间为2014年7月。只列入作品的首发、首印，作品的再版、转载不列入年表，海外翻译版本尽可能列入年表。期刊、著作均按年、月排序，报纸具体到日期。重要散文、发表的重要演讲等列入作品年表，但作家编辑的书目、研究资料等均不列入。"研究资料索引"包括单篇学术论文索引、学位论文索引、研究专著索引三部分，截止时间同样为2014年7月，均按刊发/出版时间先后顺序编排。

需要特别说明的是，由于各种原因，编委会没能与选用论文的作者一一联系，丛书出版后，将赠书一本，以表歉意和谢意！且本书用于学术研究而非商业目的，想学界前辈、同人亦能理解支持。在此真诚致谢！如需稿费，请与编委会联系。

编委会
2014.10.31

总　序
程光炜　吴圣刚

　　新时期以来,中国当代文学呈现为多样、多态发展的趋势。在当代文学的版图中,"文学豫军"或"中原作家群"早已成为中国当代文学的重要现象和重要构成。之所以称之为"文学豫军"或"中原作家群",是因为它呈现出群体性,是一个集合的概念。但是,这绝不意味着这个群体中的个体是孱弱的,没有独立呈现的分量。相反,正是一个个有分量的个体组成了一个有广泛影响的作家群体:姚雪垠、叶楠、白桦、李准、张一弓、南丁、田中禾、张宇、郑彦英、李佩甫、二月河、周同宾、刘震云、阎连科、周大新、刘庆邦、李洱、柳建伟、孙方友、墨白、邵丽、乔叶、计文君等等,每位作家都有不凡的创作业绩,每个人都有自己的独特之处,都是文学中的"这一个"。

　　地处中原的河南,在当代中国政治、经济版图上不是核心地带,但在历史、文化地理图上却是积淀深厚的重镇。这里也在接受全球化的荡涤,也在搭载现代化的快车,但这里与中国当下的经济前沿存在着距离,呈现着现代化的滞后性。因此,河南在时代的节奏中存在着"时间差"。这使得中州大地在现代化的浪潮中还氤氲着农业文明、历史文化的气息,也使得中原儿女在这种相对的"慢节奏"中对历史、现实和文化进行思考,精神和灵魂回归这片土地,并以中原文化的思维方式进行着多种表达。走进历史,走进中原文化,是豫籍作家的共同选择。无论是身居河南的作家还是移居他乡的作家,他们的灵魂仍然栖居在家乡故土,并用他们敏感的触角细腻地联系和感受着中原文化,中原文化是他们精神发生的原点,河南历史和家乡生活是他们创作的源泉。对于这些河南作家来说,似乎只有这片故土和其中的点点滴滴才能够激活创作的灵性。正如阎连科所说:"我家住在一个镇子上,那是一个很大的村庄。那个村庄是我写作取之不尽的生活源泉、情感源泉、想象的源泉。一句话,是我写作的一切的灵感之源。那个镇子奇妙无比,任何现实中的一件事情都可能是荒诞的、合理的。"①正是在这种表达中,作家们完成了自己的一部部皇皇巨著,成就了当代河南文学的气象大观。

---

① 阎连科:《我的现实,我的主义》,http://v.book.ifeng.com/book/ts/7332.htm。

"中原作家群"不仅是河南的文学现象,也是全国的文学现象;产生于中原大地的河南文学,早已超越了这一区域空间。无论是二月河、李佩甫的作品红遍全国、传播域外,还是刘震云、阎连科、周大新、李洱的作品的海外影响,都说明豫籍作家的作品是全国性的,也具有世界性的分量。这足以构成河南自己的文学史。关于河南文学和"中原作家群"研究,近十年来,随着作家作品的动态性呈现,更多表现为个案化的文学研究,而当代河南文学的整体性、系统性研究则不够。这一方面与河南的经济实力及其对文化提升、带动能力的不足有关,另一方面也与学界、文学界对河南文学在当下中国文化地理学上的地位认识不足有关,特别是与本土学界的研究、推介的成绩有关。弥补这一不足,是一项浩繁的工作,但起步必须从基础开始。

资料整理无疑是学术研究中最基础性的工作。学术界目前关于河南作家的研究资料,主要是上世纪80年代出版的《李准研究资料》、《姚雪垠研究资料》等有限的几种。相关研究主要体现在两个方面:一是关于"文学豫军"、"中原作家群"的正当性和合理性的阐述,这方面的研究成果主要有孙荪的《文学豫军论》等,该文系统性地评述了"文学豫军"的由来、构成及文化特征。二是"中原作家群"形成的历史文化原因以及具体作家作品的研究。刘增杰主编的《精神中原》以论文集的形式综合了学界对于中原作家群整体把握和作家研究的成果;张鸿声主编的《河南文学史·当代卷》则是系统描述当代河南文学发展的第一部史著;梁鸿的《"外省笔记":20世纪河南文学》以"外省"的视角考察河南文学,从文化的角度寻觅和审视河南文学;何弘的《超越还是重复——中原文学论稿》试图对"中原作家群"或中原文学作出一个整体性的描述。这些研究对于解说一种文学现象的发生、发展是必要的,但都是初步的,特别是对"中原作家群"形成的历史文化原因和整体性特征的研究,远未形成对"中原作家群"完整的、核心的解说,更没有评估、揭示出"中原作家群"的应有价值。因此,就需要有人真正深入下去,沉入到纷繁的资料中去,耐心、细密地梳理,把那些能够反映和体现作家创作实绩、作品价值和当代河南文学整体面貌的资料整理出来,形成完整、系统的当代河南文学的资料体系,为文学史的生成奠定坚实的基础。

信阳师范学院文学院的一些老师近年来致力于河南文学研究,逐渐形成了自己的方向和领域,引起了学界的关注。作为一所本土的有长期人文积淀的高校,研究河南文学、推动河南文学发展是应有的责任。2013年起,文学院整合文艺学、现当代文学和写作学等学科的十几位教授、博士组成研究团队,集中开展当代河南文学研究。这个团队以博士为主,中青年结合,队伍整齐,潜力很大。他们首先从资料整理开始,扎扎实实开展研究工作。第一批选取"中原作家群"中影响最大的15位作家,经过近一年的努力,整理出《白桦研究》(陶广学讲师,扬州大学博士)、《张一弓研究》(吕东亮副教授,武汉大学博士)、《田中禾研究》(徐洪军讲师,上海大学博士)、《张宇研究》(杨文臣讲师,山东大学博士)、《李佩甫研究》(樊会芹讲师,江苏师范大学硕士)、《二月河研究》(吴圣刚教授)、《刘震云研究》(禹权恒讲师,武汉大学博士)、《阎连科研究》(方志红副教授,四川大学博士)、《周大新研究》(沈文慧教授,华中师范大学博士)、《刘庆邦研究》(杜昆讲师,南京师范大学博士)、《李洱研究》(王雨海教授)、《墨白研究》(杨文臣讲师,山东大学博士)、《邵丽、乔叶、计文君研究》(李群副教授,河南大学硕士)等13卷,资料选编力求翔实、准确、有代表性。第一辑告罄之后还会启动第二辑,甚至第三辑,目标是把"中原作家群"主要作家的资料完整、系统地拓展出来,真正为当代河南文学的深化研究做些基础性的工作。

由于编选者的眼界、学识、水平有限,疏漏、不足,甚至差错定然存在,敬请学界批评指正。

目 录

1　编选说明
1　程光炜　吴圣刚　总序

自述·访谈·印象记

3　李佩甫　在"瞎话"中长大
5　李佩甫　关于《苦》稿的自白
7　李佩甫　背上的土地
9　李佩甫　文学的标尺
14　李佩甫　我的"植物说"
17　庄　众　曾　凡　李佩甫　象征的金屋与《金屋》的象征——一次没有
　　　　　　结束的讨论
24　何向阳　李佩甫　文学与人的神话
36　王晓君　李佩甫　李佩甫：书写中国版的《变形记》
40　逄春阶　李佩甫　李佩甫："平原声音"的种植者
45　舒晋瑜　李佩甫　看清楚脚下的土地
55　张　宇　实实在在的李佩甫
58　庄　众　琐记李佩甫
64　南　丁　李佩甫和他的小说

研究论文选辑

69　杜田材　创新：宽阔而狭窄的路——从李佩甫近作说到创作的突破
76　王鸿生　追问与应答——李佩甫和他的神话视界
87　陈继会　永恒的诱惑：李佩甫小说与乡土情结
97　侯运华　论李佩甫的小说创作
109　姚晓雷　"绵羊地"和它上面的"绵羊"们——李佩甫小说中百姓一族
　　　　　　的一种国民性批判
118　李丹梦　李佩甫论
134　陈英群　乡村社会权力的流变——李佩甫乡土小说的社会意义

144	何　弘	坚忍的探索者和深刻的思想者
156	孙　荪	捕捉变化中的乡土精灵——李佩甫散论（上）
166	王学谦	田园与反田园叙事的混合——论李佩甫《红蚂蚱　绿蚂蚱》及现代田园小说审美传统
176	潘年英	李佩甫小说语言的文化意味——读《黑蜻蜓》札记
179	林　焱	现实与神话的二重走向——评《李氏家族的第十七代玄孙》
186	陈继会	善与恶的悖论：《李氏家族》的历史哲学——读《李氏家族的第十七代玄孙》札记
192	周百义	历史进程中的人性谛视——读长篇小说《金屋》
199	占　春	无罪的大地——读李佩甫的《金屋》
206	汪　溟	"问讯"与"审判"——李佩甫《无边无际的早晨》读评
213	丁增武	"批判"的恢复——析《羊的门》的主题意向
219	刘思谦	卡里斯马型人物与女性——《羊的门》及其他
226	邵燕君	画出中原强者的灵魂——李佩甫和他的《羊的门》
237	雷　达	雷达专栏：长篇小说笔记之十七——李佩甫《城的灯》（节选）
241	何西来	道德的和宗教的救赎——读《城的灯》
245	何向阳	恺撒王国的欲望迷宫——评李佩甫《等等灵魂》
251	黄　轶	批判下的抟塑——李佩甫"平原三部曲"论
261	程德培	李佩甫的"两地书"——评《生命册》及其他六部长篇小说
280	曾镇南	剧变时世中的畸人列传
286	马治军　鲁枢元	超越城乡对立的精神生态演绎——从《红蚂蚱　绿蚂蚱》到《生命册》
296	王海涛　张纪娥	多维批判视野下的《生命册》
303	周志雄	论李佩甫长篇小说《生命册》
309	王春林	"坐标轴"上那些沉重异常的灵魂——评李佩甫长篇小说《生命册》

作品年表

323　李佩甫作品年表

研究资料索引

331　李佩甫研究资料索引

347　编后记

自述·访谈·印象记

在"瞎话"中长大

李佩甫

自小,在姥姥的村庄里住了很久。那时候夜总是很黑,灯光呢,只有一豆儿,就常偎在姥姥的怀里听"瞎话儿"。那时候姥姥的眼已是半瞎,话也很艰难,记忆却惊人得好,枝枝梢梢都说得极生动。每晚讲一个"瞎话儿",总也讲不完。便终日在"瞎话儿"里泡着,熬那漫漫长夜。

后来姥姥去了,"瞎话儿"却留着。那"瞎话儿"时常映现在梦中,一颗小小的心灵就在"瞎话儿"中慢慢长大。大了,就嚼这"瞎话儿",嚼得久了,就嚼出味来了。

土地是很贫瘠的,养的苗儿很瘦,水分呢,又是很不足,但瘦也慢慢养,一日日就长成了庄稼,打粮食给人。土地是很宽厚的,给人吃、给人住、给人践踏。承担着生命,同时又承担着死亡。土地又是很沉默的,从未抗拒过人的暴力,却一次又一次地给人儆戒。这是怎样的一块土地呢?似乎只有这样的土地才养育了这样的人种,这样的人种就生产了这样的"瞎话儿",我们在这样的"瞎话儿"中泡大,就长成了这样的人。不是么?

人类的痕迹是繁衍,繁衍的轨迹是血脉,血脉一代一代连着,就有了种的区别,就有了人的历史,就有了活人的固定区域。那么,人又是怎样活过来的呢?日子是那样的漫长,漫长得叫人不能过。可一代一代的人就这么活过来了,繁衍成了一个个有很多很多人口的大族。血脉呢,又连的是那样紧密,紧密得千千万万年割不断。常常觉得没有指望了,没有指望了,却恢恢地又活了过来。还能说什么呢?那无尽的日月,那死不了又活不成的日月,被血脉的长线串着,坚韧地扯出了长长的人生。天光像筛子一样把日月筛下来,不就是给人过的么,就过吧。渐渐、久远的渐渐,就拼出了一个十亿众生的大图案。这图案是一条条血脉拼成的,抒写着迟滞、缓慢,也抒写着生生不息。

人的路都是通向死亡的,历史的经验就是死亡的经验。那血脉已经流淌了很多很多年了,其中的盛盛衰衰、生生衰衰已不必说。然而这血脉还在流淌中,在濒临枯竭的时刻,就有奋而跃出的一个个活的血分子,就出现了一代一代的叛逆者。于是,一次又一次地叛逆,带来了一次又一次地新生。然而,慢慢、慢慢,就又滑入了死亡的轨道……那么,力在哪里呢,使血脉得以延续的生命力在哪里呢?这正是我们要问的。

《李氏家族第十七代玄孙》发表很长时间了,突接《中篇小说选刊》来电,称《家族》被选载,就狂妄地想:识货!

谢谢《选刊》。

1989年5月19日草于郑州

原载《中篇小说选刊》1989年第4期

关于《苦》稿的自白

李佩甫

近年来,我是很困惑的。写了一些小说,却委实不知道小说该怎么去写。《红蚂蚱 绿蚂蚱》发表后,人们说,照这样写下,你会"热闹"的。我很想热闹,却无法照这样写下去;很想得到好处,却没有批量化生产的心境。假如能有一条批量化生产的流水线,那是很好的事情,可我没有。于是也就没有了热闹。后来又写了《李氏家族第十七代玄孙》,小小的一个长篇。朋友说,假如能把里边那些精妙的素材抽出来,写十个很棒的中篇,仍会热闹。我把素材浪费了。我没有写十个中篇的本领,纵然有,没有情绪也是干不成的。这么说,我又错过了一次热闹的机会。机会本就不多,可都让我错过了。当然后来又写了一些东西,长篇、中篇、短篇都干,全是"独生子女式"的。人们叫"打一枪换一个地方"。不是集束手榴弹,也不是原子核反应堆。总是不很热闹。我一直是凭情绪写作的,没有情绪是无论如何也写不来的。而情绪性写作的本质"喜新厌旧",这在生活中是道德败坏,在创作上却是自讨苦吃。于是每一次都重新开始,写得很累,而那欢乐却是一次性的,转瞬即逝。不热闹就不热闹吧,这也是没有办法。

关于《苦》稿,目标是很清楚的,就是想切入人的精神宇宙。但怎么切,从哪个方位切却是很不清楚的。我在其中徘徊了很长时间,走了些不知是不是弯路的弯路。我想用熟悉的手法去写,却又不愿受困。走进混沌是危险的,走出混沌同样是危险的,于是就来了一次危险的尝试。人的精神世界太大了,而现实生活仅仅是精神世界的一种表象的反映,是打了折扣的反映。思维中的人与生活中的人差距极大,我企图要寻的是思维中的人,而不是表象的人。于是,我不得不舍我所长,用我所短,拿起理性的刀子。我不是医生,操刀的手也定然很笨。但我试图用行为分析的方法对人做"手术式"的解剖,试图挂起一张人的灵魂的剖视图。人的精神世界也委实太丰富了,而我仅仅写了逃脱和无法逃脱,写了背叛和无法背叛,写了人的原罪感和无奈感。写了人对居住区域的厌恶和恐惧。写了由社会骤变带来的失迷。剖析点应该说是极小的。这种舍去外貌切剖灵魂的写法对我来说是第一次,也许是不成功的,但这一步是必需的……

说了这多,我仍然不知道小说该如何去写。假如我知道如何写,我就会批量化生产了。那是匠人的事情,而我,还不愿做匠人。

原载《莽原》1989 年第 3 期

背上的土地

李佩甫

很久了,我一直在研究"平原"。

"平原"是生我养我的地方,也是我的写作领地。

在一些时间里,我的写作方向一直着力于"人与土地"的对话,或者说是写"土壤与植物"的关系。人,就是生长在大地之上的一种"植物"。

在我的"平原","植物"是有生长周期的,一代一代的"植物"都有自己的精神生长期,并在时间中积存了大量的生命信号,那信号留存在后人的生存环境里,经风霜雨雪的浸润化为土壤——尤此,那个小小"芽儿",一出生就已饱蘸了土壤的全部信号。人,生活在"平原"上的人,都是背负着土地行走的。他们背负着土地,也背负着各自的童年……童年是生长气蕴的最佳阶段,是记忆之母,那最初的感觉和意识将超过一生的储备。所以说,在生命的过程中,童年是至关重要的,一个人的童年几乎可以决定他的一生!

在这里,生活中的每一个人,都背着一个记忆的包袱,那是一个来自土壤和环境的"营养体",那体里蕴含着来自土壤的全部养分和全部的毒素,我不知道人们什么时候才能把背上的包袱卸下来,也许,这包袱将伴随着人们走向终点?比如,有时候,日子是很痛的,你得踩着日子走,一步步这么走下去……这就是那双小小脚丫的记忆。不过,这包袱是看不见的,是含在魂魄里的,在行走的路上,人的影儿就是那看不见的"重"。

怀旧是人类的普遍情感。这里所说的"旧",其实就是"早年记忆"。当然,在人生的路上,环境的变换也会给人们带来物质和精神上的变化,也许你已坐在了小轿车里或会议的主席台上,也许你已很文化、很城市了,但记忆的"根"仍在土里摆着,不管你走多远。

在这部长篇里,我要表述的,可以说是生长在"平原"上的两个童话:一个是要进入物质的"城",一个是要建筑精神的"城"。这两种努力自然不在一个层面上,但客观地说,在一定的意义上,她、他们都获得了成功。这里所说的"城",

并不是专指城市的,那其实是一种渴望或者叫做理想,是生活的方向,是自我救赎的一种方式,在这里,人就像是一棵会跑的树,走是一定的,但怎么走,走向哪里,却是未定的,所以,得有一盏"灯"来照路。

其实,生活中本就是有"灯"的,每个人都有自己的"灯"。

原载《中篇小说选刊》2003 年第 2 期

文学的标尺

李佩甫

我从1978年发表第一篇作品起,在文学创作这条路上已走了三十多年了。三十多年来,我先后出版了八部长篇小说、七部中短篇小说集,并先后创作了六部在中央电视台播出的长篇电视连续剧,也就四百多万字的样子。近年来,我一直在城乡之间奔波,为写一部新的长篇小说做着准备。为创作这部长篇,我还到我当年插队下乡的村庄里住了很长时间,吃了几箱的方便面。我在创作中遇到的许多问题,那是一个一个相互纠结的悖论,有许多事情想不明白……现在,我就近年来创作上的一些阶段性的思考和困惑就教于各位,请各位批评指正。

一、文学不能用 GDP 来衡量

我想说,我们中国正在沿着数字化的道路大踏步地前进。三十多年来,我们的国家发生了巨大的、深刻的变化,人民群众的物质生活水平正在不断地提高。不管目前有多少问题,我仍然坚持认为,当前是新中国建立以来的最好时期。但是,我们的文学,一个作为国民精神生活标尺的文学,正在一日一日地边缘化、通俗化,甚至是垃圾化。就我们河南来说,一年创作、出版文学作品至少200部、集以上,就全国来说那就更多了,可以说是堆积如山。可真正能对国民心理产生重大影响的作品却很少很少。现在一切领域都以 GDP 为衡量标准,而文学恰恰是不能"GDP"的,如果完全用 GDP 来衡量的话,中国已经进入了全民写作的时代,那么中国文学已经是世界第一的产量大国了。

文学不能用数字来衡量,不能"GDP 化",原因我就不多说了。文学作品思想性的丧失,文学作品艺术品质低劣化的倾向,正是导之文学走向边缘化的主要原因。更让人惭愧的是,文学语言已经失去了它应有的地位,我们丢失了时代的语言,我们无话可说。我们浮躁,我们迷失,我们也想挣钱,全国人民都在为"人民币"奋斗、挣扎。那么,挣钱是为了什么?我们快乐么?

这说明中国已进入了精神疾病的高发期,而我们的文学却处于半失语状态……在这里,我只是提出问题,就教于各位。

二、多元化时期的困境

中国文学在改革开放的大背景下已走了三十年了。在改革开放的初期,中国作家在大量吸收外来文化营养的前提下,曾经创作了一大批引起全国轰动的文学作品,由"伤痕文学"到"反思文学"、"改革文学"、"寻根文学"以及学习西方现代派、荒诞派、黑色幽默、魔幻现实意义、意识流……从内容的探索到形式的探索,已走过了漫长的三十年,我们虽然出现了一些在国际上有一定影响的作家和作品,但客观地说,纯中国文体、汉语文本还未在世界上确立应有的位置。

去年年底,中国作协与河南省委宣传部在郑州联合举办了以"坚守与突破"为题的"中原作家群"论坛。铁凝主席和一些专家、大家亲临郑州,对河南作家的创作进行了研究和梳理,起到了比较好的效果。并提出了"再出发"的命题。可我们怎么出发?向哪里出发?

我想说的是,坚守,是文学的品格和态度;创新,是文学的精神和方向。这其中包涵着两个概念:一种是艺术形式上探索,一种是对文学方向性的思考。我个人认为(也可能是我的误解),中国作家尤其是五十年代后出生的一批作家,现在都不同程度地遭遇到了"瓶颈期"。比如,在单一的年代里,我们渴望多元;在如今多元化的年代里,我们又渴望纯粹。可社会生活单一了,必须导致纯粹,可纯粹又会导致极端。社会生活多元了,自然会走向丰富,可丰富又会导致混乱。这是一个悖论。

应该说中国作家生逢其时,遭遇到了社会大变革的时代,巨大的变化同时又使人目不暇接、眼花缭乱,使人失迷失重。80年代,曾经出现过文学的大繁荣时期,这期间出现了许多好的优秀作品,名篇佳作不断涌现。好像文学这只"鹿"就在眼前了,眼看着就要逐到那只"鹿"了。可走着走着,前方突然失去了目标。一切都与我们想象的不一样了:物欲横流,腐烂遍地,国民心理流氓化……这是一个巨大的挑战。文学是社会生活的沙盘。作家面对急剧变化中的社会生活,我们思考的时间还远远不够,当一个民族的作家不能成为一个民族思维语言先导的时候,是很悲哀也是很痛苦的……

我也就此问题,就教于各位大家。

三、文学语言应是民族智慧的结晶

中国文学正处在一个网络化、商品化时期,也是全民写作的时期。人人都可以在网上发表自己对生活的见解和认识,这在一定程度上、也在一定意义上强化了文学的多元形态。多元化是好事,全民写作本也是好事。但是,文学一旦失去了应有的水准和品格,失去了应有的境界和探索精神,失去了文学语言应有的思想性和想象力,其结果必然是庸俗化的泛滥。没有道德水准的社会生活是可怕的。没有精神语言指向的文学也是可怕的。我想说的是,文学本应是先导,是"麦田的守望者",可现在文学已被急剧变化的、五光十色的社会生活淹没了。我还想说,如果我们的文学创作落后于时代,生活比文学更精彩,那么,作家就成了以重复描摹现实生活、贩卖低劣商品的"故事员"。我们的写作还有什么意义?

另外,文学和评论的商业化倾向,也使人们对文学产生了不应有的失望。

最近网络上广泛流行着一句话,这句话叫做"神马都是浮云"。"神马都是浮云"不胫而走,通过一台台电脑,进入了千家万户,进入了亿万青年人的视野。让人担心的是,这样一句浅白的、带一点小调侃和小幽默的话已成为一句时代的"广告语",它是社会生活病态化的宣言,它所折射的是一个民族未来的虚无!它甚至浅白地、明确地在告诉人们,我们的生活没有方向。我们不知道该往何处去。难道说,这还不可怕么?

还有更可怕的,那就是精神生活的"小品化"倾向。我不客气地说,这几乎是一个民族的短视。近二十年来,"小品"里出现的语言,成了人们日常生活的"小点心"。春节晚会上,一个"卖拐"就卖了很多年!难道一个民族的精神话语就只剩下"卖拐"了么?!(其实是在贩卖"骗术",当一个演员在台上贩卖"骗术"时,台下居然掌声雷动)这只能说明,我们的时代缺乏具有影响力的、高品质的文学语言。我想说的是,我并不反对大众化、通俗化,可我们至少要告诉人们,什么是最好的,什么是最坏的……现在文学已成了时代生活的附庸,甚至成了低劣的市场上的滞销品。这也是值得引起我们当代作家自省和惭愧的。

作家和批评家的失语与当今所处的混沌状态是吻合的。自古以来,文字作为人类精神语言的外壳,是人类一代一代人的思想力的总结,是人类智慧的结晶。它是先导,是标尺,是人类社会透视力和想象力的极限。就像是百米赛跑,它体现的是人类爆发力和体能的极限。那么,从这个意义上说,真正的文学语言应该体现的是人类想象力及精神生活的高度和极限。

四、文学的尊严与国民心理

在这里,我还想谈一谈"尊严"问题。

在这样一个混沌的、扭曲的商品化时期里,作家已经没有尊严了。作家甚至成了整个社会的弱势群体。比如,去年中国作协在重庆开了一个年会,也就是一个普通的工作会。这个会议应该是早在半年前就定下的,住的是标准间,吃的也是自助餐,我记得,那几天还下着小雨……可是,就这样一个会议,一些人却以"旱灾"之名,在网上发难,由此却招致整个社会的声讨。参会的作家一个个灰头土脸,整个地失语了。作协无奈地、也只好地把"公文"拿出来展览,以证明我们没有大吃大喝……可以说,这种情况在任何一个国家、任何一个民族都是不会出现的。我要说,一个民族的作家不能得到相应的尊重,那么,他们的人民会得到尊重么?我还要说,别说是一个国家,哪怕是小民百姓、一家一户,来了客人也是要热情地招呼一下,也是要吃饭的。这是谁都知道的很普通、很浅显的道理。可是,在我们这样一个扭曲的社会里,作家开一个会居然会受到声讨?居然没有人站出来替作家说话,这不是柿子拿软的捏么?我去过俄罗斯,在俄国,哪怕是一个小镇上,都有作家的纪念馆,到处都是作家的纪念馆,有的还是通俗文学作家,这是一种尊重。法国作家普鲁斯特,早在作品未发表之前,就有很多的法国人匿名给他寄生活费,就因为他在创作,他是一位作家……可是,在我们这里,随便倒腾两套房子就比一个终身写作的作家能挣更多的钱,作家竟然成了物质和精神上的"穷人",成了人们嘲弄的对象。在这里,"钱"成了社会生活的唯一标尺,当灾难来临时,人们也以捐钱的多少为荣耀的资本,这正常么?

当然,这也正是需要我们反思和自省的。

五、重在建设

文学是一个民族精神的凝固剂,是民族灵魂的铸造剂(比如说,在以色列,犹太民族1948年立国时,他们的民族魂魄就是由作家创立的,他们在《圣诗》的前十章"出埃及记"里,以"摩西出红海"为蓝本,创立了他们的立国的精神根基……)。所以说,文学是民族精神语言的先导和标尺。我们虽然有着长达三千年的文明史,可我们的标尺在哪里呢?

在这样一个大变革的时代,泥沙俱下,物欲横流,金钱的声音充斥着大街小巷,到处都是物质的声音,连真善美的标尺都发生了位移,所谓的市场化、所谓的广告效应把一切领域都搞成了"买和卖"的关系,连文学都几乎成了需要大声吆喝着叫卖的产品,这是很可怕的。文学的商品化、垃圾化是一个民族的悲哀。文学一旦失去标尺,文学一旦失去它的建设意义和批判意义,就等同于打包出售的任何一种商品。

我们知道文学对具象的社会现实没有实际的效用,可我们更知道文学是社会生活方式的先导,文学是人类精神之药,是可以滋润人的心灵的。真正的文学语言应是一个时代的标尺和旗帜。一个民族的文学是需要"建设"的。

从某种意义上说,文学是人类精神生活的沙盘,也是人类生活的参照系。在文学意义上,文字也不是文字本身,它是人类思维的智慧结晶,是带有方向性和思维导向性的文本。所以,建设健康的高品质的文学标尺是当务之急。在文学创作方面,我们需要建设的是人类精神意义上的标尺和向度,我们需要的是建设意义上的探索和突破;在文学批评方面,我们需要的是建设意义上的批评。我们更需要本民族文化意义上的建设性的文学批评者——中国式的"别林斯基"。

以上只是个人的、片片断断的不成熟的思考,抛砖引玉,拿出来就教于各位大家。

此文系李佩甫同志在中国作协全委会上的发言
原载《文艺报》2011 年 4 月 22 日

我的"植物说"

李佩甫

我怀念家乡的牛毛细雨。

就那种密密、绵绵、无声、像牛毛一样的细雨。扎在身上的时候,软绵绵的。如果更准确地说,它不是扎在身上,它是润儿,是一丝儿一丝儿的润意。就像人们说的,没有声音,有一点点凉、一点点寒意、一点点含在雾气里的那种"意丝"。当你在田野里奔跑的时候,那雨一织一织、一针一针地把你罩着,久了会有一点痒,真的,落在脸上的时候,有一点点湿意、凉意,很孩子气的痒意。尔后,它一点点透,那湿气慢慢地浸润在你身上,慢慢重。等你跑回茅屋的时候,当你站在屋檐下的时候,回过身,你会发现,在天光的映照下,那雨丝才开始斜了,丝丝亮着。

我怀念静静的场院和一个一个的谷垛。

在望着大月亮的秋日的夜晚,我怀念那些坐在草垛上的日子。也许是圆垛,也许是方垛。那时候,天上一个月亮,灿灿地,就照着你,仿佛是为你一个人而亮。你托着下巴,会静静地想一些什么,其实也没想什么,就是想……偶尔,你会钻进谷草垛里,扒一个热窝儿,或是在垛里挖一条长窨儿,再掏一个台儿,藏几颗红柿,等着红柿变软的时候,把自己藏起来,偷着吃。更有一些时候,外边下雨的时候,你会睡在里边,枕着一捆谷草,抱着一捆谷草,把自己睡成一捆谷草。

我怀念钉在黄泥墙上的木橛儿。

那木橛儿楔在墙上,经汗手摩挲出来的、在岁月里已发腥发黑发亮的那种。上边挂有套牲口用的皮绳、皮搭儿、牛笼嘴,挂有夏日才用的镰刀、桑叉、锄头、草帽,挂有红红的辣椒串、黄黄的玉米串和风干后发黑了的红薯叶,挂有落满灰尘的小孩儿风帽和大人遗忘了的旧烟袋……如果墙上的窟窿大了,在木橛儿的旁边还塞着一团儿一团儿女人的头发(那是等着换针用的),或许是一包遗忘很久了的、纸已发黄了的菜籽或老鼠药什么的。那是一种敢于遗忘的陈旧,是挂出来的、晒在太阳下的日子。

——以上这些,都是我早年的收藏,关于"平原"的收藏。它是我早年文学创作的"药引子"。

多年来,我一直在研究平原。在文学创作上,我找到了属于自己的"平原",

就有了一种"家"的感觉。当然,这已经不是具象的"平原",这是心中的。可以说,我作品中的每一个人物,都是我的"亲人",当我写他、她们的时候,我是有疼感的。因为,实实在在地说,我就是他、她们中的一个。

最早从《红蚂蚱 绿蚂蚱》开始……尔后至《羊的门》、《城的灯》,再到《生命册》,我研究"土壤与植物"的关系,我是把人当作"植物"来写的。

"平原"是生我养我的地方,是我的精神家园,也是我的写作领地。在一些时间里,我的写作方向一直着力于"人与土地"的对话,或者说是写"土壤与植物"的关系。多年来,我一直关注"平原"的生态。我说过,我是把人当作"植物"来写的。就此,《羊的门》、《城的灯》和最新出版的《生命册》这三部长篇组成了一个"平原生态小说"系列,或者叫做平原上的"植物说"。

从这个意义上说,《羊的门》是写"草"的,写的是原生态。主要写的是在一个特定时期里,本土"植物"的生长状况及高度,我要告诉人们,在这块土地上,最好的植物可以长成什么样子,也只能长成什么样子。《城的灯》呢,它的不同,首先在于"城"的出现、"城"的诱惑。写的是"逃离",是对"灯"的渴望和追逐。第三部《生命册》写的是"树",写"树"的背景、土壤及生长状态。

如果将三部长篇相比较的话,《羊的门》写的是客观,诉说了土地的沉重及植物(草)生长的向度。《城的灯》则写的是主观,是逃离,是对"灯"的向往。而《生命册》则写的是"树",是一个人的精神成长史,是"土壤"及"植物"的丰富性。通过"树"的成长史,以内心独白的方式,写了一个人五十年的心灵史。三部作品相比较的话,是递进关系,是一次次的发问,是三部曲。所以《生命册》无论从宽阔度、复杂度、深刻度来说,都是最全面、最具代表性的。是一次关于"平原说"的总结。

就《生命册》而言,我写的是一个"背着土地行走的人"。着力于写他的"背景",写"土壤"及生长状态。这里所说的"背景",是指平原上的、一个名叫"无梁"的村庄。这个村庄是虚拟的。作品中的"我"(吴志鹏)是从无梁走出来的知识分子。从乡村一路走来,"我"的身份也从大学老师、北漂者枪手、南方股票市场上的操盘手,再到一家上市公司的药厂负责人……可他不是一个人在行走,他是背着一个乡村在走。他身上背负着:"五千七百九十八亩土地,近六千只眼睛,还有近三千个把不住门儿的嘴巴……"他身上的每一条血管都与无梁村有着千丝万缕的联系。因此,从精神生态学上说,吴志鹏是一个有"背景"的人。

我写《生命册》的难度有三。一是时间的跨度大,写了五十年;二是结构方式有难度。我是以第一人称、以内心独白的方式切入的,"以气做骨",在建筑学意义上是一次试验;三是语言的难度,一部长篇,需要独特的、文本意义上的话语方式,为找到开篇的第一句话,我用了将近一年的时间。

这五十年,社会生活发生了巨大的变化,要写的东西太多太多,我几乎动用了一生的储备。而长篇采用第一人称,又有一定的局限性。在过滤生活、裁剪内容方面是很费心思的。尤其是结构方式,我采用的是分叉式的树状结构,从一风一尘写起,整部作品有枝有杈、盘旋往复、一气灌之,又不能散了,这也是很费心思的。在这方面,我着意地尝试着用了一些"隐笔",比如"见字如面",比如"给口奶吃",比如"汗血石榴"等等,这都是我特意设定的、解开这部长篇的"锁钥"。可对我而言,最大的难度还是文学语言方面的。我一直认为,文学语言不是语言本身,它是思维方式和认知方式的综合表达。所以,直到我找到了开篇的第一句"我是一粒种子"时,我才真正找到了这部长篇的写作方向。

在这里我还要说的是,人类在物质高速发展的今天,已经到了一个结点上。我个人认为,中国已经进入了精神疾病的高发期。当我们吃饱饭后,我们又面临着新的"生态危机"。以建设为名的这部高速列车已经刹不住了。我们不知道它要把我们带到哪里去。人类怎么与大自然融合,这对于一个民族来说,是一个新的命题。也就是说,当我们的心灵从虚拟的天空回到大地上时,大地已满目疮痍,我们已经丧失了诗意的"家园"。是的,这一切都离我们很近。看见危险了,可我们没有敌人。也许,真正的敌人就是我们自己。

原载《扬子江评论》2013 年第 4 期

象征的金屋与《金屋》的象征
——一次没有结束的讨论

庄 众 曾 凡 李佩甫

《金屋》是李佩甫继《李氏家族的第十七代玄孙》之后的又一部反映农村现实生活的长篇小说,刊发在1988年《当代作家》第6期。一日,我们聚在李佩甫的家里,聊起他的《金屋》,侃得云天雾地。

庄众:看了你的《金屋》以后,我觉得你的变化好像是从1984年你的那个短篇小说《森林》开始的。以前可能写具象的生活比较多;从《森林》以后,意象比较多。

李佩甫:1984年春许昌开我的作品讨论会,那是个界线。那半年非常痛苦,是一种很清醒的痛苦。知道毛病,却无法改变。《森林》仅是一次不成功的试笔,并没有根本性的变化。那次讨论会加速了我的"内省",就像是自己审判自己。

这个长篇我酝酿了有半年时间,也到乡下跑了许多地方。主要想再现中国农村在这么一个历史阶段中的生存状况,尤其是人们的精神状况。写了《李氏家族》之后,想向前走一步,试图切进人的精神宇宙。我不知道《金屋》是否达到了预期的效果。也不知道要表现的东西是否完全表现出来了。对写这样的长篇我曾经游移过。开初写得很躁。写了几万字后,曾想放弃,后来咬着牙搞完了。也许这个长篇仍是过渡性质的,没有达到预期的效果。但我觉得,我已经把这一组人物的灵魂扔"油锅"里去了。

开笔时。我曾跟别人谈过构思,谈到了一种恐怖的效果。有人说,那座房子往那儿一落,等于这个坐标系就成立了,围绕那座房子,一村人的灵魂都在经受冶炼。他们觉得这个角度很好。

但作品没有达到预期的效果,没有写到灵魂碎片在油锅里四下飞溅的恐怖程度。这应该是整个民族在目前这个历史阶段中的"精神受难图"。可我顶多写了七八成,没有写足。总体设计是清楚的,但理性跟不上,因此有些力不从心。所以最近我写一个中篇《送你一朵苦楝花》,发表在《莽原》第3期上。有意地舍长取短,完全从行为分析入手,没有任何外貌的勾画,碎切了应有的故事、情节,全部是瞬间的行为动机。就是想提高一下理性思维能力。

庄众:佩甫写《金屋》,我觉得是有一种清楚的感情和责任进入创作的,是想写出在改革之后,商品经济对于古老的农村所产生的一种强烈的冲击。

李佩甫:《圣经》里有一个通向天堂的巴别之塔,但金钱是否是能通向人类的最后的天堂?我在想,人们能不能经受这种冶炼?这里有两种可能:一种可能是通过冶炼人们可以升华;另一种可能是人们在冶炼中毁灭。

庄众:在《金屋》里,毁灭的不少。除了二狗子,其余都毁灭了。

曾凡:加缪的《城堡》写的是所有的人都走不进去的那座城堡,而《金屋》则是所有的人都走不出这座金屋。

庄众:我觉得,《金屋》不是人走进去走不出来的问题,而是在这座房子里来了一次嬗变、涅槃、回炉,把他们过去的东西全部毁了,把过去那么一种心灵、那么一种生存状态、那么一种价值观念、那么一种理想全部毁灭了。如果他不能顺应新的潮流,那么他就会连肉体带灵魂全部死去。金屋是堆聚起来的财富的象征。把人们置放于"金屋",实际上就是把他们置放在商品经济的巨大的旋涡之中。它不仅仅是物质的,而且融汇着精神的、道德的、伦理的东西在里面。书的结尾,"这屋子本是没有的"这句话带着着重点,是颇令人寻味的。

李佩甫:我的想法是,旧的东西没有了,新的东西突然出现,人们说不清它,不能完全理解,既恐惧又向往。中国人总习惯把自己的命运交给一个什么东西,或者交给别的什么人。现在过去的价值尺度消失了,人们突然发现自己的命运没有地方交了。其实中国人对金钱的欲望远远没有对精神的渴望来的强烈。

曾凡:现在人们"吃肉骂娘"就是因为这个。就是说,现在社会没有一种统一的价值尺度。所有的旧价值、旧秩序、旧尺度全都崩溃了,而新的却又没有建立,老百姓成了被金钱驱使的无头苍蝇。

李佩甫:所以,现在人们最需要一个搁置精神的地方。"金屋"往哪里一放,人们就想,这里是不是搁置精神的地方?人们想去看看、试试。中国这个民族,最需要的是精神,也最害怕失去精神,最可怕的是总想把他自己变成一个什么东西。本来自己是应该决定自己的命运的。

庄众:二狗子是《金屋》中的主要人物。用以往的观点,他算是个"恶人"了。但我觉得,你对二狗子写的还是太好了。二狗子的"恶",他不就是给别人送送"红包",给人家点"好处",把厂办起来了。说透了,他不过就是钻了新旧体制转换过程中的空隙发起来的吗?他不过是在变化纷繁的世界中稍稍机灵了一些罢了。他的所谓"恶",不过是在村里盖了一幢压人一头的排场楼房罢了。

曾凡：他盖的"金屋"只不过是一种精神力量，而不是一种"恶"的人格力量。

庄众：二狗子的"恶"是一种不满和反叛。从某种意义上说来，"恶"对于历史前进起有催进和推动的作用。但二狗的"恶"是因为他是"肚带"，一种因出身的屈辱显现出来反叛，是对于所有人的一种变态的报复心理；是在传统观念束缚之下的一种张扬；是传统对新的东西的不能接受而引爆的一种本能抗拒。我以为你还没有写出，二狗子在历史性追求中散发出来的那种"恶"的精神。在二狗子与众人的冲突中，他总是退让，力求缓解。当然，他与村长精神心理上的"较劲"，他的反叛，他的"恶"还是生动的。

李佩甫：我是有对他同情的一面。你所说的是理性上的"恶"，而他还不具备理性。二狗子还达不到那样的层次。

庄众：相比之下，我觉得《李氏家族第十七代玄孙》中有几个"恶人"写得比二狗子更为精彩、更为淋漓尽致、更为有声有色。譬如李大有这个人物。

李佩甫：二狗子的"恶"，只是一种个人报复的"恶"，而还不是历史进程中的"恶"。代表历史进程中的"恶"的只能是那所屋子——金屋。

曾凡：你可以不写他理性上的"恶"，而写他本性中的"恶"。他拥有了一定的财富，他就应该有他地位变化之后那种由金钱财富所呼唤出来的"恶"。

李佩甫：我欣赏他让老村长在新的一代面前感到自己老了，新的一代在任何一方面都超过了老一代。

曾凡：村长写得不错。

李佩甫：这个人物是有生活原型的。

曾凡：这个村长是因为你把握住了他在中国当代社会上所处的文化环境。写出了他作为一个农民干部所受到的中国当代社会历史的培养教育。

李佩甫：中国农民中这些较优秀的人物都不是靠权力生存的，而是靠智慧生存。用智慧治人。在这个世界上，相对来讲，人类外来的威胁小，人类之间的威胁大，毁灭人的因素往往产生于人类本身。

庄众：村长最后是写得相当深刻的。村长自己几十年没有把自己作为一个"人"，但是，村里的人们把他作为一个人，作为一个真人。但是，当他真正地要痛痛快快地作为一个"人"时，人们却又不再把他作为一个人了。当他坦然地按自己的意愿宣泄自己的时候，他完蛋了。相反，他伪装起来，成为近似于是"神"时，他成功了。

曾凡：村长写得最好的是，他的智慧不仅表现在他不断地提拔村里有才华有能力的青年人，而且提拔那些对自己有敌意的人物，甚至派记者去鼓吹他。这些都表现出他的智慧，表现出他作为一个中国"乡贤"对于人和人生的哲学性理解。

李佩甫：我想把他写成智慧的化身。但是没有写够。主要是推进不够。权力是很容易丧失的,而智慧却是独具的。村长的智慧绝对比别人高一等。他耍好画个圈,别人就跳进去了。别人与他的思维层次差得远。

庄众：读《金屋》,读着读着,咋弄的,读出了一大堆符号来? 我觉得在作品中人物的安排、场景的设置、细节的描写都像是已经符号化了。它们总是成为一定意念的外化物,我们都可以给它他找到相对应的意念。譬如二狗子是恶人,他的狗也是只狼狗,而癞爷的狗则是一匹老狗,狗们打架,狼狗与老狗的对峙,其实便是人的对峙,是人的不同观念、不同价位观念的对抗与厮杀。

李佩甫：中国人百分之百的都是活符号。中国农民有了钱之后干什么? 首先是盖房子,有房子住也要盖,这其实就是符号。用房子这样的符号来保护自己,来显示富足。在城市、机关里,人们为什么那么渴望评职称,其实就是要一个符号。在中国,人的价值是要由符号来体现的。对中国人来说,活的本身就是象征。再如,右派不也是符号么了? 那是让人产生恐怖的符号。

曾凡：这就涉及文学的象征性、象征功能和现实世界社会结构的关系问题。《金屋》大概也属于结构现实主义的小说。结构现实主义,你所提出的结构就是世界的秩序。是你根据自己对于世界秩序的理解而向读者提供的一种新的世界秩序。《金屋》就是以金屋为核心而构成的一种新的世界秩序。这个秩序,是由一些人、一些因素和事件构成的。他们处在一定的位置上。你是以象征为主线,将这些贯穿起来。你想把每一个点都化成符号,来代表这个世界。这就涉及符号,象征与实际生活、现实结构的关系问题。从这个角度来说,象征本来想达到很高的层次。你是想用这个房子,这个村庄来代表整个民族的现状。要做到这一点,就要求你能有体会全人类的苦难的意识。那样,金屋便要和整个大地、整个社会发生关系,而现在,《金屋》的象征层次没有上去,主要是金屋仅仅和它所在村庄的那一小片土地发生关系。

李佩甫：这就是你曾说的社会背景不足的问题吧?

曾凡：对。作品中间,那些小的象征段落,如果用新兴的文体,譬如,用西方非虚构文学之类办法,如加进一点新闻报道,像"挑战者"号升空爆炸、两伊战争实现停火、生态污染日趋严重等等,就把背景拉开了。让读者意识到二狗子这些人,是生活在这样的一个世界,就会形成一种文化的反差、精神的反差、观念的反差。就更显现出这些与金屋发生关系的人们在人类发展进程中所处的位置。也就表现出他们这种精神状态的意义。

庄众：佩甫写《金屋》时也肯定并不是想仅仅具象地表现"这一个"村庄的情况,而是想表现我们整个民族在现阶段的状态。但是在具体的写作过程中,缺乏构建一些与整个恢宏背景产生联系的触发点，使人们在阅读过程中，不仅仅将思维围绕着这一座奇怪的神秘的房子，缺乏给读者思维扩展的地方。

李佩甫：我虽然没有具象地写村庄之外的社会关系，但我觉得人们可以通过这个村庄感受到这个世界已经混乱到了什么程度。因为这座房子是不会突然出现的。它只有在这个特殊的时期才可能出现，这必然是这个民族在这个阶段经受精神冶炼时出现的奇怪现象，所以，我觉得有这幢房子已经够了。金屋就是整个外部世界给人的既恐怖又迷乱的象征。

庄众：前面你讲了，中国作家的理性思考不够，我也说了，我国当前缺乏的是建设。我想变换一个角度。我们应该加强作家的理性思考，但作为小说这样的文学样式，任何的理性思考都需要有一定载体来负载。理性与载体既不相同，却又是统一体。没有不负载的载体，也没有缺乏载体的理性。不可能有载体的不健全而理性不受到损害的。而载体的不健全，说到底还是理性的不完整的表现。在《金屋》中，我感觉是否可以把理性思考的载体搞得更好一些。你讲理性的不充分，我从阅读的角度来讲，我觉得载体也不充分。

曾凡：我想还借用禅宗"老僧看山"的三个层次来比较。从这个角度说，《金屋》的具象描写还不够。象征物过于象征。这是对象征物理解的问题、象征物的价值问题。你现在实际上是"看山不是山，看水不是水"的阶段。看到一块石头会呼吸，看到一棵小草会歌唱，世界上的一切都是包含着人生意义的。你现在是想把所有的东西都赋于它意义，给它命名。但是，如果你想让你的符号负载更多的话，而且被更多更普遍的人所理解，就可以用更朴素的象征物去代表它，到达"看山又是山，看水又是水"的境界。这时和"看山不是山，看水不是水"的区别在哪里吗了？就在于，这些东西还有意义，但这些琐细的东西加起来都构成整个生活。如果我想理解生活，就必须理解作为细节的普通事物，在更普遍的意义上赋于所有的存在物以价值。而不是挑出一两件来赋于它价值，而忽略了别的事物。

李佩甫：我过去较多地写具象的东西，使我产生了对具象描写的厌恶。比如写《红蚂蚱 绿蚂蚱》。我觉得这仅然是第二个层次的东西，对于金屋，我觉得人们都不可能理解这个东西，所以我写成这样抽象的东西。我觉得我写得不够抽象。我们现在还看不清这"金屋"是什么。如果我们能看清，那就不存在压迫与冶炼了。对于"金屋"这个符号的设置，正是我们谁都看不清，谁敢说他清楚了？

庄众：虽然现在看不清它是什么，但它毕竟还有一个"什么"在那里放着，你只是对于它的"内在"看不清楚。将来，二十年之后，人们如果再来读《金屋》，也许会从新的视点来看《金屋》，可能还看不清楚。如果这样，那么这本书的魅力就大极了。但是,你是把你的理性思考进行了符号化的表现,这种单向度的符号就比那些不是符号的东西容易判读一些。再说透些,《金屋》中的符号并非是符号原来本身,而你判读过,经过筛选的符号意义,是理念、意念的符号。

李佩甫:写具象时,我是感觉到有不融合的地方。

庄众:虽然哲学与文学的对象都是人,但观察和表现的方式却有极大的差距。哲学把符号意义抽象出来,而文学则把符号意义掩藏起来。

李佩甫:但也有人说《金屋》的抽象性不够。

曾凡:这并不矛盾。这是说,抽象的意蕴没有升华到一定的层次,但抽象的艺术形态、抽象的主观意愿则过于显露。

李佩甫:这倒是,倾向比较明显。

曾凡:比如梅特林克的话剧《蓝鸟》是纯象征的。而它是怎么写出来的?是纯写实的、纯具象的。它就是写两个小孩要捉蓝鸟,这个蓝鸟象征着人类的幸福。剧本写的是捉鸟的具体过程,写得活灵活现。

李佩甫:关键,我觉得我还没有彻底走出具象。对于这些人物,这个村庄太熟悉了。

曾凡:你想跳出这个具体的村庄,就在理念上加强它,想用象征的东西使它带来普遍的意义、普遍的价值,因此,在写作时你老想为了象征。

庄众:你觉得你的具象东西很多,在制作中不应该写那么多具象的东西。在你的心里有一种潜在的指向。因此,每个物件的设置,每个情节的安排,你都找到了它们自己的"意义"。

曾凡:也不一定都很明确地找。但整个思维的走向是抽象的,是象征的、符号化的,所以你有时下知不觉地就送给它一个抽象的含义。

李佩甫:我是想找,但这需要一个过程。《红蚂蚱 绿蚂蚱》给人的感觉大概不像《金屋》,比较具象些。那是走入混沌。而现在需要走出混沌。《莽原》第三期上发表我一个中篇,《送你一枝苦楝花》,基本是行为分析的。可以看看。

曾凡:《红蚂蚱 绿蚂蚱》蕴含的东西其实很多,使人看到很多东西。作家对世界的认识是个十分重要的问题。所谓理性不强,就是作家没有自己对"世界"的看法。他给读者的世界图景,不是他从人生体验中抽象出来的,而是从别的什么地方贩来的。我前些时给李贯通的一封信上谈到,中国文坛的困惑,首先是"文革"结束,一下傻了眼,所有的价值体系都崩溃了;然后找来了一大堆西方的东西,互相炫耀、转述;而现在又发现,大家一本正经地高谈阔论,都是别人的东西……所以我认为,第一次的困惑是真困惑,而现在的困惑则是假困惑,是不肯认真地面对世界,不肯走进"思"的困惑。好的文学都有象征的、抽象的东西。这是因为好的文学都有作家对于世界的独特观察、理解和主观态度,因而对于具体事物的描写,也就有了超出具体对象具体时空的意义。我觉得作家首先是提高做人的境界,胸罗万有,包孕天地;面对人,而不是面对张三李四;面对世界,而不是面对某一片土地;进入"思"而不是进入某一种现成的理论。风格是次要的,做人理解人才是根本的。……

"笃笃笃",响起了敲门声。新的客人来了。我们的讨论也就终止了。

原载《小说评论》1989 年第 6 期

文学与人的神话

何向阳　李佩甫

与作家李佩甫的对话
时间:1994年12月
地点:郑州

"有一个故事而且只有一个故事
真正值得你不断地讲述"

——格雷夫斯(人类学者)

"当世界的隐喻死亡时,世界也就完了。
……
当这些偶像还存在,但却不再有意义时,
末日也就降临了。"

——阿奇巴尔德·麦克莱施(诗人)

何向阳:我们国家对于神话的态度一直很矛盾,民族文化遗产与神秘主义、宣扬迷信的封建性两种观念绞绕在一起,影响了我们对文学的许多看法,包括文学的内涵、本质和精神。读欧洲文学史,经常诧异于那种不断地回到过去的顽强力,几乎每一文化运动譬如文艺复兴、启蒙运动、浪漫主义都以古希腊、罗马的神话文化作为起点或开端,也几乎所有伟大的人物都与古希腊罗马的名字相关联,直到20世纪,文学的这一趋势虽有所减弱,却散落、深嵌于时代精神深处,分散在民间、文化、本土潜流中去而补充或说是平衡着整个西方文明。文学不断从神话中汲取营养,而对神话文化的保护态度被一再确认为西方知识分子所需完成的使命。不同于此,从近现代到当代,历次有关文化的运动中国知识分子所提出的任务则是与文化分离、断裂的传统批判策略,欧洲认作复兴的东西,中国则视为复古,在对传统的道德的评判中,人文知识分子所取的标准一直是试图贴近或重叠于科学知识分子的标准的,所以对传统清理的热衷和对现实的漠视和乏估量的过程中,有些什么被混淆了,有些什么干脆被遗忘了,譬如神话及文学中的神性。

李佩甫:我个人认为,所谓神性,是一种创造性,是一种生命再现形式。文学精神的产物,这种再现、或重现,当然是精神层面的,应该说是再生性的。只有生命的再生(再创造)才具有神性意识。这些年来,我的创作思想在逐渐转变。早期作品是对阶段性社会政治生活的描摹;接着又试图走向"原生态",试图想托出一块土地;后又试图切入"人生智慧",切入"形而上";再后又试图走向"生命本质"……应该说,这些思考都是阶段性的、时期性的,是一步一步往前挪,走得很慢。接近文学神性是需要精神涅槃的,我的时间不够。我仅仅是认识到了文学语言应具有的神性意识。语言是人类智慧的结晶,一个民族的语言形态是民族历史的总汇,代表着一个民族的阶段性思维过程与思维水准,它也是一个民族的最具群性化、智慧化的综合。文学语言无异应该是民族语言(也是人类语言)的先导,是精神先导,它应该是走在最前面的,应该是一种天籁之声。我认为萨特有句话说得很好,他说:词语是永恒的,而人生则是短暂的一瞬。

何向阳:其实,华夏民族的传统思维习惯是智慧型的,追求"无把握的智慧",而西方则是真理型的,是追求科学化的"绝对真理"式的思维方式。也就是说,中国的思维是神话型的而西方则是观念式的。这种境况近代以来尤其现代文化革新以来发生了双向的转型,东、西方各向对方靠拢,西方由不断的理性的反思而终于走向精神和神话,东方却拿过了西方的理性。东西方经由文化的现代期交叉重新分道走出了 X 型的轨迹。科学产生观念,神话滋长思维,观念是承递性的,它的生长是更迭型的,一种新观念打破旧观念再为另一种更新的观念所替代;而精神则是生长性的,它的生长是繁殖型或说积累型的,西方能够有比较健全的思想哲学体系,与它不断回视文化的思维方式不无关联。而一谈到观念,我们就总习惯于将责任算到科学的头上,要它承担人文学科的扭曲,而实际上现代高科技时代内部的预测学的神话情境已使科学与艺术的边角变得不那么坚硬了,相反,继宇宙学、生物学、心理学三次革命冲击的那个人类自己却陷入了一种自我认识的空茫,这种状况是有意味的,也许原因就是我们失掉了民族神话的那个大的精神背景,观念式思维下的文学情状才变成了新写实类的琐屑纪事。而不问写实、写真真就是我们的传统?

李佩甫:就中国文学而言,它在意识上一直是走向背叛的,我指的是新时期以来,背叛是这一时期的特征。新中国建立初期,从 50 年代开始,中国文学曾试图走向神话。但那个神话是"政治神话"。对一个民族来说,这类"政治神话"曾产生过创造力,但更大的是一种破坏力,也是一种麻醉剂。等这种"政治神话"的肥皂泡越吹越大,大到"对着太阳吸袋烟"的时候紧接着就是神话的幻灭。幻灭带来了猛醒,猛醒之后是一连串的背叛。当中国文学经历了物质饥荒和精神饥荒之后,从空中落到了大地上,开始走向生活,走向平庸。丢掉幻想之后是一种普遍的跌落和下滑。开初是形态变了,而内容未变,仅仅是从旧的政治格局走向新的政治格局:如"伤痕文学"、"反思文学"、"改革文学"等等。后来就越走越远了,背叛开始呈现出多种形态,一种是走向生活本身,彻底进入具象;一种是进入"根部",进入批判性"回寻";一种是走向"壳",走向包装。总体来说,背叛是必然的,背叛使中国文学走向多元化。当一个政治形态结束到另一政治形态产生时,作家的思维开始呈多样性。一种是旧的政治神话破灭后所产生的幻灭、反思状态,另一种是较年轻的作家走向新的背叛、新的探索,因它一开始具有强烈的背叛性与强烈的创新状态,加之受西方文学影响,使文学出现比较多的新的语言外壳、新的语言习惯,包括我在内的大部分作家受西方影响较大,但这种影响未动摇中国文学的根本。实际上中国人是活精神的,包括政治下滑状态,也是精神失落的表现形态。新一代产生的作品,并未在光滑的外壳后放上坚实的东西,即对人的新的诞生状态的新的思考。中国文学大部分是批判型的,如对政治形态、政治过程、社会具象、社会形态等政治层面的阶段性思考,还未进入对人本身的再生的思考,中国文学在一个阶段的政治生活幻灭之后,未能触及人的"再生"问题,即人的重新诞生。中国经历了很多政治型历史时期,人的灵魂得到涅槃和冶炼;念及中国早期文学所表现的人在压抑下对美好事物的幻觉,作为支撑民族精神的神话,中国民族五千年来未能毁灭而生命世代延续,神话确起了很大的作用,对于一民族来说,神话是民族精神的支柱。

何向阳:关于人的再生问题非常重要,这的确是中国当代作家应该首先关注的问题,而作为人类童年期的一种重要而基本的文学样式存在于文化文明史中的神话,之所以在人类精神史中占有无可替代的地位,正因为它反映了这一问题,有关一个民族的再生、诞生问题。随着岁月的流逝,这种童年期的文学在文化历经各时期、阶段的流变中反而变成了"死"的东西、凝滞的东西,只作为压成的纸型、苍白而无生命的文学史册中的旧事,也正由此,一种回归母体、寻找家园、甚至再造童年的生命冲动一直贯穿、茵蕴于当代创作之中。以一种被挤压出的新的叙述状态更个体化的状态来显现某种神话式的原始心灵。罗素曾讲:当一个人击败了他一部分的本性来获得一种不稳定的内心的安宁时,他的生活力就受到了损害,因此他的发展不可能再是十分健康的了。一个民族的文化生命力亦是如此,当无形中扯断了作为它文化精神中的根基线索——原始生命欲望时,生命意识内部的作为人性之底层的人类真实本性也同时形成了。20世纪以来,世界范围内的文化情态似乎显示出这种复苏或觉醒,心理学、人类学、文化学的诞生与发展使西方高层学院文化施着明确的理论的指向性;科学中牛顿的万有引力到爱因斯坦相对论,和列维-施特劳斯、泰勒等为代表的文化人类学,等等,都显示出这样一种趋向,即对于远古史前前科学所投入的巨大热情,其间的认真、严肃与虔诚让人感动。由于封建因素影响,中华民族在原始文化中滞留较久,神话文学经由统治者功利的改造而扭曲变形为与原态文化不同的文化产物,致使本源的神话变成了人类文化历史生活中的游丝飘絮,成为人类精神底层扑朔迷离的那部分。回归到与功利主义、机会主义全然不同的浪漫主义,作为万物有灵观念下人类童年的无意识的集体信仰的产物人类心理对社会生活的巨大投影的神话的确暗示了人类更具体的是"一个民族精神追求的方向"。而破译它所贮存蕴藏的一民族精神最原始也是最深层的密码,虽世代有人在做却远远未能完成。与西方神话不同的是,它不寄寓于宗教,而化为人心。由此看,中、西文学从一开始就已决定了它们未来的两种岔道,取向一个是天国,一个是人世,这就是为什么古希腊神话更多神性而中国远古神话更多人事的原因。由是它也决定了此后两种文化核心——理知层面的宗教感、道义层面的世俗性分野及其各不相同的文学流向。河水的流向早在源头就决定了。而它的起源却是19世纪神话学者们不倦的谈资。真正将神话再度引入文学视野的也正是这样一批人,爱德华·泰勒、安德鲁·兰、詹姆斯。弗雷泽的神话人类学及20世纪的原型批评,他们认为人的高级思维经由巫术、宗教再到科学进程而成形,反过来,在人的高级思维中,必然保留有神话时代的痕迹。弗莱、鲍德金、赫丽生等群性文化背景下,是很易置作者主体于不顾的。真正没忘这一点的是荣格及其集体无意识与原型学说,它对个体深层的发现带有某种重认文学根性的性质,那种研究是地基式的。也许我们现在已经熟稔了"诗人应该以人的身份,表现个人乃至全人类的精神和心灵"这样的观念,但在当时从深层理解并接受不啻是一种神话。他由此重新审定和界定了作家(诗人)概念,他说:"作为一个人,他可以有一定的心情、意志和个人目的,可是作为一个艺术家,他是一个'集体的人',一个具有人类无意识心理生活并使之具体化的人。"他认为:"诗人为了最确切地表达他的经验,就求助于神话……原始经验是他的创作之源,这种经验无从捉摸,因此要求神话想象来赋予形式。经验本身并不提供词汇或形象,因为它像在黑暗中戴着眼镜所见到的一种幻象,它只是一种千方百计寻求表达方式的深切预感。""诗人也不时地看见人们在黑夜世界隐约所见的形象——精灵、魔鬼和神仙。他知道那些超出人类限度的目的意图对人类来说是一个秘密。……他发现了使未开化的原始人胆战心惊的心理世界的某些东西。"而其间最经典部分是他由此对作家的"一般的作家"和"伟大的作家"的两分法,一般作家只能写些随声附和的东西,伟大的作家却"把历史从头到尾沟通起来,潜入历史的最深层创造作品……他的全部才能的核心在于感受到和预知到这种潜在历史深层的集体无意识和原型"。对应于此,他将文学作品二分为

"心理型"与"幻觉型";成为自己民族和全人类的精神的代言人,这是荣格所承认的一个作家的标准。这种界定很有意味,也就是说,只有在创作中传达和唤醒同类心灵深处的种族记忆使世代积聚的集体无意识能量在释放中表现并建立一种深沉震撼的人类情感的作家,才称其为一个作家。无疑这种标准定得过高,但这种要求并不过分,其中蕴含了某种对创作理想的全新看法,而这正是我们怯于承认或无力承受的。它还隐喻了一种对作家本人乃至文学本身的解释,在你开口时有千万个声音在同时讲话,你复活了诸神和祖先,文学是整个宇宙的灵魂,从这一点看,文学不仅是神话的历时延续,而且,文学就是神话本身。

李佩甫:我想共同之处在于二者的虚幻状态,虚幻将作家社会生活意识很实的部分变成一种虚构而不是伪饰,有变成无,在作品中结构一个村庄、一方地域,将自己对社会生活与地域文化差异的思考放进创造中,用里面的人物生活这一虚幻的世界表达思想,这样,所有人物都成为演员或代言人演出或说出生活的状态和形态,这是作家所理解或作出解释的生活状态和形态,创作本身所产生的一种生命创造的愉悦和这愉悦的质量、档次则取决于创作所体现的思想是否产生神性,也即除了语言的神性外,是否有与之相应的思想的神性,使之超越具体写作的操作性痛苦。不仅对于一个民族,就是对于一个写作个体的自我人格完善而言,

这也是非常重要的。

何向阳:我想这涉及了文学与神话的共同心理动机。以前的理论总是在同源或同构的层面上作出分析而忽略了它们同质的心理动机,职业者对神话的专业解释与技术论定使文学一直觉得与神话相隔甚远。时间好像又退回到那个盲点,历史再度失却了它的象征意义,一旦神话科学化后而从我们的精神中分离出去而成型为观念,一个时代的思想就会像赫拉克利特所说的——从火焰般的高度上降落下来。精神变得太沉重时就化作了水,而我们正是这样一个时代的掬水解渴的孩子,止渴成了目的,这就是致命的阶段性,"新"观念—形式"实验"—语话"颠覆"—"非他性"的创造性为链条的循环说明,功能主义与消费消遣观已在纯文学内部形成,纯文学创作在思维方式上已经波普化了。所以,比之"灵魂总在寻找失去的父亲"的现代派母题,我国先锋文学已露骨地将之变形为"击倒现实的父亲"意象了。深度与长度都消失了,只余下表层与功用。当然有一些人没有放弃寻找,他们和他们的作品还未背弃文学的神话式的心理动机,这也是我们今天所强调的。自古至今,文学一直是人使自己从事物的表面挣脱出来而深入到物质之中所做的恒久努力,它把他所追求的世界与他被"抛入其中"的世界隔开,以创造一个不存在的心在来对抗或兑换存在的物在,对意义世界和"神圣空间"的寻找是神话与文学共有的,虚构一个世界,高于现实世

界,提醒自己或他人还有另一时空可供居住,这大概就是"精神家园"的涵义吧。实际上,在虚构世界与经验世界之间,文学一直是诉说前者的,作家在此种选择中以至于日渐生活于虚构世界,反而将之作为经验,而将经验世界看作虚构的了。这种意图被王安忆《纪实与虚构》表达得隐晦而大胆,家族历史与个人心史、原初神话与现代神话的结合营建抖落了文学创作的全部秘密,于扑面而来的市民主义成为主宰的平庸里即便是虚构也要创造出一个英雄神话来的写作梦想与生存理想,要求再造一个世界,写作本身成为一种仪式,对应于"怀疑之风吹落了神话故事的叶片花朵/留下一株光秃秃的概念之树"这般情状的人类文化,这个雄心是巨大的。让我想到你的《李氏家族的第十七代玄孙》《金屋》所传达出的"造屋"意识,说明文学与神话的筋脉渊流到骨骼结构至血肉精神的叠印已呈不逆之势。其实中国小说的神话传统从汉代神仙传之类作品、六朝志怪小说、唐传奇、宋元话本至明清世态小说是一直贯穿下来的。只是到了近现代,神话作为狭义传统理解的渊流才有所隔断,鲁迅的《故事新编》可视作现代文学史上"神话式文学"的绝响。从18、19世纪中西文学对比来看,中国四部古典名著无不带有神话性质,《西游记》取经的框架神话、意蕴神话和神魔人物的情节神话结合起来,《水浒传》《三国演义》是历史演绎的英雄神话情结,《红楼梦》木石前盟、太虚幻境营造出的则是爱情与家族的双重神话的最终幻灭。同纬度时间的西方,是歌德的《浮士德》以及更近期的艾略特《祖居》为代表的《四个四重奏》等。可以看出,西方的神话式文学着眼于人的灵魂的个体性,精神性强,而中国的神话式文学则关注历史情景的文化群体性,传奇色彩及世俗气息浓重。西方是个体精神的创生,中国是群体文化的复述,是对历史的已经存在过的事情的回溯,比如取经是真有其事,而《红楼》则带有自传性。比较而言,西方文化与中国文化所走的是相逆的方向,前者文化一直保持着与科学、历史的距离和警觉,文化的独立品格、批判力量于同中求异中得以建立,不同于中国近现代文化与科学过于贴近的异中求同性,比如德国哲学一直以思辨与论证著名,少经验、实证,然而唯其如此,它20世纪的哲学转型也更为猛烈,如它对神话思维的重视(卡西尔为代表)和更早海德格尔对东方文化古典文学的研究预见,恰恰都是由这一个"智"的民族提出发现并加以重新诠释的。作为文学的一个背景,哲学所提供的是神话世界观与经验——科学世界观的区别和分离,而不是盲目的混淆或融合。尽管80年代李泽厚以"历史积淀"对此作了揭示,但并未引起更深层的重视。这里还有一个螺旋形上升的问题,西方的由理性到感性已融入了理性的感性,和中国的由感性文化到理性是摒除了感性的理性不同,中、西文学近现代对人类精神遗产的精髓——神话意识的保存或扔弃,两种路子,可以从各自的现当代文学中反映出来,昆德拉、卡尔维诺、卡赞扎基斯、乔伊斯等作品对人神秘的潜能和力量的重温、对众神及精灵世界的迷惑和追问以及对事物的生命化的观察方式及其放大了的宇宙观,其中的文化气息与精神价值都远远高于其作品与现实本身,用一种不可见的血脉将民族的精神串联起来再通过个体将之展示于人。我国当代作品的想象力却是相当匮乏的,感性文化的理智时期的文学,问题取代了精神,新写实、新状态、新市民所延承的偏狭的现实主义不断毁坏着我们民族的想象力,平面化的当代文学又因缺少必要的可作思想支撑的文化哲学而浪费着它文化中原本最发达的隐喻,双关和象征。

李佩甫:首先是思维方式的差别。中华民族几千年来一直在精神领域中活着,但实际上没有真正走向灵魂本身,也就是说没有走向大自我。长期来底层人民一直在饥寒交迫状态中生活,所以这一民族本身大量是一种集体意识,走向具象目标,比如西天取经,取到经是一种结果。《水浒传》、《三国演义》的忠义结局,也是现实生活中善恶取值不明显而将之寄居于神话想象的表现,它是以结果为目的的;中国精神是走向外的,而西方一开始则是个体精神的,取向是走向内的,是个体精神灵魂折射。这次出访哈萨克斯坦对他们的语言形态、表达状态印象很深,西方语言的符号化要求表达的准确性,它的语言以表达为目的,而汉语因博大精深、浩如烟海则在表达上呈模糊、修饰状态,充满多义性。一个意思可有上千种修饰,语言大多处于掩饰状、掩盖状。词汇作为外在思想的表达方式决定了文学作品的中、西不同的走向,西方走向因,中国走向果。这与人民思想多年来受封建性压迫有关,压迫状态下的语言表达扭曲为修饰状,内心处于湮没状,所以中国很少有单个的思想,所有文学作品表述的都是群体思想、集体化的思想,只有一个思想,比如忠君,包括四大古典神话名著及《三国演义》等,都是一个集体主义的精神结晶,而不是个体性的精神结晶,所谓神性,也是一个民族的集体的神性,而没有个人的神性,这是东西方民族比较明显的差异。

何向阳:就民族集体神话的文学表述上讲,中国和拉美是比较接近的。

李佩甫:二者在地域上有相同之处。初读马尔克斯的《百年孤独》是相当震惊的,我们同属一种长期奴役状态的民族;连童年的玩具也极相似,比如其中拉磁铁的情节与我们早年推铁环的感觉是一样的。拉美从愚昧落后一步步走向殖民化的幻灭的感觉,与中国民族有很接近的地方;我们是沉默的民族,它也是一个沉默状态的民族,它对民族精神上的思考,实际上所体现的是民族的、集体的孤独,而不是哪一个人的孤独,它透视的是对民族过去、今天和未来的思考。这一点与中国作家非常相像,但中国作家却没能写出来。拉美作品受西方影响较大,在殖民化过程中,由于西方文化的影响与熏陶,加之特定气候、地域等本土文化因素,拉美文学在意识上走得很远,它穿越历史、穿越具象的能力是中作家无法比的。

何向阳：中国作家在新时期学到的只是它的表层，如魔幻现实主义，只学到了它的叙事、形态与结构，而遗漏或根本没看到魔幻背面的血性本质，比如它对西方文化的深层拒斥，这是双向的；所以中国文学的借鉴包括理论上对借鉴的研究，大多都是移植式的。是水，或者说只捡到了那场爆炸的碎片。

李佩甫：中国文学相当长时间滞于一定创作层面是对特定历史时期的阶段性思考，而不是对一民族精神的总体思考，是在具象层面的徘徊，比如新时期的"伤痕"、"寻根"都是这种阶段性的思考、阶段性批判，不是总体的反思，不是历史化的、全面的批判，文学一直在阶段性层面滑动，这不能不说是一种思维能力问题。

何向阳：是一种纠正式的思维，对应于此则是一种裁判者角色；而不是神话思维和与之对位的创建者人格；与前者对应的只能是思想的流程性、潮派性，和文化的一再断裂与背叛。而达不到文学独异于事件之外的对事件本身甚至对现实时间的纠正。

李佩甫：所以《百年孤独》第一句话使我感到的震惊至今难以忘怀："多年之后，面对行刑队，奥雷良诺上校将会想起童年时父亲带他去看冰块的那个遥远的下午。"这是一种非常大的潇洒、非常大的穿越，一个人面对死亡时想起童年的事情，这种叙述方式，这种思维本身，带来的是一种对历史的纵的穿越、一种对生命整体的观照。而中国作家在语体上、在意识上都还有所欠缺。所以我感觉观念的新、旧不是主要问题，一个作家不存在观念新不新的问题，作家需要的是视角、语言、思维，而不是观念。比如"伤痕"、"反思"文学中的反思在某个阶段是新的，现在看来就不免带有阶级性的局限和浅薄，它的批判也只能是阶级性的批判，不是历史化的总体的、全面的批判。长期以来，中国文学在喷发时没有装上炸药，而是安上了滑轮，一直是在这种阶段性的层面上滑动，不能不追究一个民族作家的思考力，不能不说这是中国作家的悲哀。相比较来说，同属沉默民族，同属外在语言很少的民族，拉美文学出现了爆炸，中国文学则走向平庸，同是质的变化，却走向了两个极端。你刚才讲到中国当代文学想象力匮乏的问题，的确如此。我认为问题是两方面的：一是将近30年来，由于"政治神话"的幻灭，作家所具有的浪漫主义精神实际上已经荡然无存，而产生神话，是需要浪漫主义精神的。中国文学在一个特定的历史时期内被另种比如"对着云彩点烟"的想象力或说神话所影响而留下了很深的阴影，这阴影在人灵魂中留下印痕，后来在划定的圈子内对一阶段小心翼翼反思过程中，作家的想象力实际上被大大削弱了。这种在精神上被摧毁过的作家，再回到文坛创作，则不可能做到东山再起，这种碎过的精神也无法东山再起。另一方面新时期内崛起的年轻一代作家,由于西方文学信号的大量输入,他们几乎可以说是吃洋面包长大的,又不消化于西方作品影响,这代作家并未经历神话阶段的滋养或刺激,没有神话包括政治神话的熏陶,一开始面对的就是平庸生活的全面下滑,走向新写实主义,走向原生态,所以精神处于畏缩状,兴味于剖露、变形、压抑心理的自我表现。在外壳上形成了新的东西,加之西方创作手法引进,则形成了光滑的壳的艺术。总体来看,这是一个缺乏浪漫主义精神的年代,是现实主义猖獗的年代,对于一民族来说,浪漫主义是必需的,它刺激一民族文学、创造力与民族精神的发展,而实际上一方面是被扼杀之后的难崛起,一方面是全面的缺乏,所以中国文学现在与西方文学相比处于一种不尴不尬的阶段。过一时期,中国或许会产生新的浪漫主义精神的。比如前一时期,张承志提出"清洁的精神",这种提法是在一个"形而上"的层面,但可惜的是它最后落在了很具象的土地上。他选取了一些如荆轲的例子,这种例子是对历史的反叛精神的回寻而不是再生和重铸,文章最后落在了对目前社会现实的不满,这是很可惜的。我觉得清洁的精神是一面很昂扬的旗帜,但遗憾的是它插在了这样一堆东西上。但中国还是有一部分作家已意识到了理想、神性的重要,并为此做了自己的铺垫。中国作家一直未真正进入"再生"思考,一直是回寻、背叛、缺乏创造性思维,尤其政治神话破灭后思维的再造力差。作家创造性仅仅表现于对伤痕的回舔,精神上是徘徊、抚摸状态。包括一些优秀的作家,如余秋雨《文化苦旅》之所以在台湾等华文世界内引起响应,原因也在于此。国民整体精神仍处于一种回寻状态。批判只是自我调整性的、活血化瘀性的。知识未有独立意识,自我表现、个人膨胀、生活化、随意的小个体化随处可见,却一直未有思想的大个体化,未有独异全新的人生走向,所以,构建与这大走向相关的文学神性,或说是"神话式"文学,是非常必要的。

何向阳:也许重要的不是一开始就去建立一种神话思维,而应在讲述中使用一种神性的词语创生一种神话精神。神话中所蕴含的基本的人性,许是现代人因忽视而缺失的,较之个人精神生活的枯竭讲,神话是人类更应保留的元意识形态,它是人类以幻想补缀和创造生命的文学以及我们民族的生命个性的最重要的根基。而要清理思想的流程性、潮派性,文化的断裂性、背叛性以及与之对应的文学的"纠正式思维"和作家的"裁判者角色",并创生"神话式思维"的文学,具有"创建者人格"的作家,以引导一民族精神自由与知识独立的人文走向,我认为也必须首先建立在对神话的再度确认和对神话涵义的重新理解上。如我们所熟知,神话是有关人类及其所居世界源起及流变的叙事性和神圣意义的解释,与之对应,应引为注意的是神话学中对神话、传说和民间故事的严格圈定,神话被认为是神圣的信条的化身,它常与神学与宗教仪式相结合,主角是具有人类本性的动物、神祇或高尚的英雄,人们试图通过它回答世界和人的起源诸如天体运动、万物盛衰、死亡再生等现象,对应于它对世界、人本身、人类文明的渊源解释而包含宇宙起源、人类起源、文化起源三种类型神话。它作为人类内部精神史的代表,具有不可动摇的"神圣性";传说则取自记忆,述说战争、迁徙和胜利,首领、君王、昔日英雄是常见的主人公,功能在于维持某一群体现行的宗教信仰和行为同祖先宗教世界的连续性,以强化群体的价值,集团性、世俗性是传奇的特征;民间故事大多是想象加工的现实,无名人们的生活经历体现着事件和观念的娱乐性;这种学院式的界定虽刻板但提醒了我们日常应用甚至是讨论文化时的混乱,将文学从传说、故事中剔除出来的任务远未完成,所以总有俗雅之争、纯文学与通俗文学批评标准的混用。史铁生曾将文学分为纯文学、严肃文学、通俗文学三大块,田中禾近来一直强调对应于三大块的三种批评。但包含他们在内的整体文学界仍未能自觉到这种分类的更为重要的意义而将之平面化理解了。三种形式在质上是不同的。神话与纯文学对位,以神圣性为取向;传说与严肃文学对位,书写集团性;故事对位于通俗文学,具无可置疑的娱乐性;以往我们习惯将纯文学所需承担的解释人与世界本源本质的任务附加在了严肃文学身上而纯文学的这个涵义反被抽空而降为纯形式的探索或摘除了深层思维的符号创新与变革,种种误解造成了严肃文学与纯文学的双重混淆,创作目的的不明确也使得文学的繁荣如发热病,忽热忽冷,未能充分完善地发挥出各自的功能。所以在这一点,我愿意接受"真的神话"与"说明神话"的说法,前者以人的本质性为对象,后者则言说非本质的次要事物,这一划分其实涵盖了人类的两大类艺术,一种是原生性、创生性的,另一种是派生性、复制性的;"真的文学"应在这一本质上与各类派生、复制的"说明文学"界限分明。真的作家也应是这样一种意义上讲述民族与人的神话的祭司,而当"祭司"这一民族与人类精神文化的传承者成为一个阶层时,文学则会获得它真正意义的繁荣。而作家要完成这种认识,可能正如詹姆斯·乔伊斯《艺术家年轻时的肖像》中作者借人物史蒂芬·戴达路斯所讲的:"我要千百次地体验到我体验过的现实,我将在我的灵魂里加工铸造出我们民族的尚未创造出的民族意识。"前者是写作的第一阶段,后者才是文学的第一指归。以神性将纯文学从他种文学类型中区分出来,那么神话式的文学也就同时完成了它与现代史诗、寻根、新历史主义等支流、潮派的质的甄别工作。神话过程存在于一切伟大的文学作品当中,这才是它跨越时间能让我们记住和着魔的原因;而一个艺术家,无论从事绘画、文字还是其他,如果他创作出的不是神话或者他根本没有想到去创造神话,那么可以说他仍然无所作为。忽略了这一点,是新时期文论虽风行一阵"结构主义神话学"介绍,但文学与神话间的深层关系仍未引起理论与创作更深关注的症结所在。在一个观念更迭迅疾的时代,一个少信仰的时代,思想更不容易扎根而流逝地不及追其影踪,前科学时代的神话在电脑时代的 20～21 世纪交接部,它所包含的世界观——是随科学进步而必然消退还是由于人类心灵的积淀而转型为一种贯穿人类经胳血脉式的思维而在一切人文领域发挥其永恒价值——这个被 J.W.罗杰森称"远远超出了神话研究史长度的包含着人类和文化的"问题,实际上是神话意味什么的问题。使古老象征的永恒价值获得现代形式的复生,一直是宗教所做的事,讲"复活"的基督教与讲"轮回"的佛教似乎有一更为庞大的神话系统,对于现代人,把握岁月流传给我们的隐喻,并非易事;在一个大的范畴里把握具体人生的文学作为个体人——作家和整个人类共同的成人仪式这一点就一直未被重视,这种命运犹如被我们忽略却一直与我们息息相关同时代表迷信与真理的构成我们精神生活底蕴的神话。神话在人类中期文化形式系统中所占据的地位,与今天的文学相似,神话后来裂为碎片状态成为文化中更专业化的学问仅供职业化研究从而不再为普通人所认识,文学会否在未来有一天也裂为碎片,散布于浩瀚的人意识中而成为文化中的贡品在展柜中陈列供人鉴赏而成为少数人的精神呢?唯一能拯救于此的大约是建立一种神话意识或神话思维使之不致陈腐老旧并能时时更新,神话文化的根的建设,也使文学超越文化的阶段性而与原始文化相接,在力求发掘本土文化心理深层秘密并重塑民族精神、灵魂的意义上,使文学成为有根的文学。发现和规定人类的内心世界,有助于我们不再纠缠于现实与浪漫等主义方法问题,逃脱阶段性表象创作而深入到内心精神的冲突中去。对于一时代精神状况而讲,反映在个体神话形象上的宗教意识的危机同时暗示着社会意识的危机,对于这种与人处境相关的危机,神话与文学的意义就在于再度肯认人类的一种可称为信仰的心理能量,这也是文学永恒的使命,这个使命已经涵盖了民族文化的审视与重建、欧洲中心主义西方文化霸权的"声音盗用"以及后殖民文学的独立等文化问题的解决。一方面,神话为有创造力的民族文学提供了确立自己声音、倾听远古祖先精神回响的机会,一方面,神话也在要求精神的全人类性。在这一点上,人类学家的提醒是对的,"不能自觉关注那些伟大的神话主题,等于失去了潜在地使人们相互发生联系的东西。对神话若不能持以自觉的意识,就会接受那些冒充神话的意识形态,如'技术可以解决问题'的神话,'种族的'神话以及机器的'神话'"等等——当然还包括政治神话。文学的重建人类信仰的功能尚待开掘,文学作为时代启示录而存在的意义远未完成,也许注目神话会导引出这样一种意义,我在读一些中西神话时,总会与相同的心理结构和精神意旨相遇,并常常惊异于一些散见于欧亚——南北美洲的文学母题的类似,神话——文学作为人类心理的"胎记"的这个事实,一定有某种伟大而沉默的隐喻,隐喻着某种联结人类文化共同体的信仰正在滋生。由此,祭司的任务不仅在于传承文化,而且包含了创造神祇和保护信仰。而这一切,都必须建立在一个基础上,那就是:人类不要错待自己的历史。这是我们唯一可作为遗产留给后世的,也是一个作家能够凭借文字形态使人类不屈的精神包括他自己活在不同时代的唯一方式。

原载《文学世界》1995 年第 4 期

李佩甫：书写中国版的《变形记》

王晓君　李佩甫

　　2011年年底，在中国作协代表大会上，记者从作家李佩甫口中得知《生命册》这部小说即将出版的消息，本来以为这部作家出版社的主打产品——《生命册》会出现在2012年的北京图书订货会上，没想到的是，在作家出版社的展台上，记者只是看到了这部书的海报。这是一部姗姗来迟的书。1999年，李佩甫出版了长篇小说《羊的门》，2003年他又出版了小说《城的灯》，《生命册》是李佩甫"平原三部曲"的压卷之作，也是他准备时间最长的一部小说。与前两部作品不同，李佩甫写这部小说采用的是第一人称，从"我"的视角出发，把"老姑父"、"骆驼"、"梅村"、"梁五方"、"虫嫂"等一系列典型人物的形象串联起来，采用放射性结构方式，书写了整个平原上的地理环境及一个村庄50年的生存状况。

　　既然是三部曲，为什么在书名、人称和结构上，较之前两部，有那么大的差别？这三部曲在作家本人的生命历程中有着怎样的代表意义？作家本人希望读者从这部书中受到什么样的启发和警示？不久前，记者听说李佩甫到北京开会，借此机会，第一时间采访了他。目前，《生命册》已由《人民文学》2012年第一、二期全文刊出。作家出版社出版的《生命册》将在近期与读者见面。

　　李佩甫，当代著名作家，河南省作协主席。著有长篇小说《羊的门》《城的灯》《等等灵魂》等，中篇小说《黑蜻蜓》《村魂》《田园》等。曾先后获全国"庄重文文学奖"、"飞天奖"、"华表奖"、"五个一工程奖"、"人民文学优秀长篇奖"等，他的部分作品被翻译到美国、日本、韩国等。

　　问：您从什么时候开始酝酿写《生命册》这部长篇作品的？前后一共用了多长时间？

　　李佩甫：从宏观角度来看，我准备了50年，那是一个从生活到创作的长期酝酿、浸泡过程。从具体写作时间来说，也有五六年的光景。最早只是写了几个开头，每次都写到七八千字，找不到语言感觉，就停下了。而后一次次开头，都不满意，废掉了。后来又到乡下住了一段时间……重新写，又写了三年。

　　问：图书宣传语上标明这是一个男人五十年的心灵史，您的年龄差不多就是这样的一个时间历程，是不是可以理解为这就是您个人的心灵史？或者说这是你们这一代人的心灵史？

李佩甫：首先说，"我"这个人物是虚拟的，是小说中的"我"，肯定不是作家本人。作家的感情是随着人物命运走的，一旦动了笔，就身不由己了。这部长篇小说的时间跨度是50年。就此意义上，也可以说是一个男人50年的心灵史。说它是"心灵史"，是从一个人的记忆视角出发的，它是一个人的内心独白。这里记录的是一个人（"我"）50年的内心生活，每个人的内心都是一面镜子，是镜子里的50年。

问：我个人认为，《生命册》这个书名涵盖了书中所有的人物，每个出场的人物都是这个小说的主人公，因此，我想知道这个书名的由来和它所蕴含的意义？

李佩甫：每个作家都有一块自己熟悉的"领地"。我的"领地"是平原。当然，是虚拟意义上的"平原"，《生命册》应该是一部平原上的"植物说"。

多年来，我一直在研究"土壤与植物"的关系，我是把人当作"植物"来写的。《生命册》这部书，我写的是一个"背着土地行走的人"。主要是写"土壤"、或者说写"背景"的。在这部书里，所有的人物都是"我"的"生存背景"。这部作品正是通过一个"幼芽儿"的成长过程来展现"背景"及"土壤"的。这里要告诉人们，"我"是在什么样的环境下成长、发育的。滋养其生命的"营养液"是什么？同时，在广阔的时代背景下，"我"怎么成了一个漂泊者、一棵无根的"树"。

关于"平原"，我一直有写三部曲的打算。1999年出版了长篇小说《羊的门》；2003年又出版了《城的灯》；《生命册》是第三部，是准备时间最长的一部，也是我的"平原三部曲"的压卷之作。《羊的门》《城的灯》是从《圣经》上找到的书名。而这部不是，虽然也延续了三字格，但这个书名来自平原本土。因为它要诉说的是"平原"的"土壤"，也可以说写到了"我"生长的根部。

问：《生命册》的结构方式好像与您以前的作品不同，全篇采用第一人称，而且还有许多"草蛇灰线"式的隐笔，比如"见字如面"，比如"给口奶吃"等，您是怎么考虑的？

李佩甫：这部长篇我采用的是第一人称，是放射性的"树状结构"。从一风、一尘、一树、一花写起，写的是"植物"的生长状况。从文本意义上说，这部书是对"树状结构"的一种尝试。"见字如面"和"给口奶吃"等"隐笔"，可以说是隐在这部长篇小说里的内在导线，或者叫"子母扣"。"见字如面"是父系记忆的引线，"给口奶吃"是母性记忆的引线，二者合起来就成了这部长篇小说的树状结构"锁钥"。

这部长篇小说独一无二的地方就是写了一个人成长的、极为复杂的"背景"。这是一部树状结构（主写背景）的小说。

问：这部《生命册》以及您以前的长篇小说，不管是纯文学作品还是畅销书，都有一种让人感到心里隐隐作痛的结局。为什么？

李佩甫：这部小说是我心灵的故乡。我爱这片土地,爱这片土地上的人们。有时候,写它的时候,真有一种"指甲里想开花"的感觉。那些日子,书里的日子,叫人心里发疼。拿起笔的时候,我看着他们,就像是看着我自己。所以说,这是一部自省书,是一个人50年的心灵历程,还可以说是一部中国版的《变形记》。在大自然中,人是很渺小的。人类一直渴望着过一种理想化的生活,可人类仍然重复着先人走过的路。我们在建设中破坏,在破坏中建设,我们在建设中继续破坏……所以,一个印第安人的话发人深省:别走太快,等一等灵魂。

问:对《生命册》主人公骆驼的人生悲剧您如何解读?

李佩甫:在书中,"我"说过:人走得太远,就回不来了。我们每个人心中都藏着一个"骆驼",我们都渴望成为"骆驼"。骆驼是时代的弄潮儿,同时也是一个悲剧人物。骆驼的悲剧是一开始就种下的,是含在骨头缝儿里的。最后,拥有亿万资产的骆驼还是从18层大楼上跳下去了。可杀骆驼的是他自己,是精神上的"贫穷"。骆驼不是坏人,在这个世界上,也没有纯粹意义上的坏人。他们是活在"环境"中的人。

在这里我还要说的是,人类在物质高速发展的今天,已经到了一个节点上。我认为,中国已经进入了精神疾病的高发期。当我们吃饱饭后,我们又面临着新的"生态危机"。以建设为名的这部高速列车已经刹不住了,我们不知道它要把我们带到哪里去。人类怎么与大自然融合,这对于一个民族来说,是一个新的命题。也就是说,当我们的心灵从虚拟的天空回到大地上时,大地已满目疮痍,我们已经丧失了诗意的"家园"。是的,这一切都离我们很近。看见危险了,可我们没有敌人。也许,真正的敌人就是我们自己。

问:《生命册》对当下财富秘密的揭示,很是大胆,您书中还专门写到了股市,书中所写炒股的"秘方"是真实的么?

李佩甫:书中关于经商炒股那部分,是一些股市中人告诉我的。有一年,我去北京开会,刚好碰上了一些股市高手,他们也只有三十来岁,经济积累已完成了,个个都是亿万富翁。跟他们聊起来……当时也没想写东西,只是到了后来,我也试着炒了一点股,被套之后,才明白其中的道理。所有这些,都写在书里了。

问:如果把《羊的门》《城的灯》《生命册》这三本书比喻成您的孩子,您怎么评价他们? 他们与您生命中每个时期的关系是怎样的?

李佩甫:"平原"是我的精神家园,我的写作方向一直着力于"人与土地"的对话。《羊的门》是写"草"的,写的是原生态;《城的灯》写的是"逃离",是对"城"的诱惑、对"光"的追逐;《生命册》写的是"树"的生长状态。

三部作品是递进关系,《生命册》无论从宽阔度、复杂度,还是从深刻度来说,都是最全面、最具代表性的。

问:这是一个轻阅读、浅阅读的年代,您希望这个时代的读者,他们应该怎样去理解、去思考《生命册》这样一部小说?或者说他们的命运中有哪些东西是和这本书有着必然联系的?这部书对他们可以起到什么样的启发和警示作用?

李佩甫:从某种意义上说,文学是人类精神生活的沙盘,也是人类生活的参照系。在文学意义上,文字也不是文字本身,它是人类思维的智慧结晶,是带有方向性和思维导向性的文本。

中国文学正处在一个网络化、商品化时期,也是全民写作的时期。人人都可以在网上发表自己对生活的见解和认识,这在一定程度上、也在一定意义上强化了文学的多元形态。多元化发展是好事,全民写作本也是好事。但是,文学一旦失去了应有的水准和品格,失去了应有的批判和探索精神,失去了文学语言应有的思想性和想象力,其结果必然是庸俗化的泛滥。没有道德水准的社会生活是可怕的,没有精神语言指向的文学也是可怕的。

文学本应是人类精神的先导,是"麦田的守望者"。从这个意义上说,《生命册》就是现实生活的沙盘,是一部具有思辨意义的内省书。

原载《新华书目报·社科新书目》2012年3月19日

李佩甫:"平原声音"的种植者

逄春阶 李佩甫

著名作家、河南省作协主席李佩甫的长篇小说《生命册》最近出版,这也是他继《羊的门》、《城的灯》之后"平原三部曲"的收官之作。小说是他用50年时间积淀、追溯城市和乡村时代变迁的"心灵史"。本报记者4月10日对李佩甫先生进行了专访。

拉开距离,才能看得清

《大众日报》:你特别爱用"平原"这个概念,小说中,还写到了平原省,你笔下的"平原"具体含义是什么?

李佩甫:我老家是河南许昌的,我非常喜欢这块地域,但是我小说中的平原已经不是现实平原,是虚拟出来的,是在脑海里发酵、浸泡,长期酝酿之后再现的平原,是我生命中的平原、文学中的平原。

《大众日报》:我最早读你的小说是中篇《红蚂蚱 绿蚂蚱》,写得非常从容,不急不慢。我记得题记是用泰戈尔的诗:"旅客在每一个生人门口敲叩,才能敲到自己的家门;人要在外边到处漂流,最后才能走到最深的内殿。"这次在《生命册》中,你又把这句诗拿来当了题记。

李佩甫:写作是一个东奔西突、苦苦寻觅的过程,我从1978年发表作品,到1986年才发表了真正属于自己的、有独特认识的作品。这就是那部3万多字的中篇《红蚂蚱 绿蚂蚱》。

三十年前,我看到了泰戈尔这两句话,我很欣赏这段话,人只有拉开距离之后,才能看清你家乡的那些人和事。曾经有一个作家说过,我父亲当了六十年农民,他也写不了农民。真正的农民不可能看清自己的生活,只有拉开距离之后才能看清楚这块土地和这块土地上生活的人们。

《大众日报》:这次看完《生命册》,又读了一遍《红蚂蚱 绿蚂蚱》,感觉它是《生命册》的草图,或者说是一次预热。可以这样说吗?

李佩甫:我写完《红蚂蚱 绿蚂蚱》,感觉找到了写作的方向,这是多年努力的结果,我有了自己的"村庄"。后来,通过十多年的努力,我找到了"平原"。这是我的写作"领地"。尔后就有了平原三部曲:《羊的门》、《城的灯》和这部《生命册》,我也成了一个"平原声音"的种植者。

《大众日报》:特别欣赏小说开头:"我是一粒种子。我把自己移栽进了城市。我要说,我是一粒成熟的种子。我的成熟是在十二岁之前完成的。我还告诉你,我是一个有背景的人。我有许多老师,家乡的每一棵草都是我的老师……"

李佩甫:小说的第一句话很难写。我一般用第一句话来确定整个长篇的情绪和语言走向。有时,为寻找一部作品的语言情绪(也就是开头的第一句话),我会傻傻地一坐几个月,那是最苦的日子。

自20世纪80年代后,我们常年被西方和拉美文学所笼罩,比方说行文中爱套用马尔克斯小说《百年孤独》的"多年之后"句式开头。这次我想在文本上作一些探索。首先长篇用第一人称来写,对我来说是第一次。再一个用树状结构表现这块土地,对我来说也是第一次。大量的内心独白,对乡村的认识和了解,主写它的"背景",这种回溯式的描写也是第一次。

另外,一部长篇,时间的跨度大,我整整写了一个人的五十年。我没有完全按时间的流程,是按照心理流程来组合的,这是我的一种试验。它更像是一本自省书,是自说自话。

是"物"绑架了"人"

《大众日报》:这部长篇,最可贵的是直面现实,不回避当下的矛盾,写到了拆迁、写到了上访等等热点问题。

李佩甫:我们平原上有句土话叫:"牛"已经被人牵走了;我们还在那里吃力地"拔橛儿"呢。这些年来,两个"市"把全国人民都卷起去了,一个是"股市",一个是"楼市",让所有人都在欲望的漩涡里挣扎,是"物"绑架了"人"。

经济与世界接轨了,可我们不在一个起跑线上。就像书中写的那样,在市场经济领域里,我们没有"标尺"。"标尺"是人家的,"红绿灯"也是人家的,有什么办法呢?

人类怎么与大自然融合,这对一个民族来说,是全新的命题。也就是说,当我们的心灵从虚拟的天空回到大地,大地已满目疮痍,我们已经丧失了诗意的"家园"。是的,这一切都离我们很近。看见危险了,可我们没有敌人。也许,真正的敌人就是我们自己。

《大众日报》：书中的那个"骆驼",已经完全成了经济动物。最后自我殒命。

李佩甫：现实生活中有很多这样的人,撒一泡尿就挣了一千万,路边有一个售楼处,他说我是买楼的,我把这全买了,第二年房子涨价了,就挣了一千万。其实,我们每人心中都藏着一个"骆驼",都渴望或曾经渴望成为"骆驼"。骆驼是时代的弄潮儿,同时也是一个悲剧人物。他的悲剧是一开始就种下的,是含在骨头缝儿里的。最后,拥有亿万资产的骆驼还是从十八层大楼上跳下去了。可杀骆驼的是他自己,是精神上的"贫穷"。骆驼不是坏人,在这个世界上,也没有纯粹意义上的坏人,只有活在"环境"中的人。

树疼吗? 我替它疼

《大众日报》：小说中对人性恶的一面的描述非常让人震惊。有些意象比如一颗人头滋养的"汗血石榴",太吓人了,超出了一般人的想象。你在写这个意象的时候,灵感来自哪里?

李佩甫：你参观过盆景园吗?我多次看过。那一株株价格不菲的盆景,被铁丝捆着、箍着,作出各种造型。我觉得这是一种病态。树是自然生长的,但这里的各种盆景都是经人工修饰的,那所谓的"美"也是病态的。我看了特别不舒服,树疼吗?我替它疼。另外,我想说的是,谣言是可以杀人的。在民间,口口相传,也未必都是真实的。比如:只要有一个人说,"汗血石榴"花盆下埋的是一颗人头,人们就都信了。当然,在书中,这是条伏线。

《大众日报》：你对植物很有感情,在好多作品中都有体现,比如在《李氏家族》中的败节草,比如《城的灯》中的会跑的桐树。

李佩甫：我喜欢写植物,在《生命册》中,我把人当成树,平原上几十种树,我是认真研究过树的,跟木匠认真研究过树,这些树为什么离开土地之后变形,这样的土地为什么生长这样的树木、植物,是跟这样一块土地有关,这样的土地很难生出栋梁之材,原因很复杂。

《大众日报》：你写的主人公吴志鹏乳名"丢儿",也就是"我",有丢失了故乡的感觉。或者如植物抖落了泥土。怎么摆脱这样的命运?

李佩甫：书中的"我"说:一片干了的、四处漂泊的树叶,还能不能再回到树上?这是发问。

我在乡下住了很长一段时间。晚上九点钟围着村子转了一圈,只碰上了一条狗。狗看着我,我也看着它,不知道它想问什么?"我"说过一句话,过程是不可超越的。我们还是要相信时间。

相对保守又不甘沉沦的一代人

《大众日报》：山东作家张炜的《你在高原》，写的是20世纪50年代生人故事。你塑造的吴志鹏和"骆驼"，也是那个年代生人故事。"50后"这茬人，现在正是社会的中坚力量，在各行各业，都有着精彩的表现。你概括一下这代人的特质如何？我感觉，50年代生人作家，正进入第二次爆发期，第一次是80年代初、中期，你同意我的判断吗？

《大众日报》：50年代生人，都是受过理想主义熏陶或梦想教育的一代。这代人有底线，是相对保守又不甘沉沦的一代人。在单一的年代，我们渴望多元；在多元化时期，我们又怀念纯粹。但社会生活单一了，必然导致纯粹，纯粹又容易导致极端。社会生活多元了，多元导致丰富，但又容易陷入混沌或乱象。这是一个悖论。

我们这代作家，最初，应该说是一代不为"稻粱谋"、以写作为生命的。能走到今天，都是不容易的。80年代是中国作家的黄金时期。到了今天，这代作家（包括我自己）也都不同程度地遭遇到了写作的"瓶颈期"。尤其是在文本意义上，还鲜有代表本民族的最好文本。在有生之年，我们当然渴望有所建树。

"指甲里想开花"

《大众日报》：你说过一句很新鲜、很形象的话叫："指甲里想开花"的感觉。这到底是一种什么感觉？

李佩甫：写作，尤其是长篇创作，是个力气活。有苦的时候，也有快乐的时候。每当写不下去的时候，或是找到了一句最准确表达的时候，指甲缝儿里会发痒，有时候会疼，不停地抠，真有一种指甲里想开花的感觉。

《大众日报》：我注意到你写到声音有了颜色，比如青蛙叫是什么颜色，骡子、马叫是什么颜色，写得很形象，这种通感，是在什么时候发现的？

李佩甫：乡村的记忆（尤其是关于声音的记忆）来自童年。只是，它需要不断地在脑海中浸泡，不断地补充……让记忆的色彩一次次幻化。

《大众日报》：在书中，你用书中主人公吴志鹏（即"我"）说："在这块土地上,没有一片树叶是干净的——这是风的缘故。"一种风,流行风。

李佩甫:作品中说的风是指平原上的风。你到俄罗斯,或是南方,就不是这样。因为平原上的风,是从遥远的西伯利亚那边刮过来(尤其是冬、春天)的,它荡荡而来,刮着刮着,到了平原上就缓下来了,大量的尘埃就落在这块土地上,所以平原上的树叶不可能是干净的。

你也可以理解为隐喻。在一个时期里,潮流决定风尚。物欲被刺激的时代,社会普遍存在着"投机心理"。当人人都渴望越位,渴望靠投机成功,这个社会就很危险了。人一旦越过了底线,就不成其为人了。

《大众日报》:你到过山东的什么地方?

李佩甫:我曾经到过山东的济南,是路过。后来参加一个长篇研讨会,去了淄博、临沂。临沂的水真好,人也好。山东我有好多朋友,比如作家张炜、刘玉堂等等。

《大众日报》:下一步,有什么创作打算?

李佩甫:需要补补气,充充电。我要种的,自然还是"平原"。也打算在文体上作一些尝试。

原载《大众日报》2012 年 4 月 20 日

看清楚脚下的土地

舒晋瑜　李佩甫

舒晋瑜：童年的经历对作家的影响是巨大的，但是美国批评家尼尔·波兹曼在《童年的消逝》中有过"童年正在消逝"的言论，美国文化好像敌视童年的概念。

李佩甫：五十多年过去了，所谓童年的记忆已经碎片化了。我出身于工人家庭，在小城市长大。但童年的记忆，还更多是乡下姥姥家的。那或是风，有颜色的风，沙味的风；那或是雨，绵绵的，还记住了草屋或瓦檐下的滴水，一个个带沙音的滴声；那或是一碗水煮红萝卜，或是烧着地火的红鏊子，或是发了霉的红薯干；或是夜半的一声老咳……仍然记得，三年困难时期，乡下的亲戚到城里来，手里提着两串毛毛草串着蚂蚱，很羞涩地站在门口对母亲说：姑，没啥拿……天长地久，我以为，这是一种浸泡过程。

舒晋瑜：您最早的阅读是从什么时候开始？那时的阅读对您产生了怎样的影响？

李佩甫：五十年前，在一盏油灯下，我有幸读到了此生的第一部外国文学作品。时光荏苒，五十年后，一切都模糊了，可我仍然能记得这部作品的名字：《古丽娅的道路》。这本书是我从一位小学同学那里"借"来的。我这位同学的父亲，本是清华大学毕业的高材生，可他却成了右派。这个身材高大的"右派"那时正在街道上打零工，干挖沟之类的活，他常常被街道的小脚老太太训得咧着大嘴哭……这都是我亲眼看见的。可他家有书！

我要说的是，正是书本改变了我的人生走向，也由此改变了我的生活轨道。那时候我还不懂世事，也不知道应该反对什么。在我模糊不清的、多次被修饰篡改过的记忆里，这本书是有颜色的，它五光十色，一下子就把我带进了一个"天堂"，一个小城市贫寒家庭的工人儿子眼中的"天堂"。我得说，在我干渴的童年里，这是一本有气味的书：甜点的气味，"大列巴"的气味，果酱的气味，还有沙发、桌布和羊绒地毯的气味……是的，这气味一下子就把我给征服了。虽然那时候我从未吃过面包，也不知道什么是"大列巴"，然而，在中国最饥饿的年代里，我却"吃"到了最鲜美的"大列巴"。

还有声音和语气：那种用鲜牛奶和白面包喂出来的声音；那种在插有鲜花的、铺有亚麻桌布、大瓷盘里摆满了红苹果的桌前，坐在沙发上，听着优美的钢琴曲,尔后再谈论些什么时发出的声音和语气;那种带有阳光和青草气味的声音和语气,风透过白色的窗纱把那甜美的声音送到了我的耳边,甚至连呼吸都是诗意的。就像百灵鸟在歌唱,或者是一串一串的银铃儿在响……虽然我还没有见过银铃,虽然我还不知道什么样的鸟儿是百灵鸟,虽然我还没见过白色的窗纱……还有爱情,当然有爱情,"布拉吉"迎风飘扬!这本书让我早在童年里就有了关于爱情的标尺:一个穿"布拉吉"的姑娘正向我走来,汪着一双水灵灵的大眼睛,脚下有一双天蓝色的小皮鞋,弹弹地走。这文字背后有八个字的刻度:高贵、美丽、健康、善良。这就是俄罗斯文学最初对我的浸润。

舒晋瑜:您的第一篇习作是什么?处女作是《青年建设者》?那是在什么情况下发表的?还能回忆下当时的情景吗?

李佩甫:《青年建设者》是我的一篇很稚嫩的习作,是1976年年底写的,三个月后我接到了要我进省城改稿的通知。很多年过去了,我仍然记得我被挂在火车车窗上的情景。那天,当我兴冲冲赶到火车站的时候,先是排队,车站管理员让搭车人在广场上排成长队,尔后在他的号令下,像遛狗一样喊着"一、二、一……"让我们在广场上转着圈走步,足足遛了十多分钟。终于,开始检票了,车到站了,也停下来了,可就是不开门。这是个小站,火车只停三分钟,因为车上人太多,车门竟然不开。赶车的人急得傲傲叫,像乱蜂一样四处乱窜……最后,无论上车或下车的,都只好从车窗上爬进爬出!那时我还年轻,也跟着人们往车窗里爬。不巧的是,我穿的厚衣服挂在了车窗钩上,无论怎么挣扎都挣不脱。这时候,汽笛响了,火车缓缓开动,可我头在里,半身在外,进不得又退不得,仍旧在车窗上挂着……在站台服务员的惊呼声中,大冷天我急出了通身大汗。火车哐哐地,越来越快了!此刻我头都大了,心里乱哄哄的,一咬牙,只听"哧拉"一声,把背上的衣服撕了个三角口子,就这么狼狈不堪地爬进去了。可那时候,这是最正常的事情了。

我是带着介绍信(那时出门必须有介绍信)、背着衣服上撕破的"三角口子"进省城的。我住在省城一家报社招待所里,就这篇习作而言,八千字的稿子,我八天改了八遍。那时的编辑老师是个热心人,一会儿说:要这样改。一会儿又说:这样不行,要那样改……八天里,我昼夜不息,一遍一遍改,脑子都改糊涂了。到了最后,编辑老师很诚恳地告诉我说:据我多年的经验,编辑咋说你咋改,改不好。我记住了他这句话。回许昌后,我按自己的理解,又重新写了一遍,这才发在了1978年元月号的《河南文艺》上。

舒晋瑜:1978年发表处女作,您的创作是与改革开放同步的。当时您正在工厂吧?不知这个起点带给您怎样的印象?

李佩甫:我曾经在一家生产"牛头刨床"的工厂里当过四年车工。开过各样车床。那时候，中国制造工业所有的技术标准都是20世纪50年代从苏联照搬过来的，设备很落后，叫"苏标"：有c618、c620、c630、c650等等。在工厂里有"紧车工、慢钳工、吊儿嘟当是电工"的说法。开车床一天站八小时，很紧张，一按电门，机器高速旋转，起步就是每分钟三千转，得两眼紧盯，搞不好，一刀过去，零件就废了！我是业余时间写小说的，那时工厂三班倒，有白班、前夜班、后夜班，所以还有一点点时间……记得1977年的一个冬日下午，我正参加厂里举办的一次篮球比赛。中间休息时，有人拿着一张报纸跑来告诉我说：你的小说发表了，目录上有！当时，我很兴奋，下半场比赛时，每投必中！这就是精神作用了。还记得当晚下班时，厂工会主席给了我一把钥匙，那是工会办公室的钥匙。那时我住集体宿舍。这就是说，每晚下班后，我有了一个看书写字的地方。

舒晋瑜：您大概是什么时间下乡当知青的？您当生产队长的时候是什么情况？能说说您的经历吗？那段时间，有没有与文学相关的话题？

李佩甫：我1971年下乡，我的知青生活是在汗水里泡出来的。当时我们知青队，有七八十个人，只有四个十分的"劳力"，那时都叫"劳力"，我是其中之一。许多年过去了，我至今仍然记得，我（或者说我们队）曾经欠公社食堂一百个蒸馍！记得那是一个夏天的晚上，我领着知青队的十几位"男劳力"拉着十几辆装满烟包的架子车往一个四等小站（临近公社所在地）的货场送烟包。我们村离这个车站有几十里远，每辆架子车大约八九百斤重。等我们拉到货站，卸下烟包时，已是午夜时分了。天黑路远，我们一个个累得疲惫不堪，饿得肚子咕咕乱叫。于是，就有人出主意说：咱上哪儿弄点饭吃？月明星稀，都下半夜了，只有狗叫声，哪里有饭吃？马上又有人出主意说：操，去公社，公社有食堂！于是，我们十几个知青，拉着架子车，在凌晨时分，敲开了公社的大门，一群饿狼到公社要饭来了！大门敲开后，一位食堂管理员说：干啥？这是干啥？我们十几个人居然虎汹汹地说：饿了。给点饭吃。

那人说：这都啥时候了，哪儿还有饭？我说：剩饭也行。他说：剩的也没有。有知青说：馍，有馍么？那人迟疑了一下，说：馍倒有，凉的。我们欢呼说：凉的也行。他不想给，说：要借，得打欠条。我说：行，我给你打条，到时村里还你麦。就这样，我们从公社食堂借出了一百个蒸馍。那天夜里，我们十几个人十几辆车一个拉一个串成一串，边走边吃边唱，风凉凉地吹着，十分惬意！

回到村里，我立即找到管经济的老农队长，诉说借蒸馍的事。我说，我打了借条，必须还。他说：嗯。还。我知道了。此事，我一直很不安，见面就催他，整整催了一年……催急了，最后他说：公家的，不用还。就这样，到了也没有还。这是一个很质朴的老人，可他是"对"的。

舒晋瑜：改革开放对中国作家们的影响与浸润，多是来自西学。您那会儿也写过意识流,而且被《新华文摘》转摘。那时候您的写作处于怎样的状态?当时河南有怎样的文学氛围?

李佩甫:整个80年代都是一个读书学习借鉴的年代。我们张开所有的毛孔吸收西方各种文学流派的营养,那时候河南文学界办了很多讲习班,大家经常在一起讨论阅读的感受,谈构思,谈想法……一个个就像打了鸡血一样兴奋!比如,看了《百年孤独》后,我们一个个目瞪口呆!原来文学也可以这样写?面前仿佛有了一千条路,可哪一条是我们的呢?那是一个既激动又迷茫的时刻。社会上仿制品很多,几乎所有的作家都不同程度地受到了影响。我必须说,我的记忆有误,我是学着写过意识流作品,可终于没好意思发出去。我的那篇被当年《新华文摘》转载的小说不是意识流,它只是一个名叫《蛐蛐》的短篇。

舒晋瑜:从20世纪80年代的理想氛围中走出,很多作家都会经历一个精神的适应期。咱们上次对话时谈到,有一段时间是"像狼一样在各个街头排徊,想写好作品,想找好素材,想找好方向",你是怎么度过这一适应期的?其间做了怎样的思考?这种苦闷与焦虑的状态,现在看似乎也是一个作家走向成熟必须经历的。

李佩甫:20世纪80年代中期,可以说我吃了一肚子"洋面包",肚子一直很胀,却没有消化的能力。是的,那时候,每天晚上,我像狼一样地在街头徘徊,漫无目的地走,不知道该往哪里去。那时候我已经知道文学不仅仅是写好一个故事的问题了,敢说"创作"的,必然是一种创新,或是"人人心中有、个个笔下无"的东西。这需要一种独一无二的表述和认知方式。可你是个笨人,你并不比别人聪明,你凭什么呢?有一段时间,转来转去,走着走着,我会走到省体育馆,那是个大院子,大院子有大锅式的屋顶。大锅旁是用钢丝网围起的一个溜冰场。那个溜冰场上有很多年轻人在滑旱冰。在这个旱冰场上,有一个最受注目的人。他有一个无限重复的、让围观的人耻笑的动作:"燕飞"……他是个男人,却一次次地以女性的姿态"燕飞"……人人都知道他"飞"不起来,可他想"飞",飞得忸怩。我真的很害怕在文学创作上也会成为飞不起来的"四不像"。"洋面包"很好吃,可我却长了一个食草动物的胃。这就是我当时的痛苦。

舒晋瑜:在《红蚂蚱 绿蚂蚱》中,您找到了更为丰富的资源——您的源泉就是平原,无论是四季变化、植物生长、人的生命状态都是您最熟悉的。其实这也代表了当时一批作家的变化:逐渐回归传统。

李佩甫:我个人认为,这不是回归传统,而是寻找认知的方向,寻找自己的创作源泉,打一口属于自己的"井"。

认知或者说创造性地透视一个特定的地域是需要时间的。不光需要时间,还需要认识。时间是磨,认识是光。于是才有了《红蚂蚱 绿蚂蚱》。

舒晋瑜：回顾三十多年的写作，能否给自己的创作进行一下总结，如果可以分阶段的话，经历了怎样的变化？

李佩甫：可以总结为三点：一，过程是不可超越的。二，从认识的角度说，作家需要不断地否定自己。三，语言就是思维，文学语言不是文字本身，那是思维过程和认知方向。

舒晋瑜：20世纪80年代，您完成第一部长篇《李氏家族》。很多作家通过写家族史表达中国的沧桑变化，像陈忠实的《白鹿原》、张炜的《你在高原》、台湾作家陈玉慈的《海神家族》。您认为《李氏家族》在"家族"书写中有怎样的特色？与国外的作家作品比如托马斯·曼的《布登勃洛克一家》及雨果的《悲惨世界》等相比，中国的家族书写具有怎样的特点？

李佩甫：对于中国文学来说，20世纪80年代中后期是一个"回头看"的时代，也是文学经过"反思"后"寻根"的开始。记得有一天，我脱了鞋上床，不经意间忽然发现，我的小脚趾盖是双的。从小脚趾甲为什么是双的疑惑开始，我有了《李氏家族》的初步构想……当然，外国文学的影响仍然存在。但中国的家族小说，是在从"反思"到"寻根"的认识基础上发酵而起的。

舒晋瑜：您的长篇《金屋》也是一部探讨人类如何在大地上栖居的小说。它的思想内涵呼应了《送你一朵苦楝花》中"哥哥"对于金钱和人性关系的困惑；从情节上又延续了《李氏家族》的故事。我特别认同您所说的，一个作家一生其实是在写一部作品。

李佩甫：我说过，"平原"是生我养我的地方，是我的精神家园，也是我的写作领地。在一段时间里，我的写作方向一直着力于"人与土地"的对话，或者说是写"土壤与植物"的关系。我是把人当作"植物"来写的。

在文学创作上，我找到了属于自己的"平原"，就有了一种"家"的感觉。当然，这已经不是具象的"平原"，这是心中的。可以说，我作品中的每一个人物，都是我的"亲人"，当我写他、她们的时候，我是有疼感的。因为，实实在在地说，我就是他/她们中的一个。

舒晋瑜：人性—植物—土壤，这一写作的内在关联，始终在您的写作中贯穿。比如在《送你一朵苦楝花》中，背叛父母、为了一碗面条不惜出卖肉体的"下贱"女孩梅妞被塑造成了一个明亮的、充满活力的"植物"，比如《生命册》中老姑父的头颅埋入盆栽成为"汉血石榴"。而且《生命册》中也有这么一个"梅妞"，"叛逆"成了作品的重要部分，这里有何寓意？很多不可能的事情是来自民间的想象，还是受西方荒诞派的影响？

李佩甫：生活是自己的，"平原"是自己的，认知却是来自多方面的。

我说过，在平原，土地是很宽厚的：给人吃、给人住、任人践踏；承担着生命，同时也承担着死亡。土地又是很沉默的：从未抗拒过人的暴力，却一次次给人以警示。在平原，草是最为低贱的植物，书中的"小虫儿窝蛋"就是这样一种草花。平原上的草是在"败中求生，小中求活"的，它靠的就是四个字：生生不息。

比如，《生命册》中"虫嫂"就是这样一个人物，她就像"小虫儿窝蛋"一样，可以任人践踏，贱得不能再贱了。可就是她，靠捡破烂供出了三个大学生，就连死的时候，也是自己花钱葬的（她把自己的丧葬费藏在了一把破扇子把儿里）……我把人当植物来写，就是要表现"土壤与植物"的复杂关系及生命状态。当然，我从"原生态"的写作，到"精神生态"的认识，这中间是有过程的。

舒晋瑜：《羊的门》、《城的灯》——您的作品不止是题目与《圣经》有关，更重要的是，有一种神性的力量。如此游走在人性的卑微和神圣间的意识，又如此充满诗意与激情，这种意识，有源头吗？

李佩甫：对于我来说，《圣经》不是源头，只是借用。有那么一个时期，《圣经》一直在我枕头旁放着，我是把它作为文学作品来读的，晚上睡不着的时候会翻一翻，仅此。从本质上说，我们的源头或者说我的源头，仍然是中华文化，或者说是五千年的文明史，这是流淌在血管里的东西、洗不掉的东西。也许，更多的是儒家文化的浸泡或者说是桎梏，是锁链也是营养钵，走不出的。汉文化的一个个文字都是用血肉喂出来的，先是刻在龟背上，后又长在人心里，都是有背景的。我认为文字是文明的开始。在时间中，生活会演变成传说，传说会演变成寓言，寓言会演变成神话，一个个放大了的民族的神话。也许，我们正在重新寻找一个民族的思维神性。

舒晋瑜：不止于此，在所有作品中，还有一种对"罪"的探寻与反思：人类最深沉的罪孽感不是导源于对具体的条文规范的违反，而在于切断了自身和大地的关联。从早期《金屋》中的人物的疯狂和走火入魔，到近期《生命册》中的骆驼从腰缠万贯却最后跳楼自杀，隐含着一种"罪"的提醒。

李佩甫：对于一个民族来说，有真正意义上的信仰，才会有神性的存在。可我们"神"太多，乱神，就等于没有神。一个民族，要有"灯"；没有"灯"，就只有"罪"的苦海。

舒晋瑜：20世纪80年代，我们把文学的功能看成批判，把知识分子看成批判性知识分子，也有评论认为，李佩甫是典型的、鲁迅所开创的"国民性批判"衣钵在现代的继承者。

李佩甫：我在七八十年代虽然也读过鲁迅，但我与鲁迅先生无关。我读书乱、杂，不只鲁迅先生一人。我只是在研究"平原"这块土壤。我们怎么就长成了这个样子？我们是怎么长成这个样子的？我们是在什么样的环境下长成这个样子的？我们吃了什么，穿了什么，学了什么？我们的身后还有什么？等等。

在写作时,我手里没有"刀",我感同身受,我同他们同呼吸共命运,是用"疼"来写"痛"。

舒晋瑜: 在您的作品中,体现出对大地宽容的情怀,但是当您面对城市时,却有清晰的价值判断。从《城市白皮书》、《无边无际的早晨》里主人公对城市的感受可以看出您骨子里的排斥和否定感。到了《城的灯》,似乎感觉您在试图弥合城乡差距,解决城乡矛盾。

李佩甫: 我要说的是,古老的、有传统意义的、纯粹的乡村已经不存在了。

早期,对于乡人来说,城里有"灯"。羊是寻灯来的。现在羊群大批进城,羊狼不分了,城市成了新的圈。只有疼是背着的,永远背着。

舒晋瑜: 您对女性怎么评价?在您的作品中,女性很少有自己的独立人格。《羊的门》中的秀丫如此,城市女性更为突出。

李佩甫: 对于一个男权社会来说,每一次革命都是女性的盛大节日。我个人认为,中国革命与女性解放是同步的。从1949年开始(或许更早些,从"土地革命"开始),先是解放了"脚",后又解放了"心"。解放"脚"是彻底的;解放"心"是艰难的,一步一步地。正因为她们比男性承担了更多的苦难和屈辱,因此她们在革命意义和立场上才更为激进。20世纪80年代的改革开放,是中国女性的第二次革命。女人们最先解放了"穿戴",尔后才是……这又是分步骤、分类别的。经济上独立的女性和经济不能独立的女性有天壤之别。在这样一个多元化时期,城市白领已经强大到不依赖或者不需要婚姻保障了;而挣扎在底层的女性却仍然在为生计(当然,也不全是生计问题)去挣扎、甚至卖身。

舒晋瑜: 与河南文坛的朋友接触,我发现无论是作家还是评论家,大家都很关注文本的问题。甚至您在访谈中也提到:"中国一线作家的作品跟这些作家相差无几,但是跟世界上最好的作品相比还是有差距,瓶颈就是文本建设。"

李佩甫: 我曾经有一个观点:在这个世界上,凡是有实用价值的东西,都是有价的;凡是没有实用价值的,都是无价的。比如一把椅子,哪怕是金子做的,也都可以计算出它的价值。相反,比如百米赛跑,跑了世界第一,足球赛踢进了一个好球,或是一首名曲、一幅凡·高的油画,这都是在现实生活中没有实际用途的,你很难定价,也就是说是无价的,因为它体现的是人类体能、智能和想象力的极限。诚然,文学是一种创造性的劳动。它不仅仅是要讲好一个故事,不仅仅是现实生活的反映,它是一个民族语言的先导和方向。它是民族精神的滋养源体现的是一个民族思维力、想象力的宽度和极限。所以,我所说的"文体",指的是文学语言特有的想象力的高度和思维的方向,定然不是足球和篮球的差别。

应该说,中国作家在"文本"的探索上已做出了很大的努力,甚至可以说与一些亚洲国家的获奖作家差距并不大。比如:有些优秀作家在深挖民族魂魄根源上已走得非常远了,有些优秀作家在本民族文学形态创作方面已经做过勇敢的探索和实践,有些优秀作家也已对中国知识分子心理有过全新的研究和阐释。这些作品在文本方面都有突破性的试验和尝试,他们都是我学习的榜样。这应是中国时代文学里最难能可贵、也是最应该肯定的,却仍然不能得到评论界的赞扬和理解,居然有人说,这还是受了什么什么的影响等等。可见,在文学意义上的创新和探索之难。

我要说,人类是先有神话意义上的:飞天、神灯、飞毯……才有了电、有了飞机的。在此意义上说,文学想象力是人类一切创造力的源泉。

舒晋瑜: 在您的小说中,大地万物都有生命和灵魂。《黑蜻蜓》甚至说:"土坯是活的灵魂。"乡土是您所有创作的出发点和归宿,但是另一方面,您也是在借着乡土表达您对于人性的理解、对于社会中各种丑陋现象的批判。您的小说创作比较突出地体现了河南作家与乡土的关系:情感上的依恋、行动上的背离和理性上的超越。

李佩甫: 从形而上的角度说,在平原上生活是没有依托的。可平原人又是靠精神而活的。那日子是撑出来的,是"以气作骨"的。这里的山,是"屋山"或者叫"房山";这里的水,是井水或者是形面上的"龙"。是具象,也是想象。所以说,在这里人的精神不是活出来的,而是"练"出来的。这个"练",也可以是"炼"。人,在"练"或"炼"的过程中,很难说他会长成什么样子。五千年文明史,也许就是五千条锁链。反过来说,这里又有着生生不息的根底。在这块土地上,生存是第一位的。是的,我写他们或者说我们,就是一块块有灵的"土坯"。

舒晋瑜: 20 世纪 90 年代,文学创作的兴奋点出现了转移,您也从先锋小说中走出来,《羊的门》轰动全国。这部作品通过一个村支部书记在四十年时间里利用各种"人脉"经营"人场"的描写,营建了一个从乡到县、从省城到首都的巨大关系网。这种关注在您后来的作品里也有持续——中原乡村根深蒂固的权力崇拜意识、权力一族获取权力的非正常通道……您对基层权力运作机制的熟悉、探究与焦虑也展示了您的小说时权力批判的力度。一方面描写了乡土民间的人们在种种现实权力网络控制下的生存窘境,另一方面还看到了由于这块土地上的历史文化积淀造成的民间的劣根性。

李佩甫: 当年,作为知青队的队长,我也常和一些村干部们去公社开会。那时候,在公社大院或是公社礼堂里,我常和他们一起蹲在地上,或是要一支"老炮"(自己卷的旱烟)"喷大空"……那时我接触了一个公社的几十个大队支书,他们各有特点。后来,我也经常到农村去,见了很多村一级的干部。在中国乡村，村一级组织不具备政权形态，他们也不是国家干部，也没有人给他们发工资。所以，这里活的是"集体经济"。这个所谓的"集体经济"既不是国家的，也不是个人的，这就有了巨大的空间……他们唯一可以依赖的是智慧。所以，每一个村干部都是能人、智者。由此，也可以说他们是这块土地上长势较好的"植物"。我说过，我研究的是"植物"的生长环境和生长状态，不分好与坏，仅此。

舒晋瑜： 在《无边无际的早晨》里，李治国从吃百家饭长大的孤儿成为乡长、县长之后，非但没有报答乡亲，反而以侵害村民的利益作为自己高升的垫脚石。但是在《生命册》中，您塑造了吴志鹏这个吃百家奶长大的孤儿成为成功人士，却又不断的反思——他常常觉得自己良心有愧，也想解决出现的种种问题。早期在您作品中以"复仇"形象出现的人物，比如《豌豆偷树》中的王小丢，《金屋》中的杨如意，都有受到压抑的童年记忆，但是到了《生命册》却具有灵魂的审视。这种变化来自哪里？

李佩甫： 早在20世纪80年代中后期，我曾经写过一部名叫《金屋》的长篇小说，是专门写金钱对人的压迫和冶炼的。那时候，我认为"金钱是万恶之源"。后来我发现我错了，"贫穷"才是万恶之源（尤其是精神意义上的"贫穷"）。我认为，贫穷对人的戕害远远大于金钱对人的腐蚀。我曾经说过，一个人的童年是至关重要的。一个人在相对健康的、物质生活有保障的环境中长大，他的心性也会是相对健康的。反之，一个人在饱受折磨的困境中长大，他的心性肯定是不健康的……这就像是一棵幼芽，那病根是早早就种下的，在成长中渐渐成了一株含有毒素的植物。中国现在已进入了精神疾病的高发期，其实那病根早就种下了。

后来，我曾经专门请教过一个平原上的木匠，跟他讨论平原上的树，一个树种一个树种地问，得出的结论是：所有植物离开土地后都会变形，只是有的变形大、有的变形小。真正的内审，或者叫认知，是从《生命册》中的吴志鹏开始的。

舒晋瑜： 很多作家不大愿意描写当下，是因为距离太近，但是您的写作却直面现实。周立波的《山乡巨变》描写当下，成为经典之作，但是当代作家却始终没有写出能够反映中国巨大变化的大作品。

李佩甫： 应该说，中国作家生逢其时，遭遇到了社会大变革的时代。可巨大的变化同时又使人目不暇接、眼花缭乱，使人失迷失重。20世纪80年代，曾经出现过文学的大繁荣时期，这期间出现了许多好的优秀作品，名篇佳作不断涌现。好像文学这只"鹿"就在眼前了，眼看着就要逐到那只"鹿"了。可走着走着，前方突然失去了目标。一切都与我们想象的不一样了……这是一个巨大的挑战。文学是社会生活的沙盘。面对急剧变化中的社会生活，或许可以这样说，我们思考的时间还远远不够。当然，文学是不开"药方"的。文学也不可能成为时代生活的药方。文学只有认知和发现的功能。文学只能写出一个时代精神语言的方向及高度。

这是敲钟人的活。

原载《上海文学》2012年第10期

实实在在的李佩甫

张　宇

在我的印象中,李佩甫是个实在人。他当过农民,一月能吃九十斤粮食,拉一千斤重的架子车上坡不用挂牲口也不用人推,双手抓住架子车底盘举重,一口气能上百次,一身的腱子肉,身体壮得像头牛,并也像牛那样老实干活,从不调皮捣蛋。但一旦惹恼了他,他又是个拼命三郎,掰手腕打架都是把好手。

他的为文也有点像他的为人。最初发表的小说《二怪的画》、《多犁了一沟田》、《十辈陈轶事》、《森林》等,都有一股初生牛犊的味儿。作品的格局大都比较小,但生活气息浓厚,感情炽热,读过它们,马上能让你联想到刚刚从田野里掰下来的生土块块。特别是小说的语言,很早就给我留下很深的印象。没有一点书生气,也不耍花枪,大都是短句子,一句一句都实实在在,活像刚从地里挖出的新鲜红薯,一疙瘩一块,又洋溢着田野的新鲜气息。像他的倔脾气一样,句子常常写得很有点别,又有点怪,揪着你的目光不让你读快,能给你造成这样一种阅读的感觉。他的小说语言,能让你想到老树的枯枝,那么棍棍棒棒。那时候我就有预感,这人看着老实,绝不好惹,早晚要成气候。

可惜他早期的作品在省外没造成影响。这大概要怪他写的拘谨了一些,还没放开手脚。距离生活太近,还没有上升和提高到一定的审美层次。甚至多少还有点封闭,这和他的为人一样。参加工作后,当工人、当编辑,总那么苛刻得一丝不苟,从穿衣裳到上班干活,都要看着领导的眼色,又很怕得罪别人,老老实实中就透出点谨小慎微的味道。这种作风尽管连连取得领导和同志们的不断好评,恐怕也有点约束和局限了他的创造个性。刚从底层走出来,凡是总觉得不如别人,自我感觉不那么佳,就调动不出来他的最佳竞技状态。

看来作家的生存方式和他的创造意识密切相关,互相株连。

但李佩甫毕竟是聪明人,只是不敢轻易外露。写了一段,他马上改弦易调,调整自己,张开浑身的毛孔吸收外来的文化营养和别人的长处,并试着改变自己的路数。这期间他写得很杂,有写工厂的《我们锻工班》,除了热烈的感情之外,没多少成功之处,甚至觉得不如以前。又写了轻松明快的《蛐蛐》,很像田园牧歌,竟然很有味道。作品被《新华文摘》转载,还在《长江文艺》获奖。又冷不丁扔出来一篇《车上没有座位》,现代派味十足,从语言到味道全是洋的了,活像做惯中餐的厨师冷不丁端出一盘西餐的菜。让我惊讶的是,还在《广州文艺》得了小说一等奖。这使我再次想到李佩甫的聪明,学什么像什么,可塑性很强。但又觉得他的创作开始摇摆,淡化了他最初铺垫的浓浓的底色。无论如何,只读他的《车上没有座位》,不见作者,不会想到他是到如今才羞羞答答穿上西装、还很有点不理直气壮的味道的一个人。

颇有点意思。李佩甫就这么转了一圈儿,之后又回到他的农村生活里来。但已经不是原来的李佩甫,经过冶炼和升华,已成了一个崭新的李佩甫。这就给读者和文坛奉献出了中原小说《红蚂蚱 绿蚂蚱》,很快在社会上引起了反响。我读过这部中篇以后先吃了一惊,除了佩服、兴奋、为他祝福之外,心里还多少有点嫉妒的醋意。这部作品以成人和儿童两种目光交织在一起,远近距离相间,观照了一个村庄的生存状态。又是一个个短章组成,全篇又浑然一体成一首"村歌"。美好的人性铺就了浓浓的底色,在这之上不断跳跃着闪耀着意象的精灵一般的一只只"红蚂蚱"和一只只"绿蚂蚱"。语言既保留了他原先的那种生土块块的味道儿,又和谐了语言的节奏感和音乐感,读这部作品,就给我造成了一种近似听山乡里二胡琴声的阅读快感。全篇村歌缭绕,有起有伏,有强有弱,将作者的情致传达无遗,达到了一个较高的审美境界。没有做作,而是顺其自然,实实在在地把生活艺术化了。

我个人认为,截至目前,这部中篇大概要算他最好的一部了。可以说是他的代表作。

大概写了《红蚂蚱 绿蚂蚱》之后,李佩甫艺术创造的自我感觉开始好起来,对自己开始自信。旋即就写出了洋洋十万字的中篇《李氏家族第十七代玄孙》,据说还要再写六万字,将其发展成长篇。但就目前的十万字来看,已经颇有分量,先是扩大了格局和规模,表现出作家驾驭大题材的能力和智慧。再说思想深沉,作品两条线索交织,一边神秘地回忆着远祖以来的传说,一边如写实般地描绘着80年代人的生命方式。处处传达给读者一种历史的沉重感和文化心理的延续性,使人觉得从远祖流来的那股李氏家族的血,尽管不断更新和补充,却仍然是原来李氏家族的血,"血型"不变,轨迹不易。这么写,在李佩甫确是在大胆地探索,企图从一个家族出发,对一个家族由远而近的观照,引人对历史和现实进行反思。可能就因为是探索,作品又吸收了结构现实主义和魔幻现实主义的表现手法,既给人新鲜感又给人生硬感,不那么谐调。甚至对于神秘的远祖过于神秘了些,使人觉得有些地方玄乎。不过这种探索和大胆把握的精神是可嘉的。

所以,从李佩甫发表的三十多个中短篇小说看,尽管他不断探索和调整,但走得认认真真又实实在在。我相信这种实实在在的作家终会成大气候和写出好作品的。

原载《文艺报》1987 年 1 月 17 日

琐记李佩甫

庄　众

"写写李佩甫吧。"《百花园》的同志说。

我承诺了。

可回到家,对这承诺却好生后悔。不是我和佩甫关系不好,也并非不相识。只是觉得为人作"评论"、"介绍"却是件颇难的事。

然而,既已承诺,便只有设法作文,设法"交差",设法"写写李佩甫"。于是便想到了"琐记"。

最初认识李佩甫是 1979 年。那时《郑州文艺》(《百花园》前身)搞征文。李佩甫尚在许昌,写了篇《小小老百姓》来应征。评选会上,头次见李佩甫,瘦瘦的,黑黑的。开会时老是坐在墙角角里,扎在人堆堆中,默默地听别人讲话。只有眼闪着光。猛一看,怯怯的。老实。谁知,真人不露相。李佩甫以"假象""蒙骗"了我们。

观照一下新时期文学我们会发觉,两大作家群体构成这一时期文学的辉煌:复苏的作家和知青作家。上山下乡插队落户的"老插"们,是这一时期文学殿堂中不可或缺的支柱。"老插"们的气候是"老插"们特定的生活所形成的。从城市到农村所产生的强烈的文化反差,青春年华所经历的不可湮灭的磨难,对社会生活新鲜的观察和顿悟,都为他们升腾进创作的灵悟境界奠定了坚实的基础。"老插"将是值得研究的文学现象。巧极,李佩甫也是这浩浩荡荡的"老插"大军中的一员。

李佩甫,1953 年生。凭着这个年份,在红领巾时代也就被"席卷"进"史无前例"之中去了。他又生长在许昌。虽说许昌是个老地儿,"三国"时就有过大战,颇有名气。而"红彤彤"的时候,许昌的名气却在于有一个"广阔天地,大有作为"。李佩甫在这样一个氛围中,当当"老插"也是"顺理成章"的事。佩甫有志气,三年半时间,变成了几十户农民的首领——生产队长。后来招了工,进了城,当了工人。他的处女作《青年建设者》便是做工人时的业余作品。小说中那位方志云姑娘和她的工作的单位——第二机床厂以及几次提到的"五一路",却又巧极,都是实实在在的真正,当时李佩甫就在第二机床厂做工,而这家工厂也确在五一路上。

无论历史对于"上山下乡"作何评价,"老插"们可是实实在在地把自己青春的年华和辛勤的汗水播撒给了广阔的大地,农村给他们留下了极深的记忆和感受。或许是这种刻骨铭心的生活所构成的情结,或许是中国文化的强力渗透,反正,李佩甫对于农村生活有一种特殊的敏感和特殊的兴趣,短短的三年半"老插"生活竟决定了他的创作题材走向:农村。一位作家一语道出:李佩甫的创作,写农村的强于写城市的。说此话时,是1984年中秋节。

1984年中秋节。李佩甫在哪里?在古代称作是商埠大镇的钧州禹县。在禹县别致的招待所里流汗。胸中像有个小兔,怦怦地跳。"李佩甫作品讨论会"在钧瓷故乡召开。

此时的李佩甫已经是大型文学刊物《莽原》的编辑了,我也到了这个编辑部所在的大院,和他倒也是低头不见、抬头见的。这一段的李佩甫,对自个的事,也反思了一遍。不满意。想突破。想突破,这就是蜕变,就是毁了自己再变新样,就是涅槃而后生。突破,成天价挂在人们的嘴上,印在书报上,可要真破一下,却没那么容易。人这玩意儿,说是可塑性大,可要是块坯子进了窑,想再改个样儿,你试着瞧瞧。评论家说这叫什么"定势"来着,又说是"走出自我"什么的。"定势"不就有那么个"定"字。"定"了之后改,难。改,难;不改呢,不行。你说这矛盾,这难受,这煎熬。李佩甫说他苦闷。苦闷了也就有酝酿。年初跟着省文联主席南丁到乡下跑了一圈。农村的改革、农村青年的气势触动了李佩甫,心里一跳,回到郑州,闷着气,撰出了一个《森林》。《奔流》发出来,一瞧,李佩甫改了样子。这一年,武汉的《芳草》又发了他个《蛐蛐》,被《新华文摘》转载了。

《蛐蛐》的故事挺简单,写一个农村青年电工蛐蛐,不用自己做电工的权力去巴结权势、富贵之人,却在心底升腾起一种对孤寡老人——王婆的厚爱,在村里首先给她安上了电灯。蛐蛐那颗善良的心,终于被原先误解他的看杏园姑娘枝子所发现;爱,在这位姑娘心中萌发。《蛐蛐》淡泊泊的,却有诗的情致、诗的韵味,细细品品,还是醇醇的。李佩甫那老实实的相貌,又让人上当。《蛐蛐》有一种柔润、和谐、安逸静谧和秀雅的美,像是流淌出幽林深涧叮咚作响的清泉,又像是鸣啭于山明水秀之乡的清脆甜美的牧歌。没有跌宕起伏、动人心魄的故事,却将美的田园风光、善的思想情感、真的心灵世界交融在一起,给读者一个秀隽的意境来,没想到这黑黑的汉子胸臆竟流出这样细腻、明静、柔婉的歌。瞧瞧,这"人"可是好把握的?

李佩甫又换了副笔墨,写了篇《森林》。《森林》写兄弟三个,在联产责任制后,承包了一座大山,要在那荒山上植树造林。兄弟三个把资金、还有感情、心血都倾注于这植树的事业。但他们失败了,极壮烈地失败了。一场洪水冲走了播下的种子、购买的机器、全部的资金,却不曾冲掉他们立志与自己的命运、与强大的自然进行拼搏的精神。心不死,心在跳动,跳动得让读者为他们仰天长啸。他们犹如地火,运行于读者的心胸之中。古人说:"其得于阳与刚之美者,则其文如霆,如电,如长风之出谷,如崇山峻崖,如决大川,如奔骐骥。其光也,如杲日,如火,如金镠铁。其于人也,如凭高视远,如君而朝万众,如鼓万勇士而战。"《森林》也恰巧把雷霆闪电与崇山峻崖搅在创作的调色板上,绘出一种声势浩然的壮美。读《森林》,看到李佩甫,看到他那种如地火涌流、火山喷发般不可遏制的冲动,看到了他似乎挥动臂膀、血性躁动的粗犷。李佩甫,可还是坐在墙角、默不作声的李佩甫?!脸,不苟笑容;血,却在胸中骚动和张狂。

李佩甫又紧紧张张地坐在墙角,默不作声,耷拉着头,用笔在小本上划拉着。在禹县,在几十人的围视下,李佩甫成了中心、"审视"的对象、议论的话题,这是在禹县,在县招待所里。禹县的这座宾馆,在县一级宾馆中真真是够水平的,就是在郑州,那样的敞阔、那样的雅致也是难觅难寻的。仲秋时节,宾馆楼前大片的花卉开得正"闹"。楼后,阔大的芭蕉和婆娑的翠竹映在会议室的大窗上,如诗似画,令人心爽。可李佩甫却好不自在,接受着众人的"审"和"判"。作品讨论会,谁的主,谁紧张。不信?试试!李佩甫的创作使大家看到了他的潜力。大伙费了时间、精神,谈感受,谈看法,出谋划策。瞧瞧,老诗人青勃来了,中年作家段荃法、徐慎来了,省文联主席何南丁、副主席张有德也来了。几十人不在郑州与家人团聚,来到禹县陪着李佩甫来了。月圆了,人的心也聚了,佩甫也动情了。

人人希望李佩甫成长,可不同的视点、不同的经验,对李佩甫又有不同的指向。《蛐蛐》没啥,可对《森林》大伙各抒了己见。《森林》成了题,各人有各人的答案。

《森林》缺乏人物形象。

《森林》不乏人物形象。

《森林》语无伦次。

《森林》语言是感情造就的。

《森林》没有故事。

《森林》写的是感觉。

人们争鸣起来,李佩甫倒超然。然而李佩甫会永远记住这一天。

他不能安静,因为他有了"针感"。

他问自己:能不能写得稍稍好一点呢?

他自己说:我试试,我需要"武装"、需要"充气",还需要找一找属于自己的"地方"。

"我试试",对着河南文坛的老前辈们,对着自己的文学哥儿们,绝算不上豪言壮语,却暗藏着一股子犟劲。李佩甫开始"武装"、"充气"了。瞧瞧家里的书橱,便知这位"犟筋"真在动劲了。"犟",成了李佩甫性格中的又一个特点。同一茬子的兄弟们玩文学,刷刷地一年几个中篇、十几个短篇。有人也劝佩甫多写点,可李佩甫"犟",他真诚地看待文学,一丝不苟。结果呕心沥血的,产量较小。从1984年《森林》之后,只有《红蚂蚱 绿蚂蚱》、《女犯》、《李氏家族第十七代玄孙》等几篇。少是少,可篇篇都像个炸弹,都有了影响。就是《女犯》这样的遵命而作的纪实文学,也在社会上引起了反响。李佩甫真"犟"。新的潮流不断地涌来,奇光异彩,炫目震耳的。可李佩甫却认定了文学在生活中,写生活是文学的根基。河南作协秘书长段荃法说,在青年作家中,像李佩甫这样执著地写生活的,不多。李佩甫的"犟"还有另一个侧面。《红蚂蚱 绿蚂蚱》发表之后,《小说月报》、《新华文摘》作了转载。有人在一篇文章中说:"1986年初,他在《莽原》丛刊发表了系列短篇《红蚂蚱 绿蚂蚱》,小说写了一个村庄十个普通农民的命运,文笔之细腻、感情之深沉、文章之精致,足以显示出其扎扎实实的艺术功力,和其对乡村、对人生、对民众那种深沉、执著的感情。……我听到了许多文人朋友的赞扬,一位颇有名气的作家一连读了两遍这篇小说,给予了高度的评价。"由此是否可见一斑?人在喜悦中有时会说出一些极言。一位朋友读了《红蚂蚱 绿蚂蚱》喜悦惊叹不已,对着李佩甫说,你再也写不过这篇作品。李佩甫听了,好几天不安稳,想了阵子,让妻子把门反锁上,待在房子里一个月,写了一篇格局更大、人数更多、时空更阔的长篇——《李氏家族第十七代玄孙》。人"犟"了,是只走自家的路的,李佩甫写东西,咋写着好写咋写,咋能表现作家的感情咋写。什么"规矩"、"样式"之类并不太在乎。而这却也有些"麻烦"。一篇《红蚂蚱 绿蚂蚱》,内容、艺术都"盖了帽"。可文体学家们的眼儿却瞪了。中篇乎?短篇乎?还是上面引文笔者加了着重点的"系列短篇"乎?人们引经据典,人们针锋相对。吵!吵!吵是文体学家们的事,李佩甫不睬,照写自家的作品不误。把李佩甫的作品放一起,集中一读,像是万花筒,一摇一个样儿。《蛐蛐》的甜美,《森林》的壮烈,《红蚂蚱 绿蚂蚱》的细腻,《李氏家族第十七代玄孙》的恢宏。花样翻新。李佩甫自己说,喜欢"打一枪,换一个地方"。"打一枪,换一个地方",就是不停地变化着自己的视角,不断地进行新的追求,不断地突破自己,挣扎出自己,使自己呈现出新的面貌,不断地变换着生命的方式。战胜自我,是不断地拯救着自己的灵魂,永远保持着敏感和鲜活。"打一枪,换一个地方",是艺术的追求,也是自我生命的蜕变和追求,是作家的重构,是弃背一个旧我而建设一个新我,是涅槃后的重生。"打一枪,换一个地方",劳累、痛苦,没有执著的信念,没有汉子的犟劲,是不可能做到,也不敢想做的。

1987年底,李佩甫的身份变了,去了"编辑",换成了"作家"。我去找他

"砍"(聊)。

他迁了新居。

不知哪来的印象,文人们、学者们似乎都是放荡无行、不修边幅的;是一头钻进书堆堆、走路撞电杆的"迁人";无家可过,只有个打滚的"窝"。这是天大的误会。瞧瞧佩甫的家:洁白的墙壁,簇新的家具,窗明几净。地上铺的木纹地板胶到了乱真的程度。《小说家》发了他一家子的照片,坐在沙发上,贤惠的妻子、聪明的儿子,二大一小,当今中国的标准家庭。

坐到李佩甫的小书房里,暖暖和和的。不豪华,却洁净安适。只有桌上一盘烟蒂,是主人思维的见证。

"怎么样,当了专业作家?"我问。

"能有时间来写东西,当然高兴。"他笑,"可也有压力。过去,咱是编辑,拿不出东西,可以找原因,原谅自己。现在,不行。没有理由。"

"说说《李氏家族》吧!"我说。

"你读了。你先说说印象。"他倒反来一耙。

我不客气。都是哥儿们。我最喜欢"奶奶的'瞎话儿'"前儿段,一种原始的混沌的情景,写得深厚、神秘;也喜欢李连升赛唢呐一段,虽然是对台吹唢呐,却赛得人惊心动魄;也喜欢李大有回村后的心计手腕,李大有被称作"恶人",然而,他恶得机敏,恶得有光彩。那心计、那手腕叫人叹为观止,叫人惊讶诚服。我说,我最不喜欢的是开头,打头阵出台的县长李金魁那段,玩似的,没那回事儿。我有幸锻炼了两年"从七品"。实在露假。佩甫也说,第一段写得拘谨,头一回写长篇,没底,手脚也不灵。我们俩就这,"对"起了话。中国啥时都有时髦词儿,都有在一个时期报纸杂志上使用频率特高的词词语语的。"对话"也都"对"得满天飞。可真对话,却难。人,平平等等;心,碰碰撞撞,是直对话,有点哥儿们劲。说假话,说官话,来训话,也是"对话"?李佩甫也哥儿们地抡起李逵大斧——"砍"起"大山"来。

《李氏家族》,一大家子。俗话说,人一上百,形形色色。这李氏家族中,也就是形形色色、各色人等。做官的为民的经商的打工的造反的沦落的读书的要饭的……真真是个小世界,也真真是本小历史。"奶奶的'瞎话'"和大李庄的生活,像两根轴,竖的,历史;横的,现实。把这家族的精华们贯穿起来。读起来,一个个故事,独立立的。但天壤之别的人们,奇怪独特的事件,却有着那么深厚的血缘的、文化、历史的承接延续,任你剪不断、扯不开,这也许就是我们这个民族,也说不定。这是对一个农村全景全息的描写。"人类生命的力",荡荡漾漾在这不同的人生之中。人的执著,人的倔强,人的追求,都包含着人自己的张扬,没有对人生的深刻体现,没有对历史的深刻思索,没有敢于俯瞰社会的强者精神,能有这令人震撼、怦然心动的丰厚作品吗!没有自身火的激情、雷的禀性、电的豪爽,能把这作品点燃,把读者的情感点燃吗?捧着《李氏家族》,我在想,这是那个坐在墙角、默言寡笑的李佩甫吗?

"你那个家谱不实。"我说。"真真假假吧。"佩甫说。"你的题目,怎么不是王氏家族、张氏家族,偏是李氏家族?是你姓李?"我问。佩甫笑了:"写了人家的祖宗十几代,能依?"我也笑,笑声在李佩甫的小书房里响着。

李佩甫又有新的素材。三九大寒天,去许昌,找"感觉"。今天春节,带着妻儿回许昌,又跑到离开十七年的农村——插队的老地方。故地重游,这"老插"有了新的体验、新的感觉、新的酝酿。当今儿农村青年,可不是他们的爹妈们。李佩甫插队时的蛋尿孩子,现今也是条条汉子了。然而新的观念、新的变革又把他们造就成既是历史的,又是现在的,更是未来的人。传统的血缘和现实的转变积聚在他们身上。李佩甫的书桌上厚厚的稿纸、匝匝的小字,是他新的酝酿、新的构思。

好孬我写的是琐记,也就有了遁词。这不,到此,对个李佩甫也说不大清楚。不是"琐记",咋下"结论"?

天津卫的人说他:"老实人,却不是弱者。"

郑州市的人说他:"性孤僻,寡言语,少交游,爱思索。无扬名成家之意,有探求人生哲理之心。"

许昌的人用了方言,说他是"模糊玄",翻译成普通话,则是"内秀"。

李佩甫自己说:"我不比别人。一个笨人,也是不勤奋的。"

现今,经济是开放式的,思维是开放式的,文学的结构也是开放式的。那这"结论",也就是"开放"吧!人们自个去选择去挑选吧。好在我这是"琐记"。

原载《百花园》1988 年第 5 期

李佩甫和他的小说

南 丁

　　李佩甫写小说已经十年。起步时没有什么惊人之笔,在中原这一群年轻的作家当中,并未引人注意。朴实诚恳,谦逊好学,倒是块做编辑的好材料,就调至《莽原》编辑部工作。一面工作,既要读大量未印成铅字的原稿,又要读大量已印成铅字的中外古今多个流派的作品;一面学习,上电大啃大学中文系的课程,以补偿历史对他的亏欠;一面仍坚持业余小说创作。三面出击,也够苦了。好在年轻气盛,各方面都还令人称道。

　　这期间,读到他的《蛐蛐》,与他起步时的虽有真情但总显拘谨的习作相比,就颇有点儿灵气儿,就觉得对这个李佩甫应当另眼相看了。后来,又读到他的《森林》,是在宣泄一种男儿的阳刚之气,分明是他的自我宣泄,那粗犷,也不是用糨糊贴上去的。我就猜想,他要有一点儿大的动作出手。别看他不吭不哈,寡言少语,却有心计,有大志,内秀呢。我注意到他对同辈写作朋友不卑不亢,学人家的长处,不嚼人家的馍。总会有名堂。《红蚂蚱 绿蚂蚱》,证实了我的猜想,果然出手不凡。这篇三万余字韵致别具的小说,文体学家也说不清楚它的归属,是中篇小说,还是系列短篇小说呢?这好像也不是无关紧要,留给文体学家去研讨吧。十小节,十个人物命运的片断。真切生动地塑造了"住着姥姥的村子"在特定历史时期的整体形象。深沉、凝重。

　　这也有来由。佩甫与农民一起背过日头,与工人一起开过机器。他懂得生活的艰辛、创造的艰辛。经年累月,生活与创造赐予了他深沉凝重的气质。他的气质给了他的小说深沉凝重的调子。他总是写正剧,好像缺乏幽默感。比如《红蚂蚱 绿蚂蚱》中的(选举),如此荒诞的事件,闹剧、喜剧,都可大做其文章,他却选择了正剧的写法,全是白描,毫不渲染,这就给读者留下再创造的极大的空白,读来或叫人心眼发酸,或叫人笑得发晕。近乎于噱头的廉价的幽默,当然要失之于浅薄,还是不要的好。

　　与佩甫共事几年,又同住一个大院,个人交往却不多。他偶尔来家坐,却不善谈吐,如同他写小说,极凝练,说完了就走,好像怕耽搁我的时间。有次谈起写小说,他自言自语说自己:"思想不能掉下来。"这句话给我留下极深印象。如今的年轻人,如此说的不多,即使说,也要换一种说法,说一些玄乎得叫人费解的新词。佩甫却还说这种老话,叫我吃惊。《红蚂蚱 绿蚂蚱》之后,又有长篇小说《李氏家族的第十七代玄孙》问世,现实与历史交错叠印,纵横捭阖,游刃自如,很有点儿大家子气了。

他近年来家几次小坐,话题是希望能给他时间从事专业创作。说是几年的编辑工作确实给了他许多不可替代的补益,但当前有几个东西想写,按捺不住冲动,需要整块的时间,以后如需要,还可重做编辑工作。话依旧不多,却很执著。想起他在《森林》中宣泄的男儿气,那不是用糨糊贴上去的粗犷,想起《红蚂蚱 绿蚂蚱》和《李氏家族的第十七代玄孙》,有些相信他终会成为大器,势头又正旺,就觉得延误了这位人才的黄金时间,也是罪过,也就未敢不同意。

从事专业创作后,第一件事就是冒着料峭的寒风回到他插过队的村子里(是"住着姥姥的村子"吗),去寻找感觉,强化情绪。这种寻找,这种强化,我记忆中,他不时插空进行,他在实践着另一句未说出的老话:"生活不能浮上来。"老话大约也不必一概打倒吧。开放,打开窗读现代主义的作品,闭紧门拒绝涌动的现实生活,总不能算是完整的开放。两个不能,恐怕也不仅是为文之道。

佩甫要出小说集,叫我写序,这大约是一年前的事,于是,便找来小说,一一看过。看过后,就搁置在那里,又忙乎别的事情去。一搁置,就经年。催过几次,我很有些不好意思。最近又说集子早已编好,就等着序一起发稿。我也就愈加歉然。乘着龙年春节假日,胡涂乱抹,冒充序言,未知可否蒙混过关。

一九八八龙年春节
原载《文艺报》1988 年第 16 期

研究论文选辑

创新:宽阔而狭窄的路
——从李佩甫近作说到创作的突破

杜田材

李佩甫在行进。他是位锐意内蕴的歌手。在发现生活中塑造着自己的艺术个性。大略说来,他的小说创作走了三步:从处女作《青年建设者》(1978年)到初露名声的《二怪的画》(1981年)是第一步,这是他的试练期;《二怪的画》是个一体两面的路标石,既标志着他试练期的相对结束,又标志了他创造期的明确到来。由此发轫,他开始了强化与丰富自己的新阶段。创作的主体意向是把自己变得更像自己。《红蚂蚱 绿蚂蚱》(《莽原》1986年第1期)似可看作这一阶段的"汇报表演",它对自己作了一次很有成效的升华。《李氏家族的第十七代玄孙》(《小说家》1986年第5期,下称《玄孙》)开始了第三步的进军,也是一个值得重视的实绩,它显示了李佩甫对自己创作的大幅度调整,其基本意向则是改变自己、拓展自己。佩甫变得似乎不像自己了。《红蚂蚱 绿蚂蚱》的发表曾在不少读者的深层意识里激起过一阵微波骚动,作者收到的信息反馈也多是热诚的称道与福音。而《玄孙》的发表,情形则颇不相同,正向的、负向的、介乎二者之间不同层次的看法竞相而出,并自发地进行着交流乃至交锋。从发展的观点看,应该说是件好事,它表明佩甫的创作具备了从多视角进行评价的现实品格,是创作拓进的外在表征。通过有益的研讨,将会更加准确地认识佩甫近作的得失,将会更加深入地评说佩甫所走的这条突破创新的路子,给他的创作带来新的助力。于是,我仿佛感到了无声的呼唤,不由得喊出了一个熟悉佩甫的读者的"画外音"。

一

这里说的佩甫近作指的是:中篇小说《小小吉兆村》(《奔流》1985年第十期)、系列小说《红蚂蚱 绿蚂蚱》和另一部中篇《玄孙》。这三部(组)作品不仅凸现了佩甫创作的基本风貌,而且袒露了佩甫行进的足迹与追求,具有较强的代表性。

《小小吉兆村》是佩甫在强化自己的进程中的用力之作。作品以一个运输专业户的突发性灾祸为引信展开视角，描绘了村落上下、亲疏恩怨以及等闲公民们的不同反映及应对之策，透出了世风更易、观念变革、人情变异的时代氛围，显示了作者审视生活的忧患意识及对新生事物的殷切关注、对美好情理的热切追求。作品展现了佩甫作品的一般风貌，即：以社会问题为触媒，以人物描绘为中心，以故事情节和人物语言为基本手段，摹形写神，由外入内，趋赴人物心灵的殿堂，在从容舒展的叙述中融入批判意向，寄寓美好憧憬，砥砺着一种淳朴秀润的艺术格调。《小小吉兆村》就是这种艺术格调的一个平均值。这里，我有意避开了风格这个用语，因为那意味着更高境界的思想艺术要求。作品显然可见的弱点还是深度不够理想。或者说把一场包蕴着丰富社会内容的斗争作了相对简化的处理。"文学是人学"，因为人是社会关系的总和，写好人物才能写好社会。在我看来，新支书吉学文性格的发展还有些跳达（从初对困难的手足无措到稍后的成竹在胸），前任支书吉昌林的性格虽然有了相反相成的复杂层面，有了一定的立体感，但在处理与吉学文的关系上则还少了点老谋深算者的持重。因而妨碍了狡黠一面的深入展开。人物性格的碰撞未能形成曲折微妙的心底波澜。这样，人物形象所包蕴的社会内容也就相对减少了。作品以它鲜明的优点和能够感知的不足，刻记着行迹，瞩望着前程。

突破终于到来了。这就是《红蚂蚱 绿蚂蚱》的问世。作品把作者的创作水平提高到了一个新的层次，以思想意蕴的深厚和艺术表现的飞灵引动了文学界搜寻的视线。这组作品不仅是佩甫迄今最具光泽的艺术徽章，也是我省1986年度小说创作的可喜收获之一

小说带有清晰可见的自传体印记，但绝不是六岁稚子的烂漫童谣，而是一位走向成熟的青年作者对童年生活的再咀嚼、再消化、再创造。是清醒的现代意识对童年心迹的动人"扫描"。六岁孩童的感知与心态，青年作者的理解与思考，得到了比较和谐的对立统一（还有个别篇子不够和谐，主观意向色彩较浓，如《选举》），这样，既跳出了儿童细事的圈子，又却退了非文学理性的拉拽，谱写了一组既天真挚情又沉实凝重的时代咏叹调，从单纯而狭窄的儿童见闻的小天地投影了复杂丰富的大社会。我想，人们很容易想起德运舅没有爱情的婚姻悲剧：一人惨死，一家败落，而乡亲邻里却闹闹喝喝地去"吃"他、"偷"他，不能不让人感到隐痛不止。小说不露痕迹地开挖了这场悲剧背后的政治、经济、思想文化乃至民情民俗诸多方面的潜因，呈现出了浑然而多指的思想风貌。与先前那种鲜明却单纯的主题意蕴相比，自然是个明显进步；小说的语言容量有所廓大，语态渐臻婉曲，口语的审美选择与修饰语的慧心磨砺往往能一语传神。艺术表现上开始显露了飞灵之气；自然，佩甫的开掘还是初步的。他还缺少点风

骨精神，间或还有些拘谨余风。人物塑造还似乎较多地着意于人物关系，而未能更为深入地开掘人物的精神世界。文学向佩甫呼唤着力度。

《玄孙》是佩甫向文学讨要力度。迎面而来的是作者自觉的创新意识和改变自己的大胆尝试。他要打破原有的平衡，在不平衡中追求新的平衡。这是一次创造力的解放与延伸。佩甫把对现实生活的观照与思考导向了纵深悠远的历史联系，在历史的大跨度里抽绎作品的经线，又把纬线伸展到了城乡生活的诸多领域与场面，打破了过去那种多从农村院落、地头，城市巷道、车间结构作品的比较狭小的格局，给作品带来了较为宏阔的风貌；作品的结构形式也改变了过去常用的因果关系的单线，采用结构现实主义的手法，将历史与现实两条线串联、交织，辗转推进，在一定程度上实现了表现形式的错落美。但是作品也存在着需要认真对待的问题：我这里所指的并不是历史追潮与现实内容的头重脚轻，也不是结构现实主义手法的运用还不够成熟，交织、交错而未能交融等。我所指的是，《玄孙》的突破和进展，还基本上停留在题材的外延方面，而对生活内涵的开掘，较之《红蚂蚱 绿蚂蚱》来说，还存在着明显失落。这就需要我们从佩甫创作突破的总体进程加以思考与评说了。

二

从佩甫的创作进程来看，他在较长的时间里坚持了强化与丰富自己的创作特色，并取得了相对成功，而他新近改变自己、拓展自己的积极努力却未能获得预期的效果。对于这个矛盾的把握与透析应是我们深入思考的起点与落脚。

俗常说：风格就是局限（特色亦然），实际上包含着两层意思。外层意思是，风格（或特色）本身是一种严格而具体的限定，它总是与自己的对立面互为存在条件并互相制约的。它的内层意思是，风格（或特色）内部又总是包含着相互对立的成分，既有长处也有与之联系的短处。比如佩甫的小说善"藏"，可也有直露之处，善作从容叙述，可也有急迫之言，等等。人们通常所说的扬长避短，指的是第一种情形；取长补短指的是第二种情形。由于风格（或特色）是两种对立成分的统一体，它的发展也就可以沿着两种不同的方向前进。一种，着眼于发扬风格（或特色）的长处，丰富它，强化它，使原有的特色更加鲜明突出；另一种，着眼于弥补风格（或特色）的缺陷与不足，在变异之中拓展、丰富风格（或特色）的内容。这自然是一个大体的划分。在创作实践中，二者往往是互有渗透或交错的。我们需要辨明的，是它们各自的特点与要求以及它们的联结与转化。

佩甫在较长时间里走的是第一条路子。这种创造形态并不是简单的量的增值,而是在相对舒缓的形式下进行的质的升华。它同样意味着新质对旧质的否定。它同样要求开放和吸收,只不过始终为了把自己变得更像自己也就是了。它同样要求作家审时度势地进行思想艺术调整,只不过不是大幅度地更换档次,而是一种微调艺术。佩甫的相对成功,说明了他的气质是适应这些特点的要求的。在创作的主客观条件不发生重大变化的情况下,佩甫是宜于坚持、改进、完善这种做法的。

《玄孙》创作走的是后一条路子,是要自觉地改变一下自己。这条路子的创作要求,在一些共性问题上与前者保持着一致,而在个性化的要求方面却与前者恰巧相反。变异是它生命的立脚点,它追求从"无"中开拓出"有"。它在内容与形式方面的变化是明显的甚或急遽的。它对开放和吸收有特殊的要求。它要求作家进行的思想艺术调整也是变速换挡。变动不居是它生命的基本形态和惯常方式。在我看来,佩甫的内向型气质和这种创造特点的要求有适应的一面,也有不适应的一面。作者的实际创作效应未能满足突破企望的昂奋要求,因而显得有些脚步踉跄。直白地说,佩甫对《玄孙》内容与形式方面的重大变化,还少了点自如的驾驭能力。我的合乎逻辑的建议是,佩甫在尝试这种形式的探索时,需要缩小一点行进的步幅。大幅度的跨越只能在创造条件中逐步实现。

在直观视角下,强化自己与改变自己既是互相对立的又是互相统一的。强化自己中包含着改变自己,因为不改变就无以强化;改变自己中同样包含着强化自己,否则,便失去了运动方向。它们在一定条件下又是可以互相转化的。我们应当从这种联结中看待它们,而不必在二者之间厘定高下。它们各有自己的特点与局限。强化自己的内疾是自我重复。改变自己的内疾是自我背离。前者会造成虚幻的臃肿,后者会带来个性的失落。一切都是有条件的,有限度的。创造者必须注意这种限定性,因时制宜地寻找与它们的联结点与隔膜层。基于这种认识,我更愿意把上面的"判断"看作一种设想。即使上述看法大体符合佩甫的创作实际,它的认识价值也是有限的。因为它只是讲了问题的一个方面,即常规性、稳定性的一面,而没有讲偶然性、变动性的一面。而在创作实践中,偶然性的东西真是纷至沓来,变化时时都会发生的。作为作家,不仅要坚信自我,果断摈弃那些与自己个性貌似有缘的信息的引诱,还要能够及时捕捉偶然闪现的蕴含丰富的信息,随时就势地调整自己的走向。即是说,一旦佩甫的生活与创作实践发生了重大变化,我自然乐于放弃上述显得过时的絮语。那时的唯一希望,就是希望看到佩甫在探索中踏出新的路子。

三

　　创新突破在创作实践上碰到的具体关隘就是突破意识与创作心境的矛盾。
　　创造意识与创作心境是创作过程中一对终身相伴的矛盾。创造者必须富于成效地协调这种矛盾。这自然不能把突破意识强加于创作心境使之就范,而只能把突破意识融汇入创作心境,以滋养和改善创作心境的素质,使二者互补共存,使创造者自觉的突破意识转化为自然的创作状态。我以为,称为超自觉状态更为准确。因为它是从自觉状态衍化而来的,是对自觉状态的升华与超越。坦率地说,《玄孙》的创作尚未能相对圆满地实现这种超越。作品中还分明残存着理性的块垒,因而在有些人物的塑造上表现出了一定的主观意向色彩。我想起了李满凤,她是个又狠又能干的村妇。她为了两个兄弟的订婚财礼,"奉献"了自己的女性青春,与他人联结了一桩物资姻缘。畸形美是她性格的核心。可是后来的性格发展却偏离了畸形美的运动方向,与一个并无追求价值的有妇之夫野合私通。这种自我作践的举动,已不是先前那种病态却又合理的抗争了,而是人物的畸形膨胀和美的几近失落。这种现象,显然是和佩甫在《玄孙》中创新突破的理性意识互为表里的。作者所强调的,正是历史与现实一脉相承的发展延续中,那种文明与愚昧、叛逆与驯服、抗争与失落的搏击与较量。佩甫是否过于追求这种历史的理性刻度了呢?我以为是这样。
　　问题还有另外一面,这就是创作心境自身的不断改善。佩甫说,他是靠情绪创作的。一旦情绪的自适状态受到干扰,他简直就丧失了创作机能。这种"情绪性"正是佩甫创作心境的一个突出特征。作为长处,它有敏锐的感受捕捉能力;作为局限,它有情感接收的定向性,而不惯于变向而多向地接收信息并反映它们。因此,当佩甫的创作发生较大变化时,创作心境就由先前的基本适应变得不那么适应了。于是,创作心境的自我改善也就提上了日程。

四

　　创作的出新与突破归根结蒂是作家艺术个性的自我超越。
　　作家的创作成果像是一株并蒂莲花:一朵是作品,一朵是作家自身。而从本源的意义上讲,则是作家自身。作品不过是作家的物化形态罢了。佩甫作品中表现出来的特色与不足,正是自身艺术个性曲直隐显的投影。佩甫创作的突破,从实质上来说,就是要铸造一个健全的、丰富的、充盈着创造活力的艺术个性,并不断超越自己。佩甫面临着从思想素质、生活积存、思维机制方面继续提高自己的现实任务。

关于思想素质。佩甫有比较明确的现代意识。这是他创作的魂儿。但基本上还停留在朴素状态。他信"善"求"美",惯常用"善"的眼光看待生活,揭示矛盾,因此,从不和谐走向和谐就成了他潜在的审美定势和艺术表现的常见格局。这种"善"的眼界给他的创作带来了一定的成功,作品充盈着动人的挚情;同时也给他带来了视线的"模糊区"——对生活中的"恶"看得不那么真切。因而不擅长展示生活矛盾从和谐走向不和谐,或从不和谐走向新的不和谐。这自然拘囿了作品反映生活的思想深度。近来他正向认识的自觉状态跃动。只有从"善"与"恶"的对立统一中认识社会人生,才有思想的新境界,才有艺术的新生面。

关于生活积存。佩甫创作的材料库与发酵场是豫中小城及城郊乡野。这片格局不大的城乡结合部是佩甫的一片小小的优势。这里是五光十色的社会矛盾的集散地。历史与现实,城市与乡村,文明与愚昧,变革与守成等等,在这里结成了一张网络。佩甫对这片独特的生活天地的占有似乎还缺乏应有的深度与广度。纵向的历史追溯尚欠深邃与波澜,横向联系则未能进入五行八作、三教九流。只有这些问题的来日解决,佩甫才有可能把自己的豫中小城渐渐联向陆文夫的苏州小巷。

关于思维机制。佩甫是个实践型作者,边干边学是他的突出特点。理论准备的不足是显而易见的。他擅长的是直观感悟性思维,而粗疏了哲理思辨。人物描绘也就长于神态捕捉而短于心迹剖视。佩甫应该来一点理论"餐"。佩甫的希望在今天,更在明天。

总之,创新突破是一个广阔的天地。生活的无比丰富性以及创作方法、流派、形式、手段的无比丰富性给作家提供了无限的可选择性。但是这种选择,又不能不受着作家相对稳定的审美眼界、概括方式、表现手法的制约,受着具体情势下创作心境负载力的制约。这样,要真正找到属于自己的路子又是困难的。它要求在多种矛盾中找到合理走向,形成和谐运动。最理想的路子往往是"不能无一,不能有二"的。它自然是非常窄狭的。这里需要的既有胆识与勇气,又有才力与慎重。寻找是苦恼的、苦涩的,有时简直是心灵的炙烤;找到了却又让人心旌摇荡,欢快如痴。

　　创新啊,你这个魔鬼!

1986 年 12 月 4 日

原载《奔流》1987 年第 4 期

追问与应答
——李佩甫和他的神话视界

王鸿生

一

通常,李佩甫是作为一个现实主义作家被人们接纳的。这当然无可厚非。早在《红蚂蚱 绿蚂蚱》中,他就营造了一个被"坠坠地扯近来"的、具有沉浮雕塑意味的感性生态空间,这个空间散漫而又内容齐备地"摆"在那儿,与我们所"看"到的乡村现实贴得那么紧,仿佛"小说"这个媒介并没有损伤生活世界的刻骨铭心的实在感。

在其后问世的两部颇具魔幻色彩的长篇《李氏家族第十七代玄孙》、《金屋》及《黑蜻蜓》等中短篇里,这种坚硬的来自"生活本身"的实在性,作为李佩甫叙事话语的恒常背景,也依然如"静静的颍河"、"灰带子一般的土路"和"黑压压沉默着的乡人"一样,凝滞在那里,困守在那里,几乎任何诗化的细部笔触都难以"戳"破这巨大的"暗影",使之透出超拔而灵远的光来。像连山舅与烈子舅谷场赛"垛"(《蚂蚱》)、李连升与玲响器对吹(《李氏家族》)、麻五扬场(《邯魂》)等等。那一幕幕饱含生机的劳作过程和充满质感的力与力之间的角逐,被写得那么昂扬利落、蛮巧有致、出神入化,却仍属于一种对经验事态、情状的"典型化"摹写,其超以象外的韵旨并不溢出"劳动艺术化带来了审美欢乐和人生慰藉"这一理解范围。在"垛"、"吹"、"扬"的流动的生命力中,似还没有传达出一种"劳动"的原初诗性,一种对于人和物均在劳动中"重新诞生"这一类秘密的惊奇感。读这些文字,我总会想起《琵琶行》、《鲁提辖拳打镇关西》那样的古典"绘"事"画"情艺术,在如此这般的"绘、画"里,语言主要承担着一种修辞功能,并无澄明寂静之声从其间"涌出"。

这样说来,从神话角度谈论李佩甫的作品,本身倒有点像个"神话"了。然而,这也算不得什么,福克纳的第一部成熟作品《喧哗与骚动》不就既是一部现实主义杰作,又是一部美国"南方家族神话"吆?

二

　　在我的印象中,李佩甫并不属于那类才学高蹈、好发奇想并多少带有浪漫情调或夸张、诡异性格的文人。令人不解的是,一位活得比较"实"、写得也比较"累"的作家,何以会日渐焕发出一种诗性叙事的魅力?那些超越了作家个性的神幻素质究竟缘何而来呢?

　　这个人的才能,肯定有某种不同寻常的东西。十余年来,他慢慢地诱惑着他的读者,犹如不间歇的风一次又一次试探一片树片:他善于从谷物的生长、从割草的音乐、从古老瓦屋的兽头和木槽边老牛的倒沫声中汲取纯朴的诗情;他也懂得从卦先、圆梦师、风水阴阳说及"喊魂"、"躲钉"、"上坟"等形形色色的民俗与祭礼中获得某些神秘的灵蕴;他喜欢滋润过他童年、少年生活的乡村传奇,那里面包容着的文化活性因素常使他兴奋不已;他竭力通过"奶奶的瞎话儿"来追怀先人,追怀他们的坚韧、阔大,连同他们蓬勃的情欲、乐生的禀性和繁衍种族的伟力……

　　与某些文化生态小说不同,他不仅"呈现"而且"强调",不仅不批判传统而且对之满怀眷恋:用沉重的力量使当代读者回想起曾被人们轻易唾弃了的古代精神,好像我们在此前只是一群忘了列祖列宗的浪子;在一片趋于物化的白日风景中,他坚持素朴的人性,坚持公正地对待自然和历史,坚持劳动产生幸福和欢乐的古老信念;相反,对那些突兀于大地之上的象征着财富的"金屋",对时下到处都在蔓延着的农民离土浪潮及"玄孙"们种种不肖于先人的"背叛"之举,则心怀疑惧,忧思重重,以至于有"送你一束苦楝花"的不祥慨叹。

　　而与一些"先锋"作家相比,甚至他的困惑和痛苦也显得"明朗"而"健康",它们总是合乎常情地发生又合乎理性地来到笔端:在他的颇具雕饰感但质地依然简朴的语言中,你找不到任何裸露的、狞厉的、痉挛的或带点神经质的句子,虽然,他也打乱时空、淡化情节甚而虚置意象于情绪之中;几乎是出于一种本能,他深切地感到,对于一个刚刚经历了人类历史中最奇特的政治动乱后又被突然抛入经济癫狂的民族来说,必须给予更高尚、更有力、更富于人情味的东西:当然,这种东西只能来自对某种生存价值的诗意憧憬;而这一点,又不能不使他与那些旨在"还原"生活的"新写实"小说分道扬镳。

　　也许,迄今为止,给予生命以深厚的道德关怀,始终是这位青年作家的内心意向。这自然没什么新奇之处,但在一个物欲横流、精神贬值的年代,敢于把这样平凡的追求刻上自己的额头,毕竟也常要一点不那么平凡的警醒与勇气。我不止一次地感到,正是这一"道德关怀"保证着李佩甫小说的诗性品格,并指示他挺身历险、尽力远行,把跋涉者的孤独凝结于心又缔建于作品,把一份难得的善良和关爱给了那些"弓着腰大口大口地喘气"的乡人们。可以说,作家,在其真正成为作家之前,"定要受时代之匮乏性的诘难",时代的匮乏性迫使他面对自身的存在及作为艺术家的全部天职发出真诚的追问,而他所讲述的那些故事则是对这一"追问"的"应答"。那么,对于李佩甫来说,此"应答"究竟如何开展?又潜入问题有多深多远呢?

三

不妨把"道德关怀"设立为李佩甫小说的基本母题,我发现,一旦作此"设立",他所有零散的、"枪"法不一的叙事尝试便能有所聚合,并从整体上得到说明。

在其早期的《蛐蛐》、《多犁了一沟儿田》、《小小吉兆村》等作品中,因承包责任制所带来的利益冲突,往往都能在乡亲或干部的"劝说"和"帮助"下被有效地化解,那时的人际关系似还沐浴在一片温煦之中。而作者乐观、开朗的话语态度则表明,他怀抱天真,信赖生活信赖人,信赖一种世代延续的乡村"道德自理"能力,远没有敏感到当代价值冲撞所带来的人性危机的严峻性。不难看到,在这个时期,李佩甫的叙事意识还没有觉醒,他的故事与社会保持着一种表层的认同关系,其题材往往来自对生活的同步性"观察"。

大约在 1985 年,世界急速旋转起来。"观念更新"的浪潮一波未平,一波又起。但李佩甫对此似乎并不怎么兴奋,倒是种种伦理秩序濒临"解体"的触目景象,使他陷入了沉重的"道德困惑"。现在回首,那时候他有两点创作"征迹"很耐人寻味:一是《红蚂蚱 绿蚂蚱》的取材方式、叙述视角从以往习惯的社会"观察"陡然跌入了对童年的"回忆",二是《李氏家族第十七代玄孙》奇怪地由现实(玄孙)和历史(先人)这两条互不相交的叙事链平行构成。这里,观察与回忆、现实与历史的骤然"脱节"或"断裂"究竟意味着什么?难道一个作家情不自禁地憧憬起"从前",仅仅是出于一种偶然的题材或形式考虑吗?——不妨这么分析,和许多人一样,面对"第三代"农民解除束缚后焕发出的自由活力,李佩甫无法像卢梭那样坚信人类已从自然天恩状态堕落蜕化为文明存在状态;但目睹一系列由社会骤变所带来的人性迷乱和道德溃败,他又难以解除内心的焦虑和莫名的压抑。他坐在了两个对立世界的"门槛"上,但写作还得进行,怎么办呢?上述两点"征迹"泄露了他"转嫁"这种矛盾的无意识的叙事策略:一方面,他既

"保留"着现实又"防范"着现实;另一方面,他不得不请"历史"到场,以形成一种对现实具有誉策作用的道德参照。当然,这儿的"历史"是安全地与现实有所"隔离"的"历史",仿佛"作案者"戴上了手套将它移来,几乎未经任何追问它就已经是"美"的和"善"的了。假如再把充溢于上述两部作品中关于"从前"的或温馨或壮阔的描写笼集为一串相关的"意指痕",那么,这种对"从前"的深情回溯则更显得意味深长,在这里,作者企图向历史寻求存在基础和道德庇护的隐秘动机,不是已浮出"海"面了吗?

有趣的是,一扇通向神话的小门就这样悄悄打开了。很具反讽意味,一片道德的"沼泽"倒成了诱发记忆的温床,一片精神的"荒原"反而是产生神话的土壤。按马林诺夫斯基的说法:神话的出现,乃是在仪式、礼教、社会或道德规则要求理论根据,要求古代权威和神圣界加以保障的时候。而它的叙事基因通常总是起源于人们对"往事"的回想和诉说。

但别忙,请想一想:往事何在?往事早已随时间之流逝去,一如天际掠过的几片烟云,我们所能拥有的只能是对于往事的记忆。记忆又是什么?记忆并不是自发而简单的知觉材料的保存与复呈,尤其是某种集体的或种族的记忆,如"奶奶的瞎话儿"及各种乡村传说,更是在流转中经受了无数次加工和改塑。实际上,在人们叙述"往事"的过程中,记忆部分地替代着想象的功能,始终起着一种重构经验、阐释历史的作用。其所以会如此,就因为记忆的对象只能是"往事",而"往事"之所以具有神话的魔力,恰恰因为"往事"并不在,它只是似乎在,它早已归化于虚无,既不会挣扎也不会抗辩,既不真也不假,作为叙述者对头脑中当下"印象"的直接凝视,"往事"充其量也只能是一种非真实的历史或非历史的真实,但这里,偏又给艺术虚构"裂"出了一条巨大的"缝隙"。至于一段必然"死"去的"往事"何以会在这样那样的时刻以这样那样的形式被我们重新"看"到,这就用得上这样一个解释:事实要想存在,我们必须引入意义。正是"意义"的"嵌入","往事"才"活"了过来。

那么,李佩甫在"往事"中投放了什么意义?似乎又不是一两句话便能说清。但他的确严肃地想过:从前,种族靠什么衍续?如今,背叛又怎样发生?问题的提法已暗含着他对传统道德的幻想性寄托,"厚"古"薄"今之味不难品出。由而,在一代又一代的墓地和摇篮中,在亘古如斯而又变动不居的兴衰与更迭里,他感受了"李氏家族"令人敬畏的生存意志,更感受了维系世道人心的善恶法则,一种弥散于整个"家族"历史的灵性的佑助、点化和惩治。这种灵性,并非某种超验的存在,它就是作为经验之化身、秩序之保障的"老人",是祖先的"生灵"而不是"亡灵"。在李佩甫的意识中,祖先从来没有"死"去,他们仍然"活"着,他们虽已成为一堆堆"土馒头";但仍以某种强大而隐蔽的方式包围着我们,传奇般地幽游在大地、村落和每个后人的精血气脉里。但先人们究竟启示着什么呢？无非六个字：蛮力、智慧、仁义。在嬴、衡、兆祥的故事中，"奶奶"反复叨述的意思不外是：这三条缺了一条也不行。这颇有点像《易·说卦》论"三才"的格局："是以立天之道，曰阴与阳；立地之道，曰柔与刚；立人之道，曰仁与义；兼三才而两之，故《易》六画而成卦。"

如果说《李氏家族》类似欧茨麦洛斯所谓的"历史神话"（英雄创业神话），那么，《金屋》便接近于谢林所说的"寓意神话"（道德惩罚神话）。正是后者，进一步凸现了作者的"道德拯救"意向，他已不满足于历史的"避难"，而是冒险地突入了对"金钱"这一君临于万物之上的"当代暴力神"的直接指控。但如何艺术地从历史返回现实呢？加西亚马尔克斯的名字再一次如空谷足音，在他无援无傍的心中引发了亲切的回响。①

现在，李佩甫将从"回忆"大幅度跃入"想象"，这也意味着他的创作维度将由时间转向空间，由历史转向大地。所以，那个使老族长瘸爷忧思绵绵终不得其解的《家谱·脉线卷》中的神秘符号"⊙"，便也可被视为《金屋》整体构架的直观图示：一个暴发户盖起了一幢金碧辉煌的小楼，向来恬然自足的扁担扬人倏忽间坠入了欲望的深渊，环绕这个既使人向往又使人仇恨的表征中心，我们目击着一场又一场销魂蚀骨的灾变。一时里，失踪的，自杀的，性变态的，莫名惊恐的，赌急了眼"下帖"绑票的，精神崩溃乃至当街长尿的，淫邪之气弥漫全村，血的腥味久久不散，任"小阴阳先生"下多少道"镇邪符"也无法遏止这一场仿佛是命中注定要经历的祸乱。

这一切只因为"阳宅盖在了阴宅上，坏了风水"。

当然，李佩甫并不是第一个预感到危机的人，但《金屋》倒不失为当代中国小说中以极化态度和准神话方式来"强曝"这种危机的第一部长篇，虽然其结构平板而工整，其蕴含单薄而率直。小说中指代生存之谜的符号"⊙"之值得一谈，还因为它概括着作者意识中"危机"的全部内容。很显然，这是一个典型的东方式表征图像，由于昌盛不绝的农业生产历史，国人从远古时就对劳作、日子乃至生命力形成了一种周期性理解，所谓"受天之精，受地之孕"的阴阳交合，所谓来而复往的四季更替、能量循环，都与一个封闭之"圆"的宇宙图像有关。而"宇宙本质的纯净之心，即一种超绝的'德'"，"德"也是决定盛衰兴亡的历史法则，是谓"千古一德，天地之心"。失"德"就是失"心"，失"心"则使一切成了无

---

① 注：顺便插一句，可惜的是，与《李氏家族》一样，《金屋》大体成功地实现了情节的魔幻，却没有同样成功地实现感觉的魔幻，这也足以表明，对一种异域文化的借鉴面临着怎样可怕的限度。

意义的空洞。现在,这个"圆"之"心",这个意义之内核,被"金屋"这样一个不祥之物占以为"据",人又怎能不失其"根",不失其赖以为生的"依凭"呢?这种对世界、历史结构的道德性理解,也许正可以被认作李佩甫的世界"观"、历史"观"吧。虽然粗糙了一点,但"德"归其"心"的深长呼喊毕竟是在颤栗中献给这个时代的"诅咒"和"祝福"。

一般来讲,"道德惩罚神话"的文化功能,是预防、缓冲而不是助长、推动社会结构和意识形态的变化,在力图改革旧生存秩序的激进者眼中,它多少有点"向后看"的"保守"味道。但当某种欲望、某种现实力量盲目前冲并已越出了它的道德限界时,疾呼"暂停"甚至大开"红灯"也可能出于一种对人的命运或某种"终极价值"的更为深切而慎重的关怀。

但疑问依然存在。天地人究当以何为"据",一个"德"字能应对现代人所面临的复杂处境吗?还有,我们该以何为"德",新的价值基础是在过去、现在抑或未来?

《金屋》的结尾是这样的:不久,扁担杨村又回来了一个财大气粗的年轻人,他要盖一所更大更高级的房子,他说,他有钱!

这倒是真的,在没有真正破译"⊙"所内隐的奥义或者干脆重新构造出这一"村"人的世界图像之前,扁担杨村人注定还会一次又一次重蹈覆辙,犹如飞蛾扑火永不得安宁,正像时下常有人说的:钱毕竟是个好东西!

拯救之途究竟何在?

四

德是一种"内心律令"。如此,它首先必属于"我"即属于"个人"要担当的命运。若请人代负道德责任或代赎道德罪,则无异于双重的不道德。同样,假如一种"道德关怀"只是冲着别人、冲着世界而来,那么,这种"关怀"本身就已潜伏着不道德的因素,因为它使"道德"仅仅沦为一种"他性"的力量,仿佛"我"倒是生来"道德"而不需要"关怀"的。拥有写作"权力"者若怀此"优越感"去"关怀"众生,其话语方式必含有某种"道德侵略性",被关怀者产生相应的"道德反感"甚或视之为"道德压迫",也就在所难免了。而一切充满道德感召力的作品,之所以总是出自那些真正具有灵魂深度的作家之手,恰因为他们从来不忘记"关怀"那个作为关怀者的"我"。他们懂得,关怀自身之灵魂本身就已然是道德的。想一想,我们这些文人的"忧患意识"之所以显得孱弱,之所以缺乏例如俄罗斯文学传统中那股强大而丰沛的足以"引爆"灵魂的力量,甚或在某些时候还会变得"浮饰"和"矫情",不正与这种"忧患"或"关怀"的"他性化"紧密相关吗?

似乎该问一问了,为什么我们的"道德关怀"极易倾向于普遍化而独独易疏忽了关怀者自身?这个"我"怎么会"失落"在"普遍"之外?这一"失落"还意味着哪些文学方面的后果呢?

不妨把李佩甫小说中所有的"神话英雄"概括为两个人,一个是"凭蛮力、智慧和仁义打天下"的男人,另一个是"拼上命帮男人打天下"或"男人去后能顶门立户"的女人。这两个形象的原型完全可以追溯到"开天辟地"的男性神氏盘古,和"炼五色石以补苍天"的女性神氏女娲。无论"打天下"的男人还是"补天下"的女人,都有一个共同的道德信念,那就是"为后人创业,为前人守业"。"我"呢?只在创、守之间,且已为"业"所"隐"去。就像《村魂》中的见他娘,为了"儿叫一声娘",为了"万一男人回来了呢",于是熬三十年寡,纳了三十双千层底布鞋,最后"一针没穿过去,人就不行了"。此"我"之一"隐"又"隐"得何其"残酷"?试想,"我"一旦只是履行着某些功能作用,只是一个使"家业"得以承袭的"中介",或是一个使种族得以绵延的"环节",那"我"还有没有"本身"的意义呢?

但这又不仅是"忘"了一个"我",起码如见他娘还不得不"忘"掉那个守情多年的光棍老德。既然"我"已被忘,那么"谁"来记得"你"呢?"你"无非另外一个"我",其实也早已在"忘"中。由而可见,对"我"的存在性遗忘,又必导致对世界的存在性遗忘。

不知诸位是否已注意到,这样的二元分割,的确难为着相当一部分当代小说家。比如:某些充满民族、历史忧患感的作品往往无力传达"灵魂"的消息。作者的生命体验唤不醒、出不来;而另一些长于心灵漫游或精神分析的作品,却又因滞留于个体意识、无意识的开掘,终难形成浑然、博大的艺术气象。李佩甫的《李氏家族》《金屋》当属前者;而他旨在"切入人的精神宇宙"的《送你一朵苦楝花》《无边无际的早晨》又类乎后者,它们虽然在一定程度上展示了一个由乡入城的知识分子的"灵魂拷打"过程,但其现念化的"自审"方式却难以提供整合化的世界图景。"世界"和"我"被切成了两半,这颇有点像传说中的"幽默大师"阿凡提。他盛了一碗油,但必得把碗扣过来再去盛第二回,仿佛我们关怀了"世界"就顾不上关怀"自己",一旦关怀了"自己"却又把"世界"给泼洒掉了。

哪儿有一只能盛下"世界"也盛下"我"的"碗"呢?这的确是个问题。

五

　　此问题却又出奇地简单,聪明的阿凡提早已暗示你:能"盛"的碗必须是"空"的。揭了这一层比喻的幕布,我们就来到了一个神话叙事的基本方式问题,即如何凭"空"来说且能说出这个"空"的问题,因为只有"空"了,才能真正"盛"下关于"我"、关于"世界"的一切。这里,要紧的是找到一种"虚涵万有"的语言。循此思路,我想对李佩甫小说世界的中心语象作一个分析性描述;借此,读者也许会进一步悟到,从神话叙事(不是神话原型)的角度去考察,我国现当代(含海外)绝大部分"乡土小说"的空间维度"失缺"在哪里。

　　现在,我写下这三个词:土地、乡土、大地。它们时常出没于李佩甫作品的字里行间,迭现着一个总体的精神象征。我凝视着、追望着这些词,它们正携带着自己的形状和体温飞来飞去,每个词都是一只报信的燕子。(或是"黑蜻蜓"?!)但在一片穿梭中,你很难分辨它们的差异,因为在视觉的混茫印象里,它们都结联于"土",有着极为相似的肌肤、色泽和下坠力。在具体的语言情境和意象群落中,它们的含义也不了然,常常能互相指涉、交替使用,仿佛几团升起于深谷的薄雾,缠缠绕绕,悠悠荡荡,分不出彼此的界限和去向。被沿用为隐喻的时候,这三个词更为近似,它们多半能转达出被喻体所具有的根茎性和保护性特征,唤起诸如"开阔、沉重、缄默、静止、宽厚、包孕、坚实、温暖"之类的心灵感受。

　　但如果你仔细地将这三个词分离开来,听一听它们各自发出的"声音",不免会感到惊讶,三者的区别怎么会如此之大呢?你听,"土地"一声带点儿疏远,带点儿淡漠,有一种理智和平静在内,就像早已分手的恋人迎面打来一个招呼;"乡土"的音儿则显得热切和亲近得多,但这亲热中又透出几许局促和不安,好比这恋人急迫迫想重续旧好;唯"大地"之声来得壮越、肃穆而辽远,扩散看一种"阴沉之趣"和覆盖性的力量,宛若那恋者蓦然回首,惊奇地发现自己竟恋着一张无比伟岸却永不可企及的"影子"。

　　毋庸置疑,这种种差异是来自人和自然的不同联系形式。这些形式,因历史的"兑现"早已分别通过最初的词语命名被"砌"入了我们的无意识,并凝结为一些比较固定的情感态度被保存下来。就某一个具体的艺术表征世界来说,"土地、乡土、大地"实际上可分别标涉为人在自然中的三种存在形态。

　　"人/土地"显然是一种物性形态。在此形态中,土地主要作为其有生殖力和生产性的实用对象而受到尊崇。人开垦它、耕作它,向它付出"劳动力";它报答人、哺养人,给人以生命之能量。因此,它和"我"建立了不可分割的物质交换关系。请读这段文字:"夜完全黑下来了。风从玉米田上空刮过去,大地便有些摇动,在摇动中玉米缨上那粉色的长须晃着点点丝丝银白……渐渐,土窖里的火燃起来了……火苗儿窜动着,送出一丝丝暖意也送出一丝丝诱人的熟香……二姐的手像黑蝴珠似的在火苗儿中闪动着,一会儿翻翻这块儿,一会儿又提提那块儿,嘴里'咝咝'地吹着,总说:'不熟'呢,还不熟呢。说了,就又去捏……"(《黑蜻蜓》)这里,虽然印出了"大地"字样,但它却完全外在于饥饿者的眼睛,"小脏孩"的注意力集聚在"火"和"手"之间,那儿有被烧烤着、翻提着的嫩玉米和红薯块儿。作为一种叙述"过渡"和诗意"烘托","大地"浮现了,但它仅仅暗示着那些被烧烤物乃是从它身上长出来的。也许,一种人对土地的天然依赖,正是农民式"土地信仰"的根源,从而也是千百年来人和土地互相奴役、互相束缚的根源。人对土地的物性欲望必然转化为土地对人的物性统治,物质上给予(获取),精神上剥夺(丧失),在这一"恶"的循环中,人和土地都付出了沉重代价,它们同时拘囿着对方的自由和审美限度,甚至使两者在日益升级的敌视和报复中互相耗竭。

接下来,我们该谈到"人/乡土"这样一种人性形态。有趣的是,此形态往往存在于那些已不和土地直接打交道的人群中,仿佛只有离乡背土者才配揣有所谓"乡土情结"。但这也表明,距离,特别是人与土地之物用性的距离,倒使人更能够人性地看待它。于是,先前"土里刨食"的惨痛记忆淡然了,唯乡音、乡情、乡思一阵阵扰人,好像只有离了婚的人才体会得前夫或前妻的种种好处,虽不愿也不能重新"修和",但其追怀缅思之心却也是真真切切的。这儿,"失去"意味着更好的"获得",但此"获得"已不具实在性、占有性,所以便只是一种精神的"获得",或者说,是"获得"获得了精神性。然而,人性层面上的精神性毕竟又有其限度,所谓"乡土"或其转换说法"故土"、"热土"、"老娘土"等等,所喻示的也不外乎人之于土的亲缘认同关系。在许多小说中,作为生存之"根",乡土乃是"我"可以追溯的血脉渊源,它带来的仅仅是历史的、人伦的归宿感和慰藉感。《李氏家族》在"尾声"中有这样一段话——李金魁进屋坐下来,说了几句问候的话,这才说:"明儿是七奶奶的大祭,我本该回来的……"石磙爷说:"县上忙,你就别回来了,忙大事去吧,家里有我们呢。"李金魁说:"小时候七奶奶待我们挺好,我也挺想她老人家。只是会多,怕回不来了。"众人也都说:你忙。当县长哩,回来影响不好。别回来了……到了这时候,李金魁才把一句要紧的话说出来了:"石磙爷,要是我不当县长了,回来种地,不知爷儿们还肯不肯收留我?"人们都以为金魁是谦虚呢,一个个笑起来。石磙爷说:"娃子,不管你啥时回来,这都是家呀!"——这便是能用血肉之躯给你暖身子的漫无边际的乡情了,这便是你一朝"欠"下就永难"报答"的恩惠了。对于流浪者、闯荡者、失意者及一切去乡怀土的人来说,"家"乃是保护与收留你的最后所在,你时常能听到这个"家"在你耳旁低语:"要是混不下去,就回来吧。"(《无边无际的早晨》)但正因为如此,精神的风筝总不能翩翩远行,由而,在"石磙爷"面前,在石磙似"蹲"着的"三叔"们面前,"你"永远是一个"娃子",一个从这"家"里走出去的长不大的"小脏孩"……而"大地"却依然沉默着。

千变万化地表达上迷两种形态,一向是文学的乐事和能事,当然,这多半也和近代知识者的认知、抚情及寻根需要相关。但是,只要我们的"道德关怀"还没有推进到"人/大地"之神性联系的维度,只要"扁担杨人"一味恐惧于现身其前的"金屋",不转而去敬畏隐身于其后的"大地",只要寻"根"者的目光无法穿透淳朴之古风或野性之生命力,只要"语言"仍作为一种认知"工具"继续贯彻某种来自技术时代的制造意志,那么,我们将永远无法"听"到大地怀抱里日夜生长着的庄严、伟大的音乐。

试想,假如不是以神话叙事的超验方式、以极化了的想象和虚构来讲述"故事",语言能够真正返回其创造本源即充分达到其诗性本质的维度吗?还有,当"土地、乡土"被物性和人性所占有,当"词"的意义空间全然被重浊的实在的情智经验所缠绕、所填塞,"大地"又如何现象,小说家们又如何"说"出那个"空"、那个"寂静的钟声"、那个"最终的神秘"和"欲说还休"的"休"呢?

也许,这正是现当代"乡土小说"不费劲地端出了无数"黄土小儿",却终难诞生一个"大地之子"的内在缘故罢!

文学作为各种"现实印证"、"批判文献"或"文化注脚"的历史已久矣,而人对负有"初创"使命的"大地之子"的渴望也久矣。

此"渴望"乃是一种"呼救"。但只有从危险所在处升起来的"救"才是"救"。人类的最大危险处莫过于人与大地、生存及其意义的本体性断裂,这一断裂,足以使大地噤声,使人流离失所,使生活黯然无光。因此,重建生存意义,重建大地与人之生命攸关的联系,乃是文学能够奉献给这个时代的一支颂歌。为此,需要敢于踏入深渊、寻觅那"泥土中灵魂一点"的歌者。

所谓"大地之子",即是这种能撤开与守护"人/大地"之联系的艺术形象,从而也是因依托神圣而昭示幸福之源的形象,真正具有归藏性和召唤力的形象。这一形象,作为一种"道德拯救"的想象性起点,作为负载大地之重量的"新神话"的英雄,乃是万物的牧者、歌者与向导,他将对自然和历史之真理的全部空间进行新的开拓和安排,使实在意义上的自然、历史转化为存在意义上的自然——历史。

但你却不必指望我给出一个关于"大地"的确切定义。种种来自知性方式的理解,都是"大地"要竭力规避和抗拒的厄运。每当人们问出"大地是什么"之类的问题时,大地就遭遇着真正的不幸,此不幸乃在于人将自身作为万物的尺度,而不将大地作为人的尺度,所以,人才能以君临大地的姿态发出如此傲慢的一问:大地是什么?这种问法本身就已是对大地的不敬和伤害,依此答去,无论如何也逃不出将"大地"归入某种"存在之物"的逻辑陷阱。可以肯定地说,大地不是什么,作为人类诗性智慧所创设的一个隐喻,大地本身即是诗,是神话,是幸福的许诺,是我们对世界充满爱和关切的凝视与沉思,归根结底,大地是被你的灵魂一声声呼唤出来的。

六

此刻,我想问一问自己:跟着语言,你来到了哪儿?这里,是你梦中的"金牧场"吗?

夜好深沉,大地上仍有足音,这足音是大地的语言,我热爱这语言,但这语言是在告诉太阳我们要再次相逢在一起吗?

我听到大地说:太阳已启程,你也动身吧。

原载《上海文学》1991年第6期

永恒的诱惑:李佩甫小说与乡土情结

陈继会

一

眷盼故园、回返乡土作为一种人类共有的情感现象和世界性的文学母题,在乡土中国表现尤为强烈而执著。

耐人寻味的是,社会的发展开放、文化的交汇整合背景下的20世纪中国文学,这一倾向非但没有削弱,反倒更为强烈。那种剪不断理还乱的怀乡、思乡的情愫,依然被现代作家抒写、吟唱。20年代(五四之后)一批祖居乡村而后走入都市的现代作家,乡情难消,在对乡村文化反叛与眷恋的双重痛苦中,时时精神还乡。40年代,山河破碎,民族危亡,颠沛流离中的现代作家,对于乡土故园的怀恋,忧伤中又加着沉痛和慷慨。新时期之初,一大批"归来者"("五七"作家和知青作家)的集体返乡,与嗣后的文学"寻根",蔚为大观,呈一时之盛,并成为新时期文学之潮。大地是亘古常在的母亲,乡土之恋是一种永恒的诱惑,是深藏于一代又一代作家内心的文化情结。

我始终困惑并试图寻解:李佩甫的创作何以发生如此变化?一个最初曾经在实际生活中和艺术探求上极力希望走出乡村的李佩甫,在其走入都市,在人生的旅途上"羁旅","漂流"得太久以后,他终于一改初衷,在其创作中表达出了自己强烈的还乡渴望,表现出日甚一日的"乡土情结"。

明显标示这种转化的是90年代初[①]李佩甫集中推出了一组作品,即中篇小说《无边无际的早晨》(《北京文学》1990年第9期)、《黑蜻蜓》(《中国作家》1990年第5期)、《田园》(《小说家》1991年第2期)及长篇小说《金屋》等。在这些作品中,佩甫一方面俨然是一位刚正不阿的审判官,在拷问着那些背弃了乡土、背叛了农人的"黄土小儿"的灵魂;另一方面,佩甫又是一位深情的歌者,他以唱圣诗般的虔敬和肃穆,歌唱供给人类生命之水、土、居所,作为人类精神家园的乡村大地,和如地母般宽厚慈祥、无私坦诚的农人。在这种吟颂和挞伐的二部轮唱中,我们从中窥到了源于佩甫心灵深处的,成为其精神生活、艺术创

[①] 作家深层的心理转换肯定要早于这个时间,在没有其他材料可资参考的情况下,作为批评主要依据只能是作品发表的时间。

造的永恒诱惑的"乡土情结"——那种对于乡土的依怀、亲和,对于背弃乡土的恐惧,和他作为一个生活于都市之中的"地之子"的对于城市生活的疏离、排拒、不认同的情感态度,以及他那自卑而又自负的深层文化心态。

叛离乡土的李治国(《无边无际的早晨》)的灵魂苦痛,加了李佩甫的艺术渲染、重铸、色调也许显得过于浓烈,但那的确是一颗不无痛苦、须得拷问的灵魂。由大李庄百家饭食(岂止饭食,那是流自百家女性身体圣洁的乳汁和汗水!)养大的国,出落得体面而又光彩。远离乡土,由乡长、部长而县长,仕途风顺。尤其是在"计划生育"和"毁坟修路"两件事上,国显示了自己的权威和能力,他极尽人生辉煌。但是,很快便是极尽辉煌后的寂寞与痛苦。国得到了许多,但他同时又失去了许多。国似乎别无选择,但他的确背弃了乡土。他"用权力的大坝拦住了漫无边际的乡情"。"你切断了你的根"——国的双脚已飞离了地母宽厚的胸膛。于是他有了安泰似的将被打败的恐惧。他明白,那是失去依托的恐惧,那是失去我之为我的恐惧。难怪直到小说结尾,国仍在困惑焦灼地灵魂自语:"你是谁?生在何处?长在何处?你要到哪里去?……"

这也许是国的宿命。在他还未落地之前,即已闻到混着血水和草木灰的泥土的气息。几年中,国始终在洗刷、修改记忆和矫正、强固记忆的灵魂冲突之中。他忽儿要整饰自己"黄土小儿"的面容,忽儿又希望保留自己赤条条"黄土小儿"的形象,将自己溶进灿烂的黄色、溶进泥土牛粪、溶进裹着麦香的热风之中。国的灵魂漂泊于一片无根的世界。

稍后发表的《田园》,也许可以视为《无边无际的早晨》的续篇,杨金令正是这一形象的承续。王西彦曾用"折翅鸟"形容那些在人生追求中遭遇挫折的知识者,杨金令正在其中。由大学生而研究生的杨金令,在都市激烈的竞争中残败而"亡"——因失恋自杀未果,但已丧失生活的热力,灵魂实已枯槁。他如"一摊肉"似地被乡亲们拉回。是村里年高德硕的长者七爷那拐杖无数次的击打,和七爷那"来自天庭,来自旷野,来自沉沉大地"的轰天震地般"狗剩儿,给我滚起来"的吼叫,让他魂兮归来,回归地母的怀抱。由"杨金令"到"狗剩儿",他完成了自己身份与心灵的转换,同沉沉大地结为一体。使他重新焕发生命的活力,再次踏上人生的旅途。国的梦想在这里艺术化地变为"现实"。

李佩甫不是李治国,但佩甫显然有着与国相近的心灵痛苦,有着"狗剩儿"似的回归大地、乡土的梦想与渴望。从《无边无际的早晨》的拷问迷途的灵魂,《田园》的实现灵魂的返乡皈依,到转而吟唱《黑蜻蜓》,其间有着十分必然的心理与逻辑转换的依据。因为,它们都希望表达作者对于乡土自觉或不自觉地背弃、忘却的愧疚,在精神返乡中,实现对于自己失落的美好乡村情感的祭奠。

《黑蜻蜓》是李佩甫一次最虔敬最深情的情感祭奠。面对小说中的二姐,任何语言都显得苍白无力。她是圣洁无言的蓝天,她是宽厚沉默的大地。她是我们心中的一座偶像、一片圣土。佩甫带着显然的虔敬与激情在写(不,在绘,在唱)二姐。这是一颗饱蕴了乡村贫瘠、劳作、坎坷、苦难,也鲜亮着乡村朴厚、善良、坚韧、高尚的乡土精魂。苦难伴着二姐一同降生,丧父失母,耳聋,她被玉米面糊糊养大。但是,这颗不屈的沉默的灵魂却把最博大的爱给了别人。她苦作终生,别无所求;无怨无艾,只有奉献。她属于那片有时金黄、有时翠碧的田野。我总以为,二姐不曾死去,她是溶入了那片金红色的无言的大地。面对这颗灵魂,我们感到一种神圣的威压,它似乎要挤出我们身上那颗渺小的灵魂,而代之以高尚和尊严。这颗灵魂在同城市灵魂的比照中,光明朗照。面对这颗灵魂,我觉得我无权使用"麻木"、"愚昧"之类的字眼。那是一种曲解和玷污。

在这部小说中,佩甫的真情与敬意是明显可见的。这真情与敬意竟使他的艺术感觉分外明敏、发达起来。他从二姐的织机声中听出了圣歌的神圣与肃穆和摇篮曲的欢快与温柔。如诗如画,情深意长。李佩甫还在《金屋》等一些作品中,通过城乡二元对立的描写,将他的乡愁、乡情尽融其中,实现了一次尽情尽兴的精神返乡。

李佩甫的诸多作品向我们铺开了一个迷人的艺术世界,深蕴其中的是那浓重的乡土情绪。这是一种诱惑和挑战:李佩甫那萦绕于怀、症结于心的乡土情绪深层的、幽秘的文化心理底蕴是什么?

二

我们从李佩甫小说那浓重的、坚执的乡土情结中,分明读出了对于"忘却"——忘却故园乡土,迷失本原真性,丧失我之为我的恐惧。人情同于怀土固然是一种普遍的人类情感,但对于有着数千年农业文明历史的中国来说,这种对于失去乡土记忆的恐惧,对于背叛、遗弃乡土的恐惧,就愈发显得强烈而又普遍。这"恐惧"因了各人情况的不同,而成为"情结"的症结所在。

在荣格看来,情结是意识无法控制的心理内涵。它会抵抗意识的意向,而随心所欲地出没。情结中永远有冲突存在,受惊、骚乱、心理痛苦、内在挣扎,都是情结所具有的特征。而导致冲突的原因或结果的,则是被称之为"家丑"(Skeletons in the cupboard),法文称之为:"黑色的禽兽(betes noires)的东西。""那都是些我们不愿记起、更不愿被他人提起,可是却常常很不受欢迎来临的东西。通常都是些我们无法接受的记忆、愿望、恐惧、责任、需要或看法,因此便不时企图要干预、扰乱我们的意识生活。"①李治国的心灵痛苦来自于这种冲突和扰攘。人总是在各种被规定的情景中生活。在国极尽辉煌之时,他感到过去太厚的生活底板是一种"家丑",所以他拼命地想遗忘自己"黄土小儿"的历史,他想洗刷掉许多记忆,抑或修改这种记忆。"洗刷"或"修改"都旨在为了掩饰"家丑"重修"家史",都旨在为了减缓因保留对于乡土真实记忆的痛苦。但是,当他处在极尽辉煌后的寂寞与痛苦中时,他灵魂中的那一面又激活起来,他视"家丑"为财富,此时"黄土小儿"的身份反倒成了他炫示于人的一块盾牌。面对着"城里人"的妻子的虚伪做作,他以"我喜欢牛粪"回敬她"你喜欢维纳斯吔"的询问;当妻子指斥"乡下人太没教养"时,他板脸回应:"乡下人怎么了?老子就是乡下人!"自卑却又自尊。"黄土小儿"的历史、"家丑"成了国的一柄双刃剑。荣格关于"情结"既代表着一种自卑,同时又是促人向上的"刺激物"的说法,在这里得到了证实。

我们已经说过,李佩甫不是李治国,但佩甫的确有着与国相近的心灵痛苦。李佩甫是一位不折不扣的"地之子"。童年姥姥村庄百家的饭香至今仍诱惑着他。被乡情滋育过的生命在岁月中成长。他终于由一位基层业余文学作者,因创作成就突出而借调为一家省城文艺刊物的编辑。无"家"无"室",孑然一身住在文联的招待所内,其间的艰难与坎坷(物质的精神的)可以想见。我想,那时他的灵魂大约非常孤独,也非常充实。嗣后,他正式调入文联成为专业作家,曾一度主持过一家大型刊物。被人誉为"老实人"的李佩甫,即使在改变了"形象"后,也不失其真诚。但佩甫仍为自己过多地失落了当初带入城市的许多美好的乡村情感而愧惑、惊惧。他为即将失去"自己",为我将非我而恐惧。于是他将自己的心灵痛苦转化为国之灵魂苦痛,以对国的灵魂的拷问,象征性地、仪式般地实现了对于自己灵魂的拷问,便自己现实的焦疚、痛苦、困惑、恐惧因艺术化而得以宣泄与平复。

我们在上文已经提到了国的那柄双刃剑——"黄土小儿"的身份既是他自卑的根源,又是他自尊的武器。我也饶有兴味地注意到佩甫长篇小说《金屋》中关于乡村青年杨如意的重重的一笔。杨如意发狠地咬着牙说:"别小看乡下人,别小看!乡下人总有一天要吃掉城市!"如果说这就是作家李佩甫的灵魂自语,那就几近荒唐。但是我们却不能否认,一个靠着自己的才情和智慧、拼搏与苦斗走出乡村,在城市玩命似的竞争、角逐,以及由矫情和白眼的重围中站起来的"地之子",佩甫的人生感悟一定比别人更铭心刻骨,他也一定在许多人生当口暗暗叫着,"我是一个乡下人","别小看乡下人"!如当年的沈从文、师陀……

---

① 〔瑞士〕荣格:《探索心灵奥秘的现代人》,社会科学文献出版社,1987年。

那样说着自己"实在是一个乡下人"。

李佩甫的这种城市生活经验转化为艺术表达,则表现为他精神还乡的另一形态,贬抑城市、礼赞乡土。厌恶并逃离城市,视现代城市为可憎的人性的沙漠,是西方现代文学的重要主题。五四之后的中国社会,城市化的水准虽然普遍低下,作家们也远没有西方作家那种焦灼的都市生活的体验,但艺术家的敏感与责任,已不容他们等到"灾难"普遍降临才去唤醒世人。五四之后的许多现代作家即已表现出上述价值取向。所不同的是,中国作家对于城市的不认同,自然生态方面的因素退居较次的位置,更多的是一种伦理道德上的观照和体验。我们从李佩甫的小说中读到的正是这样一种城/乡二元对立的叙事策略。城/乡,富(金钱)/穷(道德),恶(虚伪)/善(真诚)……构成了佩甫小说一组组对应的叙事话语。对于杨金令,城市是一个缺少亲情、温热,令人厌恶的深渊,他的身和心伤残于城市即是一种证明。是乡亲、故土、大地为其拭去"伤口"的血污,抚慰伤残的灵魂,并为其贯注了生命的热力。《无边无际的早晨》中,体现城市价值观念、道德规范、文化人格的妻子,始终同以三叔为代表的乡村父老,形成尖锐的道德、价值、文化的冲突。乡村人贫穷而又慷慨。他们不仅给国,也给许多人无以量计的惠泽。他们真诚素朴,心地坦荡,一如万里碧空。而城市人却用面具遮盖了自己的真面目,"裹着西装同人握手"。衣冠楚楚、温文尔雅中不乏矫情与虚文。工于心计,缺少亲情,连笑也被商品化了。与二姐的宽厚、仁慈、博爱、沉实相比照,"城市女人"的妻子的灵魂人格则黯然失色,佩甫为二姐的后代以及商品经济浪潮下的乡村人渴望走出乡土或"全是一副离土很遥远的样子"(《画匠王》),深深为之忧虑。在佩甫的笔下,城市与乡村代表着两套不同的价值系统,显示了两种不同的文化精神。

在《金屋》中,李佩甫用了荒诞、象征的笔法,以更为激化的状态,展示了城市与乡村的对峙与冲突。所不同者,冲突在这里被虚拟化了。"金屋"成为一种象征。围绕着一座"屋"的建、拆、出、入,城市与乡村的冲突集中地表现为金钱与道德的冲突。"金屋"始终以自己的冰冷、坚硬、严酷、无情同乡村大地的暖热、松软、和睦、温馨的田园诗意相对峙;"金屋"始终以自己的富有(金钱)炫惑威压着乡村,而乡村则以其巨大的道德力量睥睨抗拒着城市。

李佩甫关于城乡二元对立的描写,明白地表达着他对城、乡截然分明的评价态度——一往情深地眷顾着故乡的大地热土,厌恶焦灼并试图逃离都市生活。李佩甫灵魂的那一半始终还在他长期生活过的乡村,那里有养育过他的宽厚、仁慈、善良、无私的二姐、三叔、梅姑、七爷,那里有他难以割舍的乡情。我们不会怀疑李佩甫的真诚,也无意否认上述艺术表达中,既有他对于城市生活铭心刻骨的现实体验作依循,也有他对于故乡美好的童年记忆作依托。但认真说来,李佩甫笔下的乡土(尤其如美好的童年记忆),已经被汰洗、选择、改造过了。他所营造的那片艺术世界是被象征化、心灵化了。那是一种心理上的乡土,那是一片文化乡土。佩甫借此表达自己的价值判断与价值选择。礼赞乡土,渴望返乡,那是对一种文化价值的追怀与呼唤。作者倾力讴歌的是一种已经消失或正在消失,也许在感觉中是明明白白,却又难于明示,不可还原,无法求证,但又足以可以成为否定、抗拒畸形城市生活经验的一种情绪、一种欲望、一种精神、一种氛围、一种生活方式、一种文化存在状态。

这的确是一种有意味的文学——文化现象。20世纪中国作家、中国文学所表现出的这种强烈的乡土情绪,有着深厚的传统文化心理的积淀,其成因无疑应当与从山海阻隔的地理位置,以小农经济为主的生产方式,大陆农耕的文化土壤以及广阔的民俗乡风的人文背景下去寻找①。西方学者已经指出,对于原始人来说,"家"的基本概念,已不仅仅是可供遮风避雨、长久或临时居留的建筑,"而是部落的土地整体","土地才是他们的家"②。在中国,土地给了华夏远祖一种生命的固执;同时,这种"固执"又因为君主统治的需求,逐渐凝化为一种强大的社会舆论③。应之者得到社会首肯,"不背本,仁也;不忘旧,信也"(《左传·成公九年》);反之,则为社会舆论所不见容。"有人去乡土,离六亲,废家业,游于四方而不归者,何人哉?也必谓之为狂荡之人矣"(《列子·天端》),表达的正是这样一种识见与观念。就这样,一代又一代的文化创造与承传,形成了华夏民族强固的思乡恋旧的文化心理。

近代以降,中国文学传统的"游子思乡"的主题被赋予了新质。诚如有的研究者已经指出的那样,近代文学中的"文化怀乡"病,根源于知识者的文化存在,是近代知识分子为社会角色所规定了的精神形式④。中国传统的农业社会到了近代尤其是五四之后,发生了较快的转型。社会的动荡,文化的开放(不管是自觉还是被迫),将一大批知识者挤出惯常的生活轨道,开始踏上了现代漂泊之途。熟悉的强固的乡土文化心理积淀,与畸形的病态的城市生活经验,形成了极大的反差冲突。现代都市高度的物质文明,非但没有给他们带来愉悦,反倒成了他们倾情的旷达、自然、闲适生活方式的一种威压;加之,不断受到商业文

---

① 民俗乡风中至今仍大量地保留着对于"土地"的敬畏。"土地爷"是乡村必敬的神灵;儿童跌倒惊吓,要以土著头按摩,方可复原镇静;甚至平时划破的伤口、打铁时两块铁的吻合,都要以土敷施,其理由是"土生万物"。借此可见一斑。
② [德]利普斯:《事物的起源》,四川人民出版社,1982年。
③ 多见拙著:《拯救与重建——20世纪中国小说文化精神》,河南人民出版社,1991年,第151页。
④ 参见赵园:《回归与漂泊》。

化浸淫的人与人之间交往的理性的、实利的择取态度,使他们很难将自己楔入城市生活的模槽。他们的灵魂始终游移漂泊于乡野大地。于是便出现了一大批生活于都市中的乡村流浪汉、羁旅者。他们渴望"返乡",却又事实上不曾返乡,于是不断地唱着村歌,诉着乡愁,时时在"精神还乡"。

这也许是一代又一代现代中国知识分子的宿命。他们痛苦却又幸福。因为,既不是黏滞于乡土过于守成的"农民",又不是耽于安乐过于短视的"市民",这种特异的、相对自由的文化存在方式,使他们得以超越世俗的精神制约,自由地起飞歌唱,为乡土,为都市,为未来,吟唱"醒世"之歌,守护人类的"精神家园"。

三

李佩甫的艺术探索是五四之后中国现代作家已有或将有的艺术探求长链中的一环。他那浓重的乡土情结,他那扰攘不宁的在漂泊与回归中痛苦的灵魂,是许多现代作家心灵世界的一个缩影、一种历史的延展与拓伸,其中有着相同相通的文化基因。但是,历史转型中的20世纪中国文化精神的独异、驳杂性,决定了现代作家乡土情思、乡恋心态的范型不可能是划一的。精神还乡、重建家园在不同作家的艺术实践中表现为不同的形态。它们大致可以用三类型态去界划、涵盖三种不同的价值取向、三种不同的文化选择、三种不同的艺术表达,饶有兴味地向我们昭示着现代作家"乡土情结"的多重文化精神。

谈论现代作家的乡恋心态,发掘其中的文化精神,我们不能不首先说到鲁迅——以他为旗手、为代表的现代作家乡恋心态的第一类形态。像常人一样,鲁迅也难以抗拒思乡的"蛊惑"。平桥村外婆家的社戏,醇香悠远的香瓜、罗汉豆;海边五色的彩贝,机警伶俐的小猹……都使他"屡次忆起",使他产生思乡的"蛊惑",使他对于乡土、对于故旧生活"时时反顾"[1]。走入都市的鲁迅每每想到它们,写到它们。他一往情深地用诗一般的语言和意境,为我们营造了那样美丽迷人的乡土世界:翠碧的瓜田,一轮金黄的圆月下的海边沙地。然而,鲁迅终于没有沉醉。知识者的理性,改造、整合中国传统文化,使之适应现代转化需要的宏愿,使他对于乡土取了一种清醒的冷峻的批判态度。当他放眼世界文明大潮、思考中国文化未来进路时,他为乡村文化的过于古老绵远、过于沉滞封闭而忧心如焚、痛心疾首。于是,他便全力去昭示闰土的麻木,针砭七斤的不争,

---

[1] 鲁迅:《朝花夕拾·小引》,《鲁迅全集》,人民文学出版社,1981年,第229~230页。

批判阿Q的"精神胜利法",和养育了这种精神的"未庄文化"——中国封建文化。以对于乡村文化不容情的批判,鲁迅表达着自己对于乡土的最执着深沉的爱,表达着他再建"故乡"、重返乡土的热望。

鲁迅的乡恋心态,鲁迅的艺术选择,深深地影响召唤了大批的现代作家、当代作家,并将继续招引着走向现代社会的乡土中国的诸多作家,由此而构成现代乡土小说创作的一种重要的文学——文化现象。这种乡恋心态、艺术选择是觉醒的现代知识者的必然反映和表现。同是为故乡所放逐,对于这类作家来说,则是一种自觉的背叛和离弃。对于乡土,他们本能地有一种排斥的心理。他们时刻警惕地固守着自己理性的精神世界的堤防,以防被漫漫温热的乡情所冲决的困扰。这种对于乡土的理性批判,蕴涵着现代知识者最执着、最深沉的乡土之恋,和对于故园—国家—民族的爱。莫言的对于家乡"极端热爱"、"极端仇恨",贾平凹的"我恨这个地方,我爱这个地方"的自白,也许是这种情感取向的最好的当代注释。我们至今仍然不时地会为服膺于这一旗帜的许多作品那种坚执的理性精神而怦然心动,默默沉思。对于背负着千年农业文化传统,并缓步走向现代社会的中国,鲁迅所昭示的现代乡土小说创作的理性的文化批判精神,如炬火铄铄,启示于后来者。

构成现代作家乡恋心态第二类型态,是以沈从文为代表的一批作家的艺术追求。沈从文的确可以称之为现代文学史上的"奇人"。在现代作家中,说过自己是"乡下人",并明显表示过对乡土的亲和与对都市的逃离的作家不在少数,但像沈从文这样"执拗"的"乡下人"却不多见。他同城市似乎天生的有一种对立感,始终处于一种紧张的冲突之中。他一往情深地眷恋着乡村。沈从文这样疏离都市、亲和乡野、鄙薄"城市中人"、厚爱乡村灵魂的文化倾向的形成,源于他对乡村、都市的不同理解。沈从文生活创作其时的中国都会(尤其如北平这样的古都)、几乎无一不表现出畸形发展的"中国味"——一方面,这些城市深入骨髓处仍是沿袭数千年的封建文化;另一方面,它又张皇失措地不加选择地接受涵纳了被西方商业文化污染的都市文明。在沈从文看来,生活于这一文化氛围中的人们,既不曾悟得西方文化的个中精义,却独对其中的酒绿灯红、浮浮繁盛倍感兴趣。人们失却乡村社会固有的率真、执著、诚坦、放达。人与人之间虚伪、矫情、自私、势利。生命在卑怯、苟且、龌龊、庸懦中消解。他们少了乡村人的素朴宽厚与洒脱雄强。沈从文悟到了造成如此不幸的是"这一个现代社会"。于是,生活于都市的沈从文这颗不屈的湘西灵魂,失望于城市,钟情于乡土,去到他想望中的乡村作精神漫游并寻找灵魂的归宿。沈从文依了自己乡情的导引,去写自己"心和梦的历史",去营造那片"即或根本没有,也无碍于故事的真实"的心理上的乡村圣土。这"乡土"体现着沈从文对某种文化价值的怀念与执着。沈从文在对乡村灵魂的赞美中,呼唤张扬着一种健全的、于国家民族前途有意义的生存环境与存在方式,以此超度那一个个无家可归的迷途的现代灵魂,进而实现民族文化人格与伦理道德的再造。

以沈从文为代表的这一乡恋心态、这一艺术倾向,由于同样源于作家沉痛的文化感悟,同样深深地激动招引过许多现代作家。新时期一批年轻的作家,更是这一创作精神的实践者。他们从各自的文化感悟出发,去写自己"心和梦的历史",营造属于自己的那片心理乡土。如同沈从文创造了"湘西"、"边城",李佩甫倾力绘写多情多彩的颍河乡村;张承志泼墨浓染旷远雄浑的"大草原";贾平凹一唱三叹流连往返于"商州";李杭育流注激情于奔腾浩荡的"葛川江";莫言倾一腔热血泼洒高密东北乡,绘写那作为民族精神图腾、让人亢奋给人信心与热力的如血如海般的红高粱……从而构成了一幅幅多姿多彩的"理想国"、"桃源"图。它显示着当代作家对民族文化未来走向的热忱关注和重建民族文化的信心热诚。

这既不是一种弱者的逃避,也不是对现实变革的忤逆,这是知识者理性精神的一种变奏。自然,这样艺术追求其进路不会是坦直的。因为文明的演进始终会伴着文化的冲突,每一位求索者都无法跨越横亘在他们面前的文化两难——历史与道德的悖论。对于他们,真正的"乡土"也许只能在想象和梦幻之中,回归精神故园的"乡土之恋"命定地会成为永恒的悲剧。失落——重建,漂泊——回归,循环往返以至无穷。这将是一代又一代现代知识者的"西绪福斯神话"。他们的追求也会如这"神话"般悲壮而又迷人。这也许正是其价值所在。

有别于上述两种倾向,现代作家乡土情思、乡恋心态的第三类型态则是以对乡村文化未加理性审视的、缺乏现代意识观照的自然摹写和不加甄别的全盘肯定"东方"精神为其主要特征。这一倾向虽然没有足以作为旗帜招引的作家,而且似无形成"潮流",但它却是无形地弥漫于20世纪中国乡土小说的创作中。其中尤以当代小说创作表现为重(新中国建立后部分小说更甚)。恰如汪曾祺深刻指出的,这种乡恋心态,这种创作倾向在实际上排斥了两种东西,即"哲学意蕴"与"现代意识"①。造成这类作家乡恋心态的原因是多方面的。他们乡恋的出发点,或是现实社会——政治的需要,或是对于古老的农业社会走向现代生活的惶惑,以及对于西方文化精神潜在的恐惧和排斥。从表象上去看,这一倾向似乎同第二类心态相近。他们也写乡村,讴歌乡村种种传统的道德、价值,但在实质上,二者之间却有着质的差别。差别在于,后者对于乡村文化的认识,

---

① 汪曾祺:《小说文体研究》。

并未经过一个"现代"的透视、转化与再造过程。前者所写是感悟过现代生活的知识者的"心理乡土"、"文化乡土";后者所写则是未经这一过程的文学创作者所理解的自然的乡土、现实或历史(写实)的乡土。少了"哲学意蕴",少了"现代意识"。这并不只是一个艺术表达的技巧问题,其间有着创作者自己哲学的修持,文化的感悟,以及更为深远的作为艺术家对于人的存在,对于民族命运深深忧患的自觉意识与追求境界的差别。

恰同一枚硬币的两面,对于善饮者,"乡情"是一杯清醇甘冽的佳酿;反之,也许会成为令你眩晕的苦汤。乡情如酒,我们需要审慎地品味。一切都将取决于我们的"现代"眼光。毫无疑问,现实乃至新的世纪,我们都将为重建社会主义民族新文化而努力。新的文化,既不是现已困扰西方的"西方精神"的变体,也不是传统的"东方精神"的回归和古老的生活模式的重复。年轻的生命将勇敢地创造并充分展示自己新的生活方式。面对着文化重建的宏伟目标,文学家应当保持着自己足够的敏感、自觉与理性。在这一漫漫求索的长途上,既往的现代作家的文化思考和艺术实践也许会给我们以昭告和启悟,深蕴于现代小说中的"乡土情结"的文化精神会被更好地阐扬。

原载《文学评论》1993 年第 5 期

论李佩甫的小说创作

侯运华

一个作家,若能在文学思潮随时而移的过程中,坚守自我的选择,不被时代新潮激起的泡沫淹没,应该说是需要极强的定力的;而其个性也往往在这精神的坚守中显现出来。河南作家李佩甫,既不标榜主义,也不皈依流派,而是以其诚实的创作、鲜明的风格打动读者。因此,研究李佩甫时,想依现成的流派特征规定之,难;试图用几句话概括他,也难。惟其如此,其对研究者既构成挑战,也充满诱惑。本文拟从其文学世界、人性展现、文化批判和艺术个性四个角度展开对李佩甫小说创作的讨论。

一、李佩甫的文学世界

虽然相隔 60 多年,李佩甫登上了文坛的经历却和新文学初期的乡土作家相似。离开了自己谙熟的故园,生活在都市里,接受了现代文明的理性熏陶,再回眸故园,反思故园文化的丰富内蕴,并以此为参照来观察都市生活,对其作出自己的价值判断。其文学世界的构成往往呈现或隐或显的二元对立:乡村世界和都市世界。

当然,并非所有作家都对等描写这两个对立的世界。李佩甫的乡村世界,从小处看是他生于斯长于斯的"许地",从大处理解则是中原大地的缩影。一旦走进他的文学世界,首先看到的是中原大地上星罗棋布的行政村,无论叫扁担杨、李家庄,还是叫呼家堡,都可称之为中原农村最基层政权结构的象征。这个世界的构成通常是由久掌政权的支书或村长以及作为族权象征的长者构成一方,他们不仅左右着村人的命运,代表着政府赋予的权力,而且由于宗法社会的悠久传统在人们精神世界的积淀,他们还从道德伦理、心理角度影响着生活在这里的人们。其对立面是接受了现代社会思潮影响的年轻一代——既有高中毕业的返乡青年,也有文化水平不高,但利用社会转型期的乱势成了一时英雄的暴发户。由于一方坚守既得权力和权利,千方百计排斥年轻一代对权力和权利的占有,甚至年轻人因做了有益村人之事而提高了自身威望时,他们便感到自己的权威遇到了挑战。对权力和权利的霸占和对觊觎权力和权利者的排斥，常常遭到年轻一代有力的反击。他们有知识、有财力，不甘处于社会最低层和边缘地带，因而努力向权力和权利中心冲刺。

一方坚守，一方必攻，攻守之间显现出了当代农村错综复杂的社会画面。尤其是作者以家族视角来表现这种冲突时，由于家族势力的卷入、伦理道德的干预使其更趋复杂。李海昌对于李大有、杨书印对于杨如意的不满，皆因这些暴发户有了财力便不把他们放在眼里了。他们或利用财力收买人心，欲取而代之；或我行我素，不对当权者表示尊敬或服从。这便使村长们感到受了蔑视，丢了面子。君君臣臣、父父子子是老祖宗定下的规矩，岂是几个小辈说改就改的！尤其像李宝成那样的公开叫阵者，更有犯上作乱的嫌疑，对农村现有秩序的破坏性也更大，更使当权者心惊！在双方冲突的过程中，常有族中长者被请出解决问题。如《金屋》中的瘸爷，曾舍去一条腿，为村里争回了30亩好地，有着崇高的威望。当扁担杨接连发生烧麦秸垛事件、公安局又查不出肇事者时，杨书印便请出了瘸爷，让他点了自家的麦秸垛。此时的瘸爷，既是一个符号，也是一个工具。因为威望所在，连他家的麦秸垛都烧了，村里人便不再互相猜疑，人人自危的局面自然不存在了；因为村长是靠他平息事件的，无形中他成了村长耍权术的工具。我们由此可以看出：在中原乡村，政权和族权往往是扭结在一起的。在政权所及的范围内，村长一手遮天，独断专行；在政权不及的道德、伦理层面，往往由族中长者出面解决。两个层面，由外及内，牢牢地控制着农村社会，使其愈来愈成为板结的土壤，死气沉沉，缺乏生机。

这里，政权与族权的结合虽然形式上与鲁迅笔下的鲁镇相似，但其内涵却有着丰富的时代性。此时的族权已不再有固定的空间（祠堂）和称谓（族长），而是潜沉于人们内心的对于长者尊者的畏惧、尊敬。它已不可能与政权并立，更不要说超越政权了。研读其文本，可见决定人们命运的只有政权及其代理人，族权则处于帮凶地位。这已成为其文学世界的独特内涵。

应该指出的是，李佩甫并非将所有的青年都封闭在乡村世界里。杨金令病好后，意识到自己是属于都市世界的人，所以头块肉他不能吃，他不愿（也不可能）再融入挣扎几十年才突围而出的乡村世界中。在对故土旧邻磕了三个头后，他消失在夜色中……①这是一个去向模糊的结尾。而呼国庆被呼天成选为接班人时，他也表现出犹豫，虽然其明显倾向于代表都市文明的谢丽娟。主人公去向的不确定反映了李佩甫对其文学世界构成要素的矛盾态度：情感上选择乡村，肯定并歌颂之；理智上也明白都市文明的先进。踌躇之际，其笔下人物的

---

①李佩甫：《田园》，《小说家》1991年第2期。

最终归宿便留下了问号。

二、李佩甫的人性展现

　　沈从文曾这样表述自己的文学理想:"我只想造希腊小庙。选山地作基础,用坚硬石头堆砌它。精致,结实,匀称,形体虽小而不纤巧,是我理想的建筑。这神庙供奉的是'人性'。"[1]李佩甫没有作过如此明白的表述,但研究其文本,我们能体会到他笔下人物强烈的"人性"内蕴。李佩甫发表的100多万字的作品中,共刻画了三类人物:一类是特定环境中的至高无上者,包括《金屋》中的杨书印、《李氏家族》中的李海昌、祖父们,《羊的门》中的呼天成等。他们大多充满人生智慧,深得中原文化乃至传统文化之精髓。正如作者借呼天成之口所言,其人生策略乃"外圆内方"。跨出自我经营的天地时,他们往往是"圆"的,以其不求回报的投入、灵活超人的眼光推出身边一个个能人,经几十年而成"人场"。有了这稳定的外交网络,也就为自我的天地营造了一个安全有利的外部环境,从而有了赢得尊重、获取权威的外在支撑点。回到自己的世界内,他们却往往是"方"的。读其文本,既有做出"男人六十皆活埋"、打破既定秩序的赢,为树权威,用权专制颇似王熙凤的银莲[2],更有通过一系列规章制度将呼家堡人的思想、行为统一化、物质化,同时又通过"斗私会"、"展览台"等形式将人的精神也统治起来的呼天成[3]。既然依靠外在关系的支持已建立了权威,那么利用权威来治理辖下的草民便无所不用其极。他们是老而不僵、控制着基层政权的一代人,同时也是扼杀自由基因、营造专制氛围的中坚。

　　第二类人物是年轻一代叛逆者。他们对上一代人的生活状态和专制统治不满,因此要反叛。其行为趋向两种价值:一种是《李氏家族》中具有的本能似的反叛。这种反叛要么为了证实自己强大于祖先,带有报复性,如赢;要么只是一种朦胧的力的展示,如淼和贝。而李大有的蔑视村长,也没有多少理性价值。他和《金屋》中的杨如意一样,只是通过占有财富获得了某种人生的自信,从而对自我生存状态产生不满,但如何改善之,并无自我行动的原则和纲领,故只能采取盲动的蔑视权威的行为。这使得他们要么行而无果,如大有;要么陷于孤立,与全村人为敌,如杨如意。另一种则是以李金魁、呼国庆、李宝成为代表的

---
[1]沈从文:《习作集代序》,《国闻周报》1936年(13)第1期。
[2]赢、银莲皆为李佩甫的小说《李氏家族》中的人物。
[3]呼天成为李佩甫小说《羊的门》中的主人公。

叛逆者。他们受过现代教育,又深受故园文化的熏陶,因此具有一定的民主意识和自立意识。尽管当了市长或县长,部分实现了理想,他们却摆脱不了故园的萦绕。魇住李金魁的不仅有童年屈辱的生活,更有初恋对象李红叶的纠缠;呼国庆每到关键时候,都需要呼天成帮忙才能过关,呼伯手中牵着这只飘摇风筝的线;李宝成当了村长,却在家族势力的包围中,如牛陷井,有力使不出。由此可以说,这些叛逆者不管本领大小,是否走出了黄土地,都无法也不愿割断乡情的脐带。他们或在外赚了钱,归乡角逐权力,赢得尊重或自尊;或漂泊都市,却又以故园为休憩的港湾,每当失意或受伤时,故乡便成了他们寻求支援或舔伤疗病的地方。冲出故园者,虽从整体上背叛了传统,但具体行为上,却不如前一种坚定。也许是毕竟和故园人少了利害冲突,因而其叛逆更趋向精神、价值的突围,而非物质权势的角逐。

第三类是处于社会最底层的逆来顺受者。这是中原大地上最为庞大的群体,浓重的封建思想残留在其潜意识中,新中国建立后几十年的社会主义教育并未驱除其思想深处保守愚昧成分的积淀。相反,倒是三番五次的政治运动强化了他们对政治及其专制代理者的恐惧,也使其奴性成分得以强化。物质方面的贫穷已使其自觉矮人三分,专制统治的加剧更使其甘愿处于被奴役的地位。只要不被逼得走投无路,他就决不会反叛,甚至连他自身应有的权利,也不是理直气壮地索取,而是低三下四地跟当权者乞求。他们身上,丝毫看不出有当家做主的自豪感,甚或连人人平等的基本人权意识也没有。正是主人公意识的缺失,使得村长们形成专制统治;同时,书记村长们也更不把他们当人看。《败节草》和《李氏家族》中的捆、《豌豆偷树》中王小丢的父亲是此类人物的代表。

通过这三类人物系列,可以解读出作者对人性的思考。给人印象最深的是通过人们的行为来展现人性的异化。对权力、权利、地位的孜孜以求,使得当权者往往压抑自我的欲望,以变异形式达到所谓人生的顶峰。杨书印 38 年不倒,是以抑制自己对酒、性的欲望为代价的。所以,他认为已击败了杨如意,在尽兴喝醉时吐出了真言,后悔只搞了花妞一人,觉得人生不值。呼天成喜欢秀丫,却又不愿被其丈夫捉奸坏了名声。于是,一次次面对美丽的胴体练习《易筋经》,和藏在暗处准备捉奸的孙布袋比意志、斗心理。直到孙布袋死后,他还让秀丫在丈夫坟前裸体以羞辱孙布袋。这不能不说是为了权、位而产生的变态心理。对钱、色的贪欲则从另一个方向上产生了异化。李二狗为赚钱大肆行贿行骗,直到进了监狱还以为名车也坐了,美女也搞了,此生值得。至于沉湎于酒色之中,如何丧失了本我,则毫无自觉。更为可悲的是生活中的小人物,他们没有支配别人命运的权,也没有改变自我命运的钱,而是为了苟活于人世间,逐步丧失了行为的正常性,滑进了人性异化的深潭。作者笔下的逆来顺受者大多如此。

迷失了"本我",以"他我"存在的人,无疑是处于人格分裂状态的。不管他自觉自醒,还是蒙昧无知,行为与心理的冲突是存在的。清醒意识到却无力改变的,是命运无奈的悲歌;处于异化之境而不自觉的,则为人间至深的哀歌!

异化者不由自主走上了背叛"本我"的路,觉醒者则在挣脱旧的束缚后走向自新之路。当然,蜕变旧我,并非易事,其间必有一番艰难挣扎。李佩甫善于抓住这些挣扎者叛逆时"力"的暴发来展现人性的辉煌,或剖析挣扎者苦斗时幽婉曲折的心理。《李氏家族》中,叛逆者往往通过超越前人的大胆行为显示出人性的力度,进而显现出一个个强大的自我来。其人格之刚健、精神之雄强,直令李家的后人们汗颜!从深邃的历史中回到当前呢?《学习微笑》中刘小水下岗后,不等不靠,自力更生开了个卖梅豆角的小摊,显示出人的觉醒和自立。在《送你一朵苦楝花》中,我们看到了多次出逃、被抓回毒打,一旦得到机会,还要外逃的梅妞。她的外逃,不是为了反抗某一个人,也不是对抗祖先,其行为指向是盲目的"外边的世界"。生长其间的环境已近乎窒息,要想挣脱出去,又得不到省城工作的哥哥的指点和帮助,她只好盲目出逃。如果说开始时,她还有追寻婚姻的意向,那么恋爱对象吊死她家后,她的一次次出逃就没有明确的目的了。行为本身成了目的,梅妞在行动中证明了自己求新求变的心理。为此,她可以忍受家人的责打、世人的讥骂。这是另一种觉醒,醒后不知该走哪条路,人生的意义全在于只管走,又使其行为有了悲壮色彩。惟其如此,梅妞带给人心灵的震颤,又远远超过"李氏家族"的子孙们!

跟异化者、觉醒者相比,生活中还有许多酣睡于旧梦中的人。对他们人性的揭示,使其作品上追鲁迅先生对"国民性"的剖析,具有了更为深邃的内蕴。在李佩甫的文本中,有时往往一个字就把人性中的某种内涵揭示了出来,如"欠"、"贼"。李金魁和李红叶的交往中,虽有一定的感情因素,但更多的是两人让对方欠自己人情的较量。李大有帮麦囤敲了情敌1500元钱,麦囤又娶了媳妇,他却故意不参加其婚礼,也是为了让对方"欠"着自己。自身没有可炫耀于对方的美貌或地位,那么就在别人的"欠"和感恩中得到满足。殊不知,这恰恰证明了自身的空虚。不幸的是,施"欠"者还自觉高人一等:"施与是高贵的,她时时保持着高贵;被施与是卑下的,而他又怎能不卑下呢?"① 同时,从大有帮助麦囤整治媳妇(当着众多围观者,强行与其性交)的行为中,也可看到他和当事人、围观者尚不具备现代人的起码水平。不把别人当人看,自身也不具备做人的资格。

当然,李佩甫对人性中美好淳朴的一面也有所表现。《红蚂蚱 绿蚂蚱》中

---

① 李佩甫:《送你一朵苦楝花》,《莽原》1989 年第 3 期。

"我"吃遍老舅家时所表现出的亲情、温情。村民们选"坏分子"时的自举自荐,选上者如壮士出征;落选者"背着老镢到地里来了,总也闷闷地往西看,似乎觉得亏了心"。但总览其文本,这类作品所占比例较少。由于着眼于人性视角,其人物往往具有了超越时代局限的更深广的意蕴。将人物的刻画与其生存状态密切结合,揭示出其存在的积极价值或无价值,这就使其人物内蕴超过了传统现实主义的范畴,从而具有了现代性。

三、李佩甫的文化批判

李佩甫登上文坛是80年代初,正值改革开放的新时代。处在时代更迭、文化交流频繁的氛围里,作者从乡村走向都市,其原有的文化积淀必与后至的文化发生冲突。有冲突必有选择,而创作主体的文化选择常受其对文化的认同度、亲和力的影响。从文本分析看,李佩甫所钟情的是其作品中得到充分展现的中原文化。

中原地处黄淮平原,其文化特点,古人在《陵县志·序》中说:"平原故址,其地无高山危峦,其野少荆棘丛杂,马颊高津,径流直下,无危蛇旁分之势,故其人情亦平坦质实,机智不生。北近燕而不善悲歌;南近齐而不善诈,民醇俗茂,悃无华。"①此说抓住了中原人朴实少诈的一面,可以说是从地理环境分析而得的。但他忘记了中原的人文环境,在文化传承中,人文因素往往占据更重要的地位。中原乃中国文化的发源地:"孔子创儒学于鲁,游说于郑,中州是孔子游说的主要场所。道家的鼻祖老子亦诞生于中州。老子之后,中州历代哲学思想家人才辈出,众星璀璨;继道家之后,中州历代又涌现出墨家、名家、法家、玄家、理学等影响社会历史发展的思想流派。"②传统文化、人生智慧的积淀,加上历代政治斗争、军事争霸中产生的权术谋略,无不影响着生活在这块土地上的人们。当人们择取文化内蕴用于生活时,蒙昧未开者守其古拙,保其纯朴;机智善思者,取其思辨,得其深邃;奸诈险恶者,夺其权谋,用以治人……身为作家,当他以文本反映之时,则往往表现其博大的内涵。

李佩甫以其文本展示了中原文化的独特生存环境。这里的泥土,"有一股软软的甜味";这里的色调,是"一种灰青色的氛围","那灰青是淡调的,渐远渐深的,朦朦胧胧的,带有一种迷幻般的气韵"。绵软迷离的自然环境酝酿出一块

---

① 张志孚、何平立:《中州文化》,辽宁教育出版社,1995年,第3页。
② 张志孚、何平立:《中州文化》,辽宁教育出版社,1995年,第79页。

"绵羊地",在这儿走多了,"你先会眼晕,尔后会头晕,走着走着,你就会觉得你已植入平原,成了平原上的植物了"①。这里没有剑拔弩张的气氛,更没有险山恶水的地形,因此其哲理内蕴是阴柔的。柔并不意味着弱,以柔克刚,四两拨千斤,这是产生了"太极拳"的土地。生长于此的人们,若一生沉醉其中,可能浸染过度,会渐渐丧失其进取有为的内涵,像平原上随处可见的草一样,柔软萎缩。这时,人们便会建屋。"在这里,人毕生的精力都放在了'屋'的建造上,房屋成了人们赖以生存的第一要素,也是人们的精神外壳。人们一生一世的终极目标,就是为了要建一所房子,一个'屋'。这个'屋'的实质是内向的,是躲避型的,是精神大于物质的。同时,在'屋'的意识里仍然含有阴性的、单一的、小私小我的情绪……不管怎么说,毕竟还是有了一个'屋'。天很大,不是吗?可我有一个'屋'呀!"②显然,"平原人对'屋'从形式到内容的营造与崇拜,则表现出他们面对来自自然和社会的灾难和压力缺乏抵抗的自信,只能凭借'屋'来苟安一隅,来遮护他们萎缩的生命力,这种病弱的人格与强烈的依赖感必然导致思想意识的盲从,从而造成了滋生专制统治的温床"③。如果说多数民众的行为因应了中原文化中消极的成分,那么这里的专制者却吸取了中原文化中以谋制胜的成分。杨书印"38年来,他从当民办教师起家,牢牢地掌握着扁担杨的权力,却没有当过一天支书。……他没在最高处站过,也没在最低处站过,总是站在最平静的地方用智慧去赢人。杨书印的过人之处不在权力,而是智慧。权力是可以更替的,智慧却是一个人独有的"④。不走极端,不做秀木,具体行为中体现着"中庸之道"。

当中原人带着这种文化积淀与生存智慧冲出故园、投身官场时,他们往往会形成一种独特的官场哲学,其内蕴仍然是外圆内方以柔克刚的。《李氏家族》中,李金魁上大学时,"由于那近乎吝啬的节俭",被同学们称为"素人",毕业前他却慷慨请全班同学的客,使同学们一下子改变了对他的看法,纷纷留下地址。一举之为胜过四年之功,为他今后的仕途升攀织就了关系网。毕业后初到乡里上班,他利用说话前的"磕巴"给人留下好印象,最后挤走吴乡长。直到当了市长,他仍恪守中原文化的要义,以之指导其言行。"到任不久,最先发现的就是走路的问题。……你是一把手啊,你一走快,就显得你急,人毛躁,火烧屁股似的,缺乏一把手应有的稳重和大气。……但也不能太慢。太慢了显得疲沓,显

---

①李佩甫:《羊的门》,《李佩甫文集》,百花文艺出版社,2000年,第197页。
②李佩甫:《羊的门》,《李佩甫文集》,百花文艺出版社,2000年,第202页。
③丁增武:《"批判"的恢复》,《小说评论》2000年第1期。
④李佩甫:《金屋》,《李佩甫文集》,百花文艺出版社,2000年,第37页。

得暮气,也显得软弱。"①既要学会讲假话,又要注意假的成分比例。其次是说话方式两极平衡取其中,左右逢源,你才能确定自己"一把手"的位置。对其官场哲学的展示,显示出了作者的批判态度。

同时,传统文化的神秘性也往往萦绕在李佩甫的文本中。"李氏家族"每逢危难,总有人挺身受难,担当起延续烟火的使命。似乎冥冥之中有神灵佑护着这个家族,使其虽经蝗灾、神怨、内乱、外侵等灾难却终于延续下来。阅读之际,感觉作者是在为中华民族作传。以一个家族来映衬一个伟大民族的命运,既有几分魔幻现实主义的影响,又带有几多未曾解开的文化密码,颇为神秘。而其中人物,不管生前是恶是善,均为82岁死去。这又有了中原民谣"七十三,八十四,阎王不叫自己去"的影响。圣人尚不能活过84岁,凡人怎能超越?而皆死于82岁的安排,是否有强调李氏家族遗传基因一致性的考虑,正如其后代小脚趾盖皆为分开的一样,也是具有神秘色彩的。而《羊的门》内,神秘的绳床、怪异《易筋经》,连同呼天成死时全村人学狗叫等,皆有了超理性的魔力。究其原因,既可看出李佩甫写作时所受"寻根"思潮的影响,写特异人物、民间风俗,也是中国传统文化中神秘成分熏染的结果。"神性"的存在使其文本明显带有神话色彩。俄国作家纳波科夫说过:"事实上好小说都是好神话。"②依此判断,中原文化的熏陶成全了其小说的品位,使其有可能成为"好小说";但对其神秘性的津津乐道,较之前述几个方面,作者的批判态度较为暧昧。

中原文化对于乡场、官场的效应已如前述,那么当中原文化转化为统治手段时,其来自老庄的玄妙缥缈、超逸逍遥,取自《周易》的神秘莫测、变幻无穷,得自玄学的无为自然、融合儒道等内蕴,又过多具有感性特征而缺乏理性内涵。这就使得以中原文化治理社会时缺乏系统的法律制度,而倾向于清官现象的"人治"模式。"清官"固然有其特定的进步性,问题是漫漫历史长河中,清官有几个?!缺乏机制约束的放任体制,最大的结果便是以人代法、因人施治,终至专制统治。实行"人治"者,必经营"人场"。杨书印、李海昌、呼天成等人几十年不倒,就是依靠其经营的"人场"。他们放出、推荐并利用能人,在乡村以外的政治中心形成一个以"人"为纽带的网络。这就形成了一种"势",似乎无形,却强有力。依靠这"势",对外呼风唤雨,干扰政体;对内欺压民众,将人视作非人。跟这些能人来往应酬,彼呼此应,在村人眼里已显出了地位和压力,由此导致村民"活小"的生存状态。一旦"人场"彻底形成,甚至直通北京时,那些人不用出面,织网者足不出户,便可利用现代通讯之便,达到自己的目的。呼天成为了救

---

①李佩甫:《送你一朵苦楝花》,《莽原》1989年第3期。
②王安忆:《心灵世界》,复旦大学出版社,1997年。

呼国庆,不仅改变了县级领导的人事任命,而且可以逼迫市委撤销已形成的决议。以一人之做,借网络之力,可以跟两级政府组织对抗,既显示出"人治"文化在现代中国仍有相当雄厚的社会基础和影响力,也凸现出"人治"文化对现代化进程的干扰和危害。

四、李佩甫的艺术个性

对中原文化的钟情,影响着其文学世界的构成;对人性诸层面的展现,也往往对其叙事造成干扰。因此,随着自我文学大厦的建构,其艺术个性也凸现出来。

在人物设置上,他接受传统文化中的阴阳五行说,并改造运用之,设置了基本对应的男女人物系列:以李金魁、呼国庆、杨金令、二哥等来自乡村的男性和本来就生活在乡村的杨书印、李海昌、呼天成等为代表的男性为一方,他们在行为上并不具备刚烈雄健之风,倒是以退为进,败中求胜,示人以柔弱的外表。随着情节的发展,其内在力量逐渐显示出来,或足不出户即战胜对方,或藏而不露却升迁于官场,或在事业上取得成功,或征服了漂亮的女性……在成功中显现出男性的雄强阳刚。以谢丽娟、李红叶等为代表的城市女性和以梅妞、李满凤、三姑奶等为代表的乡村女性为一方,她们无论在情爱上,还是生活中都是能置生死于度外、一旦认准死不回头的刚烈女性,其性格魅力往往具有征服读者的阳刚之美。其结局却往往是失败者,或依附别人为生,或屈服于金钱的淫威,或受挫于单纯的人生目标,或被绑上磨盘沉于古潭……在失败的命运里吹出凄清柔美之风。外在表现与最终命运的差异及转换,对应于传统文化阴阳互生互克的理论,使人感觉到其人物设置颇得传统文化之神韵。

人物关系的对应预置已显示出作者掌握创作全局的雄心,这必将影响其叙事角度。他的小说,大多采用全知叙事。作者在一定程度上充当着特定阶层的代言人,于情节设置时矛盾的构成、力量的强弱,甚至事件发展的最终走向,都要受特定阶层利益的影响。同时,作者又是价值优劣的判断者。作品中人物应做什么,在事情转折的关口如何进退,得失如何,全在创作主体的掌握之中。因此,无论是对叙事进程,还是对人物命运,作者都有直接干预权。其效应为一方面使其小说客观地反映了表现对象的生存状态或发展进程,从而增加了作品的真实度;另一方面也使其文本缺乏变化,部分行文呆板。为了克服这些不足,从《李氏家族》开始,作者开始通过叙述人的置换,增加了叙事角度。如:"奶奶的瞎话"的插入,就造成了作者的间歇退场;在《红蚂蚱 绿蚂蚱》和《败节草》中,儿童视角的引入,也拉开了与现实世界的距离,作者保持一种不作直接评价的旁观和审视;在《豌豆偷树》和《送你一朵苦楝花》中,则增加自知的叙事角度,以利于刻画人物心理等,从而激活了原本凝滞的行文,使其文风添了几分灵性。

随着叙事的展开,创作主体立足于哪一时间点上开始叙事,取决于作者视角的选择。是与事件同步进行,随时显现事件的进展、人物的命运变化,还是站在历史的终结点,回眸过去,在叙述往事中糅进作家的理性思考,每个作家都有自己的选择。读其文本,我们可以看到,李佩甫更喜欢采用回忆视角。无论是乡村的当权者不无得意地回忆自己几十年不倒的非凡经历,用品味往昔的辉煌掩饰日薄西山的失落和怕人篡权的恐惧;还是孤身奋斗十几年,终于登上权力顶峰的成功者回味童年的清贫和奋斗历程中所受的屈辱;抑或是爱人情移者、商海失败者回顾情至巅峰时的狂迷、经商大赢时日进斗金的兴奋……主人公的回顾渗透着作者的反思,主观性情绪的熏染肯定改变了往事的色彩,对往事的叙述也往往变成主人公因事而兴的心理流程。他的主人公,出人头地前的自怨自艾,甚至自虐自戕(李金魁);在美女和前程之间患得患失,鱼与熊掌想兼得的心态(呼国庆);已掌权者唯恐大权旁落,苦心经营(杨书印);未得权者虎视眈眈,觊觎心烦(李宝成);金钱多的,被钱烧得忘掉自我,因而自傲自满,孤独于众人之外(杨如意);失手入狱,忧虑前途之余,心存侥幸的心理交战(李二狗)等等,无不呈现在读者面前。

从文本的结构类型看,李佩甫的小说大致分为两类:其一,《李氏家族》、《羊的门》、《金屋》等代表作有着和"新历史小说"相似的结构。作者以血缘关系的纠葛和家族生成的"力"的展示,或展现中原文化背景下的人性,或表现村民在"金屋"压迫下的心理。这类小说少有激烈的客观冲突,而是着重展现激烈的外部冲突在人的心潮间激起的涟漪。对"事"的影响的关注超过事件本身。应该说最能展示作者才华的,也是这类作品。其二,以《城市白皮书》、《学习微笑》、《田园》等小说为代表。此类小说仍以"事"为本,在结构上往往有一件贯穿始终的事件,所有的人事纠缠、矛盾冲突以及人物命运的变化皆缘于事。因事设人,随事变体,通常在充分展现事件演变过程时,忽视人物形象的塑造,造成"事理"大于"人物"的效应。因此,无论是艺术创新方面还是阅读美感方面,此类均不及前者。近年来李佩甫的创作,多沿第一类型发展,说明他是有所自觉的。

文学创作忌重复自我,这是常识。但是,超越常识才能凸现个性。从创作过程看,其创作总体呈现出滚雪球现象。所谓滚雪球,意味着后来包容已往,也意味着超越已往。以1986年发表《李氏家族》为界,前期以表现人性的善恶为主,至《红蚂蚱 绿蚂蚱》的发表,标志着从善的方向将人性美褒扬至顶峰。后期作品一方面继续表现人性,另一方面则增加了对世俗政治和文化的批判,至《羊的门》达到高峰。《李氏家族》、《金屋》、《败节草》、《羊的门》等作品,主题多有重复。但从文本演变上研究之,则发现其主题有着愈来愈丰富的内涵,人物形象也越来越丰满。这种滚雪球运动不仅使作家在形式上从短篇、中篇跃为长篇小说作家,而且对人性的探讨、对文化的审视更为深邃。

　　从作家主体意识看,男性中心意识在其文本中占有突出地位。传统文化中的男性中心意识,作为集体意识沿袭几千年,已渐渐化为集体无意识。男性因素占据中心坚守之,并转化为顽固的心理定势。李佩甫反映八九十年代中原农民的生活时,一方面是心中固有的男权意识,另一方面是他必须面对的现实生活。80年代有首民谣:"河南的酒,不能喝;河南的烟,点不着;河南的男人怕老婆。"其实,在政治激进的河南,妇女解放的步子在新中国建立后几十年里迈得是比较大的。反映此现实的代表文本《李双双小传》中,就出现了女主男次的人物设置。既然现实生活中男性不可能有超越女性的特权,甚至还要受制于女性,那么,这种男权意识就只有在世俗男性的闲侃中,或在作家的文本中才能反映出来。他的作品极少有以女性为主人公的,多是男人的世界由女人来陪衬。《李氏家族》中,主宰家族命运的是"祖父"们,奶奶只是个叙述人——说"瞎话儿"的。偶尔有一个锋芒毕露的银莲,作者不仅让她生了个傻儿子,还安排她落个"骑木驴"的悲惨结局。《金屋》中争权夺势的是男人们,女性如惠惠、麦玲子,不是作为钱的奴隶而依附男人,便是被环境压抑不知所终。最能体现其男权意识的是《羊的门》,其中秀丫、谢丽娟两个女性和呼天成、呼国庆的对应关系,颇耐人寻味。秀丫的存在等于一个工具,她没有自我的尊严或意志,只是作为呼天成和孙布袋斗心理比意志的工具!在她为虚幻爱情苦等了36年后,竟派她的女儿用青春之身去报恩;她女儿竟无怨无悔地去了!两代人重复着同样的命运,既揭示出中原文化消极成分的存在,令人想起沈从文的《萧萧》和老舍的《月牙儿》,更凸现出生活在现代物质环境中的小雪,精神世界远非现代。谢丽娟的命运更为奇特,毕业于武汉大学、工作在地委机关的她,竟和几十年前的秀丫有着相似的经历。如果说顺店乡的一见钟情尚有一定的现实基础,但呼国庆为了权利抛弃她之后,她依然痴爱对方就太不真实了。从文本分析,谢丽娟是个敢爱敢恨、风风火火的女性。这种女性,为了爱可以抛弃一切(名誉、地位等);一旦爱被亵渎,她会像《雷雨》中的蘩漪一样燃烧起来,焚毁一切。然而,文本中却是让她甘愿做呼国庆的情人。人们在为一个受过现代文明熏陶的女性惋惜之余,也不能不为作家意识中的男权中心思想抱憾了!

　　读其文本,不管作家有意无意,我们却明显看到了男女不平等:男性可以为了事业牺牲爱情,女性却可以因男性的遗弃而另有所适。掩藏在文本后面的是令人怵目惊心的思想:男性可以有多个情人,可以随心所欲,满足自己的多重欲望;女性只有爱情——甚至连爱情也没有,却必须从一而终,不能作他想。在产生了"二程"的中原大地上,尽管"二程"已走了千年,其理学的阴影,仍然笼罩着女性的命运。从审美效果上观之,作者一方面通过其文本反映了现实生活的部分真实,有时甚至达到了相当深刻的程度;另一方面,作者男权意识的顽固,往往干涉了文本中的艺术构成,使形象为理念而存在,减损了其艺术效果。

雷达在"河南新时期小说创作研讨会"上曾说过:"乡土情结既是优势,又可能成为负担,在有些作家的作品里,乡土本位已遮蔽了创作视野,面对城市化的冲击,他们表现情不自禁的反感、退避、偏见情绪。……一个作家可以终身描写农村,但在今天他若不能了解城市化带来的全民族生活的变化,就会故步自封。"[1]此话虽是对"中原作家群"而言的,也适合李佩甫的创作状况。正值盛年的李佩甫如何拓展自己的艺术领域,强化已有的文化内蕴和人性展现,使自己的创作更为大气,从而以自己的深刻丰盈冲进"文学史",显然是他必须深思的问题。

原载《河南大学学报》(社会科学版)2001 年第 2 期

---

[1]《河南新时期小说创作研讨会纪要》,《莽原》1996 年第 2 期。

"绵羊地"和它上面的"绵羊"们
——李佩甫小说中百姓一族的一种国民性批判

姚晓雷

一

在当代作家中,河南作家李佩甫的创作成就是有目共睹的。自1978年以来,他的一系列作品,像长篇小说《李氏家族的第十七代玄孙》、《金屋》、《羊的门》以及中篇小说《红蚂蚱 绿蚂蚱》、《黑蜻蜓》、《无边无际的早晨》、《豌豆偷树》、《田园》、《画匠王》等,都在全国文坛上引起了很大的反应。其作品曾先后获得"庄重文学奖"等二十余种文学奖项,部分作品被以英、日多种文字译介到国外。有意思的是,有着这么大创作成绩的李佩甫,一方面是一个地域性极强的作家,其作品描写的范围很少超过豫中平原上颍河周遭的方寸之地;但另一方面,他小说的内在精神上又具有一种强烈的、超出地域的思想辐射力。总之,他无疑是鲁迅所开创的新文学"批判国民性"衣钵的当代继承者,其小说即始终不失一种强烈的现代理性的批判精神,又执着地把对国民性的挖掘同对具体的乡土民间内容的挖掘密切结合起来,从而营造出了一种既有现代理性精神的阳光朗照、也有着丰富民间生存审美意蕴的地域艺术图景。这种他所刻意营造的地域文化意象,用他最近创作的《羊的门》中出现的一个极其形象的词来说,就是"绵羊地"。

所谓"绵羊地",它的本质特征是"有气无骨"。在《羊的门》中,作者曾借其中的一个主人公呼国庆之口解释道:"从民俗学的观点来看,这是一块无骨的平原……从根本上说,人是立不住的,因为没山没水,就没有了依托。可这里有气。"[①]这一词的出现可谓作家经过长期思考得出的一个形象化结论。这既是一种对其笔下豫中平原地带乡土世界地理特征的概括,更是一种对它的精神特征的概括,是那种外部地理特征和内部精神特征融而为一的、用古代文学的批评术语来说完全可以称得上为"意境"之类的东西。在这里,作者虽然使用了"骨"和"气"这两个非常具有神秘色彩的语汇来传达他的思考,却惟妙惟肖地

[①] 李佩甫:《羊的门》,华夏出版社,1997年,第20页。

传达出了这块土地本身所具有的复杂内涵。作者使我们看到,在豫中平原这方小小的、羊头状的土地上,从外到内的一切都充满着一种阴性的精神,虽也柔韧绵延,却与强健阳刚之气无缘。不仅就其地理意义上而言,这块沙壤和粘壤混合平原虽是"展展的一马平川",却由于太过于平缓而"没有一点让人感到新奇和突兀的地方,平得很无趣",色调也是灰褐色的,让你感不到有什么如火如荼的激情和动人心魄的震撼力;更重要的是这里的人文世界的特点,基本上也是这儿自然环境特点的一个再妙不过的翻版。三千年充满灾难和战乱的历史构成的艰难生存处境,也使这儿的民间生存只有靠一种火气被磨平之后的阴柔坚韧之性来承担。如果说这种柔软的本性是一种渗入平原人骨子里的东西,可以用"骨头"的"软"来概括的话,那么那股阴柔中透出的几乎让人不可思议的生命力则自然是一种"硬"的"气"了。"骨"和"气"在此以极其对立、极其矛盾的内容扭结在一起相辅相成,形成了这儿人们的独特生存面貌。这种有气无骨的阴柔坚韧之性进一步演化成平原人所共有的、世代相承的"在'败'处求生、在'小'处求活"①的生存本能;也孵化出乡土社会结构中不同利益群体的一些不同特点。携着历史的积淀走入现实,这块土地在当代背景下更是上演着一幕幕发人深思的悲喜剧。正是通过对这块"绵羊地"里民间生活的不同侧面不同层次的立体描写,李佩甫寄托了自己对之的现代思考,寄托了自己的歌哭和守望,寄托了自己那千丝万缕理不清的爱恨情愁。其中,对作为这块土地上芸芸众生主体部分的百姓一族来说,身上所积淀的这种精神气质更是极为明显的。对他们进行审视,是作者所表现内容的一个非常重要的方面。

二

　　百姓一族作为"绵羊地"上最广大的主人公,在小说里还被作者送了两个都与这块土地特征密切相关的"雅号":一个是"草",一个是"羊"。至于"草",因为它们是这里最众多、最平凡的东西,和广大百姓的命运是一致的,"它从来就没有高贵过,它甚至没有鲜亮一点的称呼,你看吧:小虫窝蛋、狗狗秧、败节草、灰灰菜、马屎菜、驴尾巴蒿……它的卑下和低劣,它的渺小和贫贱,都是看得见摸得着的,显在外的"②;至于羊,只不过是"草"这一植物学上生命体在动物学里的对应物,它是柔弱的,也是同样容易受人欺侮的。面对这块土地上的"草"

---

① 李佩甫:《羊的门》,华夏出版社,1997年,第7页。
② 李佩甫:《羊的门》,华夏出版社,1997年,第7页。

和"羊"们,李佩甫是以一种极为复杂极为矛盾的心情审视的。我们看到,他并没有将这儿百姓们身上这种精神特征孤立起来,而是首先将它放在历史和现实的双重背景下来审视他们在生存挣扎中身上存在的不绝之"气"。

这里历史和现实的双重背景,又可以被"苦难"这一词所概括。作为这块土地上哺育出来的儿子,李佩甫看到了百姓们不仅在历史上,同时也在今天生活里所遭受的绵延不绝的苦难。它包括水灾、旱灾等自然灾害,以及兵灾、战乱等人为灾害。历史上的苦难是那样的绵延持久,作者《羊的门》中,在开篇部分甚至不厌其烦地用一小节对之做了流水账式的记录;《李氏家族》老奶奶的闲话里所唠叨出的李氏家族充满坎坷的生存延续过程也是绝好的证明。关键是在作为诸多故事主要背景的当代生活里,苦难仍是悬在这儿百姓们头顶的一把随时都会脱落下来的利剑。农村实行联产承包责任制以前,能吃饱饭、正常地娶妻生子也成了这儿农民的一个可望而不可即的梦幻。像村子里的人因为肚饿被迫偷队里的东西;像《羊的门》中水秀那样被饿昏在路旁、被救醒后为获得吃上一碗饭的机会便随便委身于人;像《黑蜻蜓》中二姐夫出门相亲要集中全村人的财富、从乡里借到城里的例子,真是所在皆是。就是农村进入改革开放时代以来,各种各样的社会因素依然严重地制约着农民致富的热情和彻底改变自己命运的可能性。也许从《乡村蒙太奇》的镜头中随便撷几个,就可以作为这种情况的最好说明:比如拿在村边饭铺老板娘河申女人手里那个记账本儿,里边记载的各级人员形形色色名目下的村款吃喝所打的白条儿;比如借钱买来拖拉机到城里运煤的广臣,煤没运几躺却屡次受到检查人员敲诈,只好把拖拉机开回村破口大骂"日他娘";还有带着联防队员拿着准备捆人的绳子在村子里一家一户地敲门,为收上边乱摊派的款项而软硬兼施的村长一行儿……民间百姓一族的生存过程就是抗衡苦难的过程;而他们身上的种种精神特征则是在由自身的弱势地位和抗衡苦难的过程中派生的。

在苦难背景下,民间生命所以还能够在这里不绝如缕地延续下来,也就是说始终绵延着一种"气",自然有它可贵的因子在起作用。这种可贵的因子在小说里,主要表现为平原上的民间生命面对比自己更弱的不幸者时,或作为最小的个体在面对苦难的极限时,常能体现出一种人性的坚强和温情。李佩甫小说中有许多情节,都对之进行挖掘并予以赞美。淳朴的本性使乡民们天生就有一种关心别人的本能,这给他们的生存涂上一层厚厚的人情味儿,像《无边无际的早晨》中大李庄的人们眷顾着一出生就父母双亡的国,把他当成全村人的孩子,用全村女人的奶水把他养大;《红蚂蚱 绿蚂蚱》中狗娃舅十二岁就挑起了生活的重担,不仅要照顾自家两个饿得眼巴巴的弟弟,还无私地眷顾着"我"——城里来的远方亲戚;瞎子舅一生面对无穷无尽的黑暗,不曾受过上苍的丝毫眷顾,却慷慨地收留路上遇到的外乡有孕女子并悉心照顾,容她在自己家里生下孩子,然后又容她抱着孩子飘然而去。乡民的生活处境在命运的沉重压迫下,还常常遭受着意想不到的厄运,但即便在别人感到万难承受之际,他们身上也会迸发出令人难以想象的忍耐力。还在《红蚂蚱 绿蚂蚱》这篇小说中,瞎子舅自不用说,他面对命运赐给他的那份无穷无尽的黑暗,"似乎那黑暗有多顽强,这生命就有多顽强";德运舅在新婚之夜媳妇上吊,似乎一下子被压成"呆子一个",一连一声不吭地躺了七天七夜,可第八天又背着老撅一如既往地下地了。民间藏污纳垢的世界里所潜藏的那份生命活力,可以说在《黑蜻蜓》中的二姐身上体现得最为充分。二姐身上似乎集中了乡民们全部的不幸,一岁没爹,二岁没娘,三岁发高烧,烧成了一个聋子。她从小跟着姥姥长大,九岁就弃了学,负起养家的重任。十八岁那年她按乡俗订了婚,不久就嫁进了画匠王村一个很穷的家庭,并用拼命的劳作来对付这份命运。有了三个孩子后,她艰难地拉扯着他们,全部理想就是给自己的儿子每人立一所院子,好让他们成家立业,并竭尽全力地为实现这一目标奋斗着。在给儿子们留下了三所一样规模的瓦房之后,自己在喂猪的时候猝死而去。二姐面对的一个几乎无声和穷困的世界,她是最有理由怨恨这世界的,可她没有,总是默默地承受着:"天下雨了,她承受着雨;天刮风了,她承受着风;那老日头更是一日一日地背着……"①小说里有一个非常感人的细节,很能体现出民间这种面对命运时淳朴的坚强:她参军的大儿子在自卫反击战中牺牲,民政局的人提着五匣点心来看望家属,虽然没有直接告诉她真相,可她已预感到了,于是一个人在半夜里出去站在寂寞的旷野里像疯了似的大喊儿子的名字;可喊完后回到家,她就原样坐下来剥玉米,一直剥到天亮,第二天更是像什么事都没有发生过一样,一如既往地提着民政局送来的五匣点心到集市上卖……

作者让我们看到,在只有全力以赴才有可能挣扎出一条活路的生存处境面前,不管有多少撕心裂肺的痛苦,民间的百姓一族也只有在心里将它默默封闭;在充满不公的生命路途上,他们只知道以他们的坚韧,以他们的木讷,始终不懈地走着;从而也延续着他们的生命之"气"。

三

的确,在这种种感人品格的支撑下,民间的生命之"气"得到了顽强地延续。

---

① 李佩甫:《无边无际的早晨——李佩甫中短篇小说自选集》,华夏出版社,1997年,第92页。

可是这仅仅是事物的一个方面。作者还进一步告诉我们,这儿百姓一族的生存又是处于严重的缺陷状态的。这种缺陷固然也有愚昧的因素在里边,如把自己肚子疼的原因归结为无意中在大庙泥胎后的空洞里掏了一把,于是便赶忙烧纸磕头求神原宥(《红蚂蚱 绿蚂蚱》);迷信凡是在哑巴河里淹死的人,必须把她的灵魂打捞上来,否则她就会成为一个新的淹死鬼每年拉一个人下水(《羊的门》)等。这本来也是许多批判国民性这一主题模式的文学创作所沿袭的路子。然而虽不排斥对民间愚昧的批判,李佩甫的独创性在于,发现了套在这儿人们脖子上最主要的精神枷锁,还是民间的"聪明",即前面所说的"在'败'处求生,在'小'处求活"的这种绵羊地上人们的生存艺术。它具体到对作者小说中百姓一族的影响上,实在是大有讲究的;因为这里的"羊"或"草"们,并不仅仅是呈现一种原生态的卑下和贫贱,而是"经过时光浸染,经过生命艺术包装的"①。本来,百姓一族作为社会结构中的弱势群体,他们的"败"与"小"是一种命定,他们要想方设法地求生求活也无可非议。问题是当他们把对"败"与"小"的体认演变成一种由此为中心的、不无狡黠的"在小处做人"的生存术时,情况就复杂了。李佩甫的小说还使我们还充分看到了这种处世智慧在百姓一族身上形成的严重的人格阴影。尽管百姓一族身上在一定限度内不乏善良和人情味,但当所有人都愿意从最"小"处来确认自己的利益范围,来全力以赴地维护这种"败"与"小"的自己在整个利益格局中所占的位置,就必然造成每个人的精神又是内敛的、封闭的、互不信任的;他们的求生求活就异化成了只愿、也只能从眼前所能看到的最实际利益出发,而把在本质上或更高一层的利益需要上和自己其实一致的更多个体排除出去,彼此陷于互相倾轧之中。在 1986 年他的第一篇有分量的小说《小小吉兆村》里,作者就已开始关注到这个问题。借钱买车跑运输的山根遭到了车翻入深渊的灭顶之灾,立时便是债主盈门,他的远房嫂子李喜花虽说对他摆出一副极其关心的样子,目的却是他的房子。《红蚂蚱 绿蚂蚱》中德运舅的办的丧事上,更能看出由之造成的乡村道德的虚伪。德运舅在新婚之夜遭遇新媳妇上吊而死,本来已经够不幸了,乡村人似乎也都不无情谊地来帮他办丧事,队里还开仓屋磨了三石好麦借给他。可就在这天,全村人都来"吃大户"似的明抢暗偷,下至小孩上至老人都不例外,而且还理直气壮地说:"这不是偷,是拿。村里兴的,老规矩。咱庄没丢过东西,一根线都没丢过,多少年了。偷是贼干的勾当,这庄没有贼……"②结果给德运舅家里塌下十年

---

① 李佩甫:《羊的门》,华夏出版社,1997 年,第 7 页。
② 李佩甫:《无边无际的早晨——李佩甫中短篇小说自选集》,华夏出版社,1997 年,第 177 页。

还不完的窟窿债。在《乡村蒙太奇》中关于保松的镜头更是令人深思。保松为了承包的三十亩果园操劳得眼睛看不见了,一家的希望就寄托在了果子成熟上,而果子的即将成熟却招来了村人的嫉妒,大家在一个夜里一起洗劫他的果园,在派出所的人把大家聚集起来的时候,还仗着人多势众毫不在乎,"一个个打着哈欠,揉着困倦的睡眼,相互之间还会意地笑笑"①;而可怜的保松只好孤零零地上吊在自己的果树上。甚至这种"在小处做人"的生存术造成的刻骨的自私和软弱,在那些由这块绵羊地走入城市的知识者身上也未能幸免。在小说《送你一朵苦楝花》中,那位明知自己的妹妹陷入绝境而为了自己在城里一个小家的安宁不敢帮她的,竟是靠着妹妹在农村的拼命劳动才供养起自己读大学的同胞哥哥!这位哥哥用从绵羊地上"小处做人"的经验演绎出来一套"真理是相对的,时间是绝对的"②的庸俗哲学,把自己彻底变成了企图靠对平庸的皈依来维持一分虚假的平静,不敢恨也不敢爱、甚至不敢对生活承担起任何认真责任的"面具人"!

其次,这种"在'败'处求生,在'小'处求活的"这种绵羊地上人们的生存艺术还进一步导致了百姓一族人格意识上的严重奴化。一般说来,当社会底层的人们没有办法通过更高意义上沟通而结成强大的利益共同体时,他们永远只能以单独的个体出现,永远只能是处于弱势可以被人欺凌的一盘散沙。由对依靠个体弱小力量改变命运的无望转向对个体能力的否定,由对个体能力的否定又转向对强权的认同;对强权的认同则意味着要一相情愿地为之编织出一些救世主的神话,至少也主动地为之制造出一种合法性的奴性话语。就这样凭借着这种自己制造出来的合法性叙述,民间底层的人们面对自己的不公平地位时可以获得了一种内心平衡。这套逻辑看似荒谬,却在李佩甫的"绵羊地"的百姓身上有着它的必然性。《无边无际的早晨》中的国,所以被人们认为天生是做官的料,根据就是他六岁时便敢像队长一样对乡人们颐指气使,甚至理直气壮地唤队长"老三,过来",让队长给他当马骑。这套心理逻辑又同时人为地创造着三、六、九等的乡村社会关系,强化着人们本来就有的对封建等级制度的体认。《豌豆偷树》中写到,即使村子里抽水浇地,电工春旺也要排出从村长到各头面人物一级级的顺序;本来不算坏人的小学校长郭海峰为了巴结村长,不惜开除得罪过村长的无辜的学生;《乡村蒙太奇》中月琴家房子之所以能够盖成,仅仅是因

---

① 李佩甫:《无边无际的早晨——李佩甫中短篇小说自选集》,华夏出版社,1997年,第334页。
② 李佩甫:《无边无际的早晨——李佩甫中短篇小说自选集》,华夏出版社,1997年,第199页。

为月琴考上了大学,这件在乡人们看来如同中举般的大事,一下子空前提高了她家在村人眼里的地位,使那些向来欺负她家的村人们突然发现了巴结的价值。

令人无法不触目惊心的是,这种奴性话语在这儿的民间道德中有着根深蒂固的基础,以至于整个民间道德都带有这种向权势依附和献媚的特征,包括污染了在民间道德中本来应该最有价值的两种内核:"良心"和"面子"。良心本来是一种代表着民间正义的东西,应该和民间延续生命的"气"是一体的,可当奴性意识内化为一种心理本能时,良心的价值在很大程度上也就异化成对权力秩序的自觉依附和维护。《豌豆偷树》中的十四岁孩子王小丢为了讨回被村长私吞的二百元盖房押金,被迫在村长儿子娶亲之日采取诈死的手段,竟被有的村人们认为是太恶毒,趁人家办喜事的时候去勒索人家。长篇小说《金屋》中的老族长瘸爷形象的塑造则是对这一特点最好的说明。瘸爷在扁担杨村一向被作为良心的象征,以关心扁担杨村全村的事物为己任,并无私地为全村人做了数不清的好事。可是就是这样一个老族长,他所代表的良心在小说中全力以赴的斗争目标不是作为全村统治秩序象征的村长杨书印,而是本土产生的对旧有统治秩序进行挑战的杨如意。他不仅直接以全村人代言者的身份请求杨书印用手中的权力进行干预,而且最后不惜以身作则,吊死在杨如意新造的房子的门前。瘸爷只不过是上演了一幕自以为是的悲壮而已,他所借良心的名义维护的正是权力者所想通过权术实现的。我注意到,正是对这一角色,作者特意赋予他一个不为人知的隐秘——不知什么时候已失去了自己的阳物。这实在是对其体现的道德良心的受阉割本质的一种不无辛酸的讽刺。"面子"的情况也和此类似,它本来应该代表着民间的一种顽强的人格自尊,就像前边提到过的《黑蜻蜓》中的二姐一样,即便在任何困难的情况下她都不肯接受自幼抛弃了她的母亲的怜悯,母亲给她的礼物她都要想方设法加倍地奉还,直到经过整整十年的辛劳,在她觉得终于可以取得一份乡下人认可的"体面"后,才带着穿着整整齐齐蓝布衣裳的全家站在了城里的母亲面前。这种追求自己"面子"的精神自然是可歌可泣的。但在这里更多的是它受到奴性意识的异化,而变成了一种受等级制度任意摆布的玩偶。在这块绵羊地上,老百姓赢得"面子"的最主要因素还不是自己为人的正派和勤劳,而是一种特权的派生物,是一种对凌驾于众人之上的感觉的享有。百姓一族原本就不可能有什么真正的特权,所以这种"享有"便实在成了可笑可悲的事。小学校长郭海峰只因在换了一个值五分钱的小匣子没有被要钱,便被他女人美滋滋地认为有了面子。可是对于一般百姓来说,即便这样换五分钱的匣子不要钱的幸运也难有,便只有依靠权力者的垂青和赐予,依靠自己的行为在权力者心中的分量。于是这便演出了《羊的门》第八章里相当惨烈的一幕:在呼家堡修建新村的过程中,当不小心砍断了手指的村民王麦升受到村长呼天成的表彰而被公认为有"份儿",马上便成了一项众所效仿的事,许多人甚至故意弄伤或弄断自己的手指以赢得村长赐予的"面子"。人性在这里的扭曲何等严重!

四

  百姓一族在李佩甫这里既是一曲坚韧生命的礼赞,更是一曲绵延不绝的悲歌。"百姓的儿子,想的也多是百姓们想的事情",他对他们倾注着全部的同情,并在一种强烈的责任感驱使下认真地思索着他们的命运。也正是这种深刻的同情也使他不愿回避他们的弱点。结果百姓一族的存在在这里成了一个奇特的悖论:他们依然一方面本着自己的生存本能和智慧不断挣扎,使自己的生命得以艰苦延续;另一方面却由于自身的"无骨"造成的种种缺陷,他们也反过来纵容着作为自己真实利益异己物的权力阶层。像《羊的门》中的呼天成、《金屋》中的杨书印等,都利用着他们的这种人格缺陷而建立起了自己拥有绝对权力的统治秩序。特别是呼天成,由之无师自通地发展出了一套治人和治心相结合的封建统治术,把整个呼家堡变成了他的家天下。而一般百姓也只好使自己匍匐于这种自己制造的权力体制的压迫下,自己的命运也在苦难中轮回。"人活着,树也活着。三千年啊,漫长的三千年也仅仅传下来这么一句话,说这是一块——绵羊地。"①他们的现实生存就这样也逐渐汇成历史苦难的一部分。

  如果说 20 世纪乡土文学中"国民性"批判主题的意义就在于"揭出国民的劣根以引起疗救者的注意"的话,我们就不能不承认李佩甫的这种对这块土地上百姓一族"有气无骨"特征的发掘,是具有极大独创性的。首先,他没有把"国民性"作为一个空洞而万能的概念随便演绎,而是将它和特定区域的民间生存内容结合起来,融成一副具体可感的现实画面。他写的仅仅是豫中平原上的风土人情,并牢牢扣住这块土地的历史和现实写出了这种民间精神特质的由来和现状,让人一望而知是属于这块土地的。其次,他进一步丰富和拓展了对国民性具体内容的理解。一般说来,20 世纪以来知识分子对国民性的批判,主要沿袭了鲁迅开创了重在发觉起精神愚昧麻木一面的传统。李佩甫这儿百姓一族在遇到无可排解的苦难或压迫面前,也不是没有用精神胜利法来自我排解、自我麻痹等愚昧麻木的一面;但在作者这里,这并不是作者所要展现的全部内容。

---

① 李佩甫:《羊的门》,华夏出版社,1997 年,第 4 页。

作者还独具慧眼地看到,民间的百姓一族身上其实许多时候也不乏生存智慧和意志一面,他们最主要的人格缺陷还在于能使他们堂堂正正站起来的"骨",也就是对现实压迫直面反抗的生命勇气,这的确超出了单纯的区域文化含义,而对现代中国的民族性格而言也是有深长意味的,应该引起我们足够重视的。

原载《山东社会科学》2004年第8期

李佩甫论

李丹梦

提及"文学豫军",李佩甫是一个无法绕过的人物。这不仅仅是由于他那斐人的创作成就:长篇小说《李氏家族》、《金屋》、《羊的门》、《城的灯》,中篇小说《黑蜻蜓》、《无边无际的早晨》、《红蚂蚱 绿蚂蚱》、《豌豆偷树》、《败节草》等等,都在国内引起了强烈反响,曾先后获全国"庄重文学奖"、"飞天奖"等二十余种文学奖项,部分作品译介海外;更为重要的是,李佩甫一直致力于中原人格的开掘和塑造,因此从地域写作的角度来讲,李佩甫应该是属于正宗"双料"的豫籍作家的,所谓河南人写河南人。而从写作风格与技巧上讲,李佩甫在豫籍作家中是一个集大成者,不仅恋土和权力情结在他身上有鲜明的体现,豫籍作家的几乎所有的优点和缺点也在他身上"放大"了。

俗话说:"一方水土养一方人。"李佩甫显然坚信这一点。他在土地和人性之间"穿针引线",寻求内在的关联和呼应。是一个目光深邃、百折不挠的"人性植物学家"。他按照植物的形象来培育和构想人的特质,就像败节草对李金魁的生命启示(《李氏家族》),以及会跑的桐树促成了冯家昌的精神早熟(《城的灯》)一样。这种情节设置在我看来,绝非灵机一动的偶然,而是出自一种结构[1]的深思熟虑,包括对土壤和人心两方面。此种结构的欲望和智慧在《羊的门》中达到了顶峰。"绵羊地"便是主体[2]对豫中平原乡土世界地理特征的领悟与概括——"一块无骨的平原……可这里有气"[3],"它会使人不知不觉地陷进去,化入一种灰青色的氛围里"[4]——而呼天成这个"东方教主"的形象则是这土地上结出的"硕果"。过于峻急的笔法使他在承受诸多性格赋予的同时亦尖锐成了一个象征符号,我们从中能感受到一种企图把天地人三材收拢于胸、一视同仁的眼光和气魄。纵观李佩甫的小说,似乎都流露着这样的潜台词:每个

---

[1] 此处的"结构"作动词解,与"解构"相对。
[2] 此处言及的"主体"并非指李佩甫作品里某个具体的人物,亦不完全等同于作者,而毋宁说是一个作者在作品里不断追认的、希望与之趋同的形象感召,是作者、叙述人与人物交织、互动后得出的一个"我"之印象。
[3] 李佩甫:《羊的门》,华夏出版社,1999年7月,第20页。
[4] 李佩甫:《羊的门》,华夏出版社,1999年7月,第2页。

人的根底都是一株植物、一棵草。木讷和欲望、高贵与卑贱就这样被拧在了一处。且惟其卑贱得彻底,才透显高贵的亮色。

我就是门。凡从我进来的,必然得救,并且出入得草吃。盗贼来,无非要偷盗、杀害、毁坏。我来了,是要叫羊得生命,并且得的更丰盛。

——摘自《圣经·新约·约翰福音10》

我无处可去;我无处不在……

——摘自《未来书》

那城内不用日月光照,因为神的荣耀光照,又有羔羊为城的灯……凡不洁净的、并那行可憎与虚谎之事的,总不得进那城。只有名字写在羔羊生命册上的才进得去。

——摘自《新约·启示录》

以上三段分别引自李佩甫的三部长篇的题记,它们是《羊的门》(1999)①、《城市白皮书》(2001)、《城的灯》(2003)。小说以宗教经典中的句子作为题记并不稀奇,但连续三部长篇皆是如此便值得回味了。这是否是主体的一个有意无意的"着力点"? 如果是的话,他的目的又何在呢? 不妨具体地看一下,所截取的段落除了与内容和标题有所映照外②,更重要的(亦是共通的)效果在于,题记给小说罩上了一层"圣谕"的色彩。由于它们均来自至高无上的宗教典籍,由此达到、或者说召唤起一种肃然起敬的感觉应该是不言自明的。但这并不意味着主体已然皈依了基督,就小说的内容来考察,它们明显不是宗教小说,尽管其中含蓄着追索精神救赎的情绪;主体想要的似乎就是那种神圣的渲染和依托,仅此而已。如果细品的话,还能体味出一丝超拔的内涵:他希望他的小说,连同其中的人物不仅是作为单纯的故事或者形象被接受的,在宗教的牵引下,它们也具有了某种普适的禀赋。

事实上,种种迹象都表明,李佩甫的写作中是带有神性③因素的支撑的,除

---

① 括号中的数字为出版的年份,下同。
② 对于"城的灯"这个题目,李佩甫曾说:"我整整想了一年而不得,夜不能寐啊! 后来,就在稿子将要杀青的时候,我才'借'到了一个题目。"它和《羊的门》一样,也是来自《圣经》里的一句话。而《城市白皮书》的题记中所引的话暗指了小说的叙述者,"我"——那个具有特异功能的女孩,她能随时随地看到、听到、闻到她所熟悉的人的信息,并且洞穿他们的心思。
③ 这里的"神性"是一个宽泛的概念,并非单纯、狭隘的宗教情感。它是一种对审美体验的描述,除了有神话、神秘的意味外,在一定程度上类似于美学上的"崇高"概念;同时,它又是和主体的建构紧密联系在一起的,作动词用,一种形而上的提升、统一与抽象。这在下文会有明确的说明。

了取材的神秘化(如《金屋》),故事的寓言倾向及浓重的象征意蕴外(像《李氏家族》),一个最感性、直接的证据便是:当我们试图像以往的评论通常所做的那样,从思想内涵的角度切入李佩甫时,却发现他的思想都明明白白地写在小说中了,或通过人物之口,或通过叙述人之言。(《羊的门》中大量涉及土地的议论以及人物关于中原人格的争论与表白,便是突出的例子)然而,这种略嫌危险的直露风格并没有破坏我们的阅读胃口,相反,它让我们怦然心动。这靠的就是那"神气"的力量。就像我们读《圣经》不会觉得其直白、简陋一样,这里的坦然亦有着类似的庄严本色,而最感动我们的也正是这一点。现举一例,《羊的门》里有一段,呼国庆自食其言,离婚未果。就此,他向情人谢丽娟辩白时说道:"你可以轻看我,但不要轻看这里的男人。……不错,在这里,生命辐射力的大小是靠权力来界定的。这对于男人来说,尤其如此。这里人不活钱,或者说不仅仅是活钱,这里生长的是一种信念,或者说是精神。这是一棵精神之树。气顶出去就是这样一种东西。渴望权力是一种反奴役状态。"[①]这话不仅让谢丽娟泪流满面,也让我们体验到了震撼的感觉。你可以说其中有作秀的成分,但绝非单纯系个人的面子与自尊,而是对生命及其存在法则的尊重和敬畏。这,就是神性。用李佩甫的话来说:"所谓神性,是一种创造性,是一种生命再现形式。"[②]任何人,包括出身卑微的、品质龌龊的,都有他不可轻慢、不可侮的根基与气质。就像豫中平原上遍布的花草植被,植物要争取阳光、水分,人则追求、向往权力,这是一个道理,无非想给自己创造一个好的生存环境。很难想象,如果去除了这种对于存在合理性的辩护,《羊的门》还剩下什么?呼天成这个形象还有什么意义?一场波谲云诡的官场斗争,一个老奸巨猾的中原农民吗?结果很可能就是如此。但实际的情况要远比它深沉和凝重,这不能不归功于神性的赋予。它提升了小说的品质,让人物回归孕育他的土壤。一种力挽狂澜的作用,而主体也就在这升华与返璞归真同时并举的运动中现身了。假若承认这也是一种理性的批判而并非对批判的干扰的话,那么主体的功能就在于从凡俗中提炼神奇,在琐碎里发掘、倾听自然与大地的声音。而在走向生命原生态,发掘对象中的神性因素时,主体亦体验到了崇高、庄严的神圣感,它作为一种朦胧、诱人的形象感召和约束原则,被主体不自觉地纳入了自身建构的范畴。换句话

[①] 李佩甫:《羊的门》,华夏出版社,1999年,第207页。
[②] 参见李佩甫等:《对话:文学与人的神话》,载《莽原》1996年第3期,着重号为笔者所加。由此话不难看出,李佩甫是把"神性"和创作本身联系在一起的,一种主体的内在感受和自我制约。也正是在这个意义上,我在下文把"神性"纳入了主体建构的范畴。就神性,李佩甫还说道,"只有生命的再生(再创造)才具有神性意识",所以他"试图走向'生命本质'",反映生命的原生态。

说,生存原则或曰土地哲学在此化作了和《圣经》一样的东西,一种内在、虔诚的基调,它让主体的批判(叙述)带上了神性的气质。

我不知道其他读者对于呼天成的印象是怎样的,但无疑,这是一个"主"的形象。尽管他扼杀了村民的精神自由,但的确是他,用肩膀撑起了呼家堡这一方"净土"。主体在批判呼天成负面因素的同时,亦默认、强化了某种统治(神性)的序列。秀丫的甘愿献身便是一例。这个被呼天成捡来的女人,为了呼天成,除了长期忍受肉体和精神的煎熬外,晚年还做出了一件惊人之举:把美貌的女儿作为"礼物"送给他;如果说这只是一个(设计的)个案,那么广大村民的行为更能说明问题。他们对呼天成是顶礼膜拜的。在呼天成重病期间,大家伙忧心忡忡:"如果呼伯有个三长两短,他们怎么活呢?"①听说呼天成想听狗叫,一时间又找不来狗,村民们便跪下来一起学狗叫,一片震耳欲聋的狗吠……种种事例均在表明和促成呼天成那"精神之父"的地位,而他周围的人则沦为天生的臣子和奴仆。就小说作为艺术作品而言,这是纪实,或者说含有纪实的成分,现实的影子,但更多的是一种虚构和想象的"创造"(李佩甫语)。在我看来,或可谓之"神性的冲动与提炼"。试想,呼天成和耶稣之间有多大的区别呢?耶稣为人类献出了生命,而呼天成也为呼家堡奉献了一生,且牺牲了自己的性欲;呼天成剥夺了孙布袋的"脸面",造成对方精神的压抑,但反过来说,人类在上帝面前又何曾要过脸呢?对此,为什么我们就不说上帝在控制人类、压迫人类呢?如果承认这种类比的合理性,那么,就不难发觉,一个巨大的"审父"结构②贯穿了《羊的门》。所有的批判都建立在对"父亲"这一人伦结构承认的基础上,就像宗教建立在人类对上帝权威的认可与需求之上一样。这是神性写作最大的特点。与鲁迅的"国民性批判"不同,鲁迅的揭露是不达痛处誓不罢手的。人性的黑暗作为批判最终的归宿,没有指明出路便是出路所在。而神性的批判是有所保留的,它在批判的同时亦在寻找精神的寄托。破,即是立。就呼天成来看,虽然他身上存在专制、变态等诸多缺陷,但不可否认地,他以他的行为成就了一个英雄的神话和寓言。这也是主体曲折的追求所在,排斥和批判的过程也是在抚摸、创造自己的依偎。其间多少是有些自恋意味的。在呼天成那呼风唤雨、无所不能的人性塑造中,主体显示了他神话思维里那独特的圆满模式:一个"草民"经过自我磨砺变成了英雄,一个跟上帝类似的人物。这种创世纪般的快感,一般的写作是难于体会的。回到李佩甫对神性的定义,"一种创造性,一种生命再现形式",其间那隐幽、难言的感觉(内涵)恐怕也正在于那从无到有、化腐朽

---

① 李佩甫:《羊的门》,华夏出版社,1999年,第432页。
② 这种"审父"结构事实上早在《李氏家族》里就已出现,《羊的门》只是将其延续并放大了。

为神奇、变卑微为高贵的造物冲动吧。在此,呼天成身上的神性因素,主体创造的神圣情感交织在一起,究竟孰先孰后,谁为肇始、引发者,已很难分清了。

需说明的是,这种神性写作不是一蹴而就的;主体走到这一步,经历了一个阵痛、微妙的自我斗争的过程。就李佩甫的写作历程来看,神性中有天性使然的部分,它反映了一个乡土作家在处理记忆和情感时的本能,包括价值取向、批判立场等等。不妨回顾一下,李佩甫走上文坛并受人瞩目是从一批清新的乡土作品开始的,《红蚂蚱 绿蚂蚱》、《郏魂》、《乡村蒙太奇》、《豌豆偷树》、《画匠王》等是其中的代表。小说均以故乡的生活为题材,整体的感觉是碎。人物进进出出,频繁更换,却终究不致散乱。作品在回忆中展开,一个长长的广角镜头。显然,故事并非叙述的重点,它只是主体记忆的片段,东一片、西一片地扯了来,揉在一起。完整有序是谈不上的,但拼凑起来也有些村落的气派和规模;人物亦不是重点,因为典型性和笔墨的专注度不够。在批判的力度方面,这些作品及不上李佩甫后来的小说。它们缺少穿透力,有些敷衍和马虎,但小说的特色也正在于此,一种散文化的含混与圆融。与其说主体在刻画人物,不如说他在捕捉某种感觉,整理某种心绪。就此,我们不难看出,那是对于土地和故乡的情感,一种无条件地亲近之、奔赴之的欲望主宰了小说的灵魂。从这个意义上讲,土地是这些作品真正的主人公,就像萧红的《呼兰河传》最终写的是故乡呼兰河镇一样,在相似的散文结构中,容纳着相通的土地意识。最能证明这一点的是李佩甫那活色生香的语言。主体仿佛是一个感觉主义者,他能看见、听见、感觉到、尝到大地的各种色彩、歌声、质地与芬芳。昆虫、作物连同人的声音和气味混在一起,经由主体那特殊的讲述方式,被赋予了全新、幻想的色泽与色调,从而引发人们对大地的亲情与渴望。而在讲述的过程中,主体也恍然变成了大地之子,沉入土地的怀抱,接受它的抚摸与亲昵。

与土地相比,人是孤单、弱小的。以《郏魂》为例,无论是骂声脆响的二奶奶、滚刀子贱嘴的王小丢、怕老婆的麻五,还是卖了一辈子响棒槌、却只攒了一块六毛钱的老德,都不具备统摄全篇的能力;是村庄、土地的气息把他们拢在了一起。"土地是很宽厚的,给人吃,给人住,给人践踏。承担着生命,同时又承担死亡。土地又是很沉默的,从未抗拒过人的暴力,却一次一次地给人儆戒。"①这是李佩甫对土地由衷的赞叹。事实上,土地虽然沉默,却孕育了喧腾的生命,连人性亦是土地赋予的。所有的人都活得像株植物(一种主体处理的效果),蒙着灰尘,虽然粗糙了些,却透着自在与活力。他们是大地的触须和筋络,写人亦是在呈现大地,和大地对话。由此,我们便能理解主体那批判的"马虎"了。为

---

① 李佩甫:《在"瞎话儿"中长大》,《中篇小说选刊》1989 年第 4 期。

什么他对人物身上出现的"劣根性"点到辄止,不再深挖细究了。说到底,这所谓的"劣根性"对于广袤的大地来说,又算什么呢?人有什么权力去指责大地?既然他自己的生命也是土地给予的。在这种心态下,主体的批判不由自主地糅和了像村民集体偷袭保松的苹果园,逼得保松悬梁自尽的情节(《乡村蒙太奇》)只是一个闪过的阴影,它显然没有激发起主体足够的批判兴奋;主体大部分的精力都用来开掘美好、淳朴的乡土人情了。诸如以身殉职的乡村教师王文英(《豌豆偷树》)、代夫还债的坚强的村妇红叶(《画匠王》)等,完全是对人性善的讴歌和赞美。这种心理(批判)倾向在《红蚂蚱 绿蚂蚱》里表现得最明显。它写的是"文革"时期人们的生产和生活。类似的题材如果放在别的豫籍作家手里,一般都会着重于反映农村宗法统治的黑暗、"官本位"思想的残酷,但李佩甫却恰恰相反,他写的是当官皆为民做主,一村一姓一家人。在《红蚂蚱 绿蚂蚱》里充满了亲情和天伦之乐。"在住着姥姥的村子里吃饭,是不用打饭钱的。随你走进哪家院子,叫声老舅,便有汉子亲亲地迎出来,骂声鳖儿,不消你再说,一准儿有好东西管你吃。"①这里,人与人之间相濡以沫、同舟共济。大家不为争权夺势而为如何把村子搞好、填饱肚子而奋斗。队长舅亲自从仓房里偷了红薯,送给有"帽子"的、家里揭不开锅的文斗舅;而在选"坏分子"的事上,大家也很给队长舅面子,争着去当"坏分子",只要给加工分就行了。于是,在灾难的岁月里,村里却像个"世外桃源",有着安定、自足的人际关系。一片童真的大地就这样呈现出来。

我们看到,对于土地的虔敬虽然在一定程度上阻碍了主体用现代意识批判生活时本应达到的深度,但也给予了他批判的独特眼光,使他能够言人所未言,一种宽容的发现与弹性。我认为,这正是李佩甫神性写作的起源。换句话说,豫籍作家身上普遍存在的恋土情结(或曰村庄情结)某种程度上成了酝酿李佩甫神性冲动的胚胎。在此,土地已不再是那个可以耕作的、具体的、工具式的大地,而衍变成了"精神家园"的代名词。它作为某种无法穿透(确切说是不愿穿透)的部分驻留在主体批判的视野。或者说,主体也试图批判它,但批判的策略变了,从审视的剖析转为宁和的贴近。这和前文所讲的神性写作中那破立结合、有所保留的批判已然很接近了。而神性,最终作为一种形而上的肯定,使得土地、村庄摆脱了惯常有的自卑以及妄自菲薄的负面情绪,能够堂堂正正地展示自身。从形而下地对淳朴民风的描述,到对人类生存中的神性展示,可谓是李佩甫对恋土情结的一种超越。

---

① 李佩甫:《无边无际的早晨——李佩甫中短篇小说自选集》,华夏出版社,1997年,第192页。

必须说明的是，尽管恋土和神性之间的距离很近，但它并不意味着从前者能够直接推导出后者，这中间还需要某种切合于作家心灵的催化剂。否则，有着恋土情结的豫籍作家便都走上神性写作的道路了。而就李佩甫而言，如果只是停留在单纯的恋土上，他也就只能写写那些诸如《邨魂》之类的乡土咏唱的作品，但事实并非如此。我们看到，就在与《红蚂蚱 绿蚂蚱》等小说推出的几乎同一段时间，李佩甫又发表了《田园》、《无边无际的早晨》、《送你一朵苦楝花》等一系列在精神内蕴上与前类作品迥然不同的小说。如果说前者表露了主体义无反顾地走向大地的情愫，那么后者的态度就暧昧多了。出现了一群土地的叛逆者，杨金定、李治国、梅妞……其行为愈演愈烈。一种逃离土地的欲望像一棵毒草，曲折而蓬勃地生长起来。由是，光滑、圣洁的土地情结的表面开始出现裂痕，主体陷入了精神危机。说来也怪，这个一心想成为大地之子的人却流露出了对土地深刻的怀疑。如果用一句话来表示这怀疑，那便是：既然土地是伟大的，为什么你留不住你的儿女？从某种意义上讲，这也是作家对自我尴尬处境的追问：一个身居城市的乡土作家（双重身份），歌咏土地却又远离土地，这是作秀，还是真诚？我认为，正是这痛苦的自我质询激发了李佩甫的神性写作。简单地说，一方面，主体试图维护土地精神家园的地位，另一方面，他要给叛逆者的举动以及自我的双重身份寻找合理性的解释而不纯粹是道德的评判。于是，神性便被"逼迫"了出来。在神性的写作里，生存原则被当作旗帜祭起，每个人都有权选择自己的生存轨迹，这是无罪的；同时，土地的包容力和解释性亦大大地得到强化：土地不仅孕育忠诚，同时也滋生着它的叛逆。所有的人性都能在土壤里找到它的种子、它的根。我们在阅读《羊的门》时所感受到的襟怀坦荡的磁性口吻和主体魅力，其底气和原因也正在于此。

然而，在写作《田园》之类的作品时，主体显然没有找到这种底气，他只是借助主人公之口表达着一种自我撕裂式的疑问。杨金定为什么一定要离开土地？既然乡民对他如此看重和厚爱，这个村里的研究生、秀才怎么就不懂得知恩图报呢？（《田园》）对此，主体并没有直接在小说中给出答案。他只是在结尾处让杨金定"膝盖一软，扑通一声跪了下来……扑在地上重重地磕了三个头"！（这是在请求土地对于叛逆者的宽恕吗？）一句由衷的"乡人哪，乡人"！（在此，主体内心的战栗和主人公的感激与忏悔交织在一起了。）"望着生他养他的热土，望着再次给予他生命的田野、河流、村庄"，杨金定"无话可说，只有一行行热泪……而后，他转身走去"。在黑夜之中，他甚至"加快了脚步"。这毅然决然的离去让人心情沉重，也让主体陷入了茫然。尽管他没有对杨金定的行为作出解释，但就情节的设置来看，触发主人公离去的直接事件是村中的长辈七爷请他去吃"头块肉"。"那头块方肉，一向是德高望重，给村人们办过大事出过大力的人才有资格吃的。他有什么资格吃头块肉呢?""当豌豆把头块方肉挑到木桌上时",杨金定"忽然抖动起来了,浑身像筛糠似的抖。就在这一瞬间,他明白了,他终究是要走的。他该走了。这一步也许就不再回来了……"①可见,正是"吃头块肉"这么高的"尊崇与荣耀"形成了"最后一棵稻草",压垮了主人公的心灵防线。它让人想起一句俗话:娘家虽好,非久留之地。在此,主体似乎是在为主人公的离去辩解:这难道是杨金定的错吗?他明明是想留下来扎根的呀!但主体也不想责怪土地,虽然他的确从土地所给予的好中品味出了某种期待的压迫,就像杨金定感受到心理压力一样。莫非,土地千辛万苦培养出了她的优秀儿女,就是为了把他们送到远方?这是真的,还是土地叛逆者的自我安慰?

这种困惑在《无边无际的早晨》里以一种更为尖锐的形式表露出来。当李治国这个在大李庄村吃百家饭长大的孤儿成为乡长、县长之后,非但没有报答乡亲,反而以侵害村民的利益作为自己高升的垫脚石时,主体再也无法在叛逆和土地之间寻求调和了。尽管土地与乡民这边依旧是宽容的,甚至有些逆来顺受,不仅纵容了李治国幼时的骄横,还纵容、配合其长大后的对己的欺凌——这里似乎有一丝埋怨与慨叹,但整体说来没有奴性批判的意味。我们感到,主体在微妙的摇摆后,仍把仰仗的重心放在了土地上,李治国这边则陷入了永无止境的良心拷问:"乡亲们待你恩重如山,你怎么能下得手哪?你欠下了那么多的人情债,你该还的,可你没有还。你也知道无法偿还。那就该好好地待他们,好好给他们讲道理。再不行就给他们磕头,从村东磕到村西……可是,你却变本加厉地对待乡人,你吓唬他们,威逼他们,断人家的香火,你是有罪的呀,你罪上加罪!"小说的结尾,留下了一连串的问号:"你是谁?生在何处?长在何处?你要到哪里去?……"②我以为,这不仅是李治国的内心迷惘,也透露了主体对自己现实处境与身份的迷失。说得重一点,是对城市里的乡土写作,这一行为本身诚信度的质疑。③ 李佩甫是真实的,我指他的迷失、质疑,包括他对城市的偏激与误解(这从李治国和他的妻子,一个城里人,他们间的关系中可见一斑)。

---

① 李佩甫:《无边无际的早晨——李佩甫中短篇小说自选集》,华夏出版社,1997年,第378页。
② 李佩甫:《无边无际的早晨——李佩甫中短篇小说自选集》,华夏出版社,1997年,第39页。
③ 李佩甫在小说《送你一朵苦楝花》中以梅妞哥哥的口吻给叛离土地的梅妞写了一封长信,其中有一句话:"他(系梅妞哥哥的自指)思念他的小妹,却不知他的小妹身在何处。他知道,这种'对话'是很做作的。"对李佩甫而言,这话很有些自我比况的意味。远离乡土(身居城市)的乡土写作就像此处的"哥哥"给不知所终的"小妹"写信一样,很容易陷入"做作",一种真诚的作伪,或曰作伪的真诚。关于小说《送你一朵苦楝花》下文还有详细的论述,此处预先一提。

这种纠结的真实通过主人公内心剖白的形式释放出来,使我们得以窥见主体灵魂的抽搐。(这多少有些失控的表达在李佩甫后期的作品里基本找不到了,取而代之的是一种冷峻与庄严。即使在描写与李治国类似的人物,如《城的灯》里的冯家昌,以及类似的心理时,也同样如此。我认为这是和作家当时的思想状态密切相关的。就李佩甫而言,他一直试图通过写作来梳理自己的心绪、思想,包括苦恼和疑问。这使得他在塑造人物时,往往不自觉地投射了自己的影子。由此来看李治国的内心独白,我们发现,虽然主人公独白的内容与主体真正所想的可能并不完全相干,但那矛盾重重的、煎熬的语调却是伪饰不来的。而李佩甫后期的作品之所以变换了"腔调",是因为那时主体已找到了平衡自我、叛逆与土地关系的方式,即通过我所谓之的"神性的赋予"。)值得注意的是,在李治国的内心拷问中,他自诩为"游魂,一个断了根的游魂","不错,你得到了乡长的职位。可你却失去了最要紧的东西,你切断了你的根。你再也无脸回大李庄了,再也无颜见乡亲父老了"①。这实际上是在以一种否定的方式承认和强调着土地的地位,它也暗暗回答了小说结尾的提问,尽管是以一种破裂、绝望的方式,在土地与人(叛逆者)之间。

  在李佩甫早期的作品中,描写叛逆的作品(或曰以叛逆为主题的作品)并不多。仿佛被视作了某种不和谐的因子,主体一直试图将其压制下去。《豌豆偷树》、《邨魂》之类的作品便可看作主体的一种自我说服与肯定:他很努力地让自己走向土地,而不是相反。但恰恰是这为数不多的叛逆之作给人留下了深刻的印象,并直接引发了作家后期的创作。我们看到,在《田园》、《无边无际的早晨》中,主体留下了一系列的疑问,却没有给出直接、明确的答复。这种情况到了《送你一朵苦楝花》时发生了转变,主体开始明确地回答了,虽然是以一种不无痛楚的猜度的方式。而主体的神性冲动也正是在这里萌芽了。

  很难找到比梅妞(《送你一朵苦楝花》的主人公)更激进的叛逆方式了。她多次被家人捉回,吊打,又多次逃离。在她这里,叛逆已失去任何功利的企图(开始的时候,还有一个模糊的爱情对象在那支撑着,后来,连这对象也不复存在了),而衍变为一种生命的存在方式。换句话说,叛逆行为以自身来滋养自身,叛逆本身化作了目的。小说模拟梅妞哥哥的口吻写成,以"你"的方式指称梅妞,仿佛是"哥哥"在向"妹妹"说话、商量,行文带有强烈的抒情特质。引人注意的是,这乃是一个依靠小妹放羊、卖羊挣学费进了大学又留在城市的"哥哥",一个城里的乡下人,与作家现实的处境和身份非常接近。那么,哥哥对妹

---

① 李佩甫:《无边无际的早晨——李佩甫中短篇小说自选集》,华夏出版社,1997年,第56、40页。

妹叛逆行为的解释和推想中是否有着主体自身思考的影子？我认为是存在的。由前文的论述可知，叛逆一直是困扰主体的核心问题，他在土地和叛逆之间徘徊着，试图调和却又无法调和。这构成了某种心结性的东西，它必然想方设法寻找时机释放出来。而依据写作的连续性及天然的抒情功能，我们完全有理由推测：小说《送你一朵苦楝花》的出现绝非偶然，这里的"哥哥"便是主体假托的宣泄"渠道"。

据我所知，这是李佩甫唯一一篇以第二人称方式写成的小说。它让人联想起同为豫籍作家的周大新的一个散文化的短篇《揣度孔明》，在此，周大新对智者化身的诸葛亮在南阳生活的动机和日常情形作了一个不乏机智的揣度性的勾勒。比较两篇小说，同样的第二人称，同样是猜度的语气，却见出两种迥然不同的主体风格。前者的字里行间充满了矛盾和不确定性，一种滑中带涩的风格。"哥哥"一直在诉说，但其潜台词却是："小妹，你看我说得对吗？"而后者虽然温文尔雅，内里却带着硬度和不容辩驳的自信。这从结尾那高瞻远瞩的叙述里可以清晰地感觉出来："当然，那时你还不知道那条路的终点是汉中的定军山，你还不知道你的生命将在离南阳不太远的陕西画上句号……"①(18)主体推测的依据是一种"世事洞明，人情练达"的智慧，以不变应万变，这也正是周大新在小说中刻画人物的一种模式。很难讲这两者孰高孰低，我之所以提出来比较这两篇小说，是想指明李佩甫在观察、塑造人物时某种特殊的视角。虽然那种"滑中带涩、不确定"的语言不能代表李佩甫小说的全部风格——事实上，他后期的作品已与此大相径庭——但"不确定"的指向却是共同的：即无法用明确的人情、道德规范来推想、评价他的人物。不仅对梅妞如此，对吉昌林（《小小吉兆村》）、李大有（《李氏家族》）、杨如意（《金屋》）、呼天成更是如此。这便是李佩甫的独特之处。他常常把他的人物置于各种道德规范和人情原则错叠的焦点，以价值间的牴牾和碰撞来彰显某种深度与厚度，进而给我们带来一种阅读的新鲜感。话说回来，这也并不意味着李佩甫有多么高深的思想，实际的操作中他倒是相对朴素和单纯的。一切都源于他观察人物时那独特的"眼光"。对此，我在前文已有所透露，那便是由恋土情结所导致的"人性植物学家"的视角。他的人物往往算不上血肉丰满，但却给人印象深刻。这是因为主体不是依据人之常情或者某种道德指令来构想他的人物，而是着眼于某种更宏伟的规划，一种根基上的、深邃的对应：什么样的土，长什么样的人，所有的人性，哪怕是邪恶的甚至十恶不赦的，也都能在土壤里找到它的种子。而在找到之后，这所谓的邪恶便在一定程度上得到豁免了。这不能不说是源自大地的一种深沉的悲悯。

---

①周大新：《中国当代作家选集丛书：周大新》，人民文学出版社，2002年，第495页。

在《送你一朵苦楝花》里,"哥哥"便是这样看"妹妹"的。与《无边无际的早晨》不同,主体在对叛逆者的评价上从道德的纠缠中尽量挣脱出来,不再专注于道义的鞭挞(诸如从孝顺、廉耻方面);但也不是退回到《田园》里的做法,转弯抹角地为主人公辩护。在此,主体第一次把叛逆行为纳入到土地的活动之中,从土地的内涵里寻找叛逆的根源(注意,不是理由或借口)。必须说明的是,这和主体以前对叛逆的辩护有着本质的不同。在《田园》中,无论是主人公还是主体,都从大地的馈赠中感觉到了压迫与局促,此间或多或少是夹杂着一点对大地的埋怨的;而到了《送你一朵苦楝花》,这种压迫感消失了,主体从大地的解释中得到的是坦然与安慰,人物亦与土地融为一体。如果真的存在什么辩护的话,那倒是主体在为大地作辩护。不妨来看看小说中对叛逆的解释吧:

> 你脱去了"红兜肚儿"就脱去了家乡对你的唯一的束缚。你把那旧了的"红兜肚儿"扔在堂屋的地上,粉碎了老人那最后的希望。你去了,你没有带走家乡的一丝线,你决绝地很残忍地切断了这最后的联系。可是,我的小妹,你生在这块土地上,又怎能逃脱这块土地呢?
>
> 小妹,在咱们家族的历史上,也曾有过隔代叛逆的记录。上溯到爷爷这一代,三姑奶就是跟人私奔而逃的。据说,三姑奶年轻时长得很漂亮,也很聪明,是家族历史上最秀气的一个女人。她是跟一个唱梆子戏的男人私奔的……七天之后,又被家人捉了回来。于是双双背着大碾盘沉进了南北潭……祖爷爷下令把他俩一个沉在潭南,一个沉在潭北,那结局是很惨烈的……
>
> 小妹,在这里,我没有恫吓你的意思,也不想过多地责怪你。可我不能不说,你是幸运的,你赶上了好时候。在你一次一次出逃之后,虽然心灵上烙下了很重的鞭影儿,虽然身上仍残留着捆绑吊打的痕迹,我还要说,相比之下,时光对你是厚爱的。
>
> 我说不清这种隔代叛逆的必然根源是什么。也许刚强会导致软弱,软弱却又孕育了刚强?也许那久远的血脉在极缓慢极迟滞的流动中会突然蹦出一个活跃的分子来?可是,在这块土地上,本该是什么种子结什么果的。爹的萎缩加上娘的懦弱,怎么就孕育出你这么一个不安分的女儿呢?①

当我们初看到"幸运"和"时光的厚爱"这类字眼用在梅妞身上时,也许会觉得有悖常理。但从绵延的大地的眼光看去,又何尝不是这样呢?主体借"哥

---

① 李佩甫:《无边无际的早晨——李佩甫中短篇小说自选集》,华夏出版社,1997年,第148页。

哥"之口诉说了一段家族的往事,是在为梅妞野性的叛逆寻找历史的解释。结果,他找到了三姑奶,一种隔代遗传的对应。也许有人会问,这和土地有什么关系呢?要知道,历史从来不只是流逝的时光总汇,这里还有着空间的参与。而所有的空间都是建立在大地之上的,是大地提供的。进一步讲,从时间和空间那相生相赖的关系来看,我们完全有理由说是大地创造了时空,大地本身就是历史。而当主体从历史中找到梅妞"匪性"的对应时,就意味着在土壤里找到了叛逆的种子。虽然当时的主体对此尚有些犹疑,但也明确提出了"是什么种子结什么果"。梅妞,作为一粒变异的种子所结的果,她"无法逃脱这块土地",因为逃脱(叛逆)身也是土地赐予的。如同植物的生长,逃脱的四面八方都在大地之上;而就逃脱的能量来看,也是大地提供的,就像植物的根部从土壤中吸收养分,供给地面上的枝蔓四处伸展的动力一样。如此一来,我们不无惊讶地发现,叛逆居然成了大地活动的一部分。然而仔细想想倒也自然,当我们讲"遗传"的时候,便已经预设或者说承认了某种不朽的东西,否则"传"什么呢?它显然不是人本身,因为人总是要死的。而李佩甫把人性和土壤对应起来,把人和植物并立、叛逆和植物的生长进行类比,并非是要贬低人类,或者重唱万物有灵的老调;而恰恰是想给叛逆一个终极的解释,让叛逆者(躁动的人性)重返大地,获得永恒。这便是我所谓之的神性写作。其间的逻辑如下:在李佩甫看来,如果人性和人的行为成为了大地的一部分,便也会随大地一样不朽了,即超脱了生死。那么,还有什么(如叛逆)值得蝇营狗苟、躲躲闪闪、郁郁难遣的呢?这也应了老子的那句古话,所谓"人法地,地法天,天法道,道法自然"是也。就这样,经由传统的恋土情结,以对叛逆的困惑作为催化剂,李佩甫辗转地推出了他的神性叙述,一种人性—植物—土壤间的探究型写作,前两者(人性与植物)之间是一种比喻或类比的关系,它体现为主体观察人物的眼光与策略;而第三者(土壤)既是前两者的来源,又是其归宿。三者的交流、往复,构成一种神性的沟通。就主体而言,这不仅是对其叛逆心结的释怀,同时也带有自我统一、救赎的意味,包括对现实的身份、处境以及那身(在城市)心(系乡土)分离的写作。

在《送你一朵苦楝花》中,我们真切地看到了上述神性写作的萌芽:那个背叛父母、为了一碗面条不惜出卖肉体的"下贱"的女孩梅妞被塑造成了一个明亮的、充满活力的"植物",这不是神性又是什么呢?从大地、生存的角度来看,梅妞和那个忍辱负重、辛劳到死的聋女二姐(《黑蜻蜓》)一样,都是跃动的生命。不过一个张扬,一个内敛罢了。这种写作的思路在李佩甫后来的创作中延续下来,且愈演愈成熟、老辣。不仅如此,这部中篇还涉及了诸多重大的主题,像金钱与人性的关系、城乡矛盾等等,这些在此都还只能算是伏笔,要到以后的作品中展开了。

以上我对李佩甫神性写作的起源、萌芽的历程进行了梳理,应该看到,这同时也是一个主体建构的过程。曾有论者指出,李佩甫是典型的、鲁迅所开创的"国民性批判"衣钵在现代的继承者,对此,我实难苟同。就李佩甫的写作根底来看,他更像是一个"大地故事的讲述人",其批判的鹄的在于对神性的发现与提炼。一种游走在人性的卑微和神圣间的意识不乏诗意与激情。

对于《送你一朵苦楝花》之后的作品,我不想详细论述了,因为其间的思路与以前的大同小异。这里只点几部重要的长篇,以期将神性叙述的发展勾勒出来。至于那部具有经典意义的《羊的门》,由于我在本文开始的时候已把其作为一个成熟的神性写作的证据、一个理解神性的体验性描述讲过了,下面也就基本略去。

80年代中,李佩甫推出了他的第一部长篇《李氏家族》。小说以大李庄村辈分最长的七奶奶讲"瞎话儿"的形式,叙述了一个家族繁衍发展的兴衰史。一开始,我们看到了一场艰苦的家族迁徙。李氏家族的老祖宗让族人们单腿跪下,对天盟誓:"从此以后,不管走到天涯海角,凡小脚趾是双指甲盖的,就是族人的血脉。"①这不无神秘色彩的指认——双指甲盖——在《红蚂蚱 绿蚂蚱》里也出现过,那是在人小却能挣高工分的狗娃舅的脚上,但当时只作为一种客观的描述一笔带过了。此番在《李氏家族》正经地作为家族誓言的内容提出,给人的感觉是,主体似乎想对他以往所写的乡土、人性作一番追根溯源的调查,或曰历史的总结,就像《送你一朵苦楝花》中"梅妞—三姑奶"的对应一样。另一种神性写作的方式:人性—历史—土地。这里,历史(家族史)充当了人性与土地间的媒介,而历史与大地的关系,我们在前文已论述过,两者基本是统一的。如此,主体便又回到了他所钟情的人性与土壤的关联。随后的阅读证实了我们的上述感觉。小说由七奶奶的12个"瞎话儿"构成,而每个"瞎话儿"的结构都一样:一段历史的故事,加一两段今人的故事。主体虽然没有明确提出像梅妞和三姑奶那样的古今对应,但从结构的设置来看,这种对应是不言而喻的。结尾处更是表露得明显,既然"血脉是连着的,永远连着"②,那么,所有的人性都应该有着历史(大地)的前兆和依据。以三姑奶的故事为例,它出现在"瞎话儿"(三)里。除了没有出现三姑奶的名字外,这里的情节几乎和《送你一朵苦楝花》中的一样:一位本族的姑娘与跟李家有仇的张家的后生好上了。老淼祖爷怒不可遏,下令将两人绑在碾盘上,沉入潭底。而与这个古人(历史)故事在"瞎话儿"(三)中并置的今人故事也有着一个同样惨烈的结局:李春生怀揣雷管,和

---

① 李佩甫:《李氏家族》,长江文艺出版社,2001年,第7页。
② 李佩甫:《李氏家族》,长江文艺出版社,2001年,第331页。

相爱多年的刘晓霞紧拥着死在一起。这里是否有着冥冥中的对应呢？很难说，一切都在历史和大地中繁衍、变异，包括人性和命运，也是如此。

值得一提的是，在《李氏家族》中，记录了很多族长与族人、长辈与晚辈的冲突。比如嬴，他和邻族的女子相爱，为族中长辈不容。嬴逃跑了。七年后，他带着女人回来，一夜之间杀死了24位老人，并订下了一条残酷的规矩：凡是活过60岁的老人，一律活埋。从此，族中陷入了一段黑暗的岁月：乱伦、灾难，此起彼伏。我们发现，这些故事和李佩甫描述的那些反映现代乡村的权力斗争不同，此处牵涉到的不单单是权力的问题，更多地涉及行为与生活的准则。在这些富有传说色彩的历史纠葛中，我们能够体味出一种原始的"审父"冲动。有意思的是，在这些"父亲"们的身上，主体不仅赋予了暴力和血腥的特点，像老淼祖爷，同时也给予了他们高超的智慧。以衡的故事为例。村中出现了老鼠精，族人束手无策，最终是采纳了被活埋于地下的衡的办法才渡过难关。这场大难使人们知道了老人的用处，决定废除活埋的族规，把嬴从坟墓里接回来。"接老人回来这天，整个村落里喜气洋洋。全族人恭恭敬敬地来到墓地，把老人从地穴里迎了出来。一看见他那像雪一样的白发和足足有三尺长的飘然长须，人们仿佛见了仙人一般，纷纷跪倒在地。"①这是一个非常具有象征内蕴的细节。它表明嬴的地位是和土地联系在一起的，人们对他的敬仰也正在于此。嬴是一个和土地最近的人，他在坟墓里待了一年零七个月！从这个意义上讲，他的智慧也是由土地赋予的。如此一来，"审父"的冲动又追溯到了人与土地之间的关系：人—父亲—土地，这成为主体神性写作的第三种模式。它在《羊的门》中亦有所体现，对此，我在前文已表述过了。

在《羊的门》之后，李佩甫又推出了长篇《金屋》。这是一部探讨人类如何在大地上栖居的小说。就思想内涵而言，它呼应了《送你一朵苦楝花》中"哥哥"对于金钱和人性关系的困惑；而从情节来看，它又仿佛是《李氏家族》中李大有故事的继续：李大有和老村长李海昌不和，新砌的房子给扒了，李大有重新开始了在外的流浪，他让人捎回一句话："早晚还要回来，还要盖屋！"而一座金碧辉煌的房子一上来便在《金屋》里建成了。他的主人是从小被人唾弃的"狗儿"杨如意，一个暴发户。金屋便是他向村民炫耀、复仇的方式。这座高耸的小楼就盖在村人的脆弱、敏感的神经上，它激起人们对占有的欲望、恐惧和不能占有的仇恨。而每一个进入金屋内部的人都精神崩溃了。应该讲，这是一部反映金钱对人性腐蚀的作品，但李佩甫的处理非常独特。他的批判没有停留在金钱给人带来的直接的负面效应上，而是探讨金钱引入后所造成的人与大地关系的变

---

①李佩甫：《李氏家族》，长江文艺出版社，2001年，第75页。

化。在李佩甫看来,房屋不仅仅是一种建筑,它还反映了人在大地上的栖居方式;正是房屋,让人,这个大地上的流浪者,获得了一个扎到土地里的根,进而建立起自身存在与大地的关系。为什么杨如意的父亲住在金屋里非但没有享清福的感觉,反而倍感煎熬而一定要搬到土房里住呢?为什么全村人都仇恨这座房子呢?究其根源,那是因为金钱的供奉造成了人与大地的疏离,事实上,这座小楼的存在本身就是金钱对于大地的公开藐视。由此,主体推出了他神性写作中的一个重要概念:"罪"。究竟什么是"罪"呢?在《金屋》里,公安局一再地出现,然而,无论是挥霍放荡的杨如意、纵火的麦玲,还是铤而走险的林娃兄弟,在法律面前,他们都不承认自己有罪。杨如意用金钱买来了一往情深、两情相悦,这何罪之有呢?而对林娃兄弟来说,向杨如意这个暴发户敲诈点钱以便娶媳妇盖房又算什么罪呢?至于麦玲,她纵火只是想确认自己尚有寻找幸福的勇气,这和"罪"搭得上界吗?尘世的法律只是给出了某种行为的规范,却无法整肃人的灵魂。李佩甫认为,人类的最深沉的罪孽感不是导源于对具体的条文规范的违反,而在于切断了自身和大地的关联。《金屋》中的人物的疯狂和走火入魔便是自绝于大地的结果。一种"罪"的提醒与折磨,就看你如何领会了。"罪"的引入,解决了主体神性写作中一个潜藏的伦理危机:既然所有的人性都能在土地里找到种子,那么,这是否意味着人就可以为所欲为了呢?主体的回答是,不!这里有"罪"的底限。如果人真的要将自己从土地中连根拔起,那土地的宽容也无济于事。虽然它不会直接惩罚人,但却能让你从自我毁灭中领略大地的威严。

至此,李佩甫的神性写作成熟了,一种理性思索与信仰兼备的风格,它让李佩甫赢得了众多读者的青睐。但必须看到,这种写作有它的局限。由于神性脱胎于恋土情结——或可谓之土地的权力诉说——它和传统的乡土理念有着千丝万缕的纠葛,因而也会不自觉地受到乡土理念中某些固执情绪的影响。比如,城乡对立的思维方式、明显的男权意识等。李佩甫小说中的女性基本上是男性的附庸,很少有自己的独立人格。秀丫(《羊的门》)便是突出的代表,更不用说那几乎清一色的讨人嫌的城市女性了。一旦作家在笔下面对城市时,他那大地式的宽容目光就顿然消失,而陷入了善恶式的简单价值判断。这从《城市白皮书》、《无边无际的早晨》里主人公对城市的感受中表露出来,一种骨子里的排斥和否定感。而那部试图弥合城乡差距、解决城乡矛盾的长篇《城的灯》基本上也是一部失败之作。就小说的内容来看,仿佛是路遥《人生》故事的改版。结尾处,冯家昌五兄弟在香姑墓前的沉重一跪,可谓意味深长。这是乡村对城市的较劲、震慑与征服。主体在经历了长期的漂移、流浪以及身心分离后,终于求得了精神和肉体的双重回归——他把他的根依旧执著地扎在了乡村的土地上,一种不乏理想色彩的写作。但从阅读的效果而言,主体精心塑造的代表乡土价值的女性神话刘汉香(即香姑)非但没有使乡村从形而上的层面超越城市,反而由于人物的失真让乡土在城乡结构的对比中处于更加不利的地位。因为,一个圣女式的人物是无法让我们信服和认同主体的理想救赎的,这就像一个自欺欺人的幻影。在刘汉香身上,主体倾注了几乎所有的传统美德,她美丽、善良、贤惠、忍辱负重,甚至在遭人轮奸时嘴里喊的也是"救救他们……"。这超出了常人想象的承受范围,刘汉香不再是个可亲可感的女人了,而成了一个神话。但这神话却不是从大地里自然生长出来的,而是主体在城乡对立的痛苦中所构想的一个大团圆式的解决方法:就在上梁村,生长起了一个物质之城与精神之城统一的"花镇"(它是香姑树立和建造的),让周围的城市自惭形秽。这或可认为是主体对于乡土力量那不乏敝帚自珍的确信和期望吧。但其间的逻辑却违背了大地的精神内髓,说到底,所谓的城市与乡村,不过是人类对大地的人为切割,在精神和地域方面;而在大地看来,它们本来就是一体的。从这个意义上讲,刘汉香是一个伪神话,她的悲剧意义也颇值得怀疑。如何让神性写作走出恋土的阴影,真正不离不弃地与大地结合在一起,是李佩甫必须认真思考的问题。

原载《文艺争鸣》2007 年第 2 期

乡村社会权力的流变
——李佩甫乡土小说的社会意义

陈英群

从古至今,中国农村、中国农民都在中国历史上演绎着生生不息的传奇故事。凡有人类群体生活的乡村,都应达成一定的村庄秩序,否则乡民的生产生活现状将难以维持。乡村权力应运而生,乡村精英活跃在乡土社会底层,并依靠乡村社会权力的流变这种权力来处理乡村公共事务,维持村庄的公共秩序。不同历史时期、不同文化背景下,乡村权力要求并塑造的精英人物标准也不尽相同。随着社会的变迁,乡村精英发生流动与继替在所难免,乡村权力也自然而然处在不断地流变之中。

源于深刻的乡村记忆,李佩甫一直都热衷乡村社会权力书写,以此获得的成功也是无可置疑的。从1985年发表《小小吉兆村》起,李佩甫就尝试将笔触探向乡村社会的权力场。尔后在《无边无际的早晨》(1990年)、《败节草》(1998年)、《羊的门》(1997年)等中长篇小说中,作者更是驾轻就熟地描绘乡村社会权力无处不在的蜘蛛网络,浓墨重彩地展示了一些乡村精英沉醉权力斡旋其中的官场活动,此类作品产生的社会影响远不局限于文学界。特别是1997年7月出版的《羊的门》为作者赢得了不少的赞誉,评论家们毫不吝啬地给予了许多溢美之词,作品已经超越其本身的文学意义,"无疑具有很高的社会学价值"[①]。是否可以这样说,李佩甫的每一部乡土小说里都有乡村精英的身影,梳理其全部文学作品的走向,便可察觉到乡村社会权力发生流变的印记。

一

"乡村是传统中国的历史出发点,城市则是政权统治的堡垒。"[②]在传统中

[①] 萧功秦:《中国转型期地方庇荫网形成的制度因素》,《文史哲》2005年第3期,第131~136页。
[②] 徐勇:《国家整合社会主义新农村建设》,《社会主义研究》2006年第1期,第3~8页。

国历史上,多数情况下是"王权止于县政",即国家行政机构一般不进入乡村,行政权力主要是通过王权认可的力量延伸到乡村,实行的是"无为而治"和"乡绅治乡"。这并不是说皇权不想延伸到县以下,而是受交通、信息等条件所限。"从基层上看去,中国社会是乡土性的"①,在鞭长莫及的权力"边陲",就散布着广大的"乡土社会"。对于广袤的乡村,权力的执行者是乡村的上层精英,即由村庄自然产生的领袖人物,他们既是官方与民间连接的桥梁,又是官府、乡里所期望造福乡里或教化民众的不二人选。这些精英往往是乡间德高望重、财力丰厚的乡绅,有着过人的智慧、强人的手段和超人的意志。他们在维持乡村秩序时,并不是全部依托国家的权力,而主要依靠封建礼法和宗族血缘进行治理。

《李氏家族》(1999年)中子顺做爷爷的时候,李氏子孙居住的偏远村落犹如世外桃源,人们过着衣食无忧的闲适生活。一日,安谧宁静的村庄被一位县官的突然而至所打破,乡民们才知晓自己是应该交纳皇粮的。子顺当场表演了三拜九叩的礼仪,也着实让县官惊诧不已,想不到这偏僻闭塞的地方竟会有礼仪在,禁不住连声夸赞。子顺乃村中人丁兴旺的首户、道德礼仪的楷模和事务公断的权威,他将三拜九叩发扬光大到二十四叩大礼,族人竞相效仿悉心演练,村庄一时便成了礼仪之乡。乡绅以其名望、地位和资产对乡村事务发生相当的影响,在乡民中具有很强的感召力。

在富庶安逸、和气致祥的乡村生活里,富甲一方、知书达理的乡绅出面治理乡村再合适不过。若逢上土匪横行乡里的年头,恐怕富足的乡绅也危机四伏,再去庇护乡邻或许有些勉为其难。胆识过人的盖儿爷在江湖上闯荡多年,迁回大李庄时已成为挂有千顷牌号的显赫大户。他依旧延循着数十年来睡地铺、穿破衣的习惯,时不常还要出去讨饭。他毫不吝啬地独自出资修桥,县官为其刻碑立传,使得李氏后人平添了许多骄傲。旱灾年间,大李庄人无一户出外逃荒,全凭仗盖儿爷暗中资助乡邻渡过难关,他本人却矢口否认自己的善举,一时在村里赢得了很高的威望。土匪头子的"帖子"先期送到李家大户,随后带人前来索取银两。盖儿爷临危不乱,以惊人的胆识征服了大土匪张黑吞,与赫赫有名的黑道人物结为金兰。在一段时间内,大李庄不再受土匪侵扰,村人对盖儿爷更是多了几分敬畏之心。盖儿爷勇斗土匪的事例带有传奇色彩,其实民间的一些殷实大户也会购置枪支,组织村民共同防御土匪的侵袭,守卫自己的家园。

天高皇帝远的蛮荒之地尚没有什么王权国法可言,却可能已经制定了管理村庄家族的族规。为了争夺土地和水源,李氏家族领袖淼带领本族人与邻族人浴血奋战。频繁的械斗致使两族死伤无数,从而结下不共戴天的仇恨,双方都

---

① 费孝通:《乡土中国》,生活·读书·新知三联书店,1985年,第1页。

定下了决不与仇家通婚的族规。族规是残酷的,年轻人为了爱情不顾一切,一对青年男女被沉潭,一对则侥幸逃走。叛逃的后生嬴是森最喜欢的小孙子,七年后嬴带人摸回村子,杀掉了二十四位老人,废除了所有族规,新定下一条令人发指的规矩:凡是活过六十岁的老人,一律活埋!野蛮叛逆的嬴为了一己私怨竟大开杀戒,他引导着村里的青壮年疯狂地纵欲、乱伦、厮杀,致使整个村庄氤氲着邪恶的烟雾。嬴终极落了一个遭人唾弃的悲惨下场,从此被钉在了本家族的耻辱柱上。一个乡村精英理应福泽乡亲、呵护老弱,决不能如叛子孽孙嬴那般祸殃族人、滥杀无辜。最初和嬴相好的外姓女人似乎也明白了这个道理,在她和嬴所生的儿子衡长到十六岁那年,女人悄悄打发儿子到远方求教。当衡带着自己的儿孙回到家乡时,也到了该活埋的年龄,儿孙们为他做了一个活坟墓,小孙子子顺每天给他送饭。村中突发的"老鼠精"事件使得老人衡得以重见天日,六十岁老人被活埋的族规从此取消。衡用自己的智慧与经验博得了族人至高无上的尊重,却因两腿瘫痪没有能够取得像先祖那样的权力和威望,由此感叹老祖爷森八十二岁高龄时依然威风凛凛,为了本族的生存与尊严,血战到最后一刻。可见,乡村权力和威望的建立不仅需要智慧,也需要力量;蛮荒年代的乡村精英除了经历丰富、德高望重之外,还必须身强力壮、好勇善战。不论在祥和的日子里,还是在混乱的岁月里,胆识过人的乡村精英将自然成为本族或本村的领袖,维持乡村秩序,保护一方平安。

二

新中国成立伊始,现代国家建设所需的大量资源要从农村汲取,国家政权对乡村社会严加控制似在情理之中。在强有力的意识形态和政社合一的组织形态下,乡村社会权力都被掌握在体制精英手中,足够强大的外在力量要求乡村精英必须紧紧依附于国家,所作所为都应符合国家的意志。乡村精英因受的政治教育与思想灌输所致,一般都会积极要求进步,认真执行国家的政策,即使对上头的精神有所看法,即使上面的政策会损坏村民的利益,也会无条件地领会执行之。

《红蚂蚱 绿蚂蚱》(1986年)中的队长舅接受了上头布置的任务,必须在五天内收完秋,工作组随后要下来检查。为了免受处罚,队长舅忍痛带人犁了百十亩的红薯地,这可是村民半年的口粮啊!天一黑透,村里的大人小孩齐上阵,疯了一般在犁过的地里往外刨摸红薯。队长舅在公社开了七天七夜的会,迷迷糊糊记差了会议精神,回村后还不敢怠慢,赶紧召集老少爷们开会,一下子就选出了百十号坏分子,其实只需要一个坏分子去公社报到即可。虽为一场闹剧,但也足以表明,乡村精英作为国家权力延伸村庄的代言人,在思想和行动上都应时刻与上头的精神保持一致,理解的执行,不理解的在理解中也要执行。

在高度一统的政治体系下,国家从农村抽取大量资源,但上苍似乎并没有给予中国农民太多的眷顾,很多乡村都难以摆脱贫困的境地。据调查材料说,到了1977年年末,"中国农村下层百姓中,至少有两亿人食不果腹,衣不蔽体"①。对于这些处于穷困中的村民而言,生存的需要是最重要的,饥饿难耐的村民将手伸向了集体的庄稼,道德毕竟不能拿来充饥遮体。生产队长或村支书作为乡村权力系统中的"家长",绝不会容忍这种破坏集体生产的行为频繁发生,义不容辞地站出来,对偷窃者给予严厉打击与惩治。搜查捉拿偷窃者的场景在李佩甫的小说中多处可见,如《红蚂蚱 绿蚂蚱》中的队长舅蹲在村口守候着割草的孩子们归来;《田园》(1991年)中的生产队长五叔在村头挨个检查娃子的草筐,摸女人的裤腰。最为出彩的当属《羊的门》中的一幕,呼家堡上演了一场夕阳下拦截搜查回村村民的好戏。呼天成炸声喊出一个"贼"字,竟然产生了出乎意料的震慑效果:"一个'贼'字,在村口的脸墙上炸出了一片愕然。就是这么一个简简单单的'贼'字,一下子就镇住了几百口人!……一个'贼'字使他们的面部全都颤动起来,一个'贼'字使他们的眼睛里全都蒙上了一层畏惧。一个'贼'字使他们的头像大麦一样一个个勾下去了。一个'贼'字就使他们互相偷眼望着,相互之间也突然产生了防范。那一层一层、看上去很坚硬的人脸在一刹那间碎了,碎成了一种很散很无力的东西,那些脸就像是掉在地上的豆腐,一个个软塌塌灰蒙蒙的,灰出了一片迷茫和歉然。"②正是在这一刻,呼天成的自信心陡然增强,他明白了一个道理:"只要镇住了心,就镇住了人。"尔后,他运用了"借脸"、"斗私"、"举手"等一系列镇心的策略,建立起了不容挑战的权威,奠定了自己在呼家堡不可动摇的地位。在吃大锅饭的岁月里,呼天成把一个盗窃成风的村庄,改造成为一个"夜不闭户,路不拾遗"的新村,不能不令人折服;在动乱的年代里,呼天成有条不紊地进行了村庄内部的治理,沉稳地抵御了外部混乱的侵袭,把呼家堡围成一块"国中之国"的"坞壁"(中国古代为防御外来侵袭而修建的小城堡,又称坞堡),着实让人惊诧不已。有一点可以肯定,呼天成在计划经济时期就已经显示出超人的管理能力,无疑是乡村精英中的佼佼者。

---

①凌志军:《历史不再徘徊》,人民出版社,1996年,第27页。
②李佩甫:《羊的门》,华夏出版社,1999年,第78~79页。

三

改革开放以后,农村经济体制改革确立了分户经营的经济制度,乡村治理开始实施村民自治制度。村干部由村民投票选出,获得国家政权体系的认可,成为乡村社会权力中的体制精英。《李氏家族》中的高中毕业生李宝成踌躇满志,三次冲击村长的位置皆未成功。他的对手是老村长,按辈分他应唤作"五叔"的李海昌却不是轻易可以扳倒的。大李庄的村民们心里自有一本账,老村长已经划拉不少了,再换个年轻的上来,不知还得多少年才能"喂"起来。村民的担心不无道理,村干部经济上有问题的大有人在。李宝成不甘心就此罢手,他挨门挨户地去做工作。面对村民们提出的种种苛刻条件,他心灰意冷,破例没有参加选举,不想反倒被选上了,如愿当上了村长。

这一时期的村庄权力结构还显露出一个新的特点,是非体制精英的崛起。李大有是五年前被五叔逼走的,归来时有了些衣锦还乡的样子。正是麦收季节,他一下子就弄回来三台打麦机,留下一台给乡亲们用,自己带着两台出外挣钱。接下来又出面处理了满凤爹欠赌债、麦囤老婆红杏出墙两件事,李大有在村中的威望越来越高。他与五叔的较量在悄然间进行,他没有去看还当着村支书的五叔,五叔却给他划了一块最好的宅基地;想不到他的小楼正好盖在公路线上,五叔为此遭到村民的唾骂,大有再度外出;大有新盖的楼房被推倒了,五叔的家里多处被抹上了屎。李大有再次回到大李庄,一进村就去看望了五叔,一对仇家似乎就此了结;大有告诉乡亲,自己在城里办了公司,还准备在村里办繁殖厂,五叔竟率先入了股。李大有用自己的宽容大度化解了与五叔的积怨,用自己的侠骨热肠赢得了村民的人心。与此同时,"竞选村长"李宝成的施政之路则步履维艰,信誓旦旦的许诺眼看就要成为泡影,他求助于李大有,希冀兄弟携手,带领全村致富。李大有给了李宝成三条锦囊妙计,宝成却感到不正当没有采纳,亲自到集体的窑场背砖去了。

非体制精英相对体制精英来说,更容易树立自己的威信。他们成功的致富经历深获村民的价值认同,他们的经济实力令村民们羡慕不已,他们的慷慨大方让村民们称赞有加。李大有更像一个"无冕之王"的乡村领袖,不管邪事也罢,还是善举也好,他回村后的一系列行为都赢得了一片叫好声。他修房盖屋,全村男男女女自动前来帮忙;他遭人陷害,村民个个打抱不平,骂那村支书也不待商量。据说已当了市长的李金魁就很看好大有,曾三次请他承包乡镇企业。李大有在村中的威望扶摇直上,在祭奠先祖的仪式上,他带领一代人跪拜之时,已经奠定了他在村中举足轻重的地位。体制精英在村中处理公共事务,收缴各项费用,调解民事纠纷,和村民面对面打交道的时候较多,相互间产生摩擦则在所难免。在《乡村蒙太奇》(见《无边无际的早晨:李佩甫中短篇小说自选集》1997年)中,村民们对上头频繁收缴的各项税费表示了明显的不满。县里美名要修"致富路",层层加码后落实到村里,已由每人上缴三元涨到了六元。村长带着村干部及乡联防队员挨家收款,装孙子瞪眼睛软硬兼施,转了一上午收效甚微。村民们无论穷富,在情绪上都有所抵触。富户洪昌给了五十元,村干部倒先吃了不少话头;收破烂的老蚰执意要先看"政策"再出钱,村长也奈何不得;贫困户狗蛋是个二杆子,干脆来了个"要钱没有,要命一条",面对捆绑也无所畏惧。在《李氏家族》中,李麦囤涉嫌"婚内强奸",李宝成试图出面制止,遇到李大有的强硬挑战;李大有的一台打麦机留给村民使用,李宝成在安排前后顺序上落下埋怨。李宝成一心想搞好集体经济,却显得心有余而力不足。村民们则欺他心慈手软,肆意破坏捣乱。他挖鱼塘,村民偷鱼;他办窑场,村民怠工。李宝成不甘心就此罢手服输,他的执政之路还能走多远?只有天知道。

四

我国进入社会转型时期之后,由于分户经营和市场经济的双重冲击,致使村庄传统结构解体,传统型乡村精英的影响力也渐衰微。一些高考落榜生、复员军人、外出打工者之类的现代型青壮年精英回到家乡,给乡村注入了一股新鲜活力。他们大多都已突破了狭隘的乡土意识,视野超越了眼前的村落;他们身上还多多少少具有了现代意识和民主意识,不再盲目地迷信传统的乡村精英。在《小小吉兆村》中,雄心勃勃的吉山根遭遇了近乎灭顶之灾的翻车事件,就是不肯向吉兆村树了十八年的"铁旗杆"吉昌林低头求助;新任村支书吉学文看破了吉昌林所谓的"磨炼"用意,他所崇拜的本家叔在自己心中的形象顿时一落千丈,他想方设法欲扶助山根走出困境,他用真诚的行为赢得了村民们的信任。

在《城的灯》(2003年)中,刘汉香无疑是一个带有神性色彩的乡村精英。在接替父亲刘国豆成了村里的当家人后,她鼓动祖祖辈辈种粮食的村民学习种树养花。刘汉香不为五百万元的天价转让费所动,执拗地不肯拱手相让自己苦心四年研制的成果月亮花,只为圆一个重建花镇的梦。她在遭受几个不良少年侵害时,还劝阻一个面善一些的孩子不要干违法的事,血染的生命绝唱竟是"谁来救救他"!刘汉香有病!她的父亲这样认为,村民们这样认为,镇长这样认为,连残害她的小兽也这样认为。虽然每个人诊视病情的角度可能不一样,但得出的结论却惊人地一致。刘汉香似乎就是一个不食人间烟火的仙姑,她的所作所为让常人感到不可思议,这一人物形象的可信度遭到质疑自在情理之中。相对而言,在社会转型时期,人们可能会更加在意个人利益的得失,像香姑这样具有献身精神的人应属凤毛麟角,但并不表示根本就不存在。追寻香姑泣血的生命轨迹,是否可以认为,她的无私奉献当由强烈的成就感来支撑。她在爱情演习中属于主动出击的一方,她为所谓的婆家预付了自己廉价的能量,给贫穷的冯家撑起了一片天。作为一村之长,她将现代意识与科学技术相结合,为全村走上致富之路勾画出了美好的前景。让更多的村民和乡村摘去贫穷的帽子,让因贫穷而衍生的犯罪案件减到最少,或许就是香姑的希冀所在。借香姑的口说出了那句"救救他们",应该真实发自于李佩甫的内心深处。

五

在市场经济大潮中,乡村精英引领一个村庄乃至一个乡镇脱贫致富并非妄谈,一个经济能人可能会在一个村庄的崛起中起着非同寻常的作用。有学者称:"一个村的发展方向、治理方式及兴衰成败大都深深地打上了这些'能人'的烙印,甚至在某种程度上,一个村快速发展的历史也是一个能人富有传奇色彩的历史。"[①]事实如此,在《羊的门》中,呼天成与蔡花枝两个能人都经历了各自富有传奇色彩的历史,分别把两个村庄引领到了快速发展的轨道,但两个人乃至两个村庄的命运却截然不同。蔡花枝的人生历程非常奇特,弯店村就是在他的影响下迅速蹿富,一举成为远近闻名的亿元村。而说起这致富的门路,还真有点无心插柳柳成荫的偶然意味。蔡花枝俗名蔡五,雅称蔡先生,虽身体略有残疾,但心思敏捷,手艺精巧,且当过民师,通些文墨,在乡村里应算是个文化人。蔡先生精湛的卷烟技巧最初只是一种炫耀的资本,恐怕连他本人做梦也没有想到,恍惚之间竟会为全村人谋取到福祉,带来了似乎取之不尽的财富。弯店村人的聪明才智一时间得到了淋漓尽致的开发,村民们几乎可以制造出世界上所有的名牌香烟,其以假乱真的技术可称国际水平,造假贩假的规模已到了登峰造极的地步,生意交易范围则直达中南五省。蔡先生是在商品经济初期脱颖而出的现代型乡村精英,小聪明辅佐胆大包天,魔幻般开掘出一条致富捷径,

---

[①] 张厚安等:《中国农村村级治理22个村的调查与比较》,华中师范大学出版社,2000年,第243页。

快速取得了经济上的巨大成功,从而赢得广泛的影响力和号召力,顺理成章地被村民们推举为村长。

呼天成作为呼家堡"四十年不倒"的当家人,当属传统型与现代型聚其一身的乡村精英。他文化不高,字也"写得歪歪斜斜、枝哩八叉的",由此来否定他的现代领导意识,势必会有所偏颇。最为重要的是,他具备了把村人控制在掌股之间的过人胆识,在多次身处危机之时,他都能化险为夷,屡战屡胜,其不可动摇的位置由传统向现代不着痕迹地顺延;他突发奇想地建造了整齐划一的"地下新村",用数字的强化模糊了血脉的记忆,淡化了村人浓郁且狭隘的家族意识;他以远大眼光经营着"人场",书写着有心栽花花常开的奇妙,确保了其呼风唤雨、左右逢源的神力,创造了"只有成功没有失败"的辉煌,把呼家堡建设成全省乃至全国赫赫有名的平原第一村。难能可贵的是,在人民公社解体以后,呼天成率领着他的村民继续发展集体经济,坚持走在共同富裕之路上,并取得了难以置信的成功。事实证明,一个经济能人在一个村庄的快速发展中起着举足轻重的作用,集体经济的健康发展则加速了整个村庄步入小康生活的进度。

六

呼家堡是李佩甫小说中唯一的一个集体型村庄,相对而言,其他如弯店村、吉兆村、大李庄村等都属于散户型村庄。散户型村庄是转型时期的鲜明特征,集体型村庄则并不多见。蔡花枝与呼天成分别是这两种类型村庄的乡村精英,各自为自己村庄的致富立下了汗马功劳。蔡先生无疑是一个悲剧性的人物,他不仅被这个社会所抛弃,而且被他的村民所抛弃。被社会抛弃理所当然,他的行为已经直接侵犯了其他经营者的权益,严重扰乱了正常的社会秩序。他曾经风光一时,皆因有原县委书记王华欣这把保护伞罩着。时过境迁,新任县委书记呼国庆巧妙设局,一举打掉了这个让很多人受益或羡慕的造假村,把罪有应得的蔡花枝送上了刑场。可悲的是,蔡花枝被关押时,只有八哥这个弱女子为他的事跑前跑后,直至为他收尸。弯店村的村民甚至唾弃八哥如"羊脂球"般的"脏",这并不见得他们就有多么干净和高尚。蔡先生的娘饿死在床,不知这些村民良心可安?悲乎哉,蔡先生在村民中所谓的威望竟如此不堪一击,与同处一县的另一名人呼天成如日中天的威望相比,简直不可同日而语。

呼天成就是呼家堡的主,村民们早已经过惯了这种只有一个声音的日子。没有了这个声音,人们不知怎样活。呼天成因病在市里的医院住了半个月,村民们在夕阳下的村口站出一道风景;呼天成一天突发高烧卧病在床,传话出来说呼伯想听狗叫,全村男女老少就跟着老姑娘徐三妮学起了狗叫。难道村民们都被呼天成洗了脑不成,竟把一个六十多岁的老人敬作了神。其实不尽然,呼天成在呼家堡的不可替代性毋庸置疑,他的克己奉公也着实令人敬佩。他和呼家堡每一个工作的人拿一样的工资,生活非常简朴,依旧住在三间茅屋里。呼天成不仅严于律己,对涉及"贪欲"的人和事也毫不容情,他敦促拿了人家烟酒的王炳灿"洗手",绝不允许有人污染了呼家堡这块净地。呼天成将自己的滴滴心血洒在呼家堡的每一个角落,为了维护村庄的长安久治,他可以无视亲娘的个人信仰,他敢于与民间的迷信习俗斗法,他甚至极力克制乃至最终湮灭了自己的情感私欲。《羊的门》中扑朔迷离的官场游戏如芒刺在背,呼天成这一形象的个性魅力却熠熠生辉。

改革开放以来,中国在减少绝对贫困方面取得了举世瞩目的成就,但与城镇居民相比,我国农民总体上经济贫困是不争的事实。不能否认的是,还有相当数量的农民仍然在温饱线附近徘徊,若遇大病大灾就难过其关。个体农民的生活水平虽说可以通过自己的辛勤劳动得以提高,但一家一户的发展前景毕竟有限,很难使一方土地上的农民真正富裕起来,乡村社会发展的根本出路还在于集体经济。呼天成无疑是中原大地上的一位大智慧者和行动家,他神奇地创立了一个崭新的呼家堡,当之无愧地成为拥有亿万资产的"主人"。他所驾驭的这辆集体的马车,快马扬鞭奔跑在集体富裕的幸福大道上;他成功地把集体经济的辉煌演绎到极致,"此时的集体经济已非彼时的集体经济,它有了新的内涵、新的边界、新的地位和新的功能"①。也许会有人认为,呼天成的成功借助了许多外力,幸运的馅饼偏偏就砸在呼家堡这块土地上。其实这些外力正是在大智慧的潜移默化下发挥作用的,幸运的个体偶然悄然孕育于"人场"的整体必然之中。呼天成不是一个十全十美的乡村精英,但他挚爱呼家堡这个集体或许胜过自己的生命,其无怨无悔无私奉献的精神不由让人肃然起敬。当他感到自己不久将辞别人世时,唯一牵挂的是集体事业后继无人,而他寄予厚望的呼国庆能否在此时站出来担当重任,李佩甫在《羊的门》的结尾处留下一个悬念。

村庄从蛮荒走来,碾出乡村权力流变的深深辙印。"村级治理既是中国乡村变迁的重要内容,又是影响乡村变迁的主要因素。"②李佩甫在他的乡土小说中,用大量的笔墨触及中国乡村变迁的这些内容和因素,乡村社会权力场中的血腥与礼仪、残酷与温情、丑陋与美好、兽性与人性等等,一一呈现在读者面前;

---

①王颖:《新集体经济:乡村社会的再组织》,经济管理出版社,1996年,第1页。
②张厚安等:《中国农村村级治理22个村的调查与比较》,华中师范大学出版社,2000年,第1页。

乡村精英们或刚强或软弱、或智慧或无奈、或贪婪或无私、或威严或诙谐、或真诚或虚伪,大都活灵活现地映入读者的眼帘。特别值得一提的是,李佩甫着笔最多的当属转型期的乡村场景,对最基层的乡村社会给予了极大的关注。美国学者白瑞琪在分析中国农村经济改革的影响时,曾特别指出:"还没有被人们更普遍认识到的是,在中国政治格局的重塑中,农村同样将扮演一个日益重要和活跃的角色。"①李佩甫一直看好农村这一重要和活跃的角色,或许他仅仅只是出于对乡村大地的热爱,思路也只为顺应文学意义上的创作需要;或许就是希冀国家与农村社会、国家与农民的关系构造更为和谐,为乡村治理铺设更为美好的前景。

原载《当代文坛》2009 年第 5 期

---

① 〔美〕白瑞琪著:《反潮流的中国》,王丹妮等译,中共中央党校出版社,1999 年,第 275 页。

坚忍的探索者和深刻的思想者

何　弘

　　李佩甫的创作是与中国新时期文学一同起步并延续至今的,在30多年的时间里,每个时期他都有重要的作品问世并产生一定的影响。但是,由于各种各样的原因,李佩甫一次次与中国的顶级文学大奖失之交臂,他也一直没有得到与其文学成就相当的重视与评价。全面考察李佩甫的创作历程,认真解读李佩甫的文学作品,会使我们对李佩甫的创作有更深入的认识和更正确的评价。我相信,随着时间的推移,李佩甫作品的价值终会得到正确认识,并在文学史上占据其应有的地位。

　　李佩甫不是天才型的作家。那些才华横溢的天才型作家随便拿个故事都能讲得津津有味,而且常常是形式感极强,使人惊艳。李佩甫的成功是通过一天天、一年年的坚持,在不断思考和探索中苦修得来的。面对不断变化的社会生活,李佩甫没有像很多天才型作家那样,回避社会生活的复杂性和疑难点,着意通过新颖的表现形式、出人意料的视角或惊心动魄的故事情节吸引读者,他一直坚持以正面强攻的姿态面对社会生活并努力作出有深度的艺术表达。李佩甫有散步的习惯,每天晚饭后,他都会一个人在大街或小巷中长时间地散步,这差不多是他在写作之余唯一的锻炼方式,而这段时间也是他集中思考的时间。在回答《中华读书报》记者舒晋瑜的提问时,李佩甫曾这样描述他的散步习惯:"很多个晚上,我穿越大街小巷,像狼一样在各个街头徘徊,想写好作品,想找好素材,想找好方向,这种状态持续了很多年。"[①]一年年日积月累,他对中国社会的变迁、对人性、对命运等问题都有了自己独特的认识,对小说这种文体的表现特征也有了自己独特的认识。我想,也正是这样一种对文学的执着、对艺术的坚守、对社会的思索,才成就了李佩甫,才使他的作品有了难得的厚重与深刻。

[①] 舒晋瑜:《李佩甫:上网写字不能叫创作》,《中华读书报》2012年4月25日。

全面记录时代经验

　　小说是时代经验的记录。当然,所谓时代经验需要通过处于时代变迁中的个人经验进行表达。在很多评论家的笔下,李佩甫通常被归入乡土作家的行列。实际上,在 30 余年的写作历程中,李佩甫作品所涉及的范围涵盖了从 20 世纪 50 年代到当下、从农村到城市、从田间地头到工厂兵营、从底层小民到政界高层、从一般工人到商界精英、从贫困穷人到资本大鳄等各种人物、各个方面,可以说相当全面地记录了中华人民共和国成立以来各个时代的经验。

　　李佩甫的创作始于 20 世纪 70 年代中后期,目前所知他最早的作品发表于 1978 年第 1 期的《奔流》,这一年,他共发表了《青年建设者》、《谢谢老师们》等 3 个短篇小说。他也因此从工厂调入市文化局开始从事专业创作。但李佩甫真正显示出文学创作上的才华是在他 1986 年发表中篇小说《红蚂蚱 绿蚂蚱》之后。在紧接着的 1987 年,他在《小说家》发表了长篇小说《李氏家族第十七代玄孙》[①]。1990 年发表中篇小说《无边无际的早晨》、《画匠王》,1992 年发表中篇小说《豌豆偷树》。此后,他尽管也创作了曾引起一定反响的不少中短篇小说,如 1996 年发表于《青年文学》并被《新华文摘》转载的《学习微笑》以及当时以中篇发表后来被补充进《李氏家族》的《败节草》等,但他主要的创作精力开始转向长篇,先后创作了《金屋》、《城市白皮书》、《底色》[②]、《羊的门》、《申凤梅》、《城的灯》、《等等灵魂》、《生命册》等长篇小说及《颍河故事》、《难忘岁月——红旗渠故事》、《红旗渠的儿女们》等电视连续剧。

　　1986 年,李佩甫的第一部长篇小说《李氏家族第十七代玄孙》在《小说家》第 5 期发表。受当时寻根文学思潮的影响,这部作品把笔触伸向了平原乡村遥远的过去,着力通过一个家族的变迁,描写几代人不同的命运,特别是在商业大潮的冲击下,金钱和权力对数百年乡村伦理、文化的改变。

　　1988 年,他的第二部长篇小说《金屋》在《当代作家》第 6 期发表。在这部作品中,扁担杨村外出打工的杨如意回来村中,在村头建起了一座现代化的小

[①]《李氏家族第十七代玄孙》单行本于 1999 年由百花文艺出版社出版,改名为《李氏家族》;长江文艺出版社 2001 年 6 月也出版了同名版本,把其中篇小说《败节草》的内容作为一条线加进了其中。
[②]《底色》是根据其描写工人生活的电视剧《平平常常的故事》改写而成的长篇小说,1997 年由河南文艺出版社出版。

洋楼,"它像怪物一样竖在人们眼前,躲是躲不过的,只要有阳光的地方就能看到它,它简直把一个村子的光线都收去了"①。这座"金屋"作为一个象征,成为平原大地的异数,代表着商业社会对农业社会的冲击。

1989年,李佩甫的《送你一朵苦楝花》在《莽原》第3期发表;1990年,第1期《北京文学》发表了他的《无边无际的早晨》,同年他还有《黑蜻蜓》、《画匠王》、《村魂》3个中篇发表;1991年,《小说家》第2期发表了他的《田园》;1992年,《长城》第4期发表了他的《豌豆偷树》。此外,他创作的同类作品还有《乡村蒙太奇》、《满城荷花》、《红炕席》、《带锯痕的树桩》、《天眼》等,至此,他关于平原农村的中短篇小说创作基本告一段落,除1998年应《十月》之邀创作并于第5期发表了《败节草》。

这些作品描写的基本都是变革时期中国农村社会的现实,以感恩的姿态表达对于土地的热爱,是李佩甫此一时期作品的基调,也正因此,作品时时显露出对于冲击乡村文化与传统的金钱与权力的批判锋芒,并有了厚重的底气和深沉的意蕴。而此一时期李佩甫着墨最多的正是处于城市与乡村、现代与传统挤压中的人物,作者带着深刻的理解与深沉的爱描写他们在变革时期的生存状况与奋斗历程,揭示在时代变迁中人们的挣扎与无奈,这些人物也因此被塑造得立体、圆满、鲜活、生动。可能正是因为李佩甫对土地的这份情感、对农村生活的细致表现,很多人都把他看成一个出身农民并主要写农村题材作品的作家。实际上,李佩甫出生在一个工人家庭,在经历了几年短暂的知青生活后就进厂当了工人。写农村题材的作品也并非他着意的选择。他说:"许多年来,在我的创作意识里是没有题材概念的,我只是在回忆中写作,在写作中回忆。这是一个缓慢的认知过程,不是要翻题材的'山',而是在掘生活的'井'。平原,我是指记忆中的'平原',一直是我创作中需要一次次重新认知的'大地',是我创作的源泉。"②所以,李佩甫着意选择的并不是农村,而是"平原",是"平原"上生长的一切,包括传统的农业形态,也包括她的现代化、城市化进程,当然根本上说是这片土地上形形色色人的生存与生长,包括其中不少人各种各样的逃离和回归。正因如此,李佩甫作品的表现范围得以大大拓宽。

1995年由人民文学出版社出版的《城市白皮书》在李佩甫的整个创作中是显得相对突兀的一部作品。在创作了大量表现农村生活并以此获得广泛关注之后,李佩甫把目光转向了城市。这部几乎完描写城市生活的作品,选取家庭这个社会细胞,主要描写了李佩甫对城市的内在感受,着重表现了在现代化进

---

① 李佩甫:《金屋》,《当代作家》1988年第6期;单行本由长江文艺出版社2000年出版。
② 舒晋瑜:《李佩甫:上网写字不能叫创作》,《中华读书报》2012年4月25日。

程中城市面临的各种问题及其对人们内心的影响。这是李佩甫全面关注并处理城市经验的第一部重要作品。

在此之后,李佩甫重新回到他的"平原"。1999年,《中国作家》第4期以"特别推荐"方式全文刊出随后由华夏出版社出版的《羊的门》,是他对这片土地及土地上生长的植物和像植物一样生长的人的最深刻、最具价值的书写。根据李佩甫在《羊的门》扉页上用《新约全书·约翰福音》的一段话给这部作品做的题记①,我们可以这样理解:"羊"就是作品所描写的广大民众,或者说"人民",也就是芸芸众生;而"羊的门"就是"耶稣",在《羊的门》中,"羊的门"可以说就是呼天成,或者说呼天成自认为自己就是"羊的门"。正因此,我们从呼家堡这个小小的村子中看到了整个中国和它的历史。呼天成仅仅是一个村子的首脑,而我们从他的身上看到的却是带着农民意识和中国传统君权思想的一些领导人的影子。这部作品也因此显得更具穿透力和包容性。对于这部塑造了一个"国中之国"呼家堡和一个"东方教父"呼天成的作品,李洁非称其:"是一部改变了五十年来中国乡土文学面貌的作品,一部前所未有地演绎和再现了'封建集权主义'的特质的作品,一部对于当代中国史有着百科全书式的意义的作品。"②

2003年,《城的灯》由长江文艺出版社出版。此时,李佩甫已经确定了创作"平原三部曲"的想法,《羊的门》、《城的灯》是其前两部。与《羊的门》相比,《城的灯》表现的生活面显然更为开阔,它在一个更为宏大的视野里描写了农民由农村走向城市的精神史,很好地把握了大的社会趋势。同时在这部作品中,李佩甫用很大篇幅写了他此前作品从未涉及的部队生活,而且写得真实而生动,是其作品表现范围的进一步拓宽。在与周百义的对话中,李佩甫谈到了《城的灯》相对《羊的门》的拓展,他说:"就《城的灯》这部小说来说,它的不同,首先在于'城'的出现,'城'的诱惑。写的是'逃离'和'建设'。如果将《城的灯》与《羊的门》相比较的话,前一部是客观,而后一部更多的是主观;前一部诉说土地的沉重,后一部则是'植物'(人)的精神成长史。"③

在大家都以为李佩甫会一鼓作气完成"平原三部曲"第三部作品的时候,李佩甫转身将目光对准城市,创作了《等等灵魂》,于2007年1月由花城出版社出

---

①《羊的门》引自《新约全书》的题记是:"……耶稣对他们说,我实实在在地告诉你们,我就是羊的门。我就是门。凡从我进来的,必然得救,并且出入得草吃。盗贼来,无非要偷盗、杀害、毁坏。我来了,是要叫羊得生命,并且得的更丰盛。"
②语见李佩甫《羊的门》封四,华夏出版社,1999年。
③周百义:《李佩甫:我一直在研究"土壤"》,《中国文化报》2003年3月20日。

版。这部小说将整体背景转移到了现代都市,整个故事基本围绕商战来写。小说在现代背景下,围绕商业竞争这个金钱、权力角逐的主战场,深入描写了人性的挣扎、畸变和追求,并发出了召唤灵魂回归的深情呼唤。单从作品的表现范围而言,这无疑是李佩甫作品题材范围的又一次拓展。

到2012年,李佩甫终于完成了他"平原三部曲"的收官之作《生命册》,作品在《人民文学》发表,并由作家出版社出版。《生命册》是快速转型的中国当下经济文化社会的真实写照,作品的表现范围更是有了极大的拓展。小说以一半篇幅描写了以普通的中原村庄无梁村为代表的中国农村自50年代大集体、三年自然灾害、文革以及改革开放至今城市化进程日益加快的发展变迁,全面描述了乡土中国几十年来的变化。作品的另一半篇幅以作品主人公吴志鹏在城市的生活、工作经历,对改革开放以来中国城市的发展变化进行了全方位的展现。作品通过吴志鹏这个从农村走出来的知识分子的经历,对知识分子、文化人在商品经济大潮中的沉浮作了准确的描写;通过吴志鹏与骆驼的合作,对国企转制、实体经济的发展、资本经济的运作以及官、商、媒体、金融等各个方面的相互关系等有着很好的表现;通过与吴志鹏各种各样的关联,描写了如传销、官二代、艺术家、上访户等各种各样的社会现象和人物形态。作品把两位主人公的活动背景放在这几个当下中国最为现代化的城市,更好地表现了与乡土中国相对的另一面。当然,作品也有对二、三线城市以至县城的描写。如此一来,当今中国社会的各个层面在作品中就有了非常全面的表现。不唯如此,《生命册》不仅对中国传统农业经济的社会形态、文化形态、大众心理有着全面地反映,对自改革开放以来中国的现代化进程及现代经济运转的社会形态、文化形态、大众心理同样有着深刻的反映,同时对大众心理以至人性有着深刻的揭示。这部作品对整个平原各种风土人情、地理环境及各色人等的生动描写,对都市芸芸众生相的精彩描摹,使之成为一种描绘当代社会生活的百科全书式文学作品。

深入思考时代变迁

1995年,李佩甫把目光转向城市,创作了《城市白皮书》。这部写城市的作品,通过揭示家庭这个细胞的病变,透视了几十年来社会变化的历史,其中依然隐藏着李佩甫对土地深深的眷顾,因而把城市看作一个病态的社会,始终秉持着坚决地拒绝和批判态度。从某种意义上说,《城市白皮书》还带有某种站在农业文明的立场上批判城市文明的意味。但在坚决批判城市病态的同时,作品并没有表现出末世的悲观或绝望,作品最后给孩子施洗这个情节,清楚地显示出李佩甫用精神追求、灵魂来拯救社会的意图。在以后的创作中,这一点得到不断发挥,堕落与救赎成为他中期创作的一个基本主题。

《城市白皮书》之后,李佩甫重新把目光转回"平原",创作了使其获得广泛声誉的代表作《羊的门》。与之前的作品不同,《羊的门》对于土地及生活在这片土地上的人民,不再一味地唱赞歌,而是进行了深刻的反思。《羊的门》写出了一个"国中之国",塑造了一个"东方教父"的形象。但《羊的门》虽然主要写的是作为"教父"或救世主的"门",更关注的却是其治下百姓的"羊",向读者充分展示的是"羊"赖以生存的土地。不只是在李佩甫这里,在中国新文学的整个作品谱系中,"人民"总是勤劳、善良而伟大的,而那些凌驾于"人民"之上的特殊人物以种种恶劣的方式对"人民"进行奴役、剥削和压迫,因此对这些特权人物必须予以批判。《羊的门》让我们看到,问题的出现其实与"羊"自身的问题直接相关,有必要对"羊"本身、对"羊"生存的土地——问题产生的历史根源和现实基础进行深刻的反思。正是在这个意义上,这部小说才显得更为厚重。因此,《羊的门》具有一种前所未有的穿透力和巨大的包容性。这部作品在展现"门"、"羊"及其生长的"土地"的过程中,穿透、超越了对具体事件的描绘而直接深入到绵延数千年的中国传统文化的根源和现实的政治基础中,因而具有很强的思想性。

作为"平原三部曲"的第二部作品,《城的灯》没有获得像第一部《羊的门》那样的广泛赞誉。但是,这部作品在中国新文学史上是具有突破意义的。在中国新文学特别是革命文学的发展史上,贫穷一直作为光荣的象征被赋予正面的意义,而《城的灯》则审视了贫穷的负面、阴暗面,对贫穷的毒与恶进行了深入的拷问,表达了"贫穷产生罪恶"这样一种社会思考。以前,我们总是把乡土、田园视作理想的生存环境,甚至是精神家园。但长期以来农村的社会现实告诉我们事实并非如此。李佩甫的作品,特别是《羊的门》和《城的灯》有一个共同的主题,就是深入剖析土地与人的关系,他把这比喻为土壤与植物的关系。《城的灯》中老梅关于"树",特别是盆景的一段论述,讲的其实就是环境对人性的扭曲。通过作品我们看到,所谓"田园牧歌"只不过是文人的幻想。长期以来,农村自然的、政治的、经济的、文化的种种因素及其所造成的持续的贫穷,对人性是一种极大的戕害,使人性被扭曲,自私、冷漠甚至残忍成为一种普遍现象。而当今农村的现实环境,特别是贫穷对人性的摧残,就很容易使人性中恶的一面表现出来。所以目前绝大多数农民其实都有一种逃离的心态,甚至不惜为此付出巨大的代价。对于冯家昌逃离过程中表现出的无情、自私、放弃人格等,甚至不能称之为恶,而只是一种现实的生存技巧和手段。《城的灯》用大量的篇幅讲述的就是冯家昌及其周围许多人逃离的故事,它触及了当今中国社会城乡二元对立的现实，并对此作了很好地表达。但可贵的是，在《城市白皮书》中那个已经出现的拯救主题在此清晰地被呈现了出来，成为这部作品的一个重要特点。因此，《城的灯》在"逃离"之外其实有一个更重要的主题："回归"。冯家昌等人拼命逃离的结果是进入了城市，但现实的城市并非人间净土，与农村相比它一样充满了罪恶。那么人世间是否存在一方净土，或者说精神家园在哪里呢？《城的灯》通过刘汉香这个人物向我们讲述的是一个寻找并回归精神家园的故事。而且相对来说，"回归"是《城的灯》的根本主题。《城的灯》的内在结构可以和《圣经》相比，它们都是关于逃离与回归的故事，都是关于受难、拯救与复活的故事。在上梁村，刘汉香可以说出身高贵，她的受难完全是自觉的。而刘汉香得知被冯家昌抛弃，进城而后返回的经历，其实是一次精神上的死而复生。然后，刘汉香自觉承担起了拯救者的责任，并成为一名殉道者。所以，刘汉香就是基督的现代化身，就是"城的灯"，照亮了人们回归精神之城的道路。这样具有宗教情怀的作品，在当今中国的社会现实中，很有现实意义。

《城的灯》之后，李佩甫暂停了"平原三部曲"的写作，完成了描写商战的作品《等等灵魂》。应该说，在此之前，李佩甫的作品在人性的描写上已经非常深入了，他总是努力把人物的性格往极致上推，他对生活在中原文化背景下的人的精神和性格的揭示已经达到了无人能出其右的境界。《等等灵魂》写的是一个商业帝国的建立和坍塌，但延续的依然是"堕落"和"救赎"的主题。李佩甫多次表述过这样的看法，当人们从物质的匮乏中走出之后，精神问题就显得更加突出，社会上会有越来越多的人患精神疾病。所以，他的小说要关注人精神上的失落，要写人的精神成长史，他提供给读者的就是这样一部"精神病相报告"。李佩甫此前的两部主要作品——《羊的门》和《城的灯》——名字就来自于基督教的《圣经》①，这表明他这一时期的创作明显有一种宗教情怀作为支撑。所谓宗教情怀并非对于某种特定宗教的笃信，它只是表明，作家在有意识地追问人的存在的终极问题，关注的是人的精神问题，对人的终极关切成为他关心的重点。在《等等灵魂》中，我们看到，不只是任秋风、苗青青、江雪、邹志刚、老刁、胡梅花、胡跃进以及郭老大、老千、薛行长等，都是在贪婪地追求着权、钱、色，都处在"从本质向生存转化"的"堕落"过程中。从这个角度说，尽管李佩甫一次次写到与权力相关的故事，但真正让他感兴趣的并非权力本身，而是人何以会如此追逐权力，人性中何以因此生长出恶的东西。李佩甫也没有就此止步，他在努力寻找到一条救赎之路。作品中，上官和小陶就提供了对抗"堕

---

① 《城的灯》的名字来自《新约全书》的一段话："那城内不用日月光照，因有神的荣耀光照，又有羔羊为城的灯……"

落"的道路，那就是"信"。从这个意义上讲，《等等灵魂》是李佩甫思想上更趋成熟的一部作品。在《城市白皮书》中，他更多还是站在农业文明的立场上以审视和批判的眼光看待城市，因而看到的都是负面的东西，所以才有"城市病了"这样先验的结论。在《羊的门》中，他通过一个村子，向我们展示了"羊"——芸芸大众和"门"——统治者及其生长的土地，促使我们对问题产生的历史根源和现实基础进行深刻的反思。这两部作品更多体现的是作者的社会批判意识。与《羊的门》相比，《城的灯》有一个突破，就是作者开始努力寻找出路，让刘汉香以自身的牺牲化身为"城的灯"，照亮人们回归精神之城的道路。但《城的灯》的下半部，可能主要是在这样的宗教情怀的支配下完成的，在现实生活中，作者其实并没有找到一条解决问题的出路，所以显得不够扎实，现实感不足，多少显得有些飘。而《等等灵魂》在这一方面就做得非常成功，它在看透了人性的弱点、人类生存处境的无奈之后，仍然以美好善良的情怀包容世界，并力求以自身的绵薄之力努力改变世界、消除人性中丑恶的东西。不像刘汉香那样具有宗教殉道的意味，小陶和上官尽管也像刘汉香一样"信"，但她们选择的是从实实在在的小事做起，开个花店，把美好的东西带给人间，开个书店或到山区支教，以文化民，遏止人性中恶的充分发育。应该说，如何对抗人性的弱点，如何消除人性的丑恶，如何使世界更为和谐美好，《等等灵魂》提供的是一条更为现实的出路，它使我们在无神的年代，依然能"信"，能从身边具体的事物中发现生存的意义，能够在内心有种坚定的力量去对抗堕落，留住灵魂。回顾李佩甫的创作，可以看到，自《城的灯》以后，其作品越来越让人感到温暖，让我们在人性的黑暗中看到了光明的生长，在对人类存在处境无奈的绝望中看到了希望的孕育，显示出了一种博大、宽容的情怀以及善良、美好的愿望。

在此之后，李佩甫终于推出了"平原三部曲"的压卷之作《生命册》。其中，吴志鹏这个"背着土地"在都市行走的知识分子，不仅是自20世纪50年代以来50多年社会生活的亲历者、观察者，同时也是一个深入的反省者、追问者。也正因此，《生命册》不仅是50多年中国广阔社会现实的真实写照，更是由乡村进入城市的一代知识分子的心灵史，是国民精神的透视图谱。吴志鹏吃百家奶、百家饭在农村长大然后通过读书走进城市成为一个现代知识分子和成功商人的成长经历，正是当今中国迅速城市化的社会现实的一种隐喻，李佩甫对平原的持续书写因此显示出了重要的意义。"平原三部曲"的基本主题是土壤和植物，即在一定文化土壤和社会环境中人的生存状态及生长可能。《羊的门》描写的是一个"东方教父"的成长，重要的是，这部作品重在探究封建集权形成的土壤，对"人民"进行了深入的反思，因而又被称为"人民批判书"。《城的灯》则重在探究生长的方向，作者以浓重的理想主义色彩塑造了一个"圣母"式的人物刘汉香,以图帮助我们找到回归精神之城的道路。这部作品改变了过住"金钱是万恶之源"的庸常思维,对贫穷,特别是精神贫穷,进入了深刻反思,揭示了贫穷对人性成长的巨大伤害,可以说是一部"贫穷批判书"。《生命册》则更为宽阔、更为本真、更为质朴,它更贴近我们的生活经验,更贴近现实的生存环境,它对如何过上理想化的生活的思索与追问与每个人的内在精神追求高度吻合。堕落与救赎或受难与拯救一直是李佩甫小说创作的重要主题,也是基本的内在结构方式。到《城的灯》,作者将这个主题与这种结构方式推向了极致。但这样的方式无论在现实中还是写作中都遇到了极大的困难,以至于刘汉香只能走向死亡,成为一个"殉道者",而刘汉香这个理想人物形象也多多少少显得有些虚幻。《生命册》则重新回到坚实的土地上,走进了真正属于中国人的内心世界当中,努力从中国现实的土壤中,从中国人现实的生活经验中,探究人类追求理想生活过程中的建设与破坏,寻找"让筷子竖起来"的方法。《生命册》较之前两部书名的改变,其实表明李佩甫放弃了过去的思维方式和结构方式,转而以中国化的方式来理解时代和人生、探究人的可能性和命运的奥秘。因此,《生命册》可以说是李佩甫为中国最近五十多年来时代与人生撰写的新《易传》,传达了作者对时代变迁中众生命运、人生秘局的参悟心得。描写在某种文化土壤中人的生长,一直是李佩甫创作的一个重要着力点。《羊的门》关注的是权力文化,描写了集权人物在特定环境中的生长;《城的灯》关注的是人性,揭示的是贫穷对人性的伤害;《生命册》关注的是"土壤",揭示的是人性的丰富性、复杂性与可能性。总体上说,李佩甫的这些作品,剖析了自20世纪50年代以来在广袤的中原土地上、在政治斗争的漩涡中、在喧哗与骚动的都市中奔走的各色人等的灵魂状态。

持续坚持艺术探索

在谈到中原作家群的时候,以前评论界常用的一个词是"慢半拍"。因为在形式探索盛行的80年代,河南作家很少能领风气之先,显示出这方面的才华。这其中应该也包括李佩甫。但是,如果仔细考察李佩甫的创作就会发现,李佩甫其实是一个文体意识极强的作家,只是,他很少为形式而形式,为创新而创新,他总是把形式的创新与内容的厚重结合在一起,稳扎稳打地将作品的艺术性、思想性一起向前推进,表现出一种难得的大气。

在三十多年的创作历程中,许许多多的评论家在谈到"先锋写作"、"现代派"、"后现代"等与文体相关的问题时,从不会想到李佩甫,似乎他从来就是一个只会老老实实靠经验写作、用故事讲话的作家。实际上,从写小说开始,李佩甫就具有强烈的文体意识,并在不断的阅读、思考、实践中寻找适合自己的表达方式。

而最能体现李佩甫文体探索精神的则非《城市白皮书》莫属。这部作品采用日记体的形式,通过一个不会说话孩子超能的视角和魏征的现实视角展开叙事,描述了一系列感觉意象,赋予声音以颜色等,将物人化,使小说于荒诞中显出真实,于巧妙中显出深刻,于灵动中显出浑厚。这部作品舍弃对城市现实的具体描写,把它作为一种心理状态予以表现,显示出李佩甫从整体上把握时代与社会的艺术表现倾向。实际上,远在此之前,李佩甫发表于1989年的中篇小说《送你一朵苦楝花》就已经带有明显的理性思辨色彩和自我剖析特征,这些在《城市白皮书》中再次被体现出来,并成为他以后创作的基本特征之一。《城市白皮书》尽管不能说是一部成熟的作品,但李佩甫由此摸索的一些艺术表现手法为其以后的创作找到了很好的表现形式,为其代表作的创作奠定了基础。比如其散点透视的手法,在《生命册》中就被更好地加以利用,极大地增强了作品的表现力。

经过《城市白皮书》的探索之后,李佩甫终于开始了其代表作"平原三部曲"的创作,产生推出的就是在各方面都趋于成熟的《羊的门》。《羊的门》在表达上突出的地方在于其语言的张力和充沛的激情。在叙事上,这部作品以历史和现实两条线索交织进行,扩大了作品的包容性,同时也避免了作品的平直和单调。作品正是在这两条线索的交织中,完成了对新中国成立后几十年历史的描画。与描写新中国成立前的那段历史的《白鹿原》相比,《羊的门》的叙事显得更为智慧,它花费笔墨不多,以隐喻性或寓言式的方式描绘了新中国成立后自五六十年代至今四十年的历史。接下来的《城的灯》,同样采取了两条线索交织的叙事方法,分别描写冯家昌和刘汉香的现实与精神历程,依然收到了很好的效果。至此,李佩甫基本找到了自己的小说叙事方法和表现风格。

而作为"平原三部曲"收官之作的《生命册》,在延续其以复调叙事提高作品表达效率的特征的同时,又有了进一步拓展。这部作品浓缩了作者五十多年的成长历程,凝聚着作者的所见、所闻、所思、所想,塑造了一大批遍及城乡各个行当的人物形象,其表达效率之高、表现力之强,当下长篇小说鲜有能与之匹敌者。《生命册》采用的是第一人称的叙事方法,其中涉及的一系列人物和事件,许多并无直接关联,全靠"我"的讲述才被串在一起。因此,整个作品的结构,从横向看,呈放射状展开,分写了一个个鲜活的人物及其命运变迁。也许正因如此,李佩甫称这部作品是"树状结构",即由"我"这个枝干向不同的方向伸展出一个个枝杈。虚拟讲故事现场,"花开两朵,各表一枝",这种中国传统小说的叙事技巧,在李佩甫这里得到了很好的继承和发扬。《生命册》正是通过"我"的讲述,从乡村到繁华都市,从底层小民到上层高官,从传统农民到现代富豪,从五十前的生活到当下的现实,把形形色色的人物很好地分别描绘了出来,使作品的生活宽度和厚度得到了极大的拓展。而这种第一人称叙事,在吸收中国传统小说表现优长的同时,并未放弃现代小说的叙事优长,并使二者很好地融合在了一起。从传统小说"说书"的角度看,作品向横的方向伸出了一个个枝杈,故李佩甫称之为"树状结构";如果按其内在的时间走向和空间转移看,作品的总体叙事脉络非常清晰,即以无梁村为代表来描写中国自50年代以来农村的变革,以"我"在城市的生活来描写改革开放以来城市的变革,全书共十二章,基本上奇数章节写的是现代经济背景下城市生活的故事,偶数章节写的是传统经济背景下农村生活的故事,到最后一章,两条线才合并起来,这样的结构其实是典型的"复调"叙事。《生命册》的这种叙事方式使作者可以以最经济的笔墨从容表现不同时代乡村和城市、农耕文化和都市文化、农业经济与现代经济不同环境中人们的生存现实;第一人称自我言说的方式又可以很好地表达作者的思考和感受,比如他对中国传统命理与时代变迁中人的生命可能性之间关系的思考等,使作品具有深刻的思想内涵。《生命册》的写作体现了作者举重若轻的叙事功力,其表达方式使作品在表达经验的丰富性和思想的深刻性上都有极好的效果,是真正高效的艺术表达,对中国长篇小说的叙事艺术有创造性的贡献,代表着中国当代长篇小说创作一流的艺术水平。

李佩甫是一个特别讲究语言的作家,语言考究、富有诗意是其创作的一贯特点。在谈到小说创作时,他常说的一句话是:"语言就是思维,过程不可超越。"可见他对语言的重视程度。在过往的写作中,李佩甫湿润、诗意而又蕴涵意味、透着力量的语言甚至多少会给人一丝雕琢的感觉。在《生命册》中,李佩甫保持了他一贯讲究语言的特点,而且表达得更加自然、从容。因为采用第一人称叙事,而且是以重新叙述的方式展开故事,作品的语言因而带有明显的口语化倾向。这使读者阅读《生命册》时可能会觉得语言不如《羊的门》等作品那样富有诗意,那样有冲击力,但这部作品语言的自然从容及由此透出的人物内心的淡定,却是过往作品所没有的。尽管语言较为口语化,但《生命册》的语言仍然极具韵味、极耐琢磨,会让人觉得每一个词的意蕴都是那么的丰富,每一个词似乎都关联着广阔的世界,让人产生无限的联想,作品的意涵也因此显得空前的充沛。

大的方面,在现实主义的框架下,通过总体象征、隐喻这些具有表现主义特征的手法来传达对于时代和人物的总体理解和把握,小的地方,通过贴近现实、精细描摹日常生活中震撼人心的细节等方法来提供作品的表现力,是李佩甫作品基本的艺术特征。因此,李佩甫的小说特别重视细节,在他的几乎每一部作品中,都可以找到许许多多让人过目难忘的细节。比如在《城的灯》中,点心匣子、脚上的蒺藜、地上的枪眼、分鱼、打耳等细节,哪一个不令人赞叹?李佩甫对细节的重视,使他在电视剧创作上也有突出的表现。从《颍河故事》开始,李佩甫相继创作了《平平常常的故事》《难忘岁月——红旗渠的故事》《申凤梅》《红旗渠的儿女们》《等等灵魂》《河洛康家》等多部电视连续剧本及电影剧本《挺立潮头》等,从而以一个优秀编剧的身份蜚声影视界。我们见到过许多作家因电视剧本的写作而使小说创作的表现力大打折扣。但李佩甫则在电视剧的创作中,发现了电视剧细节密度高、桥段精彩、情节紧凑的优长,并把它用在小说创作中,从而能够以不长的篇幅、精妙的细节展现众多人物的命运,如《生命册》就描写了春才、梁五方、虫嫂、杜秋月等一个个人物的命运变迁,使作品的可读性大为增强。

　　对于李佩甫的创作,一些论者对其人物形象以至细节的重复使用多有诟病。李佩甫常说:"过程不可超越。"这种重复实际上是他不断探索和深入思考这样一个过程的见证。如果以时间顺序阅读李佩甫的作品,就会发现,这些重复出现的主题、人物、细节、事件,其实处于一个不断丰富深化的过程中,这种重复实际上如滚雪球般在不断放大,从而使人物形象更加丰满,使作品内涵更加丰富,使主题思想更加深刻。

　　作为一个富有责任感与担当精神的作家,在30多年的探索与思考中,李佩甫扎扎实实地稳步推进,以其一系列作品全面、深刻地反映了新中国数十年的时代变迁,在社会价值、思想价值和艺术价值方面都有新的突破,代表了中国当代长篇小说创作的最高水平。这样的成就单靠文学方面的一点才华和聪明是做不来,靠的是在历史责任感驱使下不回避艰难、持之以恒的坚持。在和我谈到一些作家的创作时,李佩甫由衷地说:"顿悟的最终比不过苦修的。"我以为,这正是他对自己创作历程最深刻的体认,也是值得每个年轻作家记住的名言。

　　"我还会写,不过会有一个充电期。创作不能太功利,首先要把它变成精神的事情,变成产生快乐的事情,虽然创作在某一个阶段是苦的。"[①]对李佩甫,我们有理由保持充分的信心和期待,相信他会有更好的作品带给读者更多的惊喜。

原载《小说评论》2013年第2期

[①] 舒晋瑜采写:《李佩甫:上网写字不能叫创作》,《中华读书报》2012年4月25日。

捕捉变化中的乡土精灵
——李佩甫散论(上)

孙 荪

又一个"乡下人"

现当代的中国文坛,"选拔"中原人似乎早就确定好出身身份:乡下人。出身中原乡村的文人能成器成大器,这有许多事实为证。几乎无需列出名单,熟悉文坛的人就能够想出具有时间连续性的一串闪光的名字。

李佩甫的名字,虽然还不到如雷贯耳的程度,但却有点声名日隆的势头。有一位朋友用一句颇有诗意的话描述他在文坛的影响:十余年来,他慢慢地诱惑着他的读者,犹如不间歇的风一次又一次试探一片树叶。我要在这句话后面续上一句:李佩甫以他的作品刮起的风鼓动得树叶拍起了越来越响亮的掌声。

翻一翻李佩甫的"档案":他并非土生土长的"坷垃蛋",倒可以说是在小城长大的城里娃子。但"知青"的特殊道路,又把他"移栽"回了乡村,而他的文学生涯正是经历了由城——乡——城以后才起步的。十几年来,他一直"沉湎"于乡村世界,化解着那个纠缠着他的难以解脱的乡村情结。一派老道的乡村语言,一长串古往今来的乡村故事。就这个意义上你几乎可以说他是一位乡下人。

这个称呼,当然不仅仅是因为他惯常喜好的题材和表达风格,而是远为深刻的文学精神和深邃的人类意识。它不是重复此前尤其是40~60年代中国文坛上那种为大众代言而以乡下人自谦的调调,尤其在"85新潮"以后,更多的是对马尔克斯福克纳式的以一角反映人类的现代意识的呼应。

这个世界变化很快。乡下也是。乡下人也是。文坛也是。李佩甫的小说也是。

虽然现在已不是战争年代。但是,战争的某种态势和方式呈现在各个领域中。文坛亦战场。每一个投身文学创作的人就是投军出征、作战。也许,刚刚"入伍"时只是跟着学样:虽然也是射击冲锋,但往往是跟着学;跟着跟着,就入了某种兵种,操某一种或某几种兵器和枪法,然后就长于打某种战争或者总是被派往某类战场,以至成为某兵种或某方面军的将军、司令。文人在文坛中,大体也是这样。

环境是个很有力量的东西。它改变人,塑造人。这十多年的文坛有点立体战场的味道。新的武器新的打法从 70 年代末 80 年代初一批批从境外引进来,从境内尘封的文学仓库里搬出来,于是文坛上先是单个的试验或者说试探,然后小股部队出击,然后有 85 年前后你推我拥、挤挤抗抗的大潮。现实主义与现代主义交了火,现实主义的传统形态与现实主义的现代形态也碰面进行了比较。对比、对立以至对抗发生了。交流、交叉以至交融也发生了。热烈逼人的文坛战火投射到许多创作者的心灵世界,斑斓驳杂的文坛孕育了许多新的艺术性。

最初几年,李佩甫认认真真地按照"常规"耍弄文学武器,尽管时不时透出机警巧妙,他依照当时文坛喜爱的方式,剪裁和编制作品,绘出乡村人鲜鲜亮亮的颜色,奏出乐观向上的调子,向世人——主要向城里人诉说乡下人的美和善。只要重读一下他最初几篇小说的题目比如《青年建设者》、《多犁了一沟田》、《小小吉兆村》、《十辈陈轶事》等就可以约略感受到其中的明朗和单纯。

这种情况没有持续多久。旋转的文学世界诱迫沉稳的李佩甫急煎煎地酝酿着并且实际上发生着变化。

也正是在 1985 年前后,李佩甫的小说创作进入了一个旺盛期,也可以说是一个探索期。几年时间,他连续出版了一批短篇小说,近 10 部中篇小说、2 部长篇小说,虽然他的笔触仍然逡巡于前期的吉兆村周围的村庄,诸如大李庄、画匠王、扁担杨等。李佩甫虽然没有给予读者一个未曾有过的乡村世界,但却力图描画出原有的乡村世界未曾有过的景观。一个看似纷乱的、无序的世界,一个变化的、变革的世界,一个困惑的、发展的世界。把这些印象简化一下,就是:李佩甫在乡村世界中困惑和突围,对乡土世界由拥抱到审视。

乡村图画:明朗·斑斓·斑驳

文学所能做的,首先是呈现一幅幅图画。这是文学的载体,一切都负载在这上头。李佩甫小说中的乡村图画有三种:明朗的水彩画,斑斓的水墨画,斑驳的现代画。明朗、斑斓、斑驳,这显示了李佩甫小说发展的一条轨迹。

中篇小说《红蚂蚱 绿蚂蚱》是一个里程标志。就乡村图画来说,此前的作品属于第一种。此后的作品如长篇小说《李氏家族的第十七代玄孙》、《金屋》属于第三种,《蚂蚱》和一批作品是第二种。

假如说李佩甫在小说创作的路上有过一次真正沉醉,那就是写作《红蚂蚱绿蚂蚱》的时候。这种沉醉渗透在他所描绘的乡村图画中。

文学中的乡村图画一般有风景和风情两部分组成。《蚂蚱》所呈现的是一幅乡村风情图。作者没有格外着意去写风景风物风土,只是捎带涂抹,把它置于背景;风俗也不是工笔细描泼墨铺陈;他把笔墨用在人物故事上由10组故事10首村歌共同构筑了温馨撩人的乡村情境,其中有畸形政治下的畸形故事,有偷情和爱情,有偷盗和懒惰,有婚娶和丧葬,有劳动竞赛和民乐比赛……千奇百怪的故事都落到情趣两个字上,流溢出质朴鲜活的乡情之美。

我把这幅风情画的特征概括为:斑斓。这里可以体察到作者的激情,更可以体味到作者的激情已经由审美冲动转化为审美静观。这种审美态度具有一种转化和升华能力,能把丑陋的化成优美的,把淫邪的化成正派的,把平淡的化成浓烈的,把板直的化成有趣的。于是,我们看到了丰富而又和谐的斑斓的水墨画。

这种斑斓标志着作者已经从知青的眼光中走了出来,更深地地走进了乡村。同时,也更深地走进了文学。

李佩甫取了童年的视角。于是,有了时间距离:"把久远坠坠地扯进来。"把目光投向历史,打开追忆的通道。

也有了空间的距离:"在远远的天的那一边",姥姥的村庄。

一种美妙的境界出现了。

小说的题记引用泰戈尔的话说,人要到外边到处漂流,最后才能走到最深的内殿。李佩甫怀着神秘的喜悦发现了经验世界中早已存在却未曾发现的"深层"。原来在自己的心灵仓库中,已经储存了这样多"干货",凝聚了这么多生动的画面和完整的人物故事,只要"请"它们出来就可能是珍品。只要有高妙的法儿把它们和盘托出,就能现出这个世界的斑斓。

这是审美的境界、文学的境界。

依我的推测,李佩甫为《红蚂蚱 绿蚂蚱》的创作体验所感,是打算"画"一批这样的风情图画的。这是一次新的"出发"。甚而至于,他打算更深地走进历史,由自己的童年回溯到民族的童年以至人类的童年。

但是,现实情境改变了他的思路。"出发"几乎成了"告别"。正在急速变化的生活和观念,使得他以后再也没有写出"姥姥的村庄"那样色彩斑斓的风情图画,《红蚂蚱 绿蚂蚱》以后一种杂色的斑驳取代斑斓成为他的乡村图画的主色调。

长篇小说《李氏家族的第十七代玄孙》中的大李庄村和姥姥的村庄只有历史的重叠部分有相似的气息。而镜头一摇到今天,几乎恍若隔世。李氏家族前十六代的历史是大起大落坎坷曲折的历史,而这个当代的第十七代,虽然没有割断历史,但主要承继了祖辈人骚动不安的本性,"欲望被花花绿绿的世界烧着",心中的"各种欲望燃烧着",创造着"纷乱的年代,纷乱的心"。

李佩甫是很善于铺写乡村风光的微妙之美的,但在这部长篇中,他很少腾出笔墨来显示自己这方面的才情。他的兴趣完全被骚动不安的人吸引了。

可以举几个小例子。

小说有一处写到1985年的早春在大李庄村的情景。

春天的醉人的绿意被渲染以后,接着就是一拨拨的生意人来到乡下的镜头,这时候男人们在谋划一年的打算时竟是这样张狂:"野些的,抖也甩一长腔:'！'这脏脏的一个字,纵用十万字的厚书也是解不透的。"

大李庄村女人们嘴巴上拴的是这样一些新鲜的刺人话:"你咋不去广州烧烧?……"

"你去深圳浪呗!"

"赶明儿,你还去香港哩……"

这情景,在年轻的村长眼里,是这样的:

> 天大大的,地大大的;天是一整块,地也是一整块。一块天革着一方地。可细看了,地又是一条一条的。你种了玉米,我种芝麻,他种豆子……高低低,参差不齐,似又很碎。地是这样的,人心也是这样么?地分了,心也散了。各有各的想法,各有各的念头。

就在这样的背景下,在商品经济发展和农村实行联产承包责任制的宏观背景下,获得更大自由度的农民在各种欲望驱使下,在乡村的画面中出现的是这样的人物:

美丽文静的少女被人拐骗;

暴富的太平洋公司总经理锒铛入狱;

万元户主和他的女大学生情人同归于尽;

小木匠到城里成了家具店老板;

长期流浪的游民成了村民眼中既富又侠义的救星;

而老实巴交的庄稼人地却没有多少风光的故事;

立志要带领村民致富的年轻村长一筹莫展。

"清景一失渺难摹"。原来的乡村图画已经找不回来了。在《红蚂蚱 绿蚂蚱》中有一个两个农民比垛场的精彩场面,在这部长篇中有一个脱坯比赛的故事。但是,前者纯粹是筋力的竞赛,是对劳动过程的陶醉,一种美的展示;后者则是钱眼上较劲,是对金钱的迷恋,是一种诡计,甚至可说是一种丑陋。两场比赛,两幅具有对立意义的乡村图画。

还可以举一对例子。《红蚂蚱 绿蚂蚱》和几年后发表的《画匠王》是同一种文体,都是短篇集纳而成的中篇小说,前一部作品中充盈着乡村世界的诗情画意,后一部作品则是发愤而作,一种暴戾和愤懑之气壅塞其间。虽然仍是水绕村庄,秋红夏绿,虽然仍有人际间的理解、关爱和奋斗。但因了一个钱字,耻辱、丑陋、欺骗,把乡村图画涂抹以至重新拼接,出现了一片斑驳杂乱。

李佩甫笔下的乡村图画,尽管也有一些现代意义上的变形,但在总体上还是现实主义的写真。只是,李佩甫惯常见美见善的眼光现在变得对丑恶尖锐犀利起来了。在喧哗与骚动中,被搞得心力交瘁的城里人渴望追求乡村的宁静和平。这在现实的乡村中已经找不到了。

这是真的吗?只怕是的。

乡村人格:变与不变

有一句格言说:人上一百,形形色色。还有一句说:中国人到哪里都是中国人。两句话都对。前一句是性格学概念。后一句是人类学的语言。

不论文学特别是小说怎么变,读者总是希望从中读到人,看到人自身具有的状态,悟到自己对自己尚未意识到的东西。写中国人的小说,总是要有作家对人的不同性格和人的相同或相似特征的发现和表现。文学能够打动人心、抓住人心、改变人心的症结仍在这里。

李佩甫的笔下,写了一批乡村人物:阳壮壮的汉子,聪俊的后生,畸形的矮子、瞎子,流浪的游民,克己奉献的教师,或老谋深算或糊涂质朴或雄心勃勃的乡村领导者如队长、村长,以至从乡村走出来的县长,以及贤而惠、美而慧、质朴厚重的女性,等等。李佩甫发挥其善于捕捉细节来雕塑人物、善于以传神的声音来画龙点睛的长处,使得他的人物虽然不是高度个性化的,但大多有着性格光彩。

但是,作家李佩甫的着眼点发生了变化。

在中国现代文学中,有一大批乡土文学作品真实而深刻地描写了传统农民破产的历程,由受压迫到反抗的历程,由个体农民走向集体化道路的历程;只是到了最近十多年,文学才来表现农民在现代商品经济条件下发财致富的历程如何迈步和展开。这是因为生活提供了这样的素材。当然,即使生活提供了这样的素材,作家如何表现,也是个问题。

如果想从李佩甫的小说中追寻当代农民如何投入商品经济的现实主义描写,可能不会十分满足,(李佩甫作编剧的长篇电视连续剧《颍河故事》可以说在相当程度上满足了这个要求);李佩甫努力在小说中实现的是,用写意的象征的手法粗笔勾画,在发财致富欲望驱使下,农民的情绪情感意向和行动轨迹、行为模式。中国农民投入商品经济领域的方式是千奇百怪的,表现看上去几乎是有序的。在李佩甫笔下的大李庄有这样几种类型。

一种是李二狗式。

这位号称太平洋贸易开发公司总经理的李二狗,本是农村最底层的"无产者",他是因为贫穷得无法生存到城里去碰运气去找一条生路偶然地上了商品经济这条船的。他靠着仅有的10元钱和在茶馆里听来的一则信息,奇迹般地担任了两个大工厂的推销员,垂手而得10000多元提成。奇迹般的成功,刺激了他的发财野心,鼓舞了他的经商信心。他用行贿和欺骗的手段,利用政策漏洞、领导机关中的腐败,在商品经济中翻云变雨大发其财。而李二狗这样的人能够暴发,这正是商品经济发展的初期所特有的现象。但是,他却无力驾驭暴富以后的自己。他的突然成功的后头接着是突然失败。商品经济的狂潮把他推上浪尖,又把他摔向谷底。金钱能够使他"生"也会使他"死"。因为他没有能力驾驭商品运行的规律,也无法驾驭自己的人生命运。在他发挥金钱的腐蚀作用腐蚀别人的同时也腐蚀自己,终于走向吃喝嫖赌五毒俱全的堕落道路。作为一个人物,李二狗在思想上并无新意,他的目标仍是转成国家干部端起铁饭碗。他表面上是商品经济活动中非常活跃的力量,实际是一种具有破坏性的牺牲品。他是一面哈哈镜,他的成败反映了商品经济发展初期畸形的一面。这种人类似中国革命史上革命潮头初起时的"勇敢分子",这种人投身革命带有某种滑稽的意味。其中有少数可能成为革命者,但许多人具有对革命极大的破坏性和腐蚀性。李二狗是商品经济发展中的后一种人。

另一种是李春生式。

这是有文化的一代。这位高中毕业生"一心奔钱",啥能赚钱就干啥。下煤窑,贩猫,养香蘑,喂蚯蚓,参加国乐队敲梆,卖菜,最后是建轮窑,发明"有奖脱坯比赛",成了赫赫有名的万元户主。从商品经济发展的角度看,李春生走的是摆脱务农为本的传统农民致富之路,而走向依靠科技和智慧多渠道致富的现代农民之路。但作为驾驭个人命运的当代青年,他仍是不完整的。他也缺乏更为宏大的目标和宽阔的视野,当他为爱情而"一心奔钱",但"奔到钱",爱情却得不到时,最后走向自我毁灭。这是令人同情而又可悲的。

再一种是李小囤式。

三代木匠的木工李小囤由乡村到县城走街串巷给人家做家具。以他的手艺和诚实而得到城里女人喜爱,结了婚,成了新生家具店里穿西装的男主人。李小囤靠着一技之长而成了城里的老板。这是一个传统故事在新的时代机遇下的重演。

第四种是李大有式。

他只身跑新疆逛了五年,"掂了一兜子钱"回来。他已经很有经济眼光。麦忙季节,一下子从县城买来三台打麦机,半月工夫,赚回 3000 元钱;他不仅会赚钱,而且由于见多识广,也会得人心。他仗义疏财为村人排忧解难,使老村长丢丑,使新村长丢脸,全村人说他好。而对着年轻村长说他是恶人,他坦然应承:"我不是人,是鬼。"他和村长的分歧与对立是因为运用不同的做人原则和价值尺度所致。

李佩甫强烈地感受到人的变化,在乡村社会整体变革背景下,价值观念的变化,所带来的人的生活方式以至生命方式的变化,也就是人格的变化。

指出这一点似乎仍然看不出李佩甫的出奇之处。有谁看不见这个时代的变化呢?李佩甫引人注目的地方在于他要追寻这变化的背后的深层原因,他要捕捉这变化中的"不变"。他用力于寻找人物与历史和大地的联系,着力于从民族学人类学角度凸现他的人物亘古未变的群体特质。

在他的乡村人物中,有两种性格特质被凸现了出来。

其一是忍。《李氏家族的第十七代玄孙》中作者有一句评述:

> 从大李庄走出来的娃子都是能忍的。

这句话可以看作者对中国农民主要性格特质的一种概括。

什么都能忍:贫穷、屈辱、苦难、劳累、情欲。比如李满凤为了还债,可以和自己不爱的人结婚生孩子;战士李志全在前线的战壕里接受被恋爱对象抛弃的现实;李春生放弃高考的权利而去挣钱供养恋爱对象读完大学。

最惊心动魄的是李氏家族中的第 15 代"盖儿爷"的传说。我以为把它读作传说更顺当。因为先人做官被杀,为了避祸,这家挂有千顷牌号的大户户主,却浪迹江湖,埋名隐姓,要了 43 年饭。为了能够当丐帮的头儿"丐爷",自己用利刃挖掉自己的亮眼,为了自己和家族的生存,能够忍受一生的屈辱和苦难,比起越王的十年教训十年生聚来,还要顽强坚韧得多。他是这样倾诉自己所奉行的忍字哲学:

> 谁能忍得住,谁就是丐爷。……这是一场赌博,忍耐的赌博,贱气的赌博。忍哪!天大的一个忍字……忍哪!地大的一个忍字地接着天,天罩着地,茫茫环宇中荡着一个"忍"……忍吧,忍到头是丐爷了。丐爷,讨饭的皇上!

如同革命初期常常出现的"勇敢分子",他的结局也只能是在李佩甫后来的小说中,如《无边无际的早晨》中的小学教师,忍辱负重把全身心献给乡村教育事业的精神,在《画匠王》中的村长和村民对待"黑孩"的态度上,都是这种"忍辱负重"精神的折射。

这种忍,作为一种生活情境和生命状态,是一种无奈。这是苦难的农民、苦难的家族以至苦难的民族不得不接受的一种事实。忍,还包含着一种生存策略和人生智慧,由忍而韧,成为可以传承的精神哲学。在更久远的时空背景下,它又存着主宰世界的"来日奢望",成为以退为进,以无争而有得,在困境中开一条先生存而后发展,以生存求发展的路。在此,我们看到,传统的道家文化哲学特别是老庄哲学的人格图式。

与这种忍字相对立,同时也相联系的,是另一个词:硬气。

李佩甫倾心于一种有硬气的人有狠劲的人。在李满凤、李志全、李春生、盖儿爷和后来的二姐身上,表现了"忍"的另一面,一种硬气。为什么这样"硬气"?因为它来自生活的根部,来自大地,来自自己生命的独立追求和独立奋斗,来自一种发自自我的对逆境的抗争,尽管这些人物并不一定具有人生的大智慧大觉悟。有的还处于很大程度上的自发状态。但这种人类所有的,尤其在大地上土生土长的农民所具有的,自强不息、自尊、自信、自救的硬气,却是这个民族以至人类具有的精神珍宝。

当然,"忍"与"硬气"也存在着它们的负面发展的可能性。忍耐,有可能钝化和弱化对变动变革的适应能力和驾驭能力,成为对恶的容纳和放纵的港湾;而长久的忍耐又会导致情绪的积累和能量的积聚,一旦爆发则容易流于残忍或贪婪。李佩甫小说中的一些人物往往在财富面前由怯懦一变而为贪欲,成为金钱拜物教的信徒和奴仆,贫穷时百般忍耐,富裕后反而横生邪恶,成为为富不仁的恶人。在这里,作家在对他的人物特质的把握上不仅显示了他对民族和人类本性的深刻洞察,而且表达了尖锐的社会批判意识。作为一个作家,李佩甫心中回响着强而有力的使命召唤:掌握你的乡土精神。他为此进行着不倦的探索。

乡土精神:探索·审视

对乡土精神的探索,蕴涵着对宇宙精神的参悟,对人类命运的终极关怀,对人生境界的深切体察。但是,作家未必需要取哲学家而代之,夺思想家的饭碗,文学创作不必也不能学哲学家思想家的"样"。作家的探索是独辟蹊径的。它总是从负载着自己生命体验的载体入手或者说出发,在这个载体上寻找到与人生与人类与宇宙最高的最终极的一切相沟通的真谛。

对于现代作家来说,探索乡土精神,如果停留在传统的意义上,即田园牧歌,回归自然的命题上,最好的结果也只是在重复一种惯常的思路。如果缺乏对乡土世界变化的了解,缺乏一种审视的眼光,乡土精神就可能是一句陈词滥调。

有没有一种乡土精神?从理论上说,答案是肯定的。

英国著名作家 D·H·劳伦斯在 20 世纪 20 年代在一部探讨美国古典文学的专著中表述过这样的观点:乡土精神是个伟大的现实。这是民族的现象,也是世界性的现象、人类的现象。他有一段话这样说:

> 每一大洲都有它自己伟大的乡土精神。
> 每个民族都被凝聚在叫做故乡、故土的某个特定地区。地球上不同的地方都洋溢着不同生气、有着不同的震波、不同的化合蒸发、不同星辰的不同吸引力——随你怎么叫它都行。然而乡土精神是个伟大的现实。

这位被称作 20 世纪伟大文学天才的作家以埃及人、中国人、意大利人、英国人、美国人为例指出,这种乡土精神是"一股强大的极性"、"奇妙的磁力"、每个人自由感的精神源泉。

劳氏的这个观点是犀利而又透彻的。看来,所谓乡土精神,往往具有这样的特征:第一,它是一个强有力的力量,它存在于一个有生气的、有机的群体之中,是一种人格变化的精神;第二,它是精神的而非物质的,是不易捉摸的;第三,它会变,会随着改变了的时代条件而改变。它是变化中的永恒。

问题是,劳氏在这个世纪初叶所作的论断,到 20 世纪末,在各民族的现代化进程发展到今天,它是不是仍然正确?乡土精神是不是仍是一种伟大的现实?

生活实际和创作实践对此问题的回答仍是肯定的。

自五四以来的中国文学都在作着说明。鲁迅笔下的闰土、祥林嫂,茅盾笔下的老通宝,沈从文笔下的湘西男女,赵树理笔下李家庄三里湾的乡亲,柳青笔下梁家父子,孙犁笔下的荷花淀,周立波的湖南山乡,李準笔下的黄河岸边等等……都体现着浓郁的乡土精神。新时期以来的知青作家和乡土作家的作品在新的视角下对乡土精神有新的抉发。

李佩甫的小说以自己的视角和方式,以清醒的情感态度开发与抒写乡土精神。

首先,他直面变化着的现实。商品经济条件下的乡村正在发生巨大变化,变化中的乡村已经难以听到传统的田园牧歌,已经难以寻觅到农业文明时代那种温馨与宁静。乡村,故乡,乡土,已经不是现代城里人想象中向往中的精神家园了。乡村情境的改变必然改变作家心灵中的故乡意象。这是一个多少有点严酷的事实。但是,李佩甫以他的小说表明这样一种发现:这是一种新的乡村景观。尽管有着盲目的欲望与听任本能的冲动,有着自发的利益驱动,但传统的闯荡天下的自强精神和现代的探索精神创造意识在农民身上聚合和生长,正在成为乡土精神的新潮和主流。

同时,骚动和变革的乡村景象激发了作家的深长思考。他一方面惊奇于乡亲创造精神的勃发,一方面痛感于道德沦丧和精神光辉的失落。这召唤起他对原因的追寻和拯救的责任。于是,李佩甫把思路伸展到个人的童年时代和民族的童年与壮年时代,也把目光投向葆有最多质朴和厚重的农民和乡村知识分子,发掘深扎于大地深部的生命之根、永留在童年记忆中的田园欢乐、烙印在胸间心中的亲情、生长在民间的纯情真意,以温情和激情讴歌被轻贱、被忽略、正在失落的,真的善的美的精神情感。李佩甫通过这样一曲曲生命之歌、心灵之歌给读者创造艺术的精神家园,它已经不是具体的大李庄、画匠王、姥姥的村庄了。

李佩甫所给予读者的就是这样驳杂丰富的乡土世界,充盈着变化与永恒共在的生动的乡土精神。它显示了作家一步步的精神提升。这种提升还在继续,李佩甫笔下的乡土将呈现新的景观、新的神采。

后记:本文主要论述李佩甫80年代的小说,90年代的作品留待另文。在这篇文章中,我有意保留了我几年前的思考成果。

原载《中州大学学报》1998 年第 1 期

田园与反田园叙事的混合
——论李佩甫《红蚂蚱 绿蚂蚱》及现代田园小说审美传统

王学谦

在当代乡土作家之中,李佩甫无疑是比较优秀的一位。自1980年代中期开始,他一直将豫中平原作为自己最主要的表现对象,在开阔的历史背景和文化背景下,写这片土地上的风俗人性。他善于写农民性格和命运,并将笔触扩展到城市、商界和官场,形成了抒情与写实相互交融的叙事风格。《羊的门》(1999)是深切、厚重的反思、批判性的小说。今年发表的《生命册》视野极为开阔,试图以土地、农民为窗口对当代中国社会及其走向进行思考。这里要分析的《红蚂蚱 绿蚂蚱》是李佩甫早期的成名之作,也是他的文学觉醒的标志,从那以后他就自觉地把创作重心放在了自己的家乡豫中平原上。作品最初发表于1986年第1期的《莽原》,多次被转载,又被收入人民文学出版社出版的《1986年中篇小说选第1辑》(阎纲等编选,1988年)。从目录上看,也能看出编者对这篇小说有较高的评价,它被列为第二篇,首篇是谌容的《走投无路》,第三篇是史铁生的《插队的故事》,第四篇是韦君宜的《姒娌》,第五篇是莫言的《红高粱》。但是,不知道什么缘故,《红蚂蚱 绿蚂蚱》并没有引起批评界和研究者的足够重视,这是令人遗憾的。本文将这部作品放在新文学田园抒情小说传统的大背景中加以考察,分析它的美感构成,以引起读者和研究者对这部作品的重视。

一

《红蚂蚱 绿蚂蚱》最大魅力在于它的那种复杂的复调田园风格。它由十部相对独立又相互联系的系列微型短篇组合而成,以七长八短的日常乡土生活片段和异人轶事为基本单位,每一篇写一件事和一个人物。没有一般写实小说的那种贯彻始终的故事情节构架和与之相伴随的人物形象,也不太在意人物性格的刻画,而是极力铺陈、渲染地方风俗人情,同时,弱化社会历史背景,以情感为结构核心,将情感变成小说的叙事轴心,让文字流淌在情感的水流之中,以情动人,激发阅读者的想象力和认知欲望。文字简约、含蓄、内敛,追求一种"言外之意"的叙事笔调,情绪感染力极强。就情感的内在结构而言,它不是像《桃花源记》那样纯粹的田园情感,而是现代田园小说的"复调"性情感。它一方面是具有强烈的田园叙事,另一方面则是对这种田园叙事的对抗、拆解的反田园叙事,两种不同的叙事因素相互缠绕、纠结、混杂、搅拌在一起,意蕴复杂,仿佛是一幅意境淡雅而忧伤的乡村水墨画,又像是深情、幽咽而又苍凉的二胡独奏。

《红蚂蚱 绿蚂蚱》先是给你一种非常强烈的怀乡情感。在作品的标题之下,引用了泰戈尔的句子:"旅客在每一个生人门口敲叩,才能敲到自己的家门;人要在外边到处漂流,最后才能走到最深的内殿。"①在类似于"引子"中,叙事者倾诉着一种深深的思乡情感:

> 已是久远的过去了,总还在眼前晃,一日日筛漏在心底把久远坠坠地扯近来。便有一首小小曲儿在耳畔终日唱:云儿去了,遮了远远的天。在远远的天的那一边,有我姥姥的村庄……
>
> 于是,我记得:在住着姥姥的村子里吃饭,是不用打饭钱的。随你走进哪家院子,叫声老舅,便有汉子亲亲地迎出来,骂声鳖儿,不消你再说,一准有好东西管你吃。几多的舅哟老儿小儿,都要你喊。除非你骂他:"舅、舅,打一鞭,屙一溜。"他笑。该叫还是得叫。儿时,在姥姥的庄子里,捧着乡下孩子的小木碗,我就这样一家一家地吃遍全村。吃了,和小小的"老表们"滚在土窝里脱土馍馍,木碗儿扣出光光圆圆的一坨、两坨、三坨……撒一泡热尿,那"馍馍"碎了,又脱。
>
> 哦,我童年的小木碗——②

你必定会以为"我"将会带着你去"桃花源"走一趟,起码也得到沈从文的"边城"或汪曾祺的"高邮"去上一次,回到那天真烂漫的童年,可是,当你跟随着叙事者真的回到那个"姥姥的村庄"、回到他的童年的时候,却很容易想起张爱玲的那句话:美丽而苍凉的手势。你会发现,上述那种强烈而单纯的思乡情感发生了巨大的大变异。整部作品,只有一篇《谷场上》是具有纯粹田园意味的单纯情感叙事。它展示的是沈从文式的乡土、人性的旺盛生命力。在"谷场上",连山舅和烈子舅比拼农活儿——堆谷垛,两个壮汉仿佛都有用不完的力量,都有那种强劲的生命冲动,他们宁可不要生产队的"工分",也要一比高低,以致像两头牤牛一样顶起架来。那几段叙述堪称李佩甫小说最精彩的文字,字

---

① 李佩甫:《红蚂蚱 绿蚂蚱》,阎纲等编《中篇小说选》,人民文学出版社,1988年,第83页。
② 李佩甫:《红蚂蚱 绿蚂蚱》,阎纲等编《中篇小说选》,人民文学出版社,1988年,第83页。

里行间激荡着一种力量。——除此之外,其他诸篇则完全变了味道,都不同程度地混入了分析理性、生命体验的叙事因素,这些因素各自生长着,不断发挥自己的力量,干扰、遏制着这种思念之情。于是,当我们跟随着叙事者走进"姥姥的村庄"的时候,扑面而来的,就不仅仅是淳朴的风俗和人情,不仅仅有坚忍的生命力,还堆积着更多的令人压抑的艰辛、苦难和沉重,甚至有些所谓的淳朴人情也存在着相当的可疑性,这反倒使作品变成了一个充满张力的复杂结构。这就像一棵大树,树干还没有长高,就迅速地横向扩展;就像灌木丛一样,茂密,毛丛丛地一片,一团,许多枝枝杈杈相互勾连、交织、摩擦,能发出许多独特的声音来。尽管"我"将姥姥的村庄所有男人都亲切地叫舅舅,将所有的女性都叫姨,造成一种亲如一家的人情味,但是,你仔细品味一下,在"我"和村人之间,似乎还是隔着许多有形无形的壁障。"我"仿佛已经不是那个端着小木碗、撒尿和泥脱土馍馍的儿童,而是变成了一个目光深沉的成年人,一个从外边返回乡间的知识者,他不光是想念家乡,还要用他的价值观念思考家乡,分析家乡风俗人情。丰子恺的散文《从孩子得到的启示》写的那种儿童心态是真正的儿童心态。在北伐军进攻上海之际,"我"和许多人一样,惊慌失措,携家带口、东奔西逃,逃难结束之后,"我"问坐在膝上的四岁孩子华瞻:你最喜欢什么?答曰:逃难。什么是逃难?答曰:"就是爸爸、妈妈、宝姐姐、软软……娘姨,大家坐汽车,去看大轮船。"①他没有成人世界的任何价值观念,只凭自己的嗜好看世界,没有任何其他因素的介入,只有自己的单纯情感。相比之下,《红蚂蚁 绿蚂蚱》的"我"作为唯一视角的儿童,却显得过于成熟,不能说完全没有儿童的天性,但是,他看到的太多也看得太深了。

二

我们很容易看到那种清晰的时间刻度即历史性。虽然作者对历史背景进行淡化处理,尽量叙述日常生活中的乡土风情,却无意抹去历史性,无心建构一个不知有汉无论魏晋的封闭自足的乡土田园。"我"昼思夜想的"姥姥的村庄",仍然置于中国社会的历史进程之中,历史的阴影浓重地笼罩在故乡天空之上,极"左"政治支配着人们的生活和命运。这种近于伤痕小说、反思小说的叙事因素是造成田园情感变异的重要因素之一。《狗娃舅》的确展示了端着小木

---

① 丰子恺:《从孩子得到的启示》,载《缘缘堂随笔》(开明文库),开明出版社,1992年,第30页。

碗可以到处吃饭的淳朴人情和乡民坚忍的生命力。然而,它同时也足以让人辛酸和悲哀。狗娃舅偷来未成熟的地瓜给"我"这个城里的孩子尝鲜,这种偷窃和鲁迅《社戏》里的"偷窃"完全不同,根本不是来自于儿童的自由天性,不是儿童式的恶作剧或者是好奇心所致,完全是由于食物的匮乏、短缺和普遍的饥饿。结尾处那段歌谣唱得明明白白:"日头落,狼下坡,/逮住老头当窝窝,/逮住大人当蒸模,/逮住娃儿当汤喝,/唉哟喂,肚子饿。……"①狗娃舅是一个惯偷,他那高超的"偷技"竟然蒙过队长的盘查。队长的盘查绝不是和孩子们开玩笑,而是极认真地保护着所谓集体的财产。这让我们想起了《羊的门》中村民们普遍的偷盗行为,让我们想起《生命册》里虫嫂高超的偷盗技术。狗娃舅是个泥丸似的侏儒,他有着超乎一般乡民的勤劳。他是个割草能手,割草数量远远超过一般乡民。然而,这种勤劳、坚忍完全是由于生活的沉重压力,它不同于《谷场上》那两个比赛劳动的舅舅,他们是来自生命内部的自发性力量。他没有任何另外的选择,他的父亲瘫痪了,而他的母亲也病病快快,他要拼命地劳作才能支撑全家的生存。这种痛楚的压力,也一直压在叙事者心头之上,挥之不去。"多年之后,每当我眼前出现那个灰色的黄昏,一个极大的滚动着的草垛;一个圆圆的盛满了汗垢的肚脐眼;一双小拇脚趾有着双指甲盖的脚丫,便一同朝我压来。"②《队长舅》也似乎有那么一丝乡土人情味,队长领着队里的干部们开会,迫于上级的压力不得不毁掉地里的地瓜——半年的收成,他心痛这被毁掉的收成,然后再让饥饿的社员夜里把地瓜偷偷地运回家里,他还偷偷地在全村唯一的一个坏分子文斗舅家门前放了一袋地瓜,以帮助这个全村最饥饿的人。但是,队长和干部们开会熬到半夜,也不仅仅是因为来自上级的政治压力或一心为大家着想,而是藏有秘密的欲望。在夜深人静的时候,队长把队里仓库的花生拿出来给干部们煮着吃。这是干部熬夜开会的最大动力,也是他们不同于一般农民的特权。坏分子文斗舅出于极度的恐惧心理竟然不敢收起队长背着他偷偷送来的地瓜,他大吵大嚷以示清白,结果被队长舅捆起来,脖子上挂着地瓜游街示众。这个队长舅在整篇作品中处于极为重要的位置。他盘查狗娃舅,又格外照顾村孩儿。《选举》尽管没有人愿意按照上级的命令选举坏分子,可是,村人们还是非常顺服地进行了选举,尽管选得太多是一种误会,可是,最后文斗舅却没有和大家一起回来,文斗舅作为村里唯一的坏分子,没有任何摘帽解放的可能,他只能在苦难里煎熬,村人也认为他应该如此,并没有特别的反应。

其次,是那种文化反思,即所谓文学启蒙精神。这是五四新文学以来就一

---

① 李佩甫:《红蚂蚱 绿蚂蚱》,阎纲等编《中篇小说选》,人民文学出版社,1988年,第87页。
② 李佩甫:《红蚂蚱 绿蚂蚱》,阎纲等编《中篇小说选》,人民文学出版社,1988年,第84页。

直活跃着的现代性叙事之一。"文革"结束以后,这种启蒙意识成为 1980 年代的文学主潮。在寻根文学浪潮中,这种启蒙意识达到一种高峰。文学寻根要寻找文学的民族文化土壤,然而,当这些作家转过身来面对古老的大地的时候,其实绝大多数作家也仅仅是将那些更集中地延续着传统文化的生活领域——尤其是乡村生活,作为自己的题材。在文化观念上,他们根本就难以认同所谓沉积在乡土生活中的古老文化传统,倒是更容易对这种文化传统进行反省和批判。这篇作品正是寻根文学高潮之际创作、发表的,沾染着寻根文学的浓厚的启蒙理性色彩。《德运舅的大喜日子》完全是对古老乡俗的否定性审视。德运舅的婚事变成了丧事,新媳妇在新婚的第二天就上吊自杀了,娘家人气势汹汹将德运舅一阵暴打,过后,德运舅又回到原来的生活轨道之中。新媳妇对无爱婚姻的暴烈反抗使整部作品增添了浓重的悲剧性。我们很容易发现,整部作品到处弥漫着那种只有用审视的眼光才能看到的蒙昧、落后、贫困、苦难和不幸。这里的人们默默地过着那种沉闷而艰难的生活,就像那篇《老磨》所写的那样,永远在原地里转圈,总是发出单调的声音。人们仿佛就像那头被蒙了眼睛的毛驴一样,无止境地重复着同样的脚步,稍有越轨就立刻被响亮的皮鞭抽打。在《老坟地》中,传宗接代仍然是头等大事,新婚之后老人五姥姥便领着儿媳去认祖先的坟墓,求祖先保佑生子,在另外一处则是叛逆者的坟墓,叛逆者是没有进入家族坟墓的资格的。

还有另外一层文化意蕴,淳朴自然的乡土文化与城市文明之间的对抗、冲突,这种意蕴似乎又在强化田园的情感优势或道德力量。城市变成了一个令人向往又让人恐怖的暧昧不清的地方,一个很容易让人犯下过失的地方或道德败坏的地方。在《绿嘴儿牡丹》中,五姨一见钟情地爱上了县里样板戏剧团的"少剑波",它将自己亲手做的绣着"绿嘴儿牡丹"的布鞋作为定情礼物送给了少剑波,然而,这双鞋却遭遇和凌淑华"绣枕"相同的命运,他把那双绣着"绿嘴儿牡丹"的鞋扔进了臭水坑里,而五姨却还在痴等着少剑波的音信,为此,拒绝了所有的提亲者,当她看见那双被打捞出来的鞋之后,便绝望地随意嫁给了一个人。《村孩儿》那篇非常富于人情味,村孩儿国是吃百家饭长大的孤儿,队长舅也给他当马骑着玩儿,最美的姑娘五姨也搂着他睡觉,他的衣服破了,随便哪家的妇女都给他缝上。他偷了人家的钱,村里人就像教育自己的孩子一样惩罚他。他上学,"那天,全村人都出来送他。国穿着队里给他出钱做的一身新褂儿,脚蹬五姨给他纳的一双硬帮厚底的新布鞋,陡添了不少文气;队长舅用架子车拉了那三表新的铺盖(队里出棉花出布料,妗们搭夜套的)在村口等。众人又好一阵夸他。一百多户人家,不知谁先起的头,一家拿出一毛钱来凑齐送他。有实在拿不出的,送两个煮熟的热鸡蛋,面子上又觉得对不起人。这一刻,洗净了脸的国仿佛真长大了,恋恋地叫姑、叫婶、叫大娘、叫大爷、叫叔……叫得人心里酸酸"①。可是,这个村孩儿国上了大学以后,却从未回村一次,甚至连一丝乡音也没有了。这种城市与乡村的冲突让人十分焦虑、纠结,村孩儿国完全忘记了乡村对他的养育之恩,令人痛心,可是,如果将他的背叛放在村庄的整体环境里去考虑,即考虑到村庄的贫困、愚昧、落后和苦难,也是有其合理之处的。

再次,是命运悲剧的介入。那个狗娃舅天生就是一个侏儒,这种命运的偶然性在《瞎子舅》中得到集中的发挥。瞎子福海是一个孤苦的流浪者。他一出生就是瞎子,在夜深人静的时候,他对他母亲说:娘,你不该生我。他流浪,卖唱,卖老鼠药。他领回来一个怀孕的女子,大家以为他找到了媳妇,令村里许多光棍汉羡慕不已,可是这个媳妇在生了孩子以后就离开了他。他依然漂流四方。十个短篇就有两篇是以残疾人为主人公的,这极大地加强了作品的沉重感和苦难程度,同时也使作品的境界变得更为深沉、博大,更深刻地触及人的存在本质。人生总是不圆满的,非人力所能主宰,无论社会进步到什么程度,偶然性的命运悲剧都会对人生构成毁灭性的冲击。如果我们不以整体、整数覆盖"个人"的话,我们就不应该忽略这种悲剧性的生存。祥林嫂的孩子被狼吃掉,使祥林嫂的悲剧具有了敞开性,她没有被封闭在社会历史和文化层面,而是将她置于世界之中,置于充满千变万化的人的存在之中。另外,《瞎子舅》似乎还有更悲剧性的象征,它意味着人的盲目性,人看不到什么,人所渴望的阳光世界是不存在的,人的存在是一片黑暗,人只是在无边无际的黑暗之中孤独地行走,到处漂流。

三

《红蚂蚱 绿蚂蚱》的这种田园与反田园的复调叙事,是对新文学乡土小说叙事传统,即萧红、师陀的田园与反田园叙事的继承。我们知道,乡土小说是新文学小说中最庞大、最发达、文学成就最高的家族,这种优势一直保持到现在。在这个庞大的家族之中,写实性风格(或称之为现实主义)占据着主导的位置,如鲁迅《呐喊》《彷徨》的大部分作品、1930年代那些社会剖析小说和左翼小说,乃至1940年代赵树理小说等。这种乡土小说具有明确的历史理性或启蒙理性或政治理性,将社会进步作为自己的叙事重心,在进行现实批判的过程中,探究

---

① 李佩甫:《红蚂蚱 绿蚂蚱》,阎纲等编《中篇小说选》,人民文学出版社,1988年,第116~117页。

社会本质、发展趋势。当然也不排除其他因素的存在,如鲁迅小说由于对人的灵魂的深刻刻画而深深介入人性,从而使他的作品带有深切的人性意识,使其作品变得更为丰富、复杂。但是,整体上看,这类作品的历史理性色彩相当浓厚,这是中国文学最深厚的传统,也是新文学叙事的重要特征之一。与这种写实风格相对照的是浪漫抒情的纯粹田园小说。像鲁迅《社戏》那样具有比较纯粹的田园抒情性,近似于《桃花源记》的韵味,废名的一部分作品和沈从文的《边城》等部分作品都属于这种。这类作品属于浪漫风格(或称之为浪漫主义),在新文学中处于边缘位置,在郭沫若《女神》式激情浪漫主义迅速夭折之后,在鲁迅《野草》式冷峻阴郁的新浪漫主义之后,这种温情的田园浪漫主义在京派那里获得更充沛的发展,在沈从文那里达到高峰。它和古典田园诗、山水诗、山水散文传统有一定关系,和卢梭以来的浪漫主义的田园情怀有关。它以情感或素朴的人性或生命力来质疑历史理性对人的压抑、戕害,它无意分析社会、规划历史,却又不能说与现实文化无关。它是以人性理想为尺度——"希腊的小庙"衡量社会、现实,试图以素朴的自然人性作为现实文化对人性的桎梏,再建民族性格。沈从文的"希腊的小庙"足以与历史理性分庭抗礼,足以解释人生和世界,废名的宗教体验也具有类似意义。因此,尽管废名、沈从文的田园和陶潜《桃花源记》有一些区别,但是,相对地说,像《边城》等作品大体上可以看作纯粹田园叙事。我们往往习惯于把它置放于历史理性的框架之内,把它说成是"乌托邦",这是千百年来根深蒂固的"实用理性"的劣根性。问题不在于是否真实、是否能够在历史操作层面达到目的,而在于你是否相信,信仰或信念是不能分析的,信念或信仰存在的理由仅仅是你相信它,并愿意用它去解释一切。如果仅仅是分析的心态或思维,不用说宗教、思想,就是神话也可以淘汰了。因为分析来分析去就只能剩下吃饭穿衣了,就势必像萧红《生死场》里所说的那样,人和动物一样,忙着生,忙着死。

再一种乡土小说,就是萧红《呼兰河传》、师陀《果园城记》所表现出来的杂交、混合的田园与反田园的复调叙事。它最初萌生于鲁迅在《中国新文学大系小说二集·序》所说的那种带有浓郁的乡愁气息的五四乡土文学之中,如鲁迅的《故乡》、许钦文的《父亲的花园》等均属于这种作品。在抗战以后,萧红的《呼兰河传》、师陀的《果园城记》把这种复调田园小说推向极致。这种乡土小说最突出的特点在于,一方面它具有很浓郁的田园气氛和情韵,和沈从文的《边城》有近似之处,有建构自己价值系统的萌动、期盼;另一方面它又具有一定程度的历史理性,和田园意蕴相对抗、相矛盾,后者构成对前者的压制、排斥,使其总是处在弱势地位,无法壮大成长为沈从文式的"希腊的小庙",而前者同时也构成了对后者的制约,使后者变得不那么理直气壮。在外形上看,和那些纯粹田园小说几乎没什么差别。它没有一般写实小说的那种贯彻始终的故事情节构架和与之相伴随的同样贯穿始终的人物形象，或者说它根本上就不太在意人物性格的刻画，而是把环境作为主要表现对象，极力铺陈、渲染地方风俗人情，同时，弱化社会历史背景，以情感为结构核心，将情感变成小说的叙事轴心，让文字流淌在情感的水流之中，以情动人，激发阅读者的想象力和认知欲望。但是，如果从情感结构上看，与纯粹田园小说就有相当大的差距，纯粹田园小说情感相对单一，它是爱憎交织，认同与厌弃相互缠绕，熔于一炉。它的魅力就在于这种不伦不类所蕴含着的复调情感的倾诉。萧红《呼兰河传》就流淌着浓烈的思乡之情。对小城风俗人情的叙事，那种儿童视角，那种如数家珍般的对故乡风物娓娓道来的语调，隐隐地包含着对故乡的眷念，这种情感在某些局部被特别强烈地表达出来，如"火烧云"、"小葱拌豆腐"、"慈祥的祖父"、"后花园"等文字，但是，"大泥坑"、"小团圆媳妇"、"有二伯"等叙述却又包含着嘲讽、反思和批判的意味，呼兰河的人们仍然像"生死场"中所描述的那样，是自然的奴隶，他们和动物一样，忙着生，忙着死，年复一年，仿佛时间已经消失。再有，那个冯歪嘴子在苦难、悲哀中却蕴含着坚韧、顽强的生命力，他就像"后花园"里的植物一样，即使倒下也会开出花来。其情感为思念与苦涩的交融。如果我们把《呼兰河传》看作一个句子，其典型语法是："满天星光，满屋月亮，人生何如，为什么这么悲凉。"①前两句是诱人思念、无限眷恋的故乡的隐喻，而后两句则是令人厌恶、憎恨、无奈的故乡的隐喻，两种异质性情感、思想并置、交叠在一起。《呼兰河传》结尾最末两行字是："以上我所写的并没有什么优美的故事，只因他们充满着我幼年的记忆，忘却不了，难以忘却，就记在这里了。"②萧红自己也纠结得难以理清，便用难以忘却的记忆概括自己的全部叙事。师陀说："我不喜欢我的家乡，可是怀念着那广大的原野。"③他的《果园城记》就是这种句法的展开。细细品味这部作品就不难发现，那句"幸福的人们，和平的城"的感叹，就不仅仅是对果园城风物蒙昧、落后、封闭的嘲讽、批判，的确也包含着真挚而浓郁的眷恋。那种挥之不去的思念，和类似于萧红的"火烧云"、"后花园"、"小葱拌豆腐"的景物、风俗描绘，总是活跃在整个作品的叙事之中，经常会突然跳出来，还不时流露出京派作家那种乡土感情和对城市的蔑视、嘲弄。果园城里的那座塔也是一个矛盾体，它有个美丽的传说：它是从神仙的袍袖里遗落下来；可是，在《塔》中这个美丽的传说被彻底颠覆、消解。神仙是醉酒之后被果园城的丑恶现象惊

---

① 萧红：《呼兰河传》，解放军文艺出版社，2000年，第34页。
② 萧红：《呼兰河传》，解放军文艺出版社，2000年，第188页。
③ 师陀：《老抓传》，《师陀散文选集》，百花文艺出版社，2004年，第81页。

呆才遗落了塔。果园城里的人们,既可爱又可叹可悲乃至可憎。水鬼阿嚏非常可爱;葛天民愤世嫉俗,无可奈何;那个邮差就像《边城》里守着渡口的老人一样,淳朴而悠闲。可是,这里的人同样也制造出和所有其他地方一样丑恶的事物。"你瞧,在下面衙门里,一个绅士正和县官策划怎样将应该判处死刑的人释放,另外拿完全无辜的人来抵罪。然后以衙门作中心,虽然已是深夜,周围还在活动:在一个屋顶下面有个父亲正和流氓商议卖他儿子的老婆;在第二个屋顶下面,有个地主正为着遗产在想方法谋杀他的兄弟;在第三个屋顶下面,有个老实人将别人的驴子吊起来,不让它吃草;在第四个屋顶下面,有个赌徒在鞭打他的老婆,她三天没有给他弄来钱,没有接到嫖客;酒商正往酒坛里兑水;粮商在将他发霉的粮食擦光;宰牛的念着咒语;在不远的客店里,有个少女在啼哭,预备将头伸进她结在梁下的绳套……"①

新时期伊始,汪曾祺《受戒》《大淖记事》最先浮现了沈从文《边城》式的纯粹田园抒情传统,史铁生《我的遥远的清平湾》大致也属于这个范围之内的,但是,已经流露出一点点的苍凉感。《红蚂蚱 绿蚂蚱》则最清晰地呈现出田园与反田园相互交融复调田园小说传统。师陀也是河南人,是李佩甫的同乡。

这种复调田园小说之所以呈现出复调的复杂而纠结的美感,其根源在于作家内心的矛盾,个人的生命性的本我诉求与公共性的历史理性的"自我"之间的矛盾。从精神分析理论来看,"本我"是一种快乐原则,它只求快乐,没有任何方向,不计利害得失,仅仅是一种强烈的欲望。这种"本我"无法被现实接纳,只能升华或改造自己以便适应社会现实秩序。基于现实秩序所形成的"自我"保留少量本我记忆,大量的则是现实原则,它是理性的,并带有强烈的功利性,是要分析、计算利害得失的。萧红、师陀、李佩甫关于故乡、小城的那些美好的记忆,如风景和少量的人的道德品行,是其个体生命"本我"诉求的改装,这是现实原则控制之下"自我"能够容忍的或留恋的个体生命残片。不论这些作家出于怎样的原因,他们都无法抹去这种个人生命经历的印记,不仅无法抹去,这种印记反而会由于作家本身的性格或外部原因的刺激变得格外强烈。但是,"自我"中更强大的内容是现代历史理性,一种关于社会历史或文化进步、落后与否的衡量、分析方法和尺度,"自我"所依存的外部世界是历史性的,它总是以特定的方式对"自我"构成规范、引导,时时进行筛选、检验,那些能够增加现实感、促进社会进步的或起码不损害进步的信息受到鼓励,那些个人性较强的不符合这一要求的被打压下去。中国作家的现实原则——历史理性是非常发达的,无论古代还是现代,所谓社会责任感和历史使命感一直是中国文学的强势传统。因而,

---

①师陀:《果园城记》,解放军文艺出版社,2000年,第63页。

萧红、师陀、李佩甫等儿时的生命记忆只能以残片方式存在,掺杂在那种现实感之中,也由于这种个体生命残片对叙事的参与,使其历史理性无法更为透明、彻底,使其更多处在感觉、情绪层面,同时,这种历史理性也无法完全驾驭丰富的记忆和现实感觉,从而形成了那种一半是浪漫一半是现实的异样抒情风格。

　　我们应该庆幸、珍惜这些作家心灵所留存的个体生命残片,他们这些作品之所以独具风味,别具美感,不在于他们拥有社会现实或一个时代为他们所提供的许许多多人都共有的历史理性,完全在于这种生命残片的存在。具有持久美感的作品,很难来自那些宏大的共同性认知,只能来自于个人生命存在的隐秘部位。那些宏大的共同性认知,最多只能提供一些类似于"不能随地吐痰"的常识,却无法提供具有持久美感的创造性文学动力,个体生命的任意冲动是文学、文化的最永久、深刻的动力。现代、当代文学浪漫主义之所以萎靡不振、残缺不全,难以获得充分的发展,就是因为我们的文化太漠视、扼杀个体生命中的存在物。看一看那些研究论文和文学史,想一想这些作家所处的文学背景或历史背景,我们总是有成千上万个理由理解他们如何呼应了时代,却很难为他们沉迷于生命深处进行辩护,甚至连作家本人也未必进行这种辩护。只有时过境迁才能辨识出他们的独特意义。或许我们的文学也处在这些作家所书写的那种没有时间性的小城之中?

原载《文艺争鸣》2013 年第 6 期

李佩甫小说语言的文化意味
——读《黑蜻蜓》札记

潘年英

我向来比较注意李佩甫的作品,因为在中国文学出现一个前所未有的否定和批判传统文化浪潮的时候,他恰恰表现出明显的认同和依恋倾向。这人有点特别。

以前读过他的《红蚂蚱 绿蚂蚱》和《画匠王——1988》,新近读到的是《无边无际的早晨》和《黑蜻蜓》。还读过他的另外一些作品,但印象不深,题目忘了。

仅就读过的这几篇来看,题材都是写农村的。写农村而不是客观描写客观叙述,而有着强烈的主观感情色彩。这种主观感情就是对传统文化的极大认同。我们一般的经验是,农村苦,农村穷,农村蛮荒而愚昧。但李佩甫笔下的乡村却充满了诗情画意。其间真是虽苦犹甜,虽穷犹富,人情味浓,人与人之间的关系很融洽很美好。这当然是作者情感化了的乡村。

《黑蜻蜓》(载《中国作家》1990 年第 5 期)写一个普通农村妇女——二姐的辛酸、凄凉、悲惨的一生。二姐勤劳、质朴、心地善良,对人诚恳,却是命运不公,一岁没爹,两岁没娘,三岁时耳聋,十八岁嫁人,此后一生劳苦,一个儿子好不容易拉扯成人却送去参军不到一年便战死南方,民政局来通知二姐,她耳聋听不见,不知儿子已死,至死也不知道儿子已战死沙场。她才四十几岁便因劳累过度而猝死。

像二姐这样的人物在中国农村实际上是很普遍的。二姐的身上集合着中国传统文化的精华:吃苦耐劳、坚忍不拔。从小说挖掘的主题意义来讲,有点类似于郑义的《老井》。但写法上李佩甫与别人不同,一是通过童年视角把作品主观化、感情化,二是通过地道的农村口语使作品生活化、民间化。这两点基本上决定了李佩甫小说的大致风格。

李佩甫的好几篇小说都是通过童年视角来叙说农村的。童年的印象往往是很美好的,记忆中的山水、人物、事件仿佛都梦一般地充满着诗情画意。那是一种很遥远了的印象和记忆。记忆的丧失来自现代化的巨大冲击。迅猛发展的工业革命推动了全球文明的进程,从而也使传统文化迅速地土崩瓦解。汹涌而来的城市化、工业化浪潮似乎是一种世界性的灾难,正在动摇着我们传统文化的根基。面对这种冲击,我们一方面欢欣鼓舞,另一方面却深感恐惧和忧虑。《黑蜻蜓》结尾的一段话清楚不过地表明了作者的这种思想:

> 临离开村子的时候,二姐的两个儿子悄悄地跟到了村口。这时我发现,已经长大成人的这两个小伙子都穿着西装,很皱的西装。铁蛋和平安脸上虽然还带着淡淡的哀伤,但目光却是坚定的,两人一同说:"舅,俺不想在家了,在城里给俺找个事儿做吧。"
> 我突然觉得什么东西断了,一下子断了。我看到了背叛,可怕的背叛。我知道他们终将会离开土地的。即使我不帮他们,他们也会的。我无言以对,只默默地望着他们。
> 我想问苍茫大地,这是为什么?
> 大地沉默不语。

"我突然觉得什么东西断了。"什么东西呢?传统。传统断了。传统的文化,传统的价值观念,传统的精神系统断了。任何一次重大的社会变革都必将改变原有的文化秩序和社会结构,也必将给人们的心灵带来巨大的震荡和冲击。所以作者发出了"我问苍茫大地"这样凝重的感叹。

这里存在着一个价值判断的问题。传统的东西果真就那么值得依恋吗?那当然不是。二姐勤劳一生、辛苦一生,最后仍没有改变贫困的命运。她的劳作带有很大的盲目性,她的死也可以说是愚昧和无知造成的。如果从社会学的意义上讲,二姐的死无疑是中国农村妇女的悲剧,站在今日现实的观念来看,二姐的精神是不足取的。但作为文学艺术,由于作者对二姐这个悲剧人物倾注和投入了大量的主观感情,从而突现了二姐的善良、忠厚、勤劳等性格特征,使读者对二姐这个人物产生了强烈的感情共鸣。二姐死了,但二姐的精神却活了下来。二姐的精神便是中国传统文化的精神:坚忍不拔、刻苦耐劳。这也正是中国传统文化的主体精神。

这种精神当然不能丢掉,更不应隔断。

小说成功就成功在这里,作者能从中国传统文化的废墟中,提炼出精华的部分来。相比之下,贵州文学对传统文化的态度几乎都是站在否定和批判的立场上的。尤其是少数民族作家,对本民族的传统文化相当反感,认为那些东西阻碍了现代化的进程。其实,否定传统,批判传统,或者认同传统,赞美传统,都未尝不可。问题不在于怎样选择,问题在于你的选择是否盲从。不能看见别人批判咱们也批判,别人肯定咱们也肯定。优秀的艺术家,是应对一切变化着的事物有着独立的见解和清醒的判断的。真正的艺术家,就应该勤于思考,也善于思考。

《黑蜻蜓》的另外一个成功的地方，是其具有鲜明个性化特征的语言。文学是语言的艺术。语言的造诣如何直接关系着作品的成败。李佩甫的语言个性主要是通过他对浓郁的北方乡村口语和古典文学语言的巧妙糅合而实现的。如《黑蜻蜓》的开头部分写道：

>那是八月的黄昏，秋阳浸染在西天的霞彩中，"叫吱吱"点墨一样在天边舞着，穿枣花布衫的乡下二姐大人似的前边走，细细的身量拖着长长的影儿，影儿是斜的，荡着一窝一窝的热土。小脏孩走在斜斜的影子里，晃晃的像个跟屁虫。

我们主要看李佩甫的用词，他的动词用得很灵活，如"'叫吱吱'点墨一样天边在舞着"、"细细的身量拖着长长的影儿"，动词活用，恰如其分地表达某种情感和状态，显示了李佩甫坚实的古典文学基础。而"荡着一窝一窝的热土"、"晃晃的像个跟屁虫"这类句子，则是用得很精妙的口语。口语恰到好处的运用常常使作品的语言形式本身便饱含一种"文化"的信息，增进作品的艺术感染力。当然，文学创作中并非任何口语都具有这种功能。有时候，口语用得不恰当，反而败了读者的胃口。尤其是南方作家，地方语言一般应慎用最好不用。由于我们通用的语言是汉语，而标准的汉语又是以北京方言为基础的普通话，这就要一个读者的语言接受问题。以各地口语入文，用得不好，别人就看不懂，即便看得懂，但读起来别扭，效果也不佳。在语言选择上，北方的作家确实较南方作家占了很大的便宜。李佩甫是北方人，也占了这个便宜。他的一些句子，很土，很俗，却意味深长，往往能把人带入那样一个特定的文化环境中去。如《黑蜻蜓》中写二姐带小脏孩过村路的一段：

>遇上了，就有村人野野地喊："妮，谁？"二姐大人样地说："城里俺姑家的……"尔后仄回头，闪一眼给小脏孩："叫舅哩。"小脏孩羞羞地低下头，扭扭地蹭着脚下的暄土，不吭。

这里的对话就由于运用了口语而大为生辉增色。倘若不用口语，而改为地道文人化语言，那就没这"乡土味"了。

贵州远离京城，僻在南疆，虽说境内都通用汉语，但这里的汉语已与北京的方言有了很大的差异，形成文字，就是另一番风味，用这样的语言来写作，当然也具有特定环境下的"文化意味"，但接受的范围却很窄。所以贵州作家在创作时，语言本身已构成障碍，如何突出这样障碍，是个值得深究的问题。

原载《今日文坛》1991年第2期

现实与神话的二重走向
——评《李氏家族的第十七代玄孙》

林 焱

寓言包含着一个民族的智慧和道德判断；神话包含着一个民族的精神气质和行为模式。这指的是人类祖先所创造的原始意象，也就是他们所经历的许多共同体验在心理上留下的痕迹和在艺术创造上的第一次尝试。那时，关于世界的理解，在科学理性方面是比较鲁钝的，而在艺术方面却不自觉的显示出天才和灵气。

文学的发展，为摆脱神话思维方式的束缚，经历了漫长而艰辛的路程。之所以要摆脱它，神话因为宗教化了的神的力量抑制和吞噬了人的力量；未完全宗教化的神的艺术形象也同样掩盖和窒息了人的形象。

当现代文明之光照临这个世纪时，文艺又出现一次神话形式的复苏。这复苏是伴随着各种艺术形式的繁荣而萌生的。神话，再一次成为文明而不是宗教的代名词。尼采说，神话的复兴可以带来艺术繁荣。这个预言可以说并非虞语，而其全部的正确性，还有待于将来更充分的文艺现象来加以证实。

回到我国近年小说创作的论题上来。神话的再现已经不是个别评论者注意到的事实。虽然其中有些评论是先持着一个神话——原型批评的"绣球"，往彩楼下芸芸簇立的作品群里一抛，打中的就是这种批评方法不容逃脱的"夫婿"，但是，我们只要想到这些作品——从张扬的非凡个性，到把这种个性纳入一个神奇自然现象背景的《红蝗》（莫言）；从描写动物灵性，到把这种灵性移植到人之身躯里的《黑丛莽》（冯苓植）；从刻画生态奇观，到把这种奇观衍释为社会文化形态的《蓝虎》（袁和平）——不就可以确信神话在用各种不同的体式展现在我们面前。

本文主要讨论的作品是李佩甫的《李氏家族的第十七代玄孙》（《小说家》1986 年第 5 期、1987 年第 6 期）。这部上下篇近 18 万言的作品，总体结构是两条并行的情节线索。一条是从李氏家族远祖先人以降各代佳人的经历，包括洪荒时代的大迁徙、跟神怪妖精的搏斗等等故事。家族变迁的历史发展包含着比较充分的神话色彩。另一条线索是共时性的情节，十三章可以分别单独成篇的作品，描写第十七代代表李氏家族成员们的现实经历：从县长李金魁到战士李志全,从发家的能人李大有到又痴又呆的哑巴……在改革年代里,家族的所有后辈成员都面临着跌宕的社会经历和感情经历。这两个部分内容相交错地排列。十三章现实生活情节与十三章非现实的家族历史整齐地相对并立,平行推进,这种组构方式可以让人想到"对比蒙太奇"这个词儿,虽然文学评论爱用绘画、音乐、电影艺术的术语,多少都有点牵强附会。

两种不同质的艺术符号相继唤起审美知觉,可能带来对比的联想。多次交替出现的两类符号,当然能带有强制地激发审美者的联想,产生内涵的互相渗透,并由此得到单质的艺术符号呈现所不能启动的艺术感受和思考。

《李氏家族的第十七代玄孙》的现实生活展示部分首先描写新任县长李金魁接到匿名信,告发县委诸领导受贿索贿的事实。李金魁对此感到棘手,他不敢决然把涉事的三十七个干部作为自己的对手,但又不能渎职掩盖此事。他抽完三十九支烟后,决定以抛出硬币示其哪一面朝上的办法,卜知自己在两难之间的抉择。"一道银光闪过,那枚负有重大使命的硬币从桌上滚落到地下去了……"

情节留下悬念,而且作者不准备推衍故事以解开这个悬念。作者所描写的诸多在改革时期出现的新事都跟这枚正闪着银光的硬币一样,具有两面意义,有两种发展的可能性,都可以作两种不同态度的评价。

生活的明晰性几乎彻底消失了。小说创作比任何一种文艺形式都更早地为这场发生在中华大地上的改革热情鼓呼,也曾更多地描写民族生活所出现的喜人的生机和前景。文学的幼稚、愚昧时期早已成为过去。小说对现实的思考不再是被动的图解或浅薄的颂扬。困惑、烦恼、焦虑和躁动不安,成为改革题材文学的主调。这种主调也不是我们今天所处时代的深刻意义所在。尽管有些形式的作品还在编织华丽的现实童话故事,然而逐渐成熟的社会知道,对于历史进步真正有价值的总是那些带着痛苦色彩的思想,哪怕这种痛苦达到愤怒或接近绝望。

《李氏家族的第十七代玄孙》跟我们已经熟悉的一些现实题材作品一样,对生活的困惑和焦虑,首先表现为"义"和"利"的冲突,也就是道德规范与经济利益的冲突,作品第三章描写李志全在前线牺牲之前,掏出令他"终生"遗憾的退婚信:未婚妻离弃他,嫁给一个有钱的做生意的。军人的高尚的荣誉在生意人的金钱面前黯然失色。第五章中的李二狗,发家致富之后穷奢极欲,蔑视一切道德规范,否定除金钱之外人世间任何行为的目的。最后,李二狗落得银铛下狱。金钱这么轻易而不可抵挡地腐蚀一个人的灵魂。

历史无数次地重演这种情况:人们总是认为已经逝去的贫困年代里有着美好的"礼"、道德习惯,人类每向前跨出一步时,总是痛心疾首地忧惜已经不复存在的伦理规范。具有批判现实主义精神的作家,几乎一整代在为金钱社会的"世风日下"而悲愤欲绝,这一方面是作家良心的表现,另一方面又是这一代作家对他们所处时代面临着人类历史最辉煌的科学技术和生产力发展的无所洞察。

重大的社会进步与巨大的精神困境纠合在一起。在表现道德与金钱的冲突时,许多作家揭露了金钱欲望所带来的罪恶,编写了善良者的悲剧,他们在一定程度上忽视了"金钱欲望"所带来的社会经济发展的动因,由于沾滞与具体人物的苦难遭际,未能对人类的发展进程有所预见。更苛刻一点说,那一代作家对社会经济的发展普遍表现出迟钝和拒逆的心理。

近年来,我国的一些文学作品也流露过这样浅薄的缺乏历史远见的同情心。也许这是作为人学的文学所不愿改变的一种对世界评价的特殊方式。但我们还有幸看到,由于作家们所能了解到的国家经济落后的困境,或者最低限度上是对作家生活条件的不满足,因此,人学的同情心、怜悯心,体恤众生的救世精神颓萎了。

作家普遍面临着精神困境。在《李氏家族第十七代玄孙》中,作者没有急于对金钱和道德的关系进行明确的评价,作者不再简单地判断富裕与道德高尚之间正向的或反向的因果关系。李二狗富了之后,把人与人之间关系全部归结为金钱与肉体两种交易形式。李大有富了以后,却荫护乡亲、济贫救穷,而且还有点儿以德报怨的坦荡襟怀。作者描写了这一家族的群像,表现农村经济体制改革带有的各种现象,"纷乱的年代,纷乱的心"。如果说众多李氏十七代玄孙们有什么共同之处的话,那就是每个人都经历着艰难和对前途的渺然迷惘。摆脱往日的贫困,难!赚到了钱以后,怎样生活,也难!李满凤为了几千块钱,不得已地嫁给一个矿工,她几乎是卖掉自己。婚后"泼了命的午","像磨一样地转",还清了债务,替丈夫生了儿子,然后,"打扮得漂漂亮亮的"去找"相好"。"相好"下了狱,李满凤仍然死心塌地等他。她的行为中,带有令人赞赏和不那么可赞赏的内容。从传统道德或从反传统道德的角度来看,都不能对她作出明确的评价。李满囤的老婆跟上一个青皮后生,李满囤听从李大有的安排,"睡"了她两回,再索要了青皮后生一笔钱,然后任他们去成亲,自己另娶一个聘礼便宜的老婆。不道德中包含着道德,野蛮中又包含着文明的宽容。金钱与婚姻这样地结合在一起:既是买卖性质的,又保护了有感情的结合;既是违反现行法律制度的行为,又因金钱的调节达到依法仲裁未必能如此圆满的两个家庭的重建。

在这部作品中,除了道德与金钱冲突的构思动机之外,我们还可以读到作者设置的另一种"情势"——表现人的内在生命动力。小说第四章里,李春生放弃上大学机会，挖煤、种菇、贩猫、喂蚯蚓，赚了钱供女友刘晓霞上大学，他自己也成了赫赫有名的万元户。曾铭心地爱过他的刘晓霞上了几年大学，"观念"变了。李春生找到刘晓霞，用一个炸药包结束他们之间的恩怨与爱恨。李春生的行为，不仅仅是对一个姑娘的爱，他带着一种令人生畏的狂热。"卖菜时，他的第一声吆喝是闭着眼，淌着泪喊出来的"；脱砖坯比赛后，他累得"一连发了七天高烧"。他受着内心生命动力的驱使。他内心潜在的动机是试图彻底改变农村青年的社会地位。他的恋爱失败，不仅失去一个刘晓霞，而是失去全部行为所预期目的实现的可能性，所以才有了毁灭自己的疯狂举动。

作品续篇第三章内的李大有，更是有着强大的内心动力。他的举动好似豁达大度，实际上精于算计，他做了一些有益乡亲的事，但明眼的李宝成说"你心太黑、太狠，你不是人"。李大有对此也承认不讳。他被人坑了时，能忍得住，不急于报复。村里人知道他准成大气候，但对他将来可能发生的举动，又感到几分惧怕。李大有的行为中，有一种说不清的指向，而他内心勃动的生命动力则是尽人皆晓的。

这种内在生命动力是道德规范与金钱利益之外的第三极因素。它可能调节金钱与道德的矛盾，也可能加剧金钱与道德的冲突。

在作品中，作者有时把生命动力解释为动物性的本能欲望，如第八章哑巴强奸城里姑娘，续篇第一章李连升与玲姑娘的故事，作者用欣赏的态度表现人的性欲之近乎神圣的尊严。

不能说作者把人的内心动力完全归结为动物本能。如果作者已经有了一条规律性的认识，也就不必要把作品拆为各个独立的情节段并表现不同的意向。内在生命动力，包含精神与肉体的欲求，包含默默忍受一切的韧性，也包含对命运的强烈抗拒，包含环境遭遇唤起的情绪动机，也包含不源于外界的、与生俱有的先验的冲动，包含"家族"历史传统的积淀，也包含改革浪潮中浮现的新生命的绿洲。

我们把视线转移向这部小说的另一半内容——李氏家族祖先的故事。作者把这个家族的形成描绘得像每一个民族都有的关于人类起源的传说——逃避毁灭性的浩劫，有神秘意味的交配和生育、农作物的发现、宗教崇拜的形成以及种族统治方式的递变。

在这些神话般的故事中的基本冲突是：生活资料（庄稼、粮食）和宗族成员生活原则的矛盾。生活资料的占有与生活原则的确立，庶几二者不可兼得。有时，丰裕的生活会因为族人的信仰不坚定、伦理关系失当或暴殄天物而遭到新的灾难惩罚。有时，杀戮老人、拆散家族、兽欲横流却带来五谷丰登、五畜兴旺（如第五辈传人"赢"的时代）。两种因素的冲突与现实生活情节金钱与道德的矛盾是同构关系。在家族神话历史部分,也存在有第三极力量——神怪与无虞之灾祸。先有神虫、鼠精、巨龙降灾,后来,神的力量转化为残酷的族规和十倍残酷的帝王之权威。

李氏家族祖祖辈辈挣扎着与贫困、苦难作斗争。当他们改变了困难生活后,总又遭到不可预料的劫难和厄运。特别是那些为家族的繁荣立下功劳的人,终而罹至最悲惨的下场。第六代祖宗"衡"重建了家园,年老时却被活埋。临危受命重振家业的银莲,最后落得受百般凌辱、"骑木驴"惨死。李发祥冒死告御状,保住李氏家园,终而没能逃脱满门抄斩的大祸。

有作为者,立志振兴家业者,都试图建立起族人共同遵守的生活原则——包括敬天、亲人、勤业、节俭等。这些生活原则的确定与生活资料的占有,总是处在矛盾之中,二者总不能取得平衡。第三极力量的制约使得创业者无法谐调二者的关系。冥冥之中存在的神灵力量的制约使这个家族遭受不可摆脱的苦难。

我们找到作品中两大部分情节的有机联系:

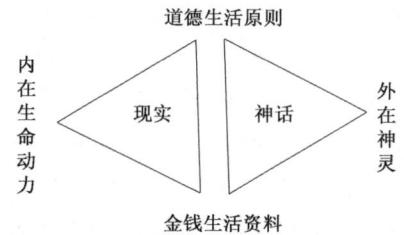

显而易见,现实与神话两部分描绘着对应的三极关系构成。

在思考现实问题时,作者面对纷繁生活,表现出理智的"谨逊"态度——无意于归纳或肯定一种充分稳定的人生——价值模式,无意于把作品可能触发的理性观念推进到哲学思辨的高度。究其原因,不仅有作者面对改革现实产生的困惑和烦恼,还有作者对文学功能、文学本质意义认识的新观念。

与此同时,作者在艺术表达方式上则表现出充分的自信和勇气。两个"三角形"相对应构成,相对比存在,使得作品内涵充满流动感。现实形象——李氏家族的第十七代玄孙们在神话中寻找自己行为的"同路人",寻找伦理道德的依据,寻找内在生命力的成因。现实生活,在历史的、神话的背景下,展示出奇异的艺术色彩和炫耀着似乎存在的思想深度。

现实与神话是两种艺术思维的取向。两种叙事语法所力求达到的是不同的功利性意义。对现实生活的实证式分析理解(指具体的情节设计),一旦和人生普遍的精神气质、行为模式相掺和,就有可能激活和深化人们对人生——价值模式的思考。

神话体小说在作品里提供了两种画面,不仅丰富了现实生活的"背景",深化了现实生活的涵义,同时又是对历史的反思。在《李氏家族的第十七代玄孙》中我们看到作者对民族道德传统的评判。现实与历史的对比,既表现出现实从历史道德中分离出来的艰难,改革中的人摆脱传统思维、行为习惯的痛苦过程,也表现了对原生形式的伦理准则的怀疑和批判。

在作品中,家族历史的发展,从神话故事经由传奇故事的过渡,向近、现代现实生活逼近。另一方面,第十七代玄孙们通过"引子"部分续家谱和"尾声"部分祭奠魂灵永存的家族史的传颂者七奶奶,承继和沟通了他们与祖先的血缘联系。现实与神话的同构,神话与现实的互证,也许就是维柯所说:神话是对现实的诗性的解释。

神话思维给艺术作品以新的生成机会。前几年,在动物题材的叙事作品(如《野奔》、《野狼出没的山谷》等)和寻根题材作品中(如《黄烟》、《爸爸爸》等),已经有了神话思维的萌芽。无论评论者怎样理想地从社会的或艺术的角度批评这些作品,都不能改变这种思维方式给文学创作带来的生机。也可以说,动物题材小说和寻根题材小说为神话体小说的出现进行了思想和艺术的准备。现在,文学作品中出现具有人一般精神气质的狼(《黑丛莽》)和具有原始思维、行为方式的现代人(《蓝虎》)时,我们并不感到自己艺术感受能力的失措。

神话体小说应该有两种基本因素:一是超人或非人的形象,二是有整合意义的文化内容。这是《黑丛莽》与《蓝虎》分别具备的艺术成分。在李佩甫的《李氏家族的第十七代玄孙》中,两种因素有了综合性的意向,但未达到较充分的互相渗透。在莫言的《红蝗》中,我们看到了历史神话与现实生活的更紧密的交汇。高密东北乡食草家族奇异的生理特征(手脚指长蹼膜)、对食物的特殊选择,与汉民族"饮食文化"相左的"排泄文化"("大便时都能体验到磨砺黏膜的幸福感"),充沛勃动的情欲和的奇异的图腾崇拜(八蜡神),这些描写不断地撞击着现实主义的艺术思维定势,同时作者又用部分亲身经历式的现实生活内容把将要倾倒向纯娱乐性的审美思维重新扶持起来。读者有时抱怨被捉弄,不是没有理由的。二重艺术思维走向"折磨"着读者的审美知觉。习惯于温文尔雅的室内舞步者,到这个文学"霹雳舞"的场地上,感到晕眩或恶心,不能理解为什么有人情愿受这种痛苦的艺术折磨。《红蝗》中现实与历史无规则错合的画面上,腾飞着一群神虫,"像一片硕大无比,贴地滑行的暗红色云团","亿万蝗虫团结一致形成巨龙,放射着奇光异彩的是蝗虫的紧密团体,远处的田野、近处的河水都黯然失彩"。在这种神话式的描写中,我们感受到艺术知觉的昂奋。超阈限的刺激使人产生近乎疯狂的震撼。另一方面,读者对作品社会意义的思索能力变得麻木、迟钝了。知觉超强刺激抑止了理性思维的进行。批评家习惯地在文艺作品面前流露出的骄傲、解读、把握、洞察作品的能力严重地受挫。对此,我多少有点幸灾乐祸的快意以及自嘲自谑意图的获得。

　　《李氏家族的第十七代玄孙》与《红蝗》有不少相谋合的构思,如成精的蝗虫、生理有异征的族系等。这些多属细节的相同。在整体构思上,二者都采用神话因素,而李佩甫的作品创作意图、社会意义相对地要明晰得多,作品对改革现实的思考也热情得多,也因此,作品中两部分内容尚有游离之感。神话与现实的结合,在这几部作品中都留下不尽如人意之憾。这种憾意,是对艺术形式创造的新的期待,一也是评论者在更高的层次上与创作者达到相互理解的期待。

原载《当代作家评论》1989 年第 1 期

善与恶的悖论:《李氏家族》的历史哲学
——读《李氏家族的第十七代玄孙》札记

陈继会

中国并不曾真正进入现代社会,但极其缺乏阅读耐心的现代读者却成批地涌现了。于是,即非粗制滥造(确有此类长篇),但愈写愈长的长篇也日渐受到读者冷落。在这种情势下,我注意到一部仅仅十七万字的长篇——李佩甫的《李氏家族的第十七代玄孙》的出现及受到的不同礼遇。

这不是一部随意之作,也不是一部好读的书。这是一部能够使你读后感到困惑并由此引出继续阅读与探求兴趣的书。我曾尝试着像读一般长篇那样较快地去熟悉它、结束它。但是,我失败了。读过第一遍后,我感到非常困惑。我为以下诸多的问题所困扰而一时难以找到一个满意的答案:触发作者创作的最初冲动是什么?或者换句话说,激发作者这部书写作灵感激情的是李氏家族第十七代玄孙的"现实生活",还是他们祖上的"历史生活"?是因为"记挂着那些被各种欲望燃烧着的第十七代人"呢,还是七奶奶的了"瞎话儿"更有诱惑力?作者的历史哲学是什么?面对着作品所展示的纷繁杂沓的家族生活,我们将何以评说?……我感到这部不足二十万字的长篇的分量。

小说开篇即从现实写起,而且又是以县长李金魁毅然抉择、惩治腐败这样的内容起首,分明地显示着作者对他生活其中的现实的热诚关注与拥抱。但我还是要说,这部作品写得更好的、最使我激动的却是李氏家族的兴衰史,是奶奶的"瞎话儿"。我曾寻思,这"激动"缘于何故?大约这类"瞎话儿"不仅留给作者,也留给读者的情绪记忆太深刻、太强烈了。不妨想去,中原腹地(事实上包括黄河流域数省)的哪一个人哪一代人不曾受过这类"瞎话儿"的启蒙,而且早已深深地潜存、植根于人们的心理之中。这种"瞎话儿"实际上已成为一种民族的"集体无意识"。作为人类世世代代普遍性的心理经验的长期积累,它"沉淀"在每个人的无意识深处,其内容不是个人的,而是集体的、普遍的,是历史在"种族记忆"中的投影。这已近于荣格所说的"原型"或"原始意象"。这"瞎话儿"赋予我们祖先的无数典型经验以形式;它总是在历史进程中反复出现。正是在这个意义上,我们可以说《李氏家族》并非一部家族的兴衰史,作者试图写出一部民族历史的神话(请注意《李氏家族》的神话结构)。在写一部中国式的

"圣经",这结论并非仅仅得自小说中那"七天之后"、"七年后"、"一连走了七天七夜"、"连睡七天七夜"这些极易给人联想的语言符号;这个家族自李和背着木犁开始的历史,也极易使人联想到《圣经》中的"创世记",这"神话"凝聚着人类从远古时代以来长期积累的巨大心理能量,其情感内容会远比个人心理经验更强烈,深刻得多。尽管它荒诞怪异,甚至根本不复存在,尽管后人根本不曾经历过,但它却可以撼动我们的心灵。读着这些"神话",我们"会突然感到格外酣畅淋漓,像欣喜若狂,像排山倒海的力量席卷向前"(荣格语)。我们似乎与包括先民在内的我们这个族类的全体乃至整个人类产生强烈的心灵共鸣。难怪我们在读着那似真似假、似有似无、亦奇亦平、亦怪亦常的"瞎话儿",会如此为之激动,先民们或悲壮雄浑,或滑稽卑怯的生存苦斗才如此荡人心旌。

相对于奶奶的"瞎话儿",小说中关于现实生活的推写则要逊色一些。这种逊色大致缘于两个方面。首先,为世人所熟悉的"现实"世界先天地缺乏"神话"世界所具有的那种陌生的、神秘的、新奇的因而也是巨大的审美冲击力;其次,"剪影式"的单独成章的缺乏内在联系的"现实"生活图画,与"全景式"的前后贯一的精神联系密切的"历史"生活图画,构成了一种非对等的不协和的审美关系,于是,读者的倚轻倚重,"历史"为重、"现实"为轻的审美体验也便自然产生。即使如此,小说关于现实生活的描写也是值得肯定的。作为李氏家族的"现在",作为李氏家族"历史—现实"一元存在的一维,后者不可或缺,其价值在预约之中。

无管我们把奶奶的"瞎话儿"视为李氏家族历史在"种族记忆"中的投影,还是视为民族历史的神话,作为"历史",其基本的特性被规定了。它与李氏家族玄孙们的现实存在构成一个不可分离的整体:即一个家族或一个民族甚至可以说是整个人类从过去走入现实,从昨天迈步今天,从洪荒远古一步步走向现代文明的漫漫历程。在对这一漫长历史进程的表现中,李佩甫自觉或不自觉地表达着他的历史哲学。我注意到了即将全部结束这部小说时,书中人物李大有对同村青年李金成说过的一句话:"善就是恶,恶就是善,你得清楚这一点。"我们不能妄断这就是作者历史哲学的表述,但小说的确是以极其客观的、理性的态度写出了恶在历史进程中的作用。

李氏家族、尤其是先民的历史无疑是一部"恶"的历史。与异姓宗族的血斗(以森为代表的李氏家族与张氏家族的火拼),同姓宗族内部的杀戮淫乱,号动九州十三县的丐爷的逞强斗狠。还不说弥漫在宗族日常生活中的囤积居奇,蛀蚀家族;妇姑勃谿,叔嫂斗法……现实生活中二狗的暴发,大有的"助人",满凤的发狠治家,青生的炸死晓霞……小说向我们描绘了一幅幅极其自然,但也盲目、野性的生存挣扎、生命创造的图画。

李氏家族的历史又是一部不断背弃、叛逆的历史。先族李和的背叛开启了这个家族繁衍兴衰的历史。渎神犯祖争吃"神虫"的淼与贝接续了第二代的叛逆。活埋二十四位老人残酷淫乱的赢在叛逆的路上走得更远。衡之躲之棺材,以智慧赢得村人承认,从而改变赢之人活六十必被埋掉的规矩,也是一种背弃。……背弃连着背弃,叛逆接续叛逆。这种背弃、叛逆也突出地表现于李氏玄孙们的当代生活中。李满凤的"私奔",小霞的"负情",二狗的犯科,晚玉的出走,大有与五叔的"斗法"……都表现出一种对于现存的生存状态、秩序的叛逆和背弃。

导致李氏家族一代又一代子嗣的不断背弃叛逆的原动力是什么?小说以其实在的生活图画告诉我们,是情欲,是一代又一代人生的诱惑,是他们对于自我存在的最理想状态的追求。这种生存的诱惑即使是后起的礼仪、道德、制度、知识……这诸般精神文化(即李氏家族所推重的尊祖之德、三拜九叩之礼以及读书求识等)也抵挡不住。也许,唯此才有了李氏家族的升沉接续、繁衍兴衰,才有了包括李氏家族在内的人类的发展进步。睿智的读者大约已经明白地看到,从这一结论出发,必然会导出对于"恶"的历史作用的肯定。黑格尔在他的《历史哲学》中,曾明白地说过:"假如没有情欲,世界上一切伟大的事物都不会得到成功。"黑格尔的这些思想,被马克思主义的经典作家肯定并加以发展。恩格斯在《家庭、私有制和国家的起源》一文中,谈到古代社会时即说过:"在这种社会制度下,文明完成了古氏族社会所丝毫不能做到的事情。不过,它是在推动了人们的最卑劣的动机和情欲,并且发展了它们以损害人们的其他一切才能以后,才完成这些事情的。卑贱的贪婪乃是文明从它的第一日起以至今日的动力。"这些看法肯定了卑贱的贪婪在文明发展中所起的作用。

马克思主义经典作家的论述,清楚地表明了他们并不是用什么美好的眼光来解释世界,他们肯定了恶的历史作用,肯定了"叛逆"、"背弃"在历史进程的每一环节中的不可逆性。《李氏家族》以毫无讳饰的笔墨,写出了被生存的渴望、情欲裹挟着的一代又一代的李氏族人的天然追求,写出了充满着叛逆、背弃精神的李氏家族的超越史。在这里,李佩甫俨然是一位"历史学家"。他完全超出了个人局限,邀游在创作者个人利害的范围之外,因此,使我们得以窥探历史的真相。在他提供的这些充满着神秘幻觉色彩的历史图画与真切可见却又扑朔迷离的现实景观中,包蕴着极其丰厚富赡的文化历史内涵。

面对着小说所展示的艺术世界,我不禁想到佩甫的两句话:一,作家应当有背叛意识;二,人不能超越过程(大意如此)。我从本文的立论出发,更愿意把这两句话视为佩甫对历史的认识或感悟。我们是否可以将其理解为,作家应当与有不宥俗见、重新审视历史的观念;历史即过程。人类不可超越历史。即使丑恶,人也不能随意避趋或跨越。如果这样理解还不至于过于离谱的话,李佩甫的思考、追求在《李氏家族》这部长篇中是部分地实现了。

上述考察只是问题的一个方面。如果问题仅仅是这么简单明彻,那倒使我们感到多少有点遗憾。问题的复杂性在于,李佩甫毕竟首先是一位作家,然后才是历史的审视者。肯定恶的历史作用,反对用道德化的观念来衡量历史、很自然会导向对于所谓"铁的历史规律"的肯定;而作家最为关切的却首先应当是人的存在、人的困境和人的命运。其间关于道德问题的忧虑显然不是什么骈拇枝指。诚然,迄今为止的历史演进已经表明,在历史领域内存在着各种制约人的客观因素和历史发展的某些趋势,但却没有先验地给定的铁的历史规律。历史规律不过是人的实践活动的展开。人必须作为历史过程的主人,他必须努力自觉地创造历史。同时也必须对历史的结果承担责任。黑格尔,这位睿智的哲学老人,虽然表示过对恶的历史作用的肯定,但他同时又指出了恶的作用的盲目性。在他看来,生活中活动着的人们对历史的发展并不都具有自觉的意识,他们只是为了追求自己的利益而活动。在这一过程中,某些影响更为深远的历史目标因此而得到实现。"恶"是在一种完全不自觉的状态下,客观地满足了历史发展的需要,成了历史发展的杠杆。所以,人必须摆脱恶的盲目性,去认识精神的发展,提高历史的自觉性。这亦即他在《历史哲学》中说过的:"历史的全部事业……就是要使这种冲动达到自觉的行为。"可以看出,即使是在纯粹的历史哲学家那里,也不想否认在"历史规律"背后所藏匿的种种丑恶、愚昧与非道德。作为一个时刻关注着人类道德完善的作家,如果对此视而不见,那才叫悲哀,那才是莫大的嘲讽。这正如米兰·昆德拉说过的,当一位诗人用诗歌来为人类丑恶的、愚昧的、不道德的行为伴唱时,这个世界上神圣不可侵犯的整个价值体系就突然崩溃了,再没有什么是可靠的和足以信赖的。因为,作为艺术家,他所能守护的唯有这一块"精神家园"。可贵的是,作为作家的李佩甫在他的长篇中,虽然是不动声色地,但确实是在以深深的忧虑的目光端视着李氏家族历史中的丑恶与不道德。而这又构成了《李氏家族》价值的不可或缺的另一面——对于恶的忧思和对于善的呼唤。

小说关于人性恶、关于人类创造历史的盲目性的忧虑虽然是深藏的,但却是明白的。李氏先民及其子孙们为了自我生存的努力固然是天然的、无可指摘的,但其间所充满的挞伐争杀却丑恶又让人心惊。森为了本族人的利益,为了阻挡年轻人的自由爱情,不惜与张氏家族展开血淋淋的械斗,而赢的活埋老人,滥杀无辜,乱伦宗室,淫邪放荡,其恶与不善到了无以复加的地步;丐爷为了保全自己及其宗族,不惜拿一群无辜盲人的生命作赌注,甚而怂恿丐帮为自己复仇而拼命;李氏先民五位寡妇为传宗接代精心调教傻侄儿,同现实生活中的李大有精心策划麦囤强奸自己女人,其冷酷残忍都到了无人性可言的地步。如同李满凤的发狠治家让人感到可怕讨厌,而她矢志不渝地保持同二狗的恋情则让人感到美、善与清纯、可爱,上述种种世相,用道德化的眼光去看,无疑是丑的、恶的,令人憎恶而实在无法认同。小说不无深意地写出了两位可以说是大恶之人的结局。作为李氏先民一员的丐爷,在其病重之际,常常惊悸地伸着手高喊:"我有罪,我有罪呀!血,血,血,手上有血。腥啊,老腥。洗,我得洗手……"(这至多是阿Q式的死前对于"狼眼睛"的恐惧,说不上理性的顿悟)丐爷不得善终而去。作为李氏玄孙一员的李大有,虽然"将来准成大气候",但当他捎话说还要回到村里时,"不知怎的,村人听了这话,心里反倒怯怯的"。春秋笔法,褒贬尽在不言之中。

《李氏家族》同时使我们看到,当人类的创造历史的行动仅仅为情欲(个人的财富、名誉、权力欲求等)所支配时,这行动必定是盲目的、无序的、非理性的。历史也便在这种盲动中走着被先民称之为"天下大事分久必合,合久必分"的怪圈。李氏先民们从尊祖敬上到虐杀老人,从立誓苦读求识到"永不读书",走着的是这样的怪圈。其结果都走向了自己的反面。老人重新得到尊重,不读书陷入更大的愚昧。现实生活中的少女晚玉,为"文明"所诱惑而出走,最终又被杀死于这种未经理性评判选择的假文明之中。先民中的李兆祥与玄孙中的李二狗,一古一今,恰成反照。民初的李兆祥在生存无奈中从赌场一头跌入烟场,并非一种理性的选择,而他在由"洋烟"所掀动的风波中之抉择,同样十足地表现了他为情欲所裹挟的盲动与非理性;80年代的李二狗,连他自己也不清楚为什么突然之间成了太平洋贸易开发公司总经理。对于他来说,确实是一场"梦",阿Q似的梦(所不同者他比阿Q得到的多了一些)。小说以那洋洋洒洒、似连实断、似断又连、不明不白混沌难辩的几个页码的二狗式的灵魂独白,说尽了一切。无所谓理性选择,无所谓历史意识。有的只是烤羊、烤鸭、烤鹅、烤猪,汾酒、茅台、良友、三五,"知县"挂匾"府台"握手,胖的瘦的黄花闺女……李兆祥与李二狗的失败是必然的。它使我们看到,在一种非理性的失范的文化状态中,经由个体实践所表现出的历史顿挫。

"生活就其本质而言是对话"(巴赫金语)。是的,历史从来不曾停止过与现实的对语。我们生活于历史之中,我们实在无法割断那绵绵不绝的历史,不管你自觉还是盲目。二狗在完全自在的状态中同他祖上兆祥走到了一块。"七奶奶该走了",但"她的'魂灵'仍在村庄的四周游荡着游荡着……"(《李氏家族》第5页);"兴许"这李氏家族的历史将被超越。你看,"一个小娃儿趁人不觉,竟对着石碑浇了一泡!然后颠着肉乎乎的小屁股,朝阳光处跑去了……"(《李氏家族》第282页)。老实人的李佩甫以其艺术的思考显示了他的真诚与深邃。

　　这就是《李氏家族》的历史哲学。也许,我把本来简单的问题复杂化了。但我想,这复杂既来自我自己、也来自李佩甫历史哲学的矛盾——在善与恶、历史与道德之间的彷徨、徘徊、游移不决,即我们常常说到的善与恶、历史与道德的悖论。如果只是从表象去看,《李氏家族》对于人类因个人情欲、因自己的生存而作出种种历史选择时恶所表现的作用持肯定态度;但是,一旦进入作品的深层,我们却可以看到,小说对此所表示的深深的忧虑之情,以及蕴含于作品中的不动声色的批判、否定。《李氏家族》也因了这种"矛盾"、"悖论"而显得更有味道,更耐品味,更富于艺术感染力。我以为,这正是李佩甫这部长篇的根本意义所在。

原载《小说评论》1990 年第 2 期

历史进程中的人性谛视
——读长篇小说《金屋》

周百义

　　这是一幢楼屋，一幢金碧辉煌的楼屋。它不仅以造型奇特、用工考究博得人们的称赞，而且它的神秘、变幻无穷诱惑你而又排斥你令你不得不为之驻足。这幢既具体而又抽象的"金屋"的主人，便是以《红蚂蚱 绿蚂蚱》、《李氏家族的第十七代玄孙》而引起文坛关注的河南青年作家李佩甫所为我们"构筑"的。（载《当代作家》1988 年第 6 期）

　　如果说，李佩甫过去的作品是以社会问题为媒介，以人物为中心，以婉曲清丽的语言和脉络清晰的情节为经纬编织自己的审美理想的话，那么，在这部长篇小说中，作家却又一次打破了自己的平衡。此屋非彼屋。这是一幢熔现代主义与现实主义，融写实和象征、隐喻、荒诞为一炉的风格奇特的"建筑"。尤其令人注目的是：作家打破了自己惯常用"善"的眼光看待生活、揭示矛盾的定势，而是在历史进程中谛视人性蜕变的价值功能和人性建构的形态，把切近具体的当代生活描写和幽远深邃的历史思考交织在一起的。

一

　　这是一个并不太复杂的故事：中原某地一个叫扁担杨的村子里，一个在外边办厂发财的青年农民回村盖下了一座楼房。于是，围绕着这座楼房，悲剧和喜剧相继上演，理性和非理性激烈冲突，生生死死，爱爱憎憎，整个村子从此无法安宁。人的一切表层和深潜的，现实和历史的，甚至血缘之河中的都在这儿沸腾和驰骋。由此可见，倘若这部长篇小说中有什么"文眼"的话，那就是"金屋"这个具象。它像一架机器的轴心，像一支乐曲的主旋律，扁担杨人的困惑和挣扎，迷惘和追求，堕落和升华，无不像一轮轮怪圈在它的周围旋转、迷漫。它又像一个无处不在的精灵，诱惑着扁担杨人且又超然冷静地注视着这群芸芸众生。我们只有抓住这个具象，才能找到理解这部作品的切口。而寻找这个切口，还必须从金屋的主人身上谈起。

杨如意,这个因为父死母嫁作为"附件"流落到扁担杨村的"带肚儿",这个凭改革之机而成为拥有几十万产值的涂料厂厂长的农民的儿子,如果按照时下从政治和经济角度界定人物身份的标准,杨如意可以称得上是"改革先锋"、"农民企业家"。但是,他却不是蒋子龙笔下的"乔光朴",也不是李延国笔下的胶东农民,这是一个从古老的土地上走过来的因现实的重压而心灵畸形的农民的儿子,是在轰轰烈烈的繁荣景象掩盖下的一颗孤独的灵魂。

首先,他创家立业的道路不是那种众所周知的公式:政策英明—思想解放—生产力大发展。他是在艰难的谋生途程中经受商品经济洗礼的。他是利用我们政策的夹缝、社会制度不健全的空白地带获取生存发展、实现自我价值的。所以,作家所展示给我们的,不是他如何运用科学技术、加强企业管理的过程,而是他如何通过贿赂,自下而上,一步步征服从仓库主任到北京只××部上司的"创业史"。他没有地位,没有背景,没有政策允许的贷款、原料、场地,他有的是农民式的狡黠和心机,有可以自由支配的金钱。金钱垫高了他的位子,他终于可以和书记、县长平起平坐。金钱润滑了人际关系,他可以在工商局长、公安局长、税务局长甚至报社头头的家中自由出入,握手寒暄。因为他深知:"在这个有晴有阴的国度里,要想干点什么必须有把大红伞撑着才不至于挨淋。"

从表面上看,他是一个胜利者。但他的内心深处,农民的自卑感,奋斗中的孤独,无时不在袭扰着他。他心里很"空"。处世的险恶使他怀疑一切,甚至怀疑真心爱着他的惠惠。他想为村人办点好事,但没人领他的"情"。他像那条孤独的狼狗,悲壮地迎战众敌。虽然工厂办得很红火,但他时时刻刻希望回扁担杨"盘个窝"。他像他父辈,眷恋着土地,希望能得到扁担杨人的承认。但养父死后,瘸爷明确告诉他,他再也不是"本姓本族"的人了。他很悲哀。这种农民的悲哀,正是他成为新人、求得人格完善的一种精神羁绊。所以,他在打败城里人之后,便迫不及待地回村盖下这么一座并不需要的楼房,在村人面前,他让惠惠每次都打扮得像换了另一个人。所以,杨如意不是过去"改革文学"中所塑造的那种理想化的人物。他是"这一个"!是一个理智与盲目、渺小和伟大、纵欲和养性、庸俗和高尚的多元组合的立体性格。在他的身上,既萌发着新型农民的先进性,又明显暴露着落后文化心理打下的烙印。所以,我们不妨说,作家赋予"金屋"繁复多变,既对立又统一的象征意象,便是狗儿性格的一种写照。那种在古老贫穷的土地上矗立起的现代化洋楼,那种精神贫乏和物质的繁荣所形成的巨大反差,便是狗儿性格的物化。不过,我们不能抱怨作家对这位"企业家"、"改革英雄"的苛刻和责难,也不能一味谴责狗儿的农民意识和品质的蜕变。从作品中我们可以看出,作家冷静而又客观地在暗示我们,其实,是这片广袤的土地,是我们悠久的历史,是严酷的生活启发、诱导、驱使杨如意心里倾斜的。这个自小沦落他乡的稚弱的孩子,在那个以血缘关系聚族而居的扁担杨村里,他的人生启蒙课便是拳头、唾沫,是歧视、屈辱。所以,"恶的锻造"在他少年时期幼小的心灵中便一次性完成了。当他跌跌爬爬走进城市后,面临的又是低人一等的境遇。连三岁小孩都可以指挥这个来自乡下的小工。正如作品所写:"岁月磨出了这样一个人,必然教会他如何生存!"所以,我们便不难理解他为什么要处心积虑跻身于特权阶层,为什么不惜重资盖下一座并不需要的现代化洋楼。和当年法国的于连·索黑尔征服市长夫人一样,他是要报复,要寻求心理上的平衡。当他征服了城里人,获得了荣誉、地位、女人之后,他马上想到扁担杨那些歧视过他、压迫过他的杨姓家族的人们。他相信,他的报复是有威慑力的。果然,他的"金屋"落成之后,便"一下子摄去了所有人的魂魄,整个村子都失去了笑声。人们默默地走路,默默地干活,默默地吃饭。似乎人人从这楼房上看到了什么,又仿佛什么也没有看到,只是心里闷。它像怪物一样竖在人们眼前,躲是躲不过的……"。所以,便有了小说开篇主人公登临金屋楼顶、今非昔比、舍我其谁的豪情壮志,有了他冲着扁担杨大骂"操你妈"的宣泄欲。

也许有人会问,作家塑造这样一个形象,难道仅仅是为了展示一个心灵畸形的中国式于连的形象,是为了谴责这造成人的心灵畸形的社会原因?我认为,不仅仅在此。只有把"金屋"放在历史与未来的坐标系上,把杨如意放在历史的进程中,才可以理解作家的匠心所在。当然,这一切我们从扁担杨人对"金屋"的不同凡响中便可略知一二。

二

我们脚下的这片土地,曾是小农经济的一统天下,是儒家文化浸润日久的领地。我们曾经有过那样悠长的安贫乐道的岁月。因为封闭、保守,我们变得麻木不仁;因为贫困、落后,我们变得踟蹰不前。但是,当西风东渐、国门大开,当商品经济这个最活跃的元素以几何数在这片土地上繁衍时,我们终于明白了这个世界上原来还有如许应当享受的生活,如许应当把握的人生。于是,我们焦急,我们不安。但是,对于扁担杨村的芸芸众生而言,杨如意的"金屋"便是最具体、最切实的存在。他们惶惑不安,他们向往钦慕,他们嫉妒和仇视。于是,悲剧和喜剧、正剧和闹剧便在"金屋"的观照下无声无息或是轰轰烈烈地上演了。扁担杨村那种周而复始、日出而作、日入而息的日子被彻底打乱了。

首先,是高考落榜的春堂子服毒自杀了。春堂子曾经渴望依靠读书但终于没能摆脱自己依然修地球的命运。他羞于却又无可奈何地依靠家里那头配种的公猪白花花的精液为他换取媳妇。结婚的日子已经定下了,他却服毒自杀了。接着,是年轻的姑娘麦玲子失踪了。正处于青春躁动期的麦玲子,她闻见全村人包括自己身上都有一股洗不掉的臭味。她渴望着有一个男人哪怕是自己最嫉恨的杨如意能占有她。她点燃了自家的草垛并终于引起了全村的连锁反应。她忍受不了扁担杨村这令人窒息的死水一般的日子,终于勇敢地出走了。随之,是林娃河娃两兄弟的铤而走险。为了办工厂他们变卖了自家的所有财产包括年近古稀的老娘的棺木,为了凑够一个整数混迹于赌场,为了弥补受骗的损失贸然向杨如意"下帖"而至银铛入狱。还有懦弱的缺少阳刚之气的来来的性变态……这一切,都因为"金屋"的存在,都因为他们抗拒不了诱惑曾走进了这幢神秘的楼屋。

这是天方夜谭,还是神话新编?其实,这并不难理解,如果不是凭空臆测式强加于作者和读者的话,我们可以说,"金屋"是城市文明和工业文明的一个缩影,它指向人的自由、舒展、幸福和未来。它不仅体现着高度的物质文明,还充分表现着获得自由的人们高扬的主体性。所以,无论是春堂子、麦玲子、林娃河娃还是来来,在金屋的观照下,他们都充分认识了自己的过去和现在,才真正明白了人之所以为人所应当获取的一切。也许,他们过于急躁、过于轻浮,他们心理加速度地迅速倾斜以至于完全失去平衡。但是,我们不能不说,这种历史蜕变期中理性的困惑而带来的生命躁动,这种因为人的欲望的释放、价值观念的变革而带来的社会震荡,从某种程度上而言,它是一种历史的进步和觉醒,是对旧的秩序的破坏,对新的生活的召唤。历史如果不付出这种代价,恐怕我们还要在封闭保守的愚昧状态下"穷过渡"。所以,我们不能一味遣责历史对道德的遗忘和践踏,这或许是作家的初衷。

这是另一种参照系。

他们曾是这块土地上至高无上的统治者,在精神和肉体上,曾一度拥有支配他人的权力。但是,"金屋"使他们惶恐、不安,他们为行将损去的拼命阻挡和反抗,他们悲剧性的命运为我们评判金屋和它的主人提供了一种新的价值尺度。

杨书印,这个利用我们不健全的政治制度统治了扁担杨村三十八年的村长,尽管他粗识文墨,却谙熟如何运用心机和智慧,去紧紧地执掌权力和驾驭人才。金屋的出现,凭着本能他敏锐地意识到这对他的权力将是致命的威胁。他明白,这不仅仅是一座楼房的事!他企图用"村政规划"等一系列软硬兼施、恩威并用的手段扒掉"金屋",制服这个桀骜不驯的"带肚儿",但是,历史的大潮不可抑转,伴随着商品经济的发展、人的主体意识的觉醒,他那封建家长式的统治的巨手再也遮不住扁担杨的天空了。他终于被杨如意打败了!他没有逃脱历任支书一样的命运,以当众撒尿而告统治的结束。

与杨书印相反,族长瘸爷却是一个让人惋惜的角色。面对金屋的出现,扁担杨人价值观念的迅速变革,他慨叹古风不存,"仁义"殆尽。他以一种挽狂澜于既倒的悲剧角色,企图阻挡现代文明对封建伦理的冲击。但是,瘸爷请来的小阴阳先生的三道神符却没有镇住"金屋"对人的蛊惑,他绞尽脑汁依然没有参透搅得全村人不得安宁的⊙,最后,只好以死相搏,为"仁义"之不存殉身。

村长和族长悲剧性的命运安排使我们从新的角度认识了金屋的现实意义和历史意义。

我们可以说,对于腐朽和落后的封建残余而言,金屋的出现宣告了一个旧的时代的结束、一个新的时代的诞生。在历史与未来的交汇点上,它具有承先启后的作用。

三

扁担杨人如此躁动不安、如此人仰马翻的原因何在呢? 从表面上看,是"金屋"在诱惑着他们、招引着他们;究其实,他们的灵魂深处又是什么在驱使在作祟呢? 如果读者细心的话,我们便不难看出,是作品中多次写到的那种"绿色的火苗",它燃烧在扁担杨人的心底又映现在他们的眼睛里。

还是先看看狗儿杨如意吧! 当他登上"金屋"俯视扁担杨的黄土地、回顾二十余年痛苦的岁月时,"高度兴奋使他的眼睛里燃烧着绿色的火苗";当他企图占有县卫校学生惠惠时,眼睛里又"莹莹地闪着绿火一般的亮光";当他打算收拾林娃河娃两兄弟时,当他面对仓库主任、村长杨书印时,心底里都流露出这种"绿光"。当然,还有扁担杨的芸芸众生:如偷窥麦玲子洗澡时的来来,有周旋在赌场时的林娃河娃,有注视着"金屋"时的春堂子……总之,是狗儿杨如意点燃了扁担杨的"遍地绿火"。他们才向往金钱、向往财富、向往女人,向往一切应当属于人的那份自由。他们才觉得活得窝囊、活得可怜,他们才打女人、发无名火,才觉得日子没法过了。

也许,这种"绿火"不难理解,它便是人们多年来不愿谈及但生理学心理学皆证明存在的人的情欲。这种代表着情欲的绿火是扁担杨人躁动不安的精神内核,渴求变革的原始动力。在作品中,我们不难看出,作家李佩甫以一种敏锐的历史感悟力,肯定了这种情欲在历史发展中的作用。他相信,没有狗儿的报复欲占有欲,便没有扁担杨芸芸众生的觉醒。尽管这种一旦觉醒的情欲泛滥开来如脱缰的野马,但这是历史进程中必不可少的一环。这正如恩格斯在《家庭

·私有制和国家的起源》一文中所写道的:"卑劣的情欲是文明时代从它存在的第一日起直至今日的活力;财富、财富、第三还是财富,——不是社会的财富,而是这个微不足道的单个的个人财富,这就是文明时代唯一的、具有决定意义的目的。"

诚然,情欲是人与生俱来的生命动力,它本来是没有善恶之分的。但是,人不仅是自然的生物的,他还是社会的文化的和历史的,人不可能不受社会地位、文化背景和历史传承的制约和影响。情欲因此便有双重的潜在的可能性。它可能导向恶,也可能导向善。因此,李佩甫对扁担杨人因为观念的裂变而带来的理性困惑,对他们因为现实的急遽变化而带来的心理倾斜,也给予了善意的批评。因为这群农民的儿子毕竟和生他们养他们的土地有根深蒂固的联系,传统文化的因袭,集体无意识的积淀,命定了他们如果要想成为真正健全的人还要经历"千百次血与火的冶炼熬煎"。所以,我们便不无惋惜地看到狗儿用金钱如何腐蚀他人也腐蚀自己,如何依赖金钱去俘虏年幼无知的惠惠,看到他眼睛里流泻出兽性的绿光,这兽性的绿光驱使着他以恶报恶、冒险竞争。同时,我们还看到来来的性变态、麦玲子的纵火、林娃河娃的"下帖"。这种种描写皆寄寓了作家"哀其不幸,怒其不争"的批判意向。尽管如此,作家站在一种历史的高度,最终肯定了情欲,情欲中"恶"的因素在社会发展中的"杠杆"作用。结尾时他写道:狗儿虽然被来自前后左右的势力挤垮了,失踪了,但他盖下的"金屋"已"高高地矗立在扁担杨的土地上"。"它已扎在扁担杨人的眼睛里,心窝里"。他相信:"总还会有人走进去的,它太引人了。"果然,那个被束缚了一百天的独根终于走进了楼屋。十年后,杨如意又回来了,他"张狂着要盖一所更大更高级的房子"。

四

正如一位评论家指出,李佩甫是一位不断"改变自己,拓展自己"的锐意内蕴的歌手。《金屋》和他以往的作品比较,除了保持他对现实生活密切关注的现实主义特色外,还多了几份现代主义的色彩。如"金屋"这个具象,在这部不到二十万字的长篇小说中出现了四十余次。金屋的神秘莫测、变幻多端,它所具有的多重象征意味,使金屋超越了具象产生了丰富的审美内涵。同时,作品中对村人恐惧金屋的心态展示、小独根梦中的呓语、族长瘸爷至死解不开的⊙,都写得扑朔迷离、令人费解。无疑,这种借鉴魔幻现实主义的表现手法,这种以现实为依托来张扬艺术追求的探索,拓展了作品的内蕴,使我们获得了一种超越现实的阅读感受。但是,我们又感到,以金屋为视角观照时代民众躁动不安的灵魂,并以此为核心来组织人际关系冲突,时空推移转换,固然有结构紧凑、叙事集中的优势,但不免使人感到视野过于狭窄,似乎作家因此遮蔽了艺术想象的天空。和作家另一部长篇小说《李氏家族的第七十七代玄孙》比较,便缺少了那种历史与现实大跨度组合的广阔风貌。作为长篇小说这种体裁,以一个具象为轴心为视角来组织、透视一个特定时期的历史变迁、观念演绎、人际冲突,似乎让人有捉襟见肘之感。作家完全可以不必拘泥于"金屋"这个具象,而应将笔墨伸展到更广阔的领域中去。当然,这些都是白璧微瑕,我们不能过于苛求。对于新时期长篇小说创作而言,《金屋》无疑是一次有益的探索。

原载《小说评论》1989 年第 2 期

无罪的大地
——读李佩甫的《金屋》

占 春

《创世纪》里有一个神话说:那时,天下人的语言都是一样。他们迁移时遇到一片平原,就住在那里。他们彼此商量要建造一座城和一座塔,塔顶通天,为要传扬名……耶和华看到世人所建造的城和塔,就变乱了他们的语言,那城和塔都不得不停工了。人们就分散在大地的各处。那城名叫巴别。意思就是变乱。①

从那以后,人们总还在一再地重建巴别之塔,为了显示意志,为了显示荣耀,为了传扬名。自然,那幸福的天堂并不能够建成,因为它同时就带来了"变乱"。

《金屋》讲了一个现在到处都在发生的故事。这正是野心勃勃的人们建造新的巴别之塔的故事。一个暴发户回来了,盖起了一幢金碧辉煌的小楼。这是从小被人唾弃的"狗儿"杨如意的复仇方式。这座"金屋"就盖在村民们的脊梁上。为了炫耀,为了仇恨。这座金屋似乎聚集了扁担杨所有的阳光和目光。这座藏娇的金屋使所有恬然自足的农家瓦舍一夜之间变成了黯淡的地狱,扁担杨所有的男人在女人眼里都变成了废物。所有到过金屋的人,在精神上都崩溃了,所有迷恋于金屋的辉煌的人,在心理上都陷入了黑暗的深渊。麦玲子守不住她的小小代销点了,终于神不守舍而失踪;来来变成了徒有欲望的性变态者;河娃林娃兄弟也往鸡屁股里打水而铤而走险;春堂子更因无法忍受靠他家里那头郎猪配种挣下的几个钱娶媳妇而自杀了……这自然是一群易受诱惑的年轻人。然而即使那位老奸巨猾、功高德彰的老村长杨书印也终于被打败了,当他到过金屋之后,竟鬼使神差地当众撒尿了,而老族长瘸爷也终于"自挂"金屋门了。

"金屋"带来了变乱和灾难。或许可以说这是老的生活和生活方式在"新的生活"面前不知怎样作出反应的惊慌失措,一种传统、一种古老悠久的传统文明在面临唯金钱物质至上的"唯物"时代到来之时彻底的溃败。如果是这样,那么

---

①《旧约》创世纪第十一章。

人们将用唯物主义的嘴宣告,根本就没有什么心灵、精神,没有什么道德,因此也无所谓有什么犯罪和罪孽。只有饥饿的人口,只有欲壑难填的肚腹。人们因此将摧毁一切神圣的东西,在精神的废墟上建起金屋,造起巴别之塔,虽然这高塔也不会建成,和从前的那座一样。

在不义的、唯物或唯利是图的人类眼里,还有什么比手中的金钱更为真实可信么?如果人类抛弃了虚幻的唯心的心灵或精神,就是说,我们不再以神性存在为媒介建立我们人类之间的普遍联系,不再以神性存在为根基建立人与大地宇宙的联系,而仅仅以金钱建立我们的存在和人们之间的联系,那又会怎么样呢?如果我们失去了对一切神性存在的"信"、"望"、"爱",而唯信唯望唯爱金钱,那又会怎么样呢?如果我们在如此真实可信的金钱之上建立我们人类的通天塔,又会怎么样呢?

人们已在受到这更真实的"理想"的诱惑。在李佩甫所展示给我们的扁担杨这个小小的世界中,人们对此充满向往、恐惧与仇恨,然而却没有对"新生活"的爱。人们只有一种占有欲的向往,一种不能占有的仇恨,和一种不曾占有的恐惧。麦玲和来来都徒然地只有向往,只有欲望。林娃兄弟却充满了不能占有的仇恨,以致要拼刀子赌博和以杀人绑票要挟。村长杨书印也充满了不能占有的仇恨,不过他是笑里藏刀,企图以权杀人或借权杀人。而扁担杨的一老一少,瘸爷和小独根,则是不曾占有的恐惧之象征。这一老一少也许代表了更为普遍的心理倾向。金屋是一种重负,压在扁担杨的心头。物质财富的诱惑,使人们发生了严重的心理错乱。对不曾拥有过的压倒一切的金钱的恐惧,以精神病的形式出现了。三岁的婴孩小独根在梦中无端地突兀地说出:"杨万仓回来了!"人们对此神经质的呓语惊恐万状。小独根的呓语正是村民们内心恐惧之象征。瘸爷出之于对本族命运的担忧查阅族谱,在远祖的"脉线卷"上查到了"杨万仓",然而在这个名字之下没有任何记载,只有一个无法理喻的因而更生恐怖的符号⊙。瘸爷和他的一族人就被这不可理解的未知的命运之恐怖所抓住了。

"金屋"不仅令人们向往,更使他们仇恨与恐惧。他们向往它,但因为(也不仅仅因为)不能占有而仇恨它,人们把扁担杨种种灾劫的降临归之于它的邪气,而蜂拥齐上要仇恨地扒掉它,但是却因为恐惧,人们又不敢扒掉它。这邪气镇住了他们的手。老族长特地不惜血本请来灭灾赐福的阴阳先生对这所阴宅施行各种法术,也仍然无济于事。人们生活在无力的仇恨、恐惧与屈辱中。

我们必须问一下,在扁担杨的人们眼里,一所新屋怎么就会变成了邪恶的阴宅呢?一座旧房子由于它所包容的隐藏的世世代代的死亡、罪恶和罪恶的灵魂,可能就会"闹鬼",这所旧房子就会发出令人恐怖的声音,显示可怖的异象。而这所新屋之"闹鬼"也是因为它有什么罪愆、不义和邪忍之包藏么?佩甫着意描绘了这座金屋的辉煌的恐惧,作家使这座金屋在不同的时辰、不同的季节、不同的色调中反复呈现其各种异象,描绘了一种由无限的开门、错综的回廊、斑驳陆离的色调所造成的无底的空旷的空间之恐惧。是的,这种恐怖感是从扁担杨人的眼光里才能看到的。如果这座金屋建在城市里,在林立的建筑群里就像是一片怡人的田园风光了。然而在一片乡村大地上,它就像一个不协调的怪物了。那么金屋所生的恐怖是否是眼界未开的乡野之人的愚见呢?

如果我们作这种肯定的解答就未免是所谓文明人所持有的倨傲与愚见了。是我们对于人类筑居和栖居这一活动的本质意义的无知。

人,这个大地上的流浪者,在他获得了一个栖居之所时,他就获得了一个根。栖居的房屋成住宅就是这个扎到土地里去的根。通过这个扎到大地里的根,他就建立了自身存在与大地万物的永恒联系。在建筑了住宅的同时和地方,人就同时建立了庙宇。这差一点就是建立"宇宙"了。在佩甫的家乡有一个古老的地方是"神垕","垕"就是中国神话和古老宗教中的女神后土。这儿也就是奉大地母亲为神的寺庙。(今日闻名于世的神垕钧瓷,也许就是最初人类敬奉的后土女神或大地母亲之化身)住宅和寺庙在本质上是同一个东西。它们是人的庇护或守护。是人与天地神建立的一种共在。本质地说,每一座房屋都是一个宗教的大穹窿。只有在这里,人才开始祭天祀地,埋葬并祭奠祖宗。

筑居和栖居这一活动于人具有真正的神圣的性质。房屋对于人的意义,是一种天地人神共同存在的安宁的栖息之象征。人借此扎根于大地之中,并成为大地的守护者,成为宇宙这座庙宇的朝圣者和守护者。就像植物一样,房屋和大地万物是协调一体的风景。奠定基石,筑起庙宇,树起社林而有了与大地相适应的文化社会。作为动物的人类在栖居中就获得一种神圣的植物天性。他有了一个根底、一个家,有了一个家,他就可以在无尽的灵魂漂泊中进入返回,向大地的返回。房屋住宅本如植物一般,它的发展是植根于大地之上的文化形态的开展。但是物质文明时代的城市,则剥除了文化精神与大地的根底,剥除了住宅与天地神的联系,栖居的寺庙性质或宇宙性质荡然无存。物质把人和神性存在却挤到了边缘地带和乌有之乡。城市定居所以不再植根于大地中,城市傲慢地鄙睨地遗忘了它立于其上的根基。

城市那种以砖石钢铁混凝土而砌成的非自然的暴力形式已与市民本身的心性结为一体。市民的心性如城市的景貌一般,表现了倨傲、实用、冷漠、隔绝。在砖石钢铁的牢狱里,人变成了漠然的囚徒,失去了与大地的联系,人的心灵就像空中楼阁里的花一样苍白而萎缩下去。具有文明末日气象的钢铁动物城市,否定了它根植其上的大地,就像城市一样,人的历史命运和存在已被连根拔起。这种被连根拔起的命运难道还不个人恐惧吗?连想一下这种命运难道不足以令人颤栗吗？具有城市意象的"金屋"难道不是因此而令人恐怖吗？作为城市意象之象征的金屋在扁担杨这乡野之地所显示的就是这种已被"连根拔起"的恐怖的异象：

> 入冬以来，在寒风中矗立着的楼房更少了像挂有玉米棒、红辣椒串儿那样的小瓦屋才有的村趣，显示了钢筋水泥的骨架所特有的冰冷和严峻。一个巨大而坚硬的固体，一个野蛮地堆立着沉重的黄色的固体，一个播撒着神秘和恐怖的固体，碎了扁担杨村的和睦、温馨的田园诗意……①

这座金屋之所以会成为罪孽深重的阴宅，就因为它所表现的对大地的鄙睨、拒斥，它的冰冷与隔绝。它拒绝成为大地怀抱里的风景，而处于被连根拔起的状态。

从问题的另一面看，这座金屋的邪气还来自于这所阴宅里供奉着一个在某种意义上是"外来的神"。这位被金屋的主人杨如意供奉的神就是金钱。金钱这位新神的邪气比旧日的财神爷可更神通广大。财神爷也只是自足地守护着"万仓"粮食和肚皮。而金钱这个新神，却可以便利地畅通无阻地购买一切东西，占有一切东西。而所有能被金钱购买的都变成了"东西"。金钱可以购买东西，但也能够购买权力、法律、女人、眼泪和微笑。这一切在金钱面前都变成了"东西"，变成了"不是东西"的东西。莎士比亚在《雅典的泰门》中说：

> 金子？贵重的、闪光的、黄澄澄的金子？
> 不，是神哟！
> 我不是徒然地向它祈祷。
> 它足以使黑的变成白的，丑的变成美的。
> 邪恶变成良善，衰老变成年少。
> 怯懦变成英勇，卑贱变成崇高。

金钱这个"看得见的神"使一切神性存在变成乌有，使所有价值变成多余的垃圾，使所谓的人格变成"不是东西的东西"。金钱只为欲望服务，金钱是欲望与对象之间的皮条匠。所以杨如意不是徒劳地奉拜这位看见的神，他借助于金钱的神通，买通了仓库主任，买到了某某部的招牌，买到了县长这个朋友，甚至给他的父亲买来发丧送葬的一群"孝子"，金钱这个皮条匠还不断给他拉来如痴如醉的女人，给他买到眼泪与柔情，甚至给他买到"结婚证书"这种法律凭证。这种无限膨胀的"商品意识"，使一切存在物都变成了不是东西的东西，但却使

---

① 《金屋》第四十三节。

这个昔日被人鄙视的狗儿变成了人上之人。

古老的传统固然已令人失望,然而新的生活的根基也并不稳固。就像杨如意财运亨通的道路都是用金钱铺垫下来的一样,他的金屋也是用金钱铺成的。当大地女神的塑像和维纳斯女神像被他作为纯粹的商品购置于金屋里来,这些女神却已成了金钱这个娼妓的奴仆。然而,一种新的人类生活能围绕着金钱这位人尽可夫的娼妓而建立起来吗?这座渎神辱圣的巴别之塔能建立起来吗?不。在这种生活里,"连眼泪也是假的"!在这个世界里,只徒然地只有"变乱"而已。

古老的生活传统和新的生活方式都不再能够为我们提供一种道德的基础。而没有这个道德的基础,新的生活秩序、新的世界就不能够建立起来。

人类能凭借什么建立这个道德的基础,并在此基础上建立他的世界,人类仅凭借自己的意志,自己的荣耀,"为能扬我们的名",就能顺利地最终建立起通天塔吗?

在《金屋》中,我们看到了众生为追逐个人的幸福与荣耀而经历着普遍的堕落。那些得到了公认的幸福与荣耀的人,不是由于人格的成就,而恰恰是因为其道德的沦丧。而人对此堕落没有意识,没有呻吟与叹患,没有忏悔与赎罪,那么这堕落就只是有恶无罪,或有罪无罚。只要没有意识到自身的罪愆:没有来自于内心的自律的惩罚,道德上的拯救就毫无希望。只要人们没有用心灵的眼泪去洗净自己的罪恶,那么就没有真正的赎罪,因而没有拯救。这个种族就还没有找到自己安身立命的道德基础。

李佩甫有意无意地接触到这个带有根本性的问题。或者说,《金屋》对罪的问题有了一个描述性的指向。小说的主要人物都是些恶贯满盈的家伙。金钱化身的杨如意的全部行径就是欺诈、行贿、玩女人;权力化身的杨书印贪赃、奸污,而其一生的惯技就是以权术杀人不见血。他们享受着权力的荣耀,享受着金钱和女人的幸福。他们的"幸福"生活的基础就奠定在恶行与不义上。正因为他们有此恶迹劣行,他们才得到了金钱、权力和女人。难怪林娃兄弟也不满足于小不义而犯大罪。小不义(往鸡身上打水)有小财,而大不义才有发大财的可能。他兄弟俩看到了这一点,就径直去犯罪。腰里揣了刀子去赌钱,最后"下帖"敲诈。而麦玲和来来是渴望着堕落、渴望着犯罪,然而却没有犯罪的勇气。麦玲渴望被人强奸,来来更渴望着强奸麦玲或去拦路强奸。然而来来同麦玲一样,没有犯罪的勇气。没有犯罪,或没有犯罪的勇气就意味着得不到幸福与快乐。来来因为无力犯罪而成了一个性变态者,在精神和肉体上都彻底垮了,成了一个地道的废物。麦玲这个弱女子经受着罪恶与幸福的诱惑。她知道,只要她最终无力犯罪,她就没有可能得到世上的幸福。她点了自家的麦秸垛,这一纵火行为终于向她自己证明她是有能力有勇气去犯罪的,还是敢于犯罪的。她以犯罪行为"拯救"了自己的毁灭。她的失踪因此不可能是自杀,而是投身于大千世界中去寻找她的"幸福"了。

只要人的罪孽并不只局限于某一些个别的不道德行为,而是与人类生存的性质深切相关,那么罪的意识就包容着一切了。而这个种族最为缺乏的不是罪恶而是对于罪的意识。罪不是恶人的特殊的不义行为,而是人在本质上所秉有的"原罪"。人都是有罪的。在小说中作为传统美德之化身的瘸爷竟出人意料地是一个被阉割的人,由于年轻时糟践女人而遭此奇耻。传统的美德一直带着这个深重的罪恶的阴影。在作家看来,孩子是完全无辜的么?不,一群孩子在看到别的孩子掉进河水要淹死的时候,只有这个孩子的小姐姐伸手去救他而一同淹没了,就在这个时候,这一群天真无邪的孩子还能从容不迫地一个一个捡起自己的豆芽并在水里慢慢地洗干净,然后才想起去告诉"她"的妈妈。碰上别的人都不提此事,单要告诉"她"妈妈。这未免太极端太残酷了。这究竟是天真无邪呢还是自利的"原罪"呢?然而善恶意识与罪的意识的区别就在这里。

善恶的判断来自于公众。而罪的意识则来自于神性存在的审判。善恶的判断并不奠定法的根基,只有罪的意识才与法本质相关。人如果没有罪的意识,既没有某种高于生存理由的神性存在的审判,那么法律就不仅不能惩罚他,也更不能拯救他。在"金屋"中,公安局一再地出现,然而不论是林娃兄弟还是杨如意,还是纵火的麦玲,在法律的面前,他们都不能在心中承认自己有"罪"。罪是普遍的以至于它已成为一种通行的准则了。杨如意无非是用金钱购买到了权力与女人,这两厢情愿的正当交易有何罪呢?而林娃兄弟向这么一个人敲诈一点钱为了盖上房子娶上媳妇又有多大罪呢?而麦玲之纵火无非是为了确认自己还有勇气去寻找幸福生活。因此,在尘世的法律面前,他们在内心上不会悔罪,更不会赎罪。法律的惩罚只不过是给他们一点皮肉之苦而已。什么能触及他们的灵魂并因而救赎他们呢?

唯有瘸爷这个人物在思谋着那个神秘的灾星般的符号,思虑着接踵而来的种种灾难与不幸时,想到了自己的罪孽,想到了神意的惩罚与赎罪。在他所犯下的罪孽的污秽中,赎罪感作为一种深深的警戒潜藏在他身上。他要告别罪孽的黑夜了。瘸爷在搓着一根上吊用的麻绳,他对他的知心伴侣、一条老狗说,"人都是有罪的","去赎罪吧"。这位老人发出了那种呻吟与叹息。惩罚从这里才开始,拯救从这里才降临,灵魂从这里才升起来。

默默地承受着这一切的大地是无罪的,人只是在无尽的恶迹中玷污了这大地。而大地仍旧开放出鲜花。人诅咒这大地,挣脱这大地,把自身的存在从这大地上连根拔起,还要涤净身上的土气,却唯独不洗净自身的罪愆。人遗忘了大地的荣耀,而疯狂地营造巴别之塔,"为要传扬我们的名"。但我们周围的一切却在显示大地的荣耀,禾苗、树木、草丛,只有我们,只有人活在耻辱里,活在罪孽中,却完全没有注意到大地的美、荣耀和神圣。

如果要为李佩甫的小说世界找到一个精神象征的话,那么这个形象就是大地。这是无异于《红蚂蚱 绿蚂蚱》中的童稚天真的那个土地,是孩子们为之号啕为之雀跃深深地热爱的那个大地。这是一切,是整个大自然,是人们,是飞禽,是庄稼,是"奶奶的瞎话",是上帝从另外的世界取来种子,撒在这块大地上而培植起来的不知有善恶的孩子们的乐园,是一个永恒欣悦的王国,这是《李氏家族》繁衍生息、生生不息的那个大地,是埋葬着先祖、弥漫着生灵气息神之氛围的大地,是浸润着热血热汗热泪的那个大地。这是眼前的现实世界,同时也是尘世间达到真正自由境界的感情生活流逝于其中的那个永恒的世界。这是爱与恨、自由与奴役、德行与罪孽的战场。这个战场就是人心,就是大地,在那里,恨与宿命之坚冰被无限回春的大地所化解了。这是永恒的死亡与复活的大地。这也就是作为《金屋》之根基的大地。是的,这大地正是构成人类存在的一种永恒的根基。这里发展着一切的生命形态,也不能不发展着一种最高的生命形态,人的灵魂。尽管这灵魂被恨与肉欲淹没了,尽管这灵魂被罪愆之火灼伤了,然而只要大地仍旧默默地保藏着生机,保藏着无限回春的能力,一种最高的生命形态必定会生长出来。

一种逐渐觉醒的大地意识或大地精神正从佩甫的小说世界中逐渐升起,并光明朗照。大地,在佩甫的小说中,不只是一种环境,也就是说,不只是一种背景的描绘。大地不只是人类劳作的作坊或工场,就是这个大地,孕育了蚱蜢、草木的大地,并给昆虫以情欲,给禾苗以性能力的大地,也孕育了人,而且给了人比单纯的情欲更多的那么一点东西。让我们记住:是大地给了昆虫草木和人类以生命。是大地给了昆虫与花木以情欲,那么也是大地给了人以肉欲和灵魂。让我们记住,大地赋给了,大地自身早已就具有了,不论是情欲还是灵魂。只是这大地的精义奥蕴要在她所孕育的万物,她的孩子们的生命中展示和开展出各种美丽奇诡的形态来。最终担当起生命圣职的人就是那个最具有大地精神并怀有刻骨铭心的大地意识的人。佩甫的小说更使我相信,大地,这是一种思想、一种精神形态、一种灵魂的可见的撼人的形式。唯有基于大地,我们才能建立起自身的存在,建立起人类历史的和道德的存在;唯有大地,无限回春的大地是圣洁而无罪的。

选自《金屋》序言,长江文艺出版社,2002 年

"问讯"与"审判"
——李佩甫《无边无际的早晨》读评

汪 淏

《旧约全书》上说,凡是有血性的人都败坏了自己的行为。帕斯卡尔也曾说过,正如我们败坏着精神一样,我们也在败坏着情感。对于这种非法律程序上的指控,任何意味上的自我辩护都当然地会被驳回,但由于这常常是没有原告的缺席审判,如此深刻的事实往往处于被遮状态,人们也就愿意浑然不觉或佯装不知了。即使受到了某种警告或提醒,也还会振振有词地坚持。不可思议的是,个体生存与发展的杠杆竟是这种"败坏"的禀赋和力量,而且,个人欲望的向度、程度,生存的背景和方式规定了这种"败坏"的性质和范围,无可奈何的是,人总是要败坏与自己的生存相亲近的东西。这里,"败坏"户是一种非表层性的"善""恶"的势态了。比如这些想起来就叫人心灵悸动的话语:乡土,乡情,恩泽,情感,母亲。土地——这就是人栖居的一种"大地"——它们是圣洁的又是世俗的,是实在化的又是象征性的。对此,人往往不是尽可能地加固或增添其内涵,而是更多地有意无意地瓦解或盘剥其情义,不是自然而然地走近亲和,而是竭力地背弃逃离,这实质上即是对"大地"的一种败坏。尽管这样做有一千个一万个理由,但请相信吧,终有时日这会受到一种严峻的审判,无论是来自神性还是人性的,他人还是自己的,灵魂的还是表象的。

如上,或许就是李佩甫在这部可读性、可解性的中篇小说《无边无际的早晨》里,已经说出或者想要说出的话语,或者这是我的一种误读与误解,可我要说,它们就是一回事。

"大地"是养育人类、滋润万物的母体,是生命得以绵延、开发的土壤,它坚实、宽阔、沉默、忍耐、慈爱如父如母,正是在这种恩泽普照之下,小说的主人公"国"才得以存活、长大,有了出息,成了一个"人物",而他却是逐步、渐渐地背离和伤害培植他的"大地"。而且,这个故事被智以愚象巧以拙现的李佩甫营造得那样令人感慨唏嘘困惑不宁。当我问他在这个故事里想说什么时,他说:"这块土地只能长出这样的庄稼。"这里,他流露的是一种理解与宽容,不仅如此,正是这样的庄稼才败坏了这块土地——"大地"。

我知道,李佩甫的这部小说以及他的其他作品都在力图写一种"人与土地"

的关系,但他不是像挪威作家汉姆生的《大地的成长》写那种对土地眷恋的赞美诗,也不是像莱蒙特的《农民》那样写土地的魅力和神话,更不是像苏联作家艾特玛托夫的《母亲——大地》那样写热情的象征性的"大地"的寓言;甚至也不像张承志那样饱含激情式的"骑手歌唱母亲"牧人歌唱草原,游子歌唱大地和江河;甚至也没有张贤亮的《灵与肉》中的"祁连山你背不走"——你离不开"大地"的笃信和慰安——而这些歌唱"大地"的诗篇也当然地被人唱和着传诵着,要是写作这种古典精神的诗篇,李佩甫知道肯定干不过他们了,于是他就写了这种对"大地"的背离、败坏和亵渎的故事,我知道,这实质上是李佩甫以一种内在精神的灌注对"大地"的皈依和怀念,对"大地"的背离败坏者们进行一种"问讯"与"审判",正是在这样的道路上显示了李佩甫自己的艺术视界,以自己的节奏和声调加入了对"大地"的深情礼赞和精神合唱。

无疑地,"国"是一个土生土长的独一无二的单体形象:一棵疯长的野庄稼,同时又是一种符码化、普泛性的象征:"大地"的背离者。而以"三叔"为代表的大李庄乡民和那块黄土地则是一片厚重、坚实、慈祥、沉默的"大地"。"大地"培植养育了他,他却背弃逃离甚至败坏着"大地"。这种培育与背弃的关系是一开始就注定了的,而且随着他个人生存的展开不停地加剧恶化着,当然,这是一种必然性的冲突,应该说,"国"是一个"新人"形象,他和当代文坛上塑造的青年农民有着质的差别,也就是说,在"国"的身上说话的是一种非农民成分的血脉。那种"小草恋山,野人怀土"的古朴情感在这个"新人"面里荡然无存。那些传统的品格、淳厚的信条都被摒弃和撕毁,没有对"大地"的谢恩、怀望,而畏恐被"大地"的温热烤化、抓住,只是极力地逃离它,无情地背弃它:这种背离已越过了伦理、孝悌、仁义、礼信的层面,成为了一种正在生长着的新因素走进了我们的视界。

"国"是在一个毫无准备也不吉祥的时日被抛到这个世界上的。他的诞生是以父母的死亡作为交替的,他刚赤条条地落到人间,父母双方离世,这是生命中的偶然事件还是残酷的寓意?是败坏的先兆还是背离的开端?无父无母无家无乡是一种深层事实吧?标志人的成熟是脱离父母:为什么那联结着母体的肚脐总是含而不露呢?说得残酷点,正是由于一个人单独地面对世界,处于一种孤儿状态才更能充分展示其可能性。不知为什么,在"国"亲历的人生过程中从未记起念想过母亲,却是后来在一次公务需要时带头挖掘了父母的坟墓,"母亲"两字在"国"的字典中是一个辨识不清的词语,其中的涵义他就更不愿译解了。"国"无父无母,这是他自由发展的一种前提。不曾意识到自己的出身者是自由的,从天空落到地面上而没有感恩剧痛的人是自由的,脱离背叛"父母"、"大地"的人是自由的。而获得自由竟是以丧失如许多昂贵的东西作为条件,这实在是人生的一种可怕的代价,有时竟也成为一种无情的规定或事实。然而,"母亲"与"大地"却是接纳包容一切的,生下就亡去父母的"国"降临在一片更博厚的"恩泽"的"大地",三叔及乡民成了他的父母。作为队长的三叔以喂奶记工分喂胖了有大奖的"土法"为"国"召唤来一大群乳母(其实不召也自来),村人艳羡的梅姑则是夜夜伴他教他滋润他的"母亲",如父的三叔处处溺爱他教育他,叫他跟随着当"二队长",无意识地培养了他的"权力欲"、"官本位"的情结和能力,更重要的是教他做人之道。要不是梅姑和三叔一顿爱的"酷刑毒打",也就不会有日后"当官"的李治国而只有盗贼"国儿",父母们又凑钱送他进县城中学读书,可又要不是三叔一巴掌打碎了"夺权闹革命"的"国"的美梦,他只能是一个阶下囚而不会有后来的"李乡长"、"李部长"、"李县长"。可以说他是在一片关怀和厚爱中长大的,这与李佩甫的那部惊人魄魂的《金屋》中的"带肚儿"(孤儿)"狗儿"形成了一种有趣的对比。"狗儿"是受尽了歧视和侮辱,所以后来出外发了财卷土而来毒害报复乡里。后来做了官的"国"却是不衣锦还乡而是背弃和逃离了养育他的"母亲",方式虽异性质却是类同的:对"大地"的败坏,甚至说不出哪个更让人伤怀感慨些。野狗咬人固然可怕,被自己养大的家犬伤害不是更可悲吗?

人是无法也不应抵赖或亵渎恩泽的,可"国"竟在长大以后私下讲酸话时给人吹嘘摸过一百多个女人的乳房!恩泽成了个人谈笑的资料。这不管是出于什么原因和目的更不能饶恕的,亵渎和践踏情感是人性中最不能宽宥的罪愆之一种,而冒犯人性、情感者做出什么事来都是可能的。当然,一个人总是背负着恩情的重压怀着报恩的念想,生活是苦累不堪的,可以适度地淡化些,但无论如何也不能践踏亵渎它,正是在这点上,"国"遗忘了某种人的旨义,才"义无反顾"地走上了背离败坏"大地"的道路。

背离者依照个人的生存需要必然会以怨报德。在"国"疯也似的"罢课闹革命"夺权游行时,碰巧去县城的三叔以一颗爱心扇了他致命一击的大巴掌,毁灭了国的一场被欺骗性的噩梦。这是一种对"国"的爱护和拯救,可国却认为这是断送了他的远大前程,所以他就以仇恨、诅咒、怒骂三叔作为这爱的对答,卷了铺盖回到乡村的国恨那给他带以"耻辱"的一巴掌,恨美梦的破碎,恨这无边无际的一世也走不出去的黄土地。他怀想着县城、学校里的"校花"、炙手可热的学生司令,在他看来,那种热闹喧嚣红火的生活才是值得过和应该过的,而这块贫瘠沉默的黄土地则成了堵塞他奔流向前的淤泥。他渴望逃离出这块土地,这与《人生》中的高加林渴望离开乡村走进县城、贾平凹作品中一系列人物渴望逃离山野走向城市是同行和呼应。"国"们想到黄土地之外展开自己的生活之路,他们认定的是这么一种观念:生活在别处,在远方,他们是生于长于这个地方但不属于这个地方的那种人,这种对土地——"大地"的逃离日益成为当代文学中的某些人物的共同走向和一种更大背景上的文化事实。一个渴望离开故地热土的人是不幸的,又是有着新的希望和可能的,正因为如此,才有了现代人心理意义上的背井离乡、流离失所。这种"无家"状态的形成是因为他不愿"在家"。本来他是"有家的"可他不爱"这个家",于是背离"大地"、离家失居就成为了一种必然性的命运。

"大地"却无私、无怨、博爱,它只是无言地馈赠而从不追索酬报,即使你背离、伤害了它,它也不会掉头而去。养育并一再庇护着他的三叔却像反欠了"国"什么东西一样,煞费苦心地送"国"到一个适应他去的地方——到公社当通讯员,临行前还给他西求东借弄到一件当时流行的绿军衣,叮咛嘱咐一声声。三叔不为别的什么,只为了这棵幼苗能长成一棵好庄稼,只是在这时,"国"才颇有些深情地呼唤了一声"三叔……",而这一切只能是为日后"国"的逃离与背弃铺垫了根基。

"大地"啊,你虽然亲切温煦可我还是要背离你,因为外面的世界更精彩,这或许是作为背离者"国"们的一种心理语言。

背弃者必然要逃离,逃离之后才使背弃得以展开,"国"离开了养育他的"大地",走入了一个并不美丽的新世界,这里没有了温暖与亲热,不见宽阔与厚爱,但这里新奇热闹,这里忙碌争斗,这里叫他眼花缭乱、心神不宁,这层天已不再是那块地。怎样进入新的生存空间而与过去的生活一刀两断,这是"国"遇到的一种问题。开始,"国"凭借的是还带有"大地"的体温的质朴和聪慧,在公社这个乡村权力中心立住了脚,他知道怎样博得权力集中者——书记的欢心和宠爱,他学会了悉心观测此中的人事网络和图像,懂得了如何在这里活动、生存,已经接通了和这个新世界联系的线路。这时的"国"不再想那块黄土地及养育他的衣食父母们,乡村、"大地"早已成了淡远的昔日,国的眼睛和心思飞向了那企盼着的茫茫的天空,即使三叔迫于无奈跑到公社求国还那件借人的军装,"国"竟执意不还,他以为是这件衣服给他带来了好运,为此,三叔回村后遭人一顿奚落和怒骂,可国依然神气地穿着那件衣服晃动在公社大院里,别忘了:你是穿着这件不寻常的绿军衣走进这个实际上已远离乡村的地方。它已远不是那种物质性的衣服,而是一件铭记着"大地"的胸脯、体温、厚爱与期待的"道具"了。这一点是"国"想不到也不愿想到的,背离者关心、眺望、奔赴的是"前程"以及与这"前程"有助的一切,至于这"前程"之前的所有环节和基础是不去多多回望和怀念的。

可"大地"的引力却是默默而又巨大的,不然为什么"国"在后来一次关涉他命运的事件时,会不由自主地走到"大地"的怀抱——"回家"了呢?在一场权力与阴谋的倾轧中,"国"成了一个旋涡的中心,威逼与利诱,明撺与暗掇,出卖或"保护","国"面临到一种繁难的考验,良心的监督不让他当小人,前途的危险叫他诬告,在这两难选择中他却神使鬼差地第一次走回了"家",来到了脸似一张古老地图的三叔面前讲述了困境,三叔却枯坐无语,直到"国"无望地走出了村口,才听到身后的三叔那说出了一切的话语:"要是混不下去,就回来吧……"回来吧,当外界捉弄你伤害你抛弃你的时候,"母亲——大地"会接收你温暖你抚慰你,或许是三叔的庄严和正义给了他力量使他挺住了、顶住了,一场荒唐戏后他得益非小;跟着那险遭诬陷的书记升迁到县上,这又是三叔帮助了他,然而,这却再次促成了"国"以后更有资历和可能背离"大地",背离者需要"大地"的滋润充血时走回"大地",当羽毛丰满了却头也不回地飞离"大地",这真是一种令人难堪、酸楚的相互关系。

　　记得希腊神话里有这么一个故事:海神和地神的儿子安泰俄斯是一个巨神、角斗士,在格斗时只要身不离地就能不断地从大地母亲身上汲取力因此所向无敌,当赫拉克勒斯与其格斗时把他打倒三次,最后发现他每站一次力量便得以恢复,于是就把他举到半空才能把扼死,这个古老的神话言传的是一种人对大地母亲须臾不可离开的依赖性,这一神话毕竟是太古老了,而今已被人们从心里淡忘了。现代人固然也常常从"母亲——大地"这里汲取生命的源泉和养分,可对于它的背弃与逃离则成为一种重要倾向,而且正是在一次次对大地的背离中才使个体生存的各种可能性得以展开。一个人在个人的道路能走多远,也往往就在多大程度范围上背离着"大地",至少对"国"这个人物来说是这样的,不知这是对那个古老神话的解构还是"新创",是现代人堕落的标志还是进化的必然。

　　"国"一步步地离开了那块黄土地——"大地"。由于个人生存的需要,他愈来愈具备了一个在官场走动者所必备的素养,在县城里,也学会了周旋和应付,话说不说怎么说,事做不做怎么做,他已烂熟于心、应裕自如。转了干,上了党校,下乡当干部,从此,他从质到形都与"农民"彻底脱钩了。如果不是命运的安排他是再也不会回到那块养育了他的土地上了,而以后发生的故事也没了意趣。被提擢为副乡长的"国"偏偏得去原在的那个地方任职,这是给"国"出的一个难题。按乡俗他应该"回家"看看三叔及村民,可他给人说"家"里没人了,良心催他回去看看,可心里又找了更多的理由及反对自己,那喂养了他的婶娘、培育了他的三叔都不敢回见了,甚至当他在乡政府大院看见因受难受苦变得丑陋不堪的梅姑他没有上前抚慰而是避开了,他不愿回到那个对自己恩泽如天的地方,那里有他一生也还不完的恩情债。但这里,国不是怀着那"谁言寸草心,报得三春晖"的怅惘,而是一种羌笛不愿念杨柳的失落。一个成为"人物"的人在他的过去,他的丑事,他的出身、成长的见证人面前常常是汗颜羞惭的,不管他有多么显赫的现在,你在见证人的眼里永远是个黄土小儿,可他已不再是那个吃百家奶的光屁股小人"国儿"了,他是副乡长李治国了:改变了身份的人往往会改变自己的心态行为。他想回去不愿回去。回去不回去都是苦痛的,不"回家"遭受着良心道义情感的折磨,"回家"又恐怕被无边无际的亲情与"大地"的笼罩与湮没。这不是李治国个人遇到的困难,这种"无家可归,有家不回"的困境是现代人普遍亲历着的一种心理事实,国终于没有"回家"去看亲人,这是一种"理性"的胜利,更是一种人性的迷失,然而,"国"很内疚,这种内疚感是对良心呼唤的一种解读和领会,只是在这时,人才痛切地体味到一种离家失居、心无所依的感觉,一种自我放逐、自我丧失的感觉。这时,人的灵魂已远离"大地",被连根拔起,当下的生活世界更不复是往昔的样子,人成为了一种无根的浮萍,而此时的内疚感才是人之为人的一种呈示,可这种内疚感又是多么苍白和空泛;对于这种令人困扰的悖论,国当然是无能为力的,人们也一样。正如美国作家马拉默德的小说《伙计》告诉人们的,犹太人也罢意大利人也罢,只要是压在社会底层而又为人正直善良者都得为人类赎罪而受苦,结论只能是人人都是犹太人。我在这里想要说的是,人对"大地"的背离是注定的,每个背离者都是异乡人,都是灵魂的流浪汉。

然而由于命运的造化国不得不"回乡",可这是一次怎样的还乡啊:副乡长的"国"的第一次回乡是采取强硬极端的手段来搞计划生育,如果说在此之前的没回家是一种"近乡情更怯,不敢见故人"而逃离了"大地"的话,那么这一次回家就是深重地伤害、败坏了"大地"。如果说在此之前国的心灵里还有一种负疚忏悔感的话,那么这次"回家"的行为则是对这种负疚忏悔感的否定和撤销,人在摧毁内疚忏悔感之后的作为将会把这种内容推向一个极端,此时的国完全是以一个外乡人的面孔、声调来对待这块故地热土上的人们了:怒斥、威吓、强逼、锯树、搬家具,直逼得喂养过他的四婶跪下叫他"爷"求饶别再伤害那未成材的树。国对村人的整治惩罚之严厉手段之极端叫人怵目惊心,本来他应该在情与理之间寻找出一种办法,可他有的是权力、力量、"公理",来处置与这些善良纯朴的乡民。甚至当三叔以长辈和队干部的身份帮"国"说话,国竟沉脸厉声叫了他一声:"老三!"由"三叔……"到"老三"再有以后叫的"李满仓"这种称谓的变化已经全部说出了"国"对"母亲——大地"的隔膜、背离、伤害,而乡民们对他的称呼由"国儿"到"李乡长"、"爷"以及以后三叔叫他"李部长",这也已经比当年鲁迅听到少年伙伴闰土叫"老爷"更令人不寒而栗了。人与人之间称呼的变化简直可以看作一种人的关系结构更换录,从中可以见出人际的亲疏远近、喜怒爱恨的许多秘密,仅此一点即可以写出一种关于人的历史和故事。

如果说,《金屋》那个杨村的杨如意回村以金钱这个恶魔狠狠地刺击弄懵了村人,以残酷不仁的手段报复了村人,人们恨他的话,那么"国"则是以权力、极端、无情、忘本深深地伤害了养育他的"大地",人们能不怨他吗?可这一怨字又怎么能了得。人世间的情与理、爱与恨、恩与怨是一种明明白白又不可思议的关系,面对这些人们有多少清醒也就有多少困顿,而人性的发展与迷失也在这里澄清和遮蔽了。

正是由于"国"无情而有力的手段,大李庄计划生育搞好了,国也因此官运更加亨通,升调到县组织部副部长,找个时髦女郎做了妻子,也正是由于国无情而有力的手段,解决了一场国事与乡情、祖坟与公路之间的难题,他带头掘了父母的坟墓,喝退了"李满仓"(三叔)等护坟群众,迁搬了祖坟,立了大功,受到市长的青睐,并旋即晋升为另一个县县长。这里又走来了一个问题:无情而有力,为什么无情才会有力?为什么有力竟是无情的伴生?深情为什么总要被无情所伤害所击败?难道力量、权势、进取的获得非要以无情作为代价?那闪耀着人性光辉的爱、善、情义为什么常常会软弱无力而竟开辟不出一条明媚的前路?这是苦恼着人们的一些问题。对此,作为背弃和逃离者的国们或许想到过也应该想到,只是他说不清辨不明也不愿多多理会罢了。

但"大地"却一直是深情、厚意的,即使是你无情地伤害、践踏、背离了他们,他们怨也怨了,可总是宽宥谅解了你,你不"回家"他们知道你是公家的人而不再多说什么,你采取极端手段,他们想你是办公事而忍耐服从了,你挖祖坟他们看在你和国家脸面份上而退让了,你结婚的滂沱雨夜,他们给你送来了乡村的礼物,你晋升为县长,他们给你捎来了一块土坯——"老娘土"、"命根儿",然而你却在任职的轿车上看着妻子把这块凝结了"母亲——大地"全部情义、温热的土坯扔下车时,你当然想捡上来但却在神情恍惚中永远抛弃和背离了它,你流泪了,这又是一种内疚和忏悔;然而这又是多么虚伪无力,"国"这一次将要更远地离开家乡,背弃那块生他养他育他的黄土地,但他永远也不走出那无边无际"大地",于是,他最终想到了:"我是谁?生在何方?长在何处?我要到哪里去?"这里,灵魂开始受到审问,生命中出现了问题,这不仅仅是国一个人的问题,这种高更决定自杀之前留下的所有心血和余言的画名所提出的问题,将逼问着每个离家失居的灵魂漂泊的流浪汉。

然而,这一切会有答案吗?

原载《小说评论》1993 年第 1 期

"批判"的恢复
——析《羊的门》的主题意向

丁增武

应该说,从 70 年代后期开始的历史"转折",到 80 年代中期,"转折"的意义已基本上呈现完毕,其对于文学创作的影响表现为新时期文坛以追寻人道主义价值理想为核心的人文精神的高扬,表现的形态是启蒙和批判,尤其是情感的和理性的批判内容与力度,贯穿于这一时期的整体文学思潮中。随着历史进入另一种意义上的社会"转型","转折"时期的历史惯性在价值理性层面上的滑行遭到逆转,工具理性上升到主导地位,文学创作开始边缘化。叙事姿态呈现出无奈和反讽,叙事视野转向历史和个人,那种干预现实的批判精神开始消隐。可以说 80 年代中期至 90 年代中期的十年是缺乏"批判"的十年,是文学整体上对现实回避与妥协的十年。文坛的历史和文学的现实显示:世纪之交的中国文学要在吐故纳新中走向现代化,离不开对人类生存的历史与现实的理性审视与批判,正是在这一点上,李佩甫的长篇新作《羊的门》以显示了批判主题的恢复而弥足珍贵。

《羊的门》的出现无疑是世纪末文坛的一件大事,是 90 年代中期以来文学创作重返社会中心之努力的硕果,其冷峻的现实主义品格来自作品理性的、多向度的批判锋芒,重新接续了 80 年代文学创作的批判主题,从而恢复了先锋文学等创作思潮对它的疏离和解构。《羊的门》批判主题的深刻性和多向度性体现在世俗政治批判、人性批判和文化批判三个层面上。

一

对政治世俗化的批判是《羊的门》批判主题的最外层部分。文学历史走到 20 世纪的尽头,《羊的门》显然已摆脱了 80 年代初单纯的政治批判模式,而将批判的矛头直指现实生活中的世态炎凉、宦海沉浮。小说于客观冷静的描述与审视中摒弃了世俗化的和光同尘,悬置判断的同时却显示了热得发冷的批判激情。呼国庆两起两落的官场经历揭露了当今权力系统中独裁专制、勾心斗角的惊人现实。呼国庆和王华欣的权力斗争以范骡子的升迁和呼国庆与谢丽娟的情感纠葛为核心内容,以权力的争夺与反争夺为最终目的。在王华欣身上集中体现了权力系统内部世俗化的目标追求和追求手段的残酷性。他在"一号车"事件中为维护自己在颖平县的绝对权威而向呼国庆发难,抓住呼国庆处理范骡子行贿一案的不够冷静,在情感上的道德失衡及违法行为,利用范骡子的求升心理,力图置呼国庆于死地而后快。政治价值判断的神圣性和庄严性所体现的意义在这里已丧失殆尽,有的只是对诸如权力、名誉、地位等世俗利益的不择手段的追求。而县长呼国庆的行为在维护个人既得利益的前提下,相对地被作者赋予了一定的合理性和正义性,如揭发范骡子的谋官行贿,捣毁王华欣支持的"造假村"等,但他在处理与谢丽娟的情感纠葛上却屡屡失策,几乎被对手逼入死角,虽有呼天成的相助而最终转危为安,遗憾的是他的行为策略并没有摆脱世俗目标的牵引。费尽心机撮合妻子和秦校长的婚外恋以求达到离婚的目的,重用范骡子和捣毁蔡花枝的"造假村"是为了打击王华欣的势力基础,传统的伦理道德标准和理性的公仆意识在他身上也难以找到立足之地。从呼国庆的仕途起落中不难看出:光明正大的政府行为和暧昧阴暗的个人动机纠缠在一起,有益民众的局部合理性和违法乱纪的全局荒谬性难以区分,正义的动机和行为常常需要借助非正义的手段才能达到其目的,由此造成现实政治生活面貌和行为的诸多无序性和不合理性。《羊的门》不动声色、悬置判断的叙述策略给读者造成了一种惊心动魄的反面效应,从而在世俗的层面上达到了批判的目的。

二

按照批判的对象范围区分,《羊的门》中的人性批判又可分为普遍的共性批判和具有概括性的个性批判。对在历史和现实中形成的人性现实缺憾进行深入灵魂的剖析和批判是《羊的门》批判主题中最主要也是最有价值的部分。现实是历史发展过程中的现实,现实生活具象所呈现的共时性特征正是历史生活发展中历时性积累的结果,故而《羊的门》在剖析人性弱点的同时又渗透着对其历史成因的言说。

《羊的门》的最大成功在于塑造了呼天成这个集中国几千年人治文化于一身,又能赋予其现代性表现的人物形象,而这个平原统治者的诞生基础是许多平原民众的愚昧和人格的孱弱。《羊的门》以编年体方式列举了许地人所历经的天灾人祸,而他们得以顽强繁衍生存下来是因为"平原人是活小的",该地是一块"绵羊地"、一块"无骨的平原",那以柔弱、萎缩为特征的平原上的二十四种草正是该地人缺乏强健人格力量和独立自主意识的写照。险恶的自然往往是检验人的生命力的尺度,平原人对"屋"从形式到内容的营造与崇拜,则表现出他们面对来自自然和社会的灾难和压力缺乏抵抗的自信,只能凭借"屋"来苟安一隅,来遮护他们萎缩的生命力,这种病弱的人格与强烈的依赖感必然导致思想意识上的盲从,从而造成了滋生专制统治的温床。从《败节草》到《羊的门》,我们可以看到作家对这种以"小"活人的生存态度和生存方式的体认和深化。这种生存态度和生存方式以柔弱无骨为基本特征,以隐忍退让为行动前提,一旦与强有力的权力或意识权威相遇,只能"俯首称臣",自主意识和创新精神在这里已成奢求,谁掌握了它们,谁就是平原的统治者。

如果说鲁迅当年执着于麻木不仁、愚昧落后的国民性批判是为了拯救苦难之中的国人的灵魂直至苦难之中的国家民族,《羊的门》对平原人萎靡退缩、安于现状的人性批判则尖锐地指出了社会现代化过程中人的现代化问题。呼家堡可谓富裕之村,但我们不能说呼家堡是个真正意义上的现代化村镇。呼家堡的村民总体上根本不具备现代化社会对"人"所提出的基本要求,即人的独立自主,从物质到精神的全面独立。从物质上说他们富裕,而精神上则是赤贫。呼家堡物质现代化的程度很高,可在呼天成的思想禁锢下,人们的思想趋于凝固僵化,除了呼天成外呼家堡没有第二种声音,能够体现精神自由程度的处理个人拥有物的自由被相对剥夺,而人们竟安心于甚至沉醉、留恋于这种被剥夺。当代表"最高声音"的呼天成病倒之后,呼家堡人因失去思想中心而不知所措。小说结尾那片令人心颤、令人心悸的狗叫声,不能不让我们怀疑这是否是正在走向现代化的"人"。李佩甫不动声色地将笔触伸入他们的灵魂,剖析他们的灵魂,在剖析中引导我们深思产生这种病态人格的历史,在历史和现实的契合点上思索"人"的未来。

普遍性的人格萎缩必然导致专制与极权,以此为果,可以探究中国历代统治者推行的"民可使由之,不可使知之"的愚民政策的内在根源。《羊的门》的核心人物,呼家堡的主人呼天成正是该地这块"绵羊地"上成长起来的极权政治家,一位"东方教父"式人物。在继承传统专制文化的基础上,作者又赋予其现代性表现,二者从不同的角度,以不同的方式进入呼天成的行为策略中,构成其"外圆内方"的行为模式的依据,显示了李佩甫对历史与现实交汇的世纪末中国文化的冷峻审视。

呼天成"外圆内方"的行为模式建立在对平原人格心理积淀和权力系统操作方式深入体认的基础之上,主要由他的外交策略和统治策略加以体同。外交策略的"圆"结构由经营"人场"和以"小"活人两种策略方式为支撑点。经营"人场"为目的是打开外向渠道,灵活社会关系,为呼家堡寻求背景支持。呼天成在"文革"中冒险救下被打伤的省委副书记老秋,先后培养出邱建伟、范炳臣、冯云山等省界要员,为呼家堡的日后兴盛提供了外围保障;与经营"人场"相反相成的是以"小"活人的处事策略。有了强大的背景支持,呼天成并不颐指气使,处处以"玩泥蛋的"自称,避免显山露水。在处理车祸事件及王华欣、秋援朝、李相义对呼家堡的"访问"中充分展示了这种以守为攻、以小抑大、后发制人的处事策略,反映了他对中原大地人格文化、民族心理积淀的精度提纯以及对外交行为中"小"与"大"关系("大象无形")的辩证认识。但这一切仅仅是浮在表层的幻象,仅仅是一种手段、一种外交方略,其根本的目的是为了树立呼天成在呼家堡的权威,巩固呼天成在呼家堡的统治,并最终成就了他"四十年不倒"的名声。

在取得背景支持的同时,呼天成对呼家堡实行了"内方"的统治策略,由物质控制与精神禁锢两方面构成。如果说"外圆"尚显出呼天成性格中温情的一面,"内方"的统治策略则以冷酷强硬为主要特征。呼天成动用强大的外援储备使呼家堡经济获得了长足的发展,同时又强化了对村民的物质控制。为保证呼家堡日常机制的正常运行,呼天成制定了从生产到生活各方面的、花样繁多的制度,强调整齐划一和绝对服从。跑外交的王炳灿因在推销过程私收礼物而未及时向呼天成汇报,被勒令在众人面前一再"洗手",直至被撤职反省。冷酷的物质控制造成了呼家堡经济繁荣背后的精神贫乏和人性畸变。与物质控制相联系的是精神的禁锢和奴役。呼天成自在制止盗窃事件中小试牛刀后,便着手开始控制村民们的精神世界。通过"斗私会"、筹建绝对模式化的地上和地下新村、"展览台"等一系列事件,打破村民之间长期固有的血缘人伦关系,利用村民对虚荣的畸形追求激发所谓的"工作热情",将村民们的思想以物质的形式统一化、凝固化。树立思想权威的另一面是对异己思想进行打击,这集中体现在呼天成与孙布袋之间长期控制与反控制的暗地较量上。呼天成为控制一心想抓自己把柄、推翻自己思想统治的孙布袋,竟让布袋的妻子、自己的情人秀丫屡次赤身裸体,自己则静坐一旁练功,利用布袋的捉奸企图,与孙布袋展开长期的心理较量,以培养自己控制情欲的意志和能力,毁灭自己的人欲而求建立一种"神性"。此外,利用母丧以身作则打击外来宗教影响,利用秀丫作诱饵打击"革命"的八圈,在孙布袋死后仍让秀丫在其坟前脱光衣服的"报复"等,都只能说明呼天成在追求极端权力人格的过程中人性的畸变,而非什么"神性"。

"外圆内方"的行为模式并非呼天成的独创,而是古往今来的为人处世哲学和专制统治思想在呼天成身上的融合、凝聚和具体化,因而对于呼天成这种行为策略的最终的利己主义动机的剖析无疑呈现出某种普遍性,这种具有极强概括力的个体人格展览,则显示了具有共时性特点的政治权力运作中正常人性难以避免的失落。

三

对传统"人治"文化的批判是李佩甫在《羊的门》中追求的最高批判境界。如果说对世俗政治层面、人性层面的剖析指涉的仅是形而下意义上的批判,显得缺乏文化背景和渊源,要作形而上的提升,那么提升的结果便是对于穿越历史和现实的"人治"文化的批判。

"人治"文化在中国拥有源远流长的历史,长达两千多年的帝王专制便是这种文化的独特体现。"人治"的诸多措施在具体操作过程中制度化、模式化,最终上升为一整套的统治理论,用于指导帝王将相、诸侯王公的统治实践,并在长期的实践过程中深深积淀于民族文化心理的深层,以其超常的稳定性和历史惰性牵制着中国现代化的步伐。呼天成正是这种文化的现代性载体,其"外圆内方"的智者行为策略深得"人治"神韵,融合了权力系统的现代运作方式和传统的处世哲学,在外交内政两方面相得益彰。正因为如此,呼天成才能先后击败县地两级最高权力者,在平原上纵横捭阖,在现代社会的权力网络中游刃有余、来去自如,成为平原大地的精神领袖,一位典型的"东方教父"。

与此同时,必须看到,人治文化本质上是一种专制文化,只不过在现代社会中因罩上耀眼的物质光环而具有了现代的表现形式,其本质仍是传统的。中国社会长期的帝王统治史和政治斗争史及因此而推广的愚民政策导致的国民精神的孱弱为它提供了滋生的土壤。遗憾的是在《羊的门》中读者仍未看到这种情况的改观,封建共产主义式的呼家堡并不是一个真正意义上的现代社会缩影,其内部现代的专制统治导致的是人民思想的停滞、人格的萎缩乃至人性的退化。与此同时,这种人治观念在现实政治层面运作时表现出的抛弃道德和伦理价值标准的极端世俗化形态,都表明这不仅仅是个体思想认识上的悲剧,更是文化的悲剧——历经传统和现实的文化悲剧。"现代化"的最终目的是人的现代化,以此为尺度来衡量人治文化在中国社会迈向现代化过程中的影响和作用,只能是一种阻碍、一种桎梏、一种对民族精神的开拓与提升的压抑和倾轧。

四

批判的目的是为了建构。《羊的门》以其批判主题的深刻性和多角度性堪称一部"人民批判书",冷静的叙事姿态和批判的叙事精神之间的背反赋予小说文本以极大的张力。难能可贵的是小说并没有将意义终止在批判的层面上:呼家堡村民刘庭玉的坚持出走,孙布袋颠覆权威的持续努力,呼国庆对呼家堡继承人位置的放弃,都能于思想的窒息中给人以振奋和希望。《羊的门》不可能提出根治传统人治文化瘤疾的有效途径,但通过批判显示出了其基本的建构意向:人格的独立和人性的健全乃是人的现代化的基本前提,而独立人格和健全人性的培养同样需要适合它发荣滋长的土壤。《羊的门》的出现显示了80年代文学批判话语在世纪末文坛的恢复,以批判的激情续接了90年代中期以来当代文学重返社会中的努力,标志着历史理性和现实(而非世俗)关怀开始并正在当代文学中重新寻求它的栖身之地。

原载《小说评论》2000年第1期

卡里斯马型人物与女性
——《羊的门》及其他

刘思谦

现代阐释学关于"期待视域"这个概念为读者阐释文本提供了一个相对广阔的空间和多种可能性,具有相当的合理性和可操作性。从方法论的角度来看,"视域"是指读者的视力范围,即站在一定的观察、叙述角度所能够看到的东西,而"期待视域"则显然和读者的"前判断"有关。也就是说,读者作为阐释主体,对文本的理解和阐释显然并非从零开始,而是有他的"前判断"他的种种主观因素作为背景和起点的。"前判断"在一定程度上制约着他对文本的理解和阐释,制约着他能够看到什么和对什么视而不见。这其中的一个不应忽略的因素便是性别的因素。对待同一个文本,女读者和男读者的"期待视域"是一样的吗?他们从本文中所看到的有没有差别?这个问题已经由西方女性主义文学批评家伊莱恩·肖沃尔特提了出来:"一位女性读者提供的假设会怎样改变我们对给定文本的理解,使我们领会到文本中性的标记。"①我在这里所说的"卡里斯马型人物与女性"这个论题,显然是将"性别"引进了我对《羊的门》及其他相关文本的阐释,是我作为一个女读者在这里所看到的东西。

有必要对"性别"这个概念的涵义略作说明。作为一个分析范畴,这里的"性别"并非仅指自然性别,而是自然性别、社会文化性别与人文主义价值观的一种综合的分析视角。这就意味着当我将"性别"引入我的阅读和阐释活动时,也就同时将价值论和它所携带的社会文化信息吸引进来。在我看来,只有这样的综合视角,才有可能超越给定的意识形态的限定,超越女人的和男人的性别局限,使文本的解读进入人文价值观的意义的层面。因此,我在阅读和阐释中关注着小说文本中的人物,关注着这里的男男女女和他们之间的关系,并对其中的女性人物人的价值和尊严予以特别的关注。这一"期待视域"果然让我看到了我期待中的东西,有些在意料之中,而有些则在意料之外。

我借用了"卡里斯马"这个概念对《羊的门》(李佩甫)、《疼痛与抚摸》(张

---

① 转引自〔美〕齐纳森·卡勒:《当代学术入门文学理论》,辽宁教育出版社,牛津大学出版社,1998年,第67页。

宇)以及《绿化树》(张贤亮)、《废都》(贾平凹)中的男主人公命名。"卡里斯马"为德国社会学家马克斯·韦伯所用的一个社会学、政治学概念,在我国最早见于海外华人学者林毓生的论著《中国传统的创造性转化》,青年学者王一川的专著《中国现代卡里斯马典型》借用这个概念对我国20世纪小说中此类人物作出了系统的梳理,总结出一些富于启发性的规律性现象。王一川认为,在小说中,卡里斯马典型总是作为特殊人物出现的,是作家所建构的一种艺术虚构和语言虚拟,其共同特征是产生于一定历史条件下的具有神圣性、原创性和令人服膺、景仰、跟从的感召力和凝聚力。这样的人物在小说人物结构中一般处于结构中心,对其他人物具有仰视、威慑和驯化作用,甚至是其他人物故事的动力源泉[1]。"卡里斯马"人物类似于五六十年代至"文革"前后的"英雄人物"、"社会主义新人"等概念,但比较而言,其概念内涵比这些已被政治话语逐渐抽空了"所指"(意义)成为一种空洞的贫乏的高高在上的"价值空壳"来说,其文化内涵的丰富性和较广泛的适用性,均高出于"英雄"、"新人"等旧概念。我借用"卡里斯马"这个概念来阐释《羊的门》等男性主人公,才发现他们是不同类型的"卡里斯马",他们所体现出来的对其他人物的神圣性、感召力、凝聚力也不一样。呼天成是成功的"卡里斯马",呼国庆是准"卡里斯马"(《羊的门》)。曲书仙、李洪恩(《疼痛与抚摸》)、章永麟(《绿化树》)、庄之蝶(《废都》)等都是颓败型"卡里斯马"。他们的原创性、感召力、凝聚力都日渐衰落,对其他人物的影响所及和使其他人物膜拜、仰视的个人魅力也日益缩小,最后只剩下在女人这一小块地盘上尚有余威,尚能发挥和施展,所以是颓败性的"卡里斯马"。

更加耐人寻味的是,这些不同类型的卡里斯马人物,无论其是否处于全书的人物结构中心,无论成功或是失败,一旦他们和女性人物发生这样或那样的情节故事时,都一无例外地处于绝对的中心地位,一无例外地把女性人物置于他的控制、覆盖之下,使她为他的神圣性和感召力而膜拜而臣服,心甘情愿地为他"无私奉献"为他活为他死。总之,作为小说人物结构的重要组成部分的两性关系模式,是一种恒定的和很难发生变化的男主女从模式。

阐释"卡里斯马"人物在我国当代文学中的涵盖性以及这类人物在小说人物结构中的功能时,两性关系是一个不应回避的视点。如果在我们的"视域"中出现了这类小说人物结构和两性关系模式,就会发现其人物结构是一种不平等的等级制的人物关系,而女人和男人的关系,则更是一种无平等可言的实质上的人身占有、人身隶属关系。这里蕴含着丰富的历史的社会的文化的和心理的

---

[1] 王一川:《中国现代卡里斯马典型——二十世纪小说人物的修辞论阐释》,云南人民出版社,1995年。

信息,等待着我们去发现和阐释。马克思曾精辟地指出过社会的进步可以用女性的社会地位来精确地衡量。同理,从一般的男人和女人的关系中也可以大体上衡量出一个社会一般的人和人的关系。《羊的门》等小说中"卡里斯马"人物与女性的关系,最为彻底地和赤裸裸地折射出人与人的关系是统治与被统治、占有和被占有、奴役和被奴役的关系。尤其是《羊的门》,它的"卡里斯马"人物呼天成作为一个成功的"四十年不倒"的统治者,其根本的业绩也就是对人的统治对人心的征服,尤其是在对女人的统治上,最为娴熟也最为残酷地暴露出他那以神的面目出现的伪神伪善的本质。本文将从分析《羊的门》人物结构及两性模式入手,对《疼痛与抚摸》等相关文本只是在相似的层面上附带论及。

《羊的门》全书在结构上由呼天成与呼国庆这两大板块组成。呼天成这一块时间跨度四十年,是历史与现实的交叉组合;呼国庆这一块是现实关系组合,在现实的同一时间平面上与呼天成版块的现实部分搭界和勾连,实际上是呼天成版块现实部分的延伸,在小说叙述上起到了相互映衬和相互说明的功能。

但是,这两大板块中的人物结构却明显不同。

呼天成这一块,也就是在呼家堡四十年历史与现实的时空构架中,呼天成处于绝对的不可动摇的中心地位。以呼天成为中心,构成一种辐射型的多重人物关系网,每一重与每一组人物都围绕着呼天成而存在,成为一种典型的"葵花朵朵向太阳"式的人物结构。第一重是呼天成的内围组织(类似于近卫军),如民兵连长呼二豹、村秘书杨根宝、妇女主任马凤仙、女广播员姜红豆、副村长呼国顺等,还有一些没有名字也不须有名字的牛奶厂长、造纸厂长等等,这些人物其实都是呼天成身体器官的延长,是他的手和脚、他的耳和目、他的喉舌。这些人物在小说叙事上起到了闻风而动、一呼百应的功能。第二重是呼天成的外围组织,是他煞费苦心用心力最多成效也最为显著的一些人:孙布袋、艺人八圈、"窄过道儿"于凤琴和她的丈夫王麦升、匠人刘全一家、"永久支委"徐三妮等,他们每一个人的"生活故事"都是呼天成赫赫文治武功的不凡战绩,是他在那间"茅屋"里进行权力运作,以精明果断运筹帷幄征服人心的见证。这两重人物与呼天成的关系一概是"施恩"与"感恩"关系,一概是言听计从、献媚献计乃至下跪乞求开恩的关系。唯一的一个异己的、离心的人物是面粉厂的刘庭玉(我注意到他的名字前面没有"长"字),他竟然在呼天成六十岁生日那天要离开呼家堡,竟然斗胆向呼天成的权威挑战,这是呼天成万万没有想到的。不过我也注意到,刘庭玉就是刘全的儿子,而刘全一家,在"小娥的魂灵"这一节里被呼天成的淫威逼得呼天天不灵、叫地地不应。刘全曾经拿起过菜刀要跟呼天成拼了,可结果却还是跪在呼天成的脚下求他饶恕。历史的吊诡恰恰在于:呼天成以"破除迷信"、"不信邪"的面具把自己装扮成值得万民敬畏的唯一的正宗的神,却又恰恰是这副面具使他暴露出他那假神真魔的面目。呼家堡唯一的反抗力量刘庭玉出自刘全的家,绝非偶然。

呼国庆这一版块的人物结构,不是以他为中心的向心式结构,而是以他在县里官位的升迁沉浮为主线,交织起县委书记王华欣、市委书记李相义、乡党委书记范骡子、造假村长蔡五等多条线索的相互交错纠葛、明争暗斗,这些又通过呼国庆与呼天成相联系,再加上"文革"期间落难后又复出的省委秋副书记及他的儿子秋援朝,加上从呼家堡出去上过大学当了官的冯副总编等人,实际上是呼天成权力威势在空间上的扩展。其中一些主要人物如呼国庆、王华欣、蔡五等,又各有一组两性关系如呼国庆与情人谢丽娟、妻子吴广文,王华欣与其在医院工作的妻子(为市委书记李相义长期提供珍贵保健药品婴儿胎盘胶囊),蔡五与其"侄女"八哥(造假村败露后由八哥的性服务打通关节)。这些相互交织相互制约的人物关系,把权力、性和金钱引入人物结构之中,在现实的层面上呈现出一幅权、性、钱三者相互渗透、牵连又相互制约的关系,推动着故事情节的发展。如呼国庆的官场突然败北,便与他给谢丽娟的一百万下海经商启动费一事败露有直接的关系。权、性、钱三者的交相作用,可以说是隐藏在人物关系这一显性结构下面的隐性结构。

在这样两个相互胶结的严密的人物结构中,任何一种反抗的行动或任何一种别样的声音几乎是不可能的,更没有丝毫平等可言。"窄过道儿箩面"、"呼家堡议会"等人物故事读来不寒而栗、心有余悸。因恐惧而麻木、因麻木而驯顺,是网络在这个人物结构内的安分的子民们唯一的心理逻辑。《羊的门》的深刻之处,其思想的力度,是在这样的人物结构中,触及各色人等的思维方式、行为方式和话语方式。由于作者的人性关怀和人道悲悯,又使这一切无不指向人的物化和奴化,指向对人的全面剥夺和占有,指向人的物质与精神的双重匮乏,指向人的非人。

《疼痛与抚摸》在人物结构上与《羊的门》不同。它不是以一个男主人公为结构中心,从而辐射出各种历史的与现实的人物关系,是以"代际关系"这个范畴结构人物,而且是以女性的(母系的)代际关系来结构人物。耐人寻味的是,水秀(祖辈)——水草、水莲(母辈)——水月(孙辈)这三代四位女主人公,在结构上只起到一种纵向的串联作用(串联起相关的男主人公和相关的时空),一旦这每一个女主人公从横向上展开她们与相关的男主人公的具体关系时,却无例外地成为男主女从关系。男主人公如曲书仙之于水草及其原配妻子,李洪恩之于水月及其原配妻子等,均如此。在女人面前,他们是绝对的中心,是"卡里斯马",而且其"卡里斯马"的感召力、凝聚力发挥得淋漓尽致,并且由生前延伸到身后。而与他们相关联的女人,无论是情人还是妻子,都把他们当作一尊顶礼膜拜的偶像去爱,爱得死去活来,为他而爱恨歌哭,为他而任劳任怨,为他活、为他死(水秀和水莲这母女两代人就都为"心上人"自尽身亡,可谓鞠躬尽瘁死而后已)①。《羊的门》的两性关系模式也是如此。呼天成之于秀丫和秀丫的女儿小雪,还有他那个如同一面挂在墙上弃置不用的"面笸"一般的原配妻子;呼国庆之于情人谢丽娟和妻子吴广文,都是中心与非中心、主与从的关系。呼天成在全书人物结构中是绝对的中心,在横向的两性关系中更是绝对的中心,所以他是双重的绝对中心、双重的"卡里斯马"人物。呼国庆作为准"卡里斯马",在他的官场人物结构中不是中心,但是在情人谢丽娟和妻子吴广文面前,则先行成为"卡里斯马",其感召力和凝聚力也发挥得相当到家,如对吴广文残忍地玩弄权术骗术,忽而离婚忽而复婚出尔反尔一切围绕着他的仕途需要,将吴广文玩弄于股掌之中。对谢丽娟,不能说其中没有爱情的成分,可他的爱情之潮涨潮落,完全服从他权欲的需要,相对于妻子吴广文,这是另一种感情的玩弄。这两部小说中一主一从的两性关系模式,从人文价值观来看,是一种人身隶属占有的关系,不仅占有她的身体而且占有她的精神,不仅占有这一代而且占有下一代,不仅占有生前而且占有死后。呼家堡的子民们与呼天成也是这种关系,不过相对而言,呼天成对女人的占有与剥夺是最全面最彻底也是最残忍的。信阳逃荒女子秀丫被他从冰天雪地中拾起来送给了光棍汉孙布袋做老婆,这也不是白送,而是一笔肉身交易,即用秀丫的身体去换孙布袋的"脸面",使他从根本上丧失了自尊心不把自己当人看。同时呼天成又使秀丫心甘情愿地定期到他的茅屋为他提供性服务,并且以自己的自虐(做易筋功压抑性欲)换来对秀丫施虐的条件。那一声声暴虐的"脱"字构成的绝对命令,把秀丫作为人和作为女人的尊严和价值剥夺殆尽,而秀丫老了,又主动把自己的女儿小雪奉献给他,代替自己去和他做猫捉老鼠的性游戏。《疼痛与抚摸》中,外婆水秀与外孙女水月,一对祖孙关系的两代女人先后遭遇到比中世纪的"红字"还要野蛮残忍百倍的"裸体游行"(外加棍棒鞭笞),而水月这个"好女人"却毫无怨言,不但不告状,反而认为自己有罪,"伤害了李洪恩家人的脸面","裸体游行""使她的这伤害受到了惩罚,一来一去,这笔账就勾销了"!还有水秀的女儿水草这个"好女人"更是好到了无以复加的地步。她的心上人曲书仙(后来明媒正娶把她纳为

---

① 无独有偶。近看电视连续剧《天良》,男主人公王天成(也叫"天成",乃天助其成也,非常符合"卡里斯马"的原意,即仿佛是得了神助一般的感召力凝聚力)。王天成的妻子白洁("清白"一词的谐意),丈夫因一万元贿款而蒙受不白之冤,为了换回丈夫的"清白",竟不惜以自己的生命作代价自杀,也毫不顾惜身边一个年仅三四岁的女儿。官复原位的王天成对女儿说:"你妈妈是世界上最好的母亲,最好的妻子!"

二房而且由曲的原配夫人极力促成此事)被农会抓住枪毙,临刑前水草提着小竹篮去刑场给他送饭,她坐在曲书仙的腿上,在万人瞩目中一口一口喂他吃饭。"人们眼看着曲书仙的身子哆嗦着不再哆嗦了,水草又伸手用手掌碾碎了曲书仙的泪珠儿,那样子就像一个母亲在哄着自己的孩子,弄出来恁多抚爱和温柔。"《羊的门》中准"卡里斯马"呼国庆与谢丽娟的"狂欢之夜"恰恰也是在呼国庆仕途受挫、县长的位子眼看要保不住的时候。谢丽娟为他浓妆艳抹,更换时装凡八次之多,为他"一次次地展览自己,那奉献饱蘸着女性特有的爱意"。第二天呼国庆在小谢的床上醒来,小谢已经上班去了,"他扭过身来,看见床头的小柜上放着一个精致的托盘,托盘上放的是一杯牛奶、一个煎蛋、两片面包",还有一张纸,上面画了一个花形的"吻你"。这使我想起了《绿化树》中落难的章永璘经由马樱花"美国餐馆"里的"土豆加牛肉"意得志满地步上了"红地毯",想起了《废都》中那好几个如众星捧月般的围绕着庄之蝶并且全都投怀送抱、自荐枕席的女人们。

这是当代文学一些男性文本中一种相当普遍的两性关系模式,表现出一种男性集体无意识,即使是如《羊的门》、《疼痛与抚摸》这样的对女性基本上是持同情和体恤立场的文本,也还是于无意间流露出这种男性心理原型,所谓"官场失意情场得意",所谓集母性的抚育与妻性的温柔于一身的"好女人"情结,无论是对于成功的还是颓败的"卡里斯马"人物,都是一种弥足珍贵的想象性心理补偿。

我想起波伏娃在《第二性》的结束语中引用的马克思的一段话:"人和人之间的直接的、自然的、必然的关系是男女之间的关系……从这种关系的性质就可以看出,人在何种程度上成为并把自己理解为类存在物,人;男女之间的关系是人和人之间最自然的关系。因此,这种关系表明人的自然行为在何等程度上成了人的行为,或人的本质在何等程度上对他来说成了自然。"

"他者如地狱"①。《羊的门》、《疼痛与抚摸》中的"卡里斯马"与非"卡里斯马"人物,那些男人们和女人们,那些芸芸众生,都还是"他者",都还没有把自己

---

① 据《第二性》全译本译者前言考察,萨特的名言"他人即地狱"正确的翻译应为"他者如地狱"。在英语里,"the other"与"the one"是相应而言的,译者认为不应把"the other"按字面意义译为"他人",而应与"the one"相应地译为"他者"与"此者"。而"他者"的真正含义是指"那些丧失了自我意识、处在他人或环境支配下,完全处于客体地位,失去了主体人格的被异化了的人"。所以国内曾一度流行的萨特的"他人即地狱"的著名观点,其准确译法应为"他者如地狱",即一个人若丧失了主观意志,任凭他人或环境及异化了的自我的摆弄,就等于走进了地狱。笔者认为这个译法比较接近萨特和他的终身伴侣波伏娃的存在主义哲学观原意。《第二性》全译本,第4~5页,陶铁柱译,中国书籍出版社,1998年2月版。

和他人理解为人,其中的男人和女人的关系距离"人的关系"还很遥远。他们的主体性生成还仍然处在一个艰难的过程中,包括呼天成,包括他的接班人呼国庆。呼天成在他成功地"治人"、"治心"的过程中,在奴役他人、践踏他人尊严的过程中也必然地使自己异化为权力的奴隶,异化为非人。他成为呼家堡全体人的"精神之父",代价是他自己没有父亲、没有母亲(仅仅因为母亲信了基督教他便拒绝去为母亲送终),他剥夺了所有人正常的家庭生活和私人生活,同时也就剥夺了他自己正常的家庭生活、私人生活,成为人不人、神不神、鬼不鬼的畸形人。正是在这样一个悖论中,李佩甫在建构呼天成王国的同时也便解构了它。呼家堡的上空终于响起了一场炸雷,谢丽娟已经觉醒,不大可能陪着呼国庆去为呼天成殉葬。在这一声炸雷的感召下,呼国庆和呼家堡的人们,都有了走出呼家堡,在外面广大世界里摆脱"他者"的控制而独立自由的成为人的可能,有了成为大写的作为个人的男人和女人的可能。

1999 年 12 月 2 日于开封
原载《当代作家评论》2000 年第 3 期

画出中原强者的灵魂
——李佩甫和他的《羊的门》

邵燕君

自 20 世纪 80 年代中期以来,李佩甫在创作上一直闷着头走实力派的路子。他总置身于各种文学热潮之外,因此容易被批评家忽略,这种思维也会影响到近期的文学史叙述。但时间会对他有利。当时代的风潮随雨打风吹去,当代文学总会有几部过得硬的作品留下来。这里边就该有《羊的门》。因为,这本书写透了一种典型的社会结构——呼家堡——乡土中国的微缩版,更成功地塑造出了一个文学典型形象——呼伯(呼天成)这位集传统文化、民间智慧、地域特性和时代精神为一体的中原强者形象,足以列入五四新文学以来现实主义小说人物序列,李佩甫画出了他的灵魂。可以说,单凭呼伯这样一个典型人物,李佩甫在当代文学史上的地位就立住了。

一个作家和他的"那本书"

现实主义作品特别注重塑造典型环境中的典型人物,能不能为文学画廊增添不可替代的新人物形象,从某种意义上说,是文学最实打实的收获。《羊的门》写作、发表年代(《中国作家》1999 年第 4 期,华夏出版社 1999 年 7 月出版)正处于社会大变革时期。现实潮流的涌动促成了他题材的选择和关注点的聚焦,但现实的影响也就到此为止,他有更高的使命。

李佩甫这位农民之子同时也是现实主义文学之子。他的审美经验和精神气质、观察世界和描写世界的方式都被现实主义文学传统所塑造、所定型。他的明智和定力在于,他了解自己,就像农民了解自己的土地。现实主义是最适合他的创作方式,也是最适合广大读者的文学方式,不管文坛的风向哪一个方向吹,他都坚守自己脚下的土地,并且责令自己,拿出最像样的果实。这就是"平原三部曲"的第一部《羊的门》。

《羊的门》或许有原型,那原型就在李佩甫的家乡(即坐落在河南省漯河市临颍县的南街村,90 年代初创造了经济奇迹成为河南首富村而轰动一时。李佩甫是许昌人,与临颍县临近,而《羊的门》中的呼家堡被称属于颍平县,古时被称为"许国"。呼家堡在很多方面让人想起南街村,但二者之间未必有直接对应关系,至少作家自己一直未曾言及此事)。不过,即使有现实原型,对于一个作家而言,也不意味着有了写作模型——但它却是一个天赐的参照。借助它,作家可以更准确地勘探出这片土地的灵魂。李佩甫是个老实的作家,他不像很多作家那样以上帝自居,任凭自己的意愿打造一个文学的帝国。他谦卑地执行着写作者的使命,用天赋的文学灵性去捕捉这片土地的灵性,用以塑造一个凝聚这片土地之精华的人物,再投以理想之光,使其成为"源于生活,高于生活"的文学典型——这正是最适合李佩甫的写作方式。他是个经验型的作家,走的是巴尔扎克的路子,虽不能像托尔斯泰那样高屋建瓴,却也不被任何一种理念所驱使,而是以扎扎实实的写实逼近生活的真实。一个民族的秘史需要以文学的方式来探究,真正的文学里一定有作家自己的血肉。《羊的门》的写作就是这样一个剖析和自剖的过程。呼伯是这片土地结出的果实,作家自己被这片土地所哺育,也被这片土地所腌制。探究人物就是探究自己,探究一方水土养的一方人,探究中国人的灵魂——这片中州土地不仅孕育了中原人,也孕育了炎黄子孙。这件事本身意义重大,甚至比文学要大。一个作家一辈子都在等一本书,李佩甫等到了。

气与骨

现实主义作品的典型人物必须生长在典型环境里,只有坐实了典型环境,人物才能立起来,真正具有典型意义。要写透呼伯这样一个中原强者的形象,必须先对中原文化进行土壤分析。

一开篇,李佩甫就把笔落在这片中州古地上——"在中国九百六十万平方公里的版图上,有一块小小的、羊头状的地方,那就是豫中平原。"在这块天灾和战乱连绵三千年的土地上,人绵如羊、贱如草,却生生不息。作家着重写了这里的草:"在平原,有一种最为低贱的植物,那就是草了。""它们在田间或是路旁的沟沟壑壑里隐藏着,你的脚会踏在它们的身上,不经意的从它们身上走过。它当然不会指责你,它从来就没有指责过任何人,它只是默默地让你踩。""平原上的草是'败'中求生,在'小'中求活的。"

这就是所谓的"草民",是历朝历代极权主义的温床,却也是这个古老的民族绵延不绝的力量所在。这块土地之所以被称为"绵羊地"就是因为它"无骨",却"有气","在这里人的骨头是软的,气却是硬的,人就靠那三寸不烂之气活着"。骨与气,这两者之间的矛盾纠结关系,构成了平原人性格的根基。李佩甫笔下几乎所有可以称得上"形象"的人物,都在反复思考着这两者的关系,从他们的看法和活法中,可以探测出平原人性格的基本结构。

我们先看一位外来女性的看法。小说中的谢丽娟是一位外来的女干部,因和县长呼国庆的婚外恋情卷入了与这片土地文化的直接冲突中。当呼国庆为了保住权力被迫与妻子的娘家势力妥协而牺牲爱情时,谢丽娟激愤地说:"你们这里的人个个都没有脊梁骨!所以,你们这里的人就老说,人活一口气。人活一口气,哼,那是一口什么样的气?窝囊气!"在她看来,这股"气"是专门滋养玩权术的小男人的:"它是专门养小的,它把人养得越来越小。它吞噬的是人格,滋养的是狗苟蝇营。在这块土地上,到处都生长着这样的男人。为了权力你们什么都可以牺牲。"

对此,作为这片土地上成功男人的代表呼国庆的回答是:"不错,在这里,生命辐射力的大小是靠权力来界定的。这对于男人来说,尤其如此。这里人不活钱,或者说不仅仅是活钱,这里生长着一种念想,或者说是精神。这是一棵精神支柱。气顶出去的就是这样一种东西。渴望权力是一种反奴役的状态。在平原,有句话叫做'好死不如赖活着',这里边体现的自然是一种奴性,是近乎无赖般的韧性和耐力。"

表面上看,谢丽娟与呼国庆的争论是男女性别之争、外来文化与中原文化之争,其实,他们的争论背后更有着中国文化数千年以来的道术之争,以及更"普世"意义上的理想原则与现实法则之争。

在谢丽娟代表的话语系统里,"气"必须建立在正义的价值取向上,也就是孟子所说的浩然之气:"其为气也,配义与道。无是,馁矣。"(《公孙丑》上)。与"气"相连的必然是"节",有所有为,有所不为。在特别严峻的时候,"节"甚至意味着牺牲,"舍生取义,杀身成仁","人生自古谁无死,留取丹心照汗青"。在中国文化的语境里,历史常常成为一种具有永恒价值的尺度。

而在呼国庆代表的话语系统里,"气"的价值指向被取消了,孟子那里"富贵不淫,贫贱不移,威武不屈"的"大丈夫",在这里是"能屈能伸",受得胯下之辱,只要最后能成功。成功是唯一的标尺,成者王侯败者寇。所以,这里的"气"与"忍"相连,这就是呼国庆所说的:"在平原上长大,如果是有灵性的,都会逐渐悟一个字,那就是一个'忍'字。这个'忍'字就是他们日后成事的基础。一个'忍'字会衍生出一个'韧',这都是从平原生长出来的东西。这东西说起来很贱,一分钱也不值,但却是绵绵不绝的根本所在。就像是地里的草一样,你践踏它千次万次,它仍然生长着,而且生生不灭。"

谢丽娟的话语系统是一直被大声宣讲的,至少在书本的世界里不证自明。

而呼国庆的话语系统则是一直在现实世界中暗暗奉行的,不仅是草民的生存术,也是帝王的统治术。但在以往的文明系统里,它是"只做不说"的,中国的封建政治统治向来讲究"内法外儒",即使内部再严刑峻法,外表依然仁义道德。这当然虚伪,但虚伪中却包含着一种价值确认,承认在"现实如此"的世俗法则之上有一个"理应如此"的圣人法则,在一定程度上相当于有一个彼岸世界。然而,当时间行进至20世纪末,整个世界的价值观念都发生了变化,伴随经济大潮的滚滚而来,弱肉强食、适者生存的丛林法则终于理直气壮地走上了前台。所以,当谢丽娟责问"你们这里煤是白的吗"的时候,呼国庆完全可以笃定地回答:"这是这块土地上流传了几千年的生存法则。"原本理直气壮的谢丽娟此时无言以对,继而,一边在内心告诫自己"这个人没有一点人格",一边与他疯狂做爱。不是灵魂屈服于肉体,女人屈服于男人,而是她一直以为天经地义的那套价值系统遭到了深度质疑、挑战,乃至颠覆。

在李佩甫《羊的门》之前,很少有人正面解析这套运行千年的现实法则。在以往的文学叙述中,凡是以权谋得"天下"的人会被称为"枭雄",最典型的是曹操。与之对立的一定有一个仁义的英雄,即使像刘皇叔那样"大善近伪"。"新时期"以来的文学叙述也基本延续这一逻辑。只有到了李佩甫的《羊的门》,民间文化、现实法则才拨开种种"正统"的覆盖,正面示人。这里没有"英雄"和"枭雄",只有"强者"和"次强者",所有的道德逻辑、文化逻辑都可以被整合进权力逻辑,世界变成单面的,且千年如此,铁打不动。李佩甫能作这样的叙述翻转是时代逻辑使然,其特别之处在于他没有有意无意地成为时代逻辑的代言人,他甚至不贪大而取小,不走虚而偏实,借助"原型",专挖自己的根。在这种自剖式的解析中,有自陈、自证、自辩,也有对其劣根处深透的自省。

小说开篇不久,他借呼国庆之口,分析这种"有气无骨"文化成因与平原的地理环境相关。"从民俗学的观点来看,这是一块无骨的平原,是块绵羊地,翻翻历史书你就知道了。从根本上说,人是立不住的,因为没山没水,就没有了依托。"所以,这里的人都是点不成豆腐的"二不豆子":"你说它不熟吧,它黄了;你说它熟了吧?里边又青不愣的。"

孔子说:"仁者乐山,智者乐水。"既无雄山衬托,又无大水滋润,所以,此地的人缺乏血性、野性和灵性。但更根本的原因在于贫穷。从某种意义上讲,贵靠富养,所谓"仓廪实而知礼节",长久而残酷的贫穷,可以培养人超常的"忍"和"韧",但难以孕育高贵的文明传统。这片曾被称为"许国"的中州古地,三千年来饱经天灾战乱的蹂躏,同时,文明的驯化和权力的宰制又把人腌制了,由此形成了"有气无骨"的特殊文化。在《羊的门》之后出版的"平原三部曲"第二部《城的灯》(长江文艺出版社,2003年3月版)里,李佩甫再次通过一位知识女性——不过,这次是土生土长的村书记女儿刘汉香的思考,更内在地分析了"骨"与"气"的关系:"过去有一句老话叫:穷要穷得有骨气。现在想来,这句话是很麻醉人的。穷,还怎么能有骨气?'骨'是骨,'气'是气,骨是硬的,气是软的,怎么就'骨气'呢?可以看出,以气作骨是多么的勉强啊!'骨'要是断了,'气'还在么?那所谓的'骨气'不过是断了骨头之后的滥竽充数罢了。况且,这'骨气'也是硬撑出来的,是'脸面',是强打精神。往好处说,那是意在改变。要是你一直穷下去,都穷到骨头缝里了,那'骨气'又从何而来?穷,往上走,那结果将是奋斗或夺取;往下走,那结果将是痞和赖。这都是眼见的。其实那穷,最可能生产的是毒气和恶意……要是再不改变的话,那结果将是一窝互相撕咬的乱蜂!"

在李佩甫的小说里,女性往往代表着理想世界,她们是这片土地的受害者、批判者、逃离者或拯救者。而男人则代表现实世界,是这片土地生出的泥蛋,永远不可能离场的厮杀者,不管是志得意满,还是猥琐卑微。《羊的门》中,在呼伯之外,作家还重点塑造了两个男人的形象,一个是被呼伯视为接班人的县长呼国庆,一个是作为其权力对立面的县委书记王欣华。他们谈不上谁是好人谁是坏人,彼此都是"人物",同样能造福一方,同样为了权力不择手段。不过,在呼国庆身上,还是有更多的反思和挣扎,是一个"向上走"的人物。而王欣华更居于这种文化的底端,他的一段肺腑之言恰好可以作为刘汉香分析的佐证:"胆这东西,你知道是靠什么来滋养的?靠恨。乡下娃子,能一步步地走出来,靠的都是恨。恨积得越多,胆就越大。在平原上,不是说人活一口气么。气是怎么来的?气是生出来的。生气,生气,不就是这个意思么。人是靠恨来聚气的,仇恨就是气的源泉。"

这就是呼伯这个典型人物生长的典型环境。这个人物之所以能成为典型,是因为他具备了典型环境的核心要素。他的"气"是最足的,他的"忍"和"韧"的功夫都登峰造极。更重要的是,他出神入化地将"气"与"骨"连接起来,将诞生于贫穷的权力文化与高贵正统的仁义文化连通,并加入了乌托邦的理想成分。这就使这股孕育了千年的"气"立了起来、冲了出去。于是呼伯不再是一个寻常的"人物",而是一个具有新灵魂的"大人物",一个神,一个"在平原上广为流传的传说"。

仁义与权谋

在呼伯正式出场前,小说已经把势造得十足。先是对"绵羊地"三千年文化历史作纵论分析，再是对平原上的"神秘王国"——呼家堡作奇观性描摹，然后是县长和县委书记的一场激烈斗法，陷入困境的县长呼国庆紧急向呼伯求助，这才把大幕正式拉开——呼伯六十大寿，尽管已再三申明"不受礼，不请客"，那一天，国道上还是早早就排起了豪华汽车长龙，那些早早下车，步行为呼伯拜寿的，尽是省一级的实权人物，银行行长、省报主编、工商局副局长……这一开场就烘托出了呼伯，这个占地仅仅 1.57 平方公里的平原村落"当家人"的人脉网和权力网。

"施恩"也是呼伯这个"中原王国"缔造者的生存之道。只不过，呼伯所缔造的"王国"没有暴力和罪恶的色彩，它是合理合法的，更是合乎人情的。它不是"地下"的，而是隐在的，如影随形地隐身在官场秩序和人情世故之中。呼伯的高妙之处在于，他把利益层面的权谋与道德层面的仁义天衣无缝地连接起来，权谋中渗透了仁义，仁义中蕴含着权谋，甚至仁义即是权谋。从某种程度上说，这个自称"玩泥蛋"的民间智者、强者，在他四十年的摸索实践中，已悟道成精了，他将中国传统文化的三个主脉——儒道法暗暗打通，以道家的阴柔行儒家的仁义、成法家的权谋，如此的"中国特色"无与伦比。

呼伯的成功之道中最核心的秘诀是"种人术"。他从不经营商场，而是经营"人场"。他不仅仅是把"人情"储备起来，需要的时候再用。如果那样的话，他仅仅是在收集、调配权力资源。他所做的是直接"播种"权力，当然，这是一个长久的方略，"他不是一天两天，一年两年，他是几十年一贯如此。这是感情方面的长期种植，他甚至不要求回报。只要他看中了你，只要他认为你是'朋友'，是'人才'，那么，他在感情上的栽种就是长期的，始终如一"。经过几十年的"种植"，他在省、市、县三级干部中建立了一个庞大的"人才库"。这些人或是呼家堡走出来的，或是呼家堡一手托起来的，每到人生的关键步骤，都可以获得来自呼家堡的有力支持。而呼伯轻易不给他们回报机会，"有些账必须让它欠着，欠着很好"。越是如此，这些人越是感恩图报。平时事物中的一路绿灯已经是一笔无形资源，关键时刻一声招呼，立刻可以产生惊人的社会能量。

呼伯"种人"不仅在基层，更在上层。作为一个村级干部，能在上层形成一个"老干部网"，靠的是善于抓住政治时机，有过人的眼力，更有超人的胆量。比如，对于老秋。当年，作为下派干部的老秋一番精彩的讲话，就让年轻的呼伯认定此人"不可限量"。于是，在饿死人的时节，他借遍全村，追出八里地，给已经浑身浮肿的老秋送去五个鸡蛋。在"文革"期间，他冒着掉脑袋的风险把被打成省内"二号走资派"的老秋背回来，在呼家堡藏了一年零四个月。此时老秋的腰已被打断，但呼伯赌他有一天一定能东山再起。在以后漫长的岁月里，他一直与"老秋们"保持着一种特殊的亲缘关系："对这些上层人士，无论是他们遇难的时候,还是官复原职的时候,甚至到他们后来退了二线,'呼家堡'的礼数都是一样的周全。在这里,呼天成奉送的是一份回忆、一份念想,一种叫人忘不掉的情分。早些年,呼家堡并没有什么好东西,可在四季里,老秋们总能吃到呼家堡送去的'思念':那或是几穗刚下来的青玉米,或是几块岗地上的红薯,或是两斤小磨香油,或是一对小兔,一篮红柿……这对那些手握重权的领导们来说,并不是什么主贵东西。可是在时光里,就不断地有一个信息传达给了老秋们,那是说,有人还念着你哪。在远离省城的乡村,有一个人始终记挂着你呢。要是万一谁出了什么事,这里就是你的家!老秋们能不感动吗?"正是以这种特殊的亲缘方式,甚至利用了政治动荡的隐忧,呼伯织成了一张天网,在别人看来比登天还难的事,在他是水到渠成。

在这套"种人术"中,呼伯可以说把平原人性格中的"忍"和"韧"发挥到了极致,同时又具有着一般人难有的远见和大气。由此,他获得了最大的"时间收益",每一块在雪中送的炭,都可能是未来的一座煤矿——这是不靠山不靠水、白手起家的穷人唯一的致富途径。何况,这炭火是四十年如一日地燃烧着,不求回报地供应着。于是,"权谋"变成了"仁义"——呼伯就是这样把"绵羊地"人的"气"和"骨"接起来了,这中间最重要的东西是尊严。他把给予变成一种艺术,把卑微的"送礼"变成高尚的"关怀",使一直被贫穷压迫得"志短"的求乞者变为了施予者,使始终在权力的践踏下忍辱求生的草民获得了主控权。这股"气"终于顶起来了,形成了一个具有巨大辐射力的磁场。

乌托邦与家天下

一个人如果能够凝聚一方水土之精华,他就成为了一个"人物",而只有能进一步改造这一方水土,为其注入新的灵魂,他才可能是一个"神"。呼伯不仅是平原上的一个传说般的"人物",他更是一个神。他不但为"绵羊地"上的人接通了"气"与"骨",更为他们植入了信仰,这靠的不是传统智慧,而是现代理想,使呼伯这个人物常中有变,具有了鲜明的时代特征。

在中国,村子本来就是社会政治结构中最基础的独立单元,正像《羊的门》中老秋所说:"能治理好一个村庄,就能治理好一个县、一个省,乃至一个国家。"而呼伯这个村干部之所以能让老秋等高官们由衷佩服,就在于他"四十年不倒",他用四十年心血打造的呼家堡完全是铁板一块,不但渡过各种政治风潮如闲庭信步(如"文革"中像糊弄孩子一样糊弄各路"红卫兵",还能瞒天过海救下老秋),甚至在一个时代已经过去以后,仍以"红色堡垒"的形象挺进经济大潮,创造了令人侧目的经济奇迹和文化奇观。所以,解读呼家堡不仅是"解剖麻雀",它更像一个活下来的恐龙,可以供人们作跨时代的生态分析。

社会主义改造是对社会政治、经济结构的改造,更是对人心的改造。它是一种制度的变革,但在中国的具体社会环境中,在很大程度上要靠"人治"的力量来完成,对于一个村级的执行者来说更是如此——这是呼伯很早就领悟到的。"在呼家堡,要想干出第一流的效果,就必须奠定他的至高无上的地位,这一切都是靠智慧来完成的,那就是说,他必须成为他们中间最优秀的一个。对于那些'二不豆子',那些'字儿、门儿'不分的货,那些野驴一样的蛮汉,他必须成为他们的脑子,他们的心眼,他们的主心骨。"

这样的征服不是力的征服,而是心的征服,这就意味着他必须提供一套新的价值观,并将之切实落实到村民的日常生活中,只有新的价值系统确立了,"新神"才能登上主位。而立新必先破旧,这正是呼伯的方略,"要想彻底征服,他就得先摧毁一些东西,尔后才能够建立……"。于是,这位新世界的开创者先借村姑小蛾之死,与河神"决斗",以大无畏的革命精神破除了封建迷信,以"人威"镇住"神威";再利用建排房、建地下新村的革命性工程,拆除了祖祖辈辈传下来的宅基地、祖坟,从而推倒了千百年来统治乡村宗族伦理和辈分关系;之后,又通过一次一次的"斗私批修"会使人从家族血脉中分离出来,成为孤单恐惧又激愤激昂的个体。在旧的地基基本被拆除后,再创造性地利用"开会"这样一种新社会的新形式凝聚人心。"应该说,是会议照亮了呼家堡的漫漫长夜。这是呼家堡的一个创造。正是呼家堡把'会议'这个群体集中的形态发挥到了极致。在当时的呼家堡,召开会议成了呼天成的一个法宝。他发现,只有会议才能把人的精神'团'起来,会议像是一根绳子,捆住了呼家堡的人心。……会议也成了呼家堡人的兴奋剂,会议可以产生各种不同的妙用:对于呼家堡的女人来说,会议成了她们的'戏台';对于呼家堡那些光棍汉们来说,会议成了他们的'女人';对于呼家堡的老人们来说,会议成了'红日头',成了他们靠在南城根儿捉虱的日子……在会议上,呼天成成了真正的主宰,成了一呼百应的核心。"

在社会主义新村缔造的过程中,在破旧立新的过程中,呼伯运用了很多传统社会没有的新思想资源,如唯物主义的无神论,集体主义、共同富裕的理念,以及从大寨学来的具体经验等等。当然,这些新社会理想的成功实施,靠的是呼伯对村民性格的了如指掌、恩威并施的铁腕手段。虽然在此过程中,使一些人受到伤害(比如"斗私批修"会上"箩人",导致仅仅是爱占小便宜的村民"窄过道儿"羞辱自尽),但为更多的人谋得了福利。这福利不仅是物质上的(如一排排新屋建起),也是精神上的(如良好的社会秩序和道德风气)。各种政治运动还焕发出农民们自身未知的政治热情,尤其那些在宗法制度下被压抑的人群,妇女、青年、外来的能人,体会到前所未有的"翻身"喜悦——这些都是"新时期"以来的文学叙述中刻意回避的。从另一角度说,相对于庞大的中国,小小的呼家堡在一个好"当家人"的英明领导下,更好地体现了社会主义优越性,但同时,一种内在的矛盾也更突出地体现出来:乌托邦式的理想社会是通过"家天下"的方式建构起来的,大公无私和个人独裁构成了其缔造者矛盾性格的一体两面。

神道与魔道

当一个理想社会是靠个人权威来维持的时候,个人道德的纯正性就变得极端重要。在这方面,呼伯几乎是个圣人。他没有任何物质欲望,吃面条,住草房,穿旧衣,行为低调,从不张扬。在人伦亲情方面也是六亲不认的孤家寡人,他唯一受到挑战的是情欲,而对情欲的克制正是其超凡入圣的过程,但同时也是其由神入魔的过程。小说用了很多笔墨描述这一过程,这是全书最狠最深的一笔,这个神一般人物的不治内伤终于被揭示出来。

那个让他迷恋也迷恋他的女子叫秀丫,是一个被他救活又赐嫁村民的南方女子。作家在她身上投射了一切最打动男人的女性特质:美艳、纯情、忘我、顺从、无惧无畏、无怨无悔。动人的秀丫鼓荡起壮年的呼天成疯狂的情欲和强烈的占有欲,然而,他却一次都没有占有她,而是把她当成了修炼的工具。表面上,他似乎在和另一个男人(秀丫的丈夫)进行着一场比意志、比耐力、比韧性的战斗,实际上,真正的敌人是他自己:"呼天成给自己树立了一个敌人。他发现,像他这样的人,是需要敌人的。这个敌人不是别人,就是他自己。他不怕那个人,他甚至可以把那个人的灵魂捏碎!可他却没有这样做,他把那个人当成了一口钟,时时在自己耳畔敲响的警钟。那人是在给自己尽义务呢,那人就是他自己的义务监督,有了这样一个人,他就可以时时地提防另一个自己了。于是,他把自己锯了,他把自己的心一锯两半,用这一半来打倒另一半。"

于是,在空旷的场院上,在自己的小屋里,甚至在秀丫丈夫的新坟边,呼天成一次一次向秀丫发出冷酷的命令:"脱!"然后,自己对着雪白的胴体练功:"这时候,躺在床上的秀丫,对于他来说,就变成了真正的'牺牲'。'牺牲'二字,似乎只适用于女人,也只有女人才配用这'牺牲'二字!面对秀丫的时候,不能说呼天成没有痛苦,痛苦是有的。那痛苦就像是一条蛇,一直缠着他。他就一直用练功来把持自己,那一式一式的功法练起来时,叫人根本无法分心,一旦进入功法的境界,面前的景象就成了一具白色的幻影,成了一种幻觉,只要屏息凝神,那幻觉就会慢慢地消失。这场精神战持续了很久很久,越练,心中的渴念越小,越练,身上的气感就越明显。后来,呼天成觉得,他确实是战胜自己了,同时也战胜了外边的那个'声音',作为呼家堡的当家人,在这一点上,他是挺过来了。那么,在以后的日子里,就再也没有过不去的桥了。"

经过一次一次超越极限的自我训练,他终于练成了"神功",能够控制自己的一切欲望,甚至无欲无求了。而这无欲的背后,却是人世间最大的欲望:"他曾多次问自己,你到底要什么?仅仅是要一个女人么?你要想成为这片土地的主宰,你就必须是一个神。"这里的神可以是上帝,也可以是魔鬼,而呼天成的修炼法显然已入魔道。在他进行那些魔鬼一般的训练时,顾及过秀丫的痛苦吗?没有。她甚至不是"牺牲",而只是"牺牲品",她为了爱而奉献自己,却仅仅成为了爱人欲望的工具。呼天成不是不怜惜她,但是欲望已经吞噬了一切,包括爱人和自爱的能力。小说有关"练功"的情节安排中显然颇有寓意,呼天成所练的是达摩的《易筋经》,呼天成最后练成了神功,也把自己练成了废人,最后得知这本书的进贡者原来是秀丫的丈夫。这样的情节设计中带有一定的刻毒,显示了作家对呼天成这个人物圣人光环背后残酷性的揭示,如同在天堂的背后推开了一道关闭不上的通往地狱的门。

呼伯是一个由人而神的人物,这个人物最大的神采在于他是一个有理想的现实主义者。而他最危险的地方也在于混淆了理想与现实的关系。为了实现理想,他不择手段,用仁义润泽权谋,用乌托邦理想建构个人权威。这固然可以建成一个奇迹般的"王国",甚至建成一片人间的净土,但是却从另一角度透支、侵害了理想价值。

小说最后的场景很有象征意味,弥留之际的呼伯最后的愿望是想听听狗叫的声音,但全村已经没有一条狗了,所有的狗都在多年前的一次杀狗运动被杀光了。这些年来,整个呼家堡只有一个声音,不但没有其他的人声,甚至没有狗声。最后,最忠诚的"死士"徐三妮跪在地上学起了狗叫,于是,全村男女老少都学起了狗叫。这是最彻底的臣服,也是最大的讽刺。在泥沙俱下的时代洪流中,呼家堡因一个强大个人的力量而遗存下来,最终也将随着这个人的离去而终结。

《羊的门》(1999年)是李佩甫计划的"平原三部曲"的第一部,随后又推出了第二部《城的灯》(2003年),那里面也成功地塑造了一个典型人物冯家昌——他是高加林的后继者、陈世美的现代版,作者再度翻转了以往的叙述,对这个出身贫苦的农家子弟充满良心罪恶的奋斗之路进行了内在剖析,因体味入骨,谴责愈显沉痛,从而使这个千古一律的道德批判故事获得了更复杂的现实解读。在此前后,他还出版了《城市白皮书》(1995年)、《金屋》)(2000年)、《等等灵魂》(2007年)等长篇小说。这些作品由乡村到城市,由官场到商场,但始终不离平原。他的创作始终是书中有人、书上有神,以此才能透视各色平原人的灵魂,或者说平原人灵魂的方方面面。我们期待看到据悉已经在计划中的"平原三部曲"的终结篇,相信那里仍然会有一个有分量的典型人物,他的诞生会使李佩甫一直致力于打造的"平原人物画廊"更加完整,也可以使读者有一个更新的角度回望《羊的门》。

原载《中国作家》2010年第5期

雷达专栏:长篇小说笔记之十七
——李佩甫《城的灯》(节选)

雷 达

《城的灯》所表达的意蕴不算新鲜,但却是重大、深邃,带有贯穿性的,是传统与现代冲突中的一个说不尽的话题。由于中国社会的城乡二元结构由来已久,城乡在物质与精神生活方式上的差异悬殊,都市对乡村构成了巨大的诱惑与吸引,于是,逃离乡土,进入城市,由农村人变为城里人,便成为现当代文学中不倦的命运主题。然而,不同历史时期里人们离别乡土进入城市的原因是各不相同的,或者侧重于政治的需求,或者侧重于经济和市场的理由,所包孕的历史文化内涵也大为不同。这也就决定了这一母题具有常写常新的基质。

在李佩甫的长篇新作《城的灯》里,冯氏家族的长子冯家昌,为了家族利益,为了他下面还有四个兄弟,为了能够进入城市,改换门庭,所谓"不但把自己'日弄'出去,还要把四个蛋儿'日弄'出去",他以他的忍耐与钻营、背叛与权谋,打赢了一场旷日持久的攻坚战:先是一个个从乡村走进部队,继而转业地方,取得大城市户口,完成从"食草族到食肉族"的转变。冯家最终成就了"政府有人,出国有人,经商有人"的兴旺局面。不过,这个"占领"过程却是残酷而血腥的,冯家昌几乎是踩着一位圣洁、美丽、善良的乡村女性的胸脯和肩膀踏进城市的。小说结尾,冯氏四兄弟(老四除外)喝得大醉,先是学狗叫(暗示他们有当"狗"的经历);然后一个个泪流满面地跪倒在恩人香姑的坟前。一个多么苍凉而不无虚伪的场面!他们真的如愿以偿了吗,真的融入城市并且找到灵魂的安顿之所了吗?

坦率地说,在阅读这部小说的过程中,我时时在想,作者的设计感是否太强,意念性是否太明显了?情节的每一进展,达到什么效果,喻示什么意义,好像都直接通向了某种理念。尽管这种理念具有突出的时代特征和深刻的道德文化意味,但这是否是一种过于清醒的写作?小说倘若缺乏必要的神秘感、未解的密和留给人们思而得之的空白,定会减色不少。但是,这只是问题的一个方面。作者的主观意图是不能替代作品形象系统的客观意义的。李佩甫毕竟是当今文坛上优秀的小说家,他有深刻的心灵体验和独占的生活积累,拥有对小说艺术来说至关重要的丰富细节与精微观察,所以尽管理念化的痕迹比较明显,但作者还是写出了富于强烈感染力的、血肉丰盈的人物和故事。拿人物来说,冯家昌也好,刘汉香也好,人们对其行为、命运完全可能作出歧异的评说:作者对他的人物的态度,是赞美、袒护、同情,还是鞭打、谴责,也让人颇费思量;而读者对作者的态度之态度,又可能引出背后的话题。所以,《城的灯》是一部理念的偏执与形象的丰满并存的作品,是一个复杂的、经得起分析的、可以作出多向解释的文本。

就冯家昌而言,他究竟是个丧尽天良的卑鄙之徒,还是个不得不如此的、因而值得同情的人物?他的童年很苦,母亲临死时说,钢蛋,你是老大,你可要支事啊,其情其景,令人凄然。他们五兄弟没鞋穿,下雪天还光着脚,他脚上扎了十二颗蒺藜仍咬牙坚持,也令人动容。是支书女儿刘汉香主动爱上他的。谷垛之夜,他被吊在场边老榆树上示众,险些被打断腿,还是刘汉香救的他。当时的刘汉香,颇有点王宝钏的三击掌的情景。冯家昌因"丑闻"而得福,当上了"特招兵",离开了乡土。但这是有代价的,按支书国豆的话,他必须在部队混成"四个兜"儿后回来完婚。他进步的绝招是"忍住",晋升的秘诀是"内敛",他抢着"做好事",争着"吃苦",谦卑地向人讨教。与此同时,他不断向刘汉香发出"等着我"的承诺。然而,当周主任的侄女相中他,他的命运出现大转机时,事情急转直下了。为了提干,他撒谎说他没订过婚。即便此时,我们似乎也仍能原谅他。可是,他与李冬冬约会时的工于心计和虚伪,让人反感,此后作为市长的女婿,他为了向上爬,打小报告,陷害同事,要挟岳父,夫妻共演双簧……逐渐变成一个伪君子,卑鄙而且龌龊。问题在于,他在每一次的背叛或弄虚作假时,都强调说,我们兄弟五个,一个家族的使命都在我肩上扛着呀。这成了他的挡箭牌。他让兄弟捎话给刘汉香:"让她放我们冯家一码,我们会记住她的大恩大德的。"这些当然都是空头支票,带有很强的表演性。可是作者好像并不这样认为,作者总是把人物复杂的感情问题兑换成一个简单的理念,那就是,一切为了进城。为此,他把冯家昌四兄弟能否进城的问题看得高于一切,并作为冯的一切行动的根源。这可信吗?这是不是一种人为的缩小?能否进入城市与卑鄙与否是不应画等号的,用"改变家族命运"来解释完全属于他个人的贪欲和野心,是没有说服力的。冯家昌想得到的,岂止是城市户口,岂止是成为城里人?他后来已具备了一个贪官全面的占有心理。完全可以说,冯家昌成了一个卑鄙者,而且是清醒的卑鄙者。

在小说中,刘汉香是作为圣母、贤妇和理想道德的化身出现的。应该说,她的身上充盈着农业文明的传统美德和诗意光辉。在许多章节里,作者对她的描绘是感天动地、催人泪下的。我为作者在今天尚能如此动人地写出一位赵五娘式的人物倍感惊异。没有对宗法文化、传统道德和民间习俗的深刻理会,是写不出来的。刘汉香可以说是当代生活中的最后一个节妇、孝妇、贤妇了。正如人们不断发出的疑问:她图什么呢?就为了那个谷垛之夜?就为了那"三个字"的许诺?在某种意义上,她比寒窑里的王宝钏还要苦。她提前"过门",不惜与父亲闹翻。冯家那四个小弟兄,饿极了,穷透了,把她折磨得憔悴不堪。在别人看来,她"中邪了";在她自己,却洋溢着幸福感、满足感。那么,她究竟为了什么?为了爱情,还是为了所谓贤孝?这究竟是一种愚昧,还是一种高尚?这是一种奉献,还是一种奴性?这是利他,还是利己?这些问题我一时也很难讲清。我认为,即使暂且抛开爱情关系不谈,仅就刘汉香像慈母、嫂娘一样救助一个穷困家庭,一群无助的孤儿来说,这本身即是深深植根于民间和劳动者中的一种济危扶困的人性之美的表现,闪耀着伟大母性的光辉,是无可厚非的。刘汉香身上最突出的品质是仁恕与厚爱。她一次次地原谅和饶恕了冯家昌,一半是爱,一半是恕。她对冯家的"四个蛋儿"和村人则是呵护备至。我相信这样的人在今天快要绝迹了,但没有把握说她根本不存在。

问题在于,作者是把她作为传统美德之花、作为一种道德理想来推崇的,甚至想以此来解决当今的精神价值问题,这就值得分析了。她每晚在油灯下抚摸着冯家昌的五好战士奖状、抚摸着"等着我"三个字沉沉睡去的情景实在可悲,并无美感可言,恍然间映现出自古以来节妇和孝妇的凄凉身影。我还注意到,她的"脸"(面子)的意识很强,比如"丢我的脸"、"闺女给你丢脸了"等,似乎含有某种虚荣的成分。作者写她婚姻失败后,誓不再嫁,成为村长和种花大户,广济世人,赢得了村人的崇高敬意。这一从古朴封闭的乡风突转为市场化的花花世界的处理略显生硬、仓促,缺乏必然的力量。作者这样写,是想证明刘汉香的美德和仁爱在商品化时代依然能够大放光彩,这就不无道德乌托邦的色彩了。对刘汉香之死的处理既令人惊愕,又不无深意。她是被几个穷疯了的小痞子和少年犯轮奸后杀害的。她临死时喊出了"谁来救救他们"的声音,这喊声不禁让人想起了鲁迅小说中"救救孩子"和"可怜"之声。刘汉香之死既是李佩甫的道德理想主义的最高发挥,也是他对历史、都市、贪欲碾碎了道德之花所表达出来的强烈义愤。

《城的灯》绝不是一部当代陈世美的新传奇,附着在这个爱恨情仇的故事骨架上的,是比较深广的历史文化反思:比如,关于贫穷,专制,迷信,传统美德,忠孝节义,城乡关系,兵营官场,政治权谋,都市文明等等多个方面。作者在意念上,情节上,人物关系和历史跨度上,从农村到兵营到官场到商场的广泛视野上,力图尽可能扩大涵盖面,说他怀抱着纪录一个时代的雄心也不为过。但在艺术上却有一些不尽如人意处。除了上面指出的设计意识过于明显之外,还存在把主人公在兵营里的弄虚作假、迎合形式主义之风以求提拔的行动,与市场化时代逃离乡村进入城市的目的,与今天市场经济时代进入城市欲求焊接在一起的问题。也就是说,"文革"中通过政治上的提拔达到进入城市的目的,与今天市场经济时代进入城市时的欲望,其语境和动机不同,不能互相置换,它们并非同一种历史要求,如果进一步苛求的话,小说存在着戏剧化和煽情化的弱点,例如,下跪的场面就非常之多。作者说,贫穷是种疾病。事实上,文化精神上的匮乏才是更深层的疾病,不然的话,冯家昌可以用"贫穷"为自己辩护,杀人的小痞子也可以用"贫穷"为自己辩护了。

……

原载《小说评论》2003 年第 3 期

道德的和宗教的救赎
——读《城的灯》

何西来

李佩甫的长篇小说新作《城的灯》,我读了两遍。好的文学作品,都经得起细读,反复读。《城的灯》即属此类,我从中读出了救赎。

最初接触李佩甫的小说,是他的一个中篇《学习微笑》,取材角度独特,写法新颖别致,流露出作为时代良知的当代知识分子沉重的忧患意识。还读过他的其他一些中、短篇,也都很上档次。真正让我感到震惊的是他的长篇力作《羊的门》,那部作品成功地塑造了一个呼天成的艺术典型,那是一个堪与20世纪中国文学中许多著名的文学艺术典型如阿Q(鲁迅《阿Q正传》)、骆驼祥子(老舍《骆驼祥子》)、莎菲女士(丁玲《莎菲女士日记》)、繁漪(曹禺《雷雨》)、小二黑(赵树理《小二黑结婚》)、梁三老汉(柳青《创业史》)、朱老忠(梁斌《红旗谱》)、狗儿爷(刘锦云《狗儿爷涅槃》)、白嘉轩(陈忠实《白鹿原》)等相媲美的人物形象。《羊的门》让我看到了中州大地上一位大作家、大手笔的崛起,他的理性穿透力、历史感悟力和艺术概括力都是一流的。《城的灯》就其性质而言,正好处在《羊的门》的延伸线上,属同一类型。

如果说在《羊的门》里,李佩甫对当代中国文学的巨大贡献在于他令人信服地为读者塑造了一个呼天成的典型形象的话,那么在《城的灯》里,他则为我们提供了两位需要认真解读的人物形象——冯家昌和刘汉香。就思想深度和艺术震撼力而言,《城的灯》比《羊的门》似乎稍嫌力弱,但在题材的界域和人物的类别上,却有新的拓展,而且其思想探寻价值和伦理叩问价值亦不可忽视。

冯家昌是《城的灯》里最成功也是最重要的人物形象,是作品的主人公,作家一开篇就是从他童年的记忆和感觉写起的。他小名叫钢蛋,他的四个弟弟依次叫铁蛋、狗蛋、瓜蛋和孬蛋,家昌是上学以后请先生给起的"官名"。他的童年是贫穷的、卑贱的,充满了屈辱。他的父亲被人称为"老姑夫",那是上梁村人对入赘者包含了轻蔑和鄙视的称谓,他家的桐树被邻居移走,连一声抗议的硬话也不敢说,甚至邻居小伙伴的起名铜锤也要压着他们这些蛋儿们一筹;母亲早逝,他们全家更是跌进了贫困的泥淖,衣不蔽体,食不果腹,大冬天也没有鞋穿⋯⋯他是老大,父亲软弱,诸弟幼小,顶起这个家的责任便落在了他的肩上,尽管他还是个孩子。于是,摆脱这贫穷、卑贱、屈辱的境况,就成了他的一种生存的动力,也成了解读他的重要性格特征和行为轨迹的一把钥匙。

在冯家昌的身上,好像是演绎了一个现代版的"陈世美"的故事。还在上中学生的时候,他就和村支书刘国豆的女儿汉香发生了热恋。这是发生在上梁村的最卑贱者和上梁村最尊贵者"国豆的国豆"之间的不对称的恋情。只是由于汉香的主动和痴情,他才不仅得以"插上了小旗",而且在谷垛野合被捉奸后居然能化险为夷,以"特招"的方式参了军。国豆支书撂下话,只要他"穿上了四个兜",汉香就是他的老婆。这其实是一个没有婚约的婚约。冯加昌每次寄信给汉香,寄照片和奖状,都要写上"等着我",应该认为是真诚的。但是经过千回百折,经过激烈的竞争,终于有了提干的机会时,他却背叛了刘汉香,接受了李冬冬的爱。这是一次有明显政治考虑的交易。

从情感和道义的层面看,他并不愿意背叛刘汉香,他知道汉香痴心地爱着他,而且于他和他的全家有恩,背叛她,是真正的忘恩负义。但是他又不能不背叛刘汉香,他面临着巨大的压力和艰难的选择;客观的情势告诉他,如果他要使他和汉香的恋情成为事实上的婚姻,他就必须履行支书刘国豆的约定,成为四个兜的干部,成为"国家的人"。而要提干,他又必须放弃刘汉香,接受周主任夫人的外甥女李冬冬,因为提他和不提他的大权捏在周主任的手里。这就是说,拒绝接受李冬冬,他的提干梦想就要落空。而一旦不能提干,不仅既得不到李冬冬,也得不到刘汉香,而且想把他的四个蛋儿兄弟"日弄"出来的计划也要泡汤。所以,经过灵魂的搏斗,经过仔细的权衡,为了他和他的卑贱的家族的利益,他选择了李冬冬,抛弃了刘汉香。形格势禁,他不可能有别的选择。

冯家老大的排行,母亲临终的嘱托,再加上他坚强的个性和超常的智商,以及他对于改变家族命运的自觉,使得他成了蛋儿们的事实上的教父,这也暗合了中国人"长兄如父"的古训。而要把蛋儿们从贫苦的农村带出来,他就必须提干,进入权力的等级。有了权力的横杆,他才有可能把自己想做的事做成。这就是说,改变家族的命运,必须先从改变自己的命运开始。在改变自己大头兵命运的过程中,他遇到了两个"教父",一个是他最初的顶头上司胡连长,一个是后来与他同为秘书的"小佛面"侯参谋。胡连长以出身于农民的下级军官特有的狡黠,像他的村里人看出"这孩子的眼真毒"一样,也看出了他这条"狗日的虫——眼刁"!胡连长(后做了营长)在他的上爬的几个关节点上点化了他,三次授他以绝招:第一次是"忍住",第二次是"吃苦",第三次是"交心"。他悟性极高,照了去做,终于做到了营部的文书,不算是大头兵了。廖副参谋长说:"这个人我要了。"这是他的上爬的行程中的又一转折,从此,他做了秘书。于是,"小佛脸"侯参谋成了他第二个"教父"。这位"教父"也是在几个重要的关节点上点化他做秘书、坐机关的要诀,有时出于同情,有时出于卖弄,有时则是不自觉地流露。除了"打耳朵"的绝技(其实是小技)冯家昌没有学会,也不必学会外,"小佛脸"的那一套当秘书、处官场的"道"和"要",以及在给李冬冬"插上小旗儿"时点化他的"1 + 1 = 10"的关系哲学等,他都心领神会了。当冯家昌把侯秘书的一套都学到手之后,"小佛脸"便成了他唯一的竞争对手。他终于运用手里的资源,包括政治关系资源和情感关系资源,再加上毫不外露的机巧,而战胜了对手,把唯一的正团职名额争到手中。

当了秘书,冯家昌才真正进入了官场。在官场,他的每一次升迁,都要付出人性和人格的代价。取得了官职和权力,他也就同时丢掉了人性中许多纯真、坦诚、美好的东西;而在人格上,他常感到自己是"一头待售的羊"。在人性上,他感受到的是扭曲;在人格上,他常感到压抑和屈辱。用通俗的话形容,他不得不"装孙子"。他的那一点可怜的权位,就是靠装孙子装出来的。不装不行,不装你就别上。胡连长教他的"把你的心交出去",不是真交,而是做"交心状",但必须让人感到你是真交。

城市是权位、财富集中的地方,那里有金钱、美色,有优裕的比老姑父家好十倍、百倍的物质生活。千百年来,在发展迟滞的中国社会,只有少数幸运者、聪明人,能够成功地从乡下人转变为城里人,至于农村的城市化,则是根本做不到的。所以,在经济不发达、文化封闭、政治和权势集中在少数人手里时,产生冯家昌这样的人物和性格,是有必然性的;而他所走的道路,对于少数脱离农籍而成功走向城市的人来说,是带有某种普遍性的。

冯家昌有点现代中国的于连的味道,这只是就其向上爬的意志力而言的。于连是西方的个人主义者,而冯家昌正像他的名字所标示的,在谋求家族的昌隆。为了家族的利益,他甚至可以牺牲自己的某些道德荣誉和物质利益。在这里我们看到的已不是现代的个人主义,而仍然是中国人"荣宗耀祖"、"光耀门庭"、"一人得道,鸡犬升天"之类以宗法血缘为纽带的特有观念。五个蛋儿除老四瓜蛋之外,其余四个人都出去了,做了城里人。

《城的灯》里,第二个值得关注的人物是刘汉香,冯家昌的同学、恋人、未婚妻,一个被作者理想化并涂抹了宗教灵光的形象。她和冯家昌的恋情,是从送鞋开始的。那一双崭新的解放鞋带有双重的象征涵义:一层涵义是自从有了这双鞋,冯家昌的人生之旅开始了最初的变化,虽然这鞋被老五孬蛋穿了,但冯家昌确实从与刘汉香的恋情中捞到了跨出农村的第一步的好处,否则,特招的名额怎么也到不了他手里。第二层象征是刘汉香的,当她像鞋一样被穿破时,被冯家昌弃置的命运就难以避免了。刘汉香的形象是与冯家昌对照着描写的。她是作品的真正的女主人公,她的身上有着许多为作家所肯定因而也传递给读者的正面品格。她曾痴心地、一往情深地爱着冯家昌。送郎从军的告别的那个晚上,他们彼此在对方的手腕上各咬了一块"表"。从此她就生活在爱的期望和幻想中,从此她就把自己看作冯家的人了。她甚至搬出了娘家,做起了孝顺阿公的媳妇和抚养诸弟的嫂娘,挑起了本应由冯家昌来挑的冯氏家族的重担。她知道冯家昌最需要她做什么。她实际上是帮冯家昌在农村改变了这个低贱的家族的命运。为了冯家,她的坚定,她的放弃优裕生活,她的使一家老小活得像个人样所付出的艰辛,这些描写是整部作品最见光彩的笔墨之一,许多细节,都让人难忘。

刘汉香像王宝钏一样选择了穷光蛋冯家昌,像王宝钏一样寒窑受苦,那苦似乎比王宝钏有过之而无不及,但是并没有等到18年苦守之后的大团圆结局。她像秦香莲一样,遇到了背叛,但她并没有寻找如包拯那样的开封府。她本来可以有把负心人弄回去的十多种可供选择的办法,但她没有那样做,而是放了他一马。她不谋求报复,她既然追求的是爱情,是彼此的忠贞不渝,而当这爱情以及与之相伴的幸福离她远去的时候,她决不强求。她从父亲手上接过了村支书的职务,她把她的爱从一个人、一个家族的狭小空间向更广阔的界域升华。她全身心地种花,带领整个上梁村的乡亲们致富。她走出了另一条从农村走向城市的路,不是一个人、一个家族,而是整个上梁村变成了花街、花镇,辉映着新兴城镇的光华。她是这座新城之光,灵光、圣光。

但她死了,死在"六头小兽"的虐杀中。我起初不解,作家李佩甫以设计这样一个结尾,六头小兽的出现,从故事情节的发展来说,纯属偶然。但仔细推敲,却发现了作家在这个生命结局中所包含的象征。她把全村人带上了城市化的道路,自己却"舍身饲虎",临终时还大呼"救救他们"!她悲悯的不是自己,而是苍生。她对冯家两代六口人,也抱着同样的悲悯情怀!她已经早就超离了个人的情感和忧乐。当冯家昌和几个蛋儿兄弟都跪在了刘汉香的坟前,是悔恨?是感激?是忏悔?是救赎?……

这也许就是《城的灯》在一种浓厚的类似于宗教和道德的氛围中,要留给读者的思考!

原载《南方文坛》2004 年第 3 期

恺撒王国的欲望迷宫
——评李佩甫《等等灵魂》

何向阳

"人的本性中确实禀有王国欲,而这正是王国问题最令人惊骇和最令人担忧的所在。人不停地寻找自己的王国,然后终其一生建造这个王国,并施行自己的统治,到头来人也被铸成了它的奴隶。对此,人不仅无所觉察,反而欣欣然,自觉荣耀之至。……在这条路上,人完全枉费自己期冀共相性的一片热情,人始终误把世界统一和人类有限的统一等同于自己的王国统一。"①别尔嘉耶夫的人格主义论述未必教人全部认同,其对自由与奴役的人性发现却使人震动。也许我们人格中都有一个沉睡的甜蜜的奴隶,只是他在等待放出来的时机。但是任秋风开始想做的人是——恺撒,他渴望征服,渴望战役,渴望献出能量以平息身体,他渴望有一个亲手建造的王国证明自己。他的前提是脱了军装进入城市的这晚突然由于妻子的变故而无家可归、两手空空,在偌大的城市找不到立锥之地,他的紧握的钢拳甚至找不到目标和敌人,所以与其说他感情上一败涂地,不如说他精神上也一无所有。他必须创建一个大厦来盛放他的"灵魂"。

故事由此开章。那个被关的"潘多拉"也终于等到了放出来的时机。

如果将任秋风的动机单纯解释为复仇则失之肤浅,他只是出于占领城市的欲望,他的目的不在于打败对手一解心结,他的目的在于一个模糊而又强大的指引,他要在这个他只剩两手空拳的城市找回尊严,所以任秋风的出发点是精神的,刚开始他并不知道他具体的敌人正是给他戴绿帽子的那个,虽然中间的较量他的确体验到了复仇的一丝快感,但他心中的更大的假想敌是整个城市,而要占据城市的高地,经济是20世纪八九十年代中国最短最轻捷的路径,商场无疑是城市经济的前沿碉堡,这便是任秋风的人格线头。他的胸膛里起初跳动着的确实是一颗将士的心脏。所以这部小说所写不在道德,甚至不是童叟无欺的商业道德,它另有深意。果然,商业资本如一个巨大的场,很快将其卷入其

---

① 〔俄〕尼古拉·别尔嘉耶夫:《人的奴役与自由》,徐黎明译,贵州人民出版社,1994年,第44页。

中,"王国"的诱惑变作了主人公更大的心理动力,商战中节节取胜的任秋风已经不满足于在一个城市称"王"了,他的目光扫向全国、扫向全球,他已经完全为帝国意志所支配,他要建立一个"帝国",他要成为这个商业"帝国"的最高首领。作品有一细节,把广告做到了天上,立体广告模式大功告成,从天上俯瞰下来的是密集的消费人群,人们抢着广告,心甘情愿地按着广告的指引进行生活,大众在这样一个资本构成的巨大意识形态里轻解"武装",他们的"'潘多拉'的盒子也一一打开,整个城市变成了消费的广场,整个广场变成了欲望的海洋。作品还有一细节,已在资本运作中取得绝对优势且在身份地位上已成为这个时代品牌标识的任秋风坐在君临城市的商城高层建筑的第一把交椅上,把面前那只巨大的地球仪标出的城与国的疆界上插满旗帜,那是他将用连锁形式开辟的"帝国"、疆域。这里,小说写出了"广告"以铺天盖地的形式对人意识的侵入,"连锁"以左右逢源的形式对人生活的掠夺,对于这个资本的本性,作者出笔冷峻,写得妖冶妩媚,又不动声色。如果只止于商业运行带动的资本意识形态对人生活表层的浸染,这部书便不过是一个热闹好看并具一定现实批判色彩的畅销小说,如果没有佩甫的深问于人,没有"于热中看到寒,于广漠中看到深渊"的探询,作品的主人公的故事也就是一场时运不济的命运悲剧,他以没有任何经营理论的准备与铁的经济规律仓促促决战,虽占尽先机却输得很惨,那么,这一个"帝王"也只是一个失败的时代弄潮儿、一个不成功的早期改革家、一个引人同情为之喟叹惋惜的角色,如果没有佩甫的深问。这层意义上,如果说遍布红旗的地球仪的道具有些笨拙的话,那么,有两个与任秋风相关的细部怕不会轻易从我们的阅读记忆中删除,一是他与原商场女劳模李尚枝的对话,"我要借借你的荣誉",他以对劳模的下岗与许诺完成着新商场主宰者的权力形象,那一个标准的军礼,恰恰浮雕出一个统治者的面影,将士就是在这时成为恺撒的,这是一个心铁血冷的人,但正是这样的人又极其孱弱,以致需要不断地麻醉自我,这就是他与来应聘的众多女营业员的权色交换,"你把我们都当成'药'了",已经大权在握的"帝国"老板竟以占有女人来饮鸩止渴、医治失眠。这个细部作者同样一笔带过,但是我们着实看到了这个四处征战的人已经病入膏肓。这个一心要争"世界第一"的人,这个潜意识里要把商业的红旗插遍全球"解放全世界"的人,这个雄心勃勃"不想当将军就不是好士兵"的士兵,不拿不占不贪,平日只吃方便面,工作到了身体虚脱的地步,所寻求的为什么得到的仍是大厦将倾、四面楚歌呢?他疑惑、不甘,他所寻求的"意义"最终没有给他答案,而且最终连这追寻的人也与这个他一手缔造的"恺撒王国"失去了联系。

恺撒注定是一个失败者,帝国意志之上的王国从来是昙花一现,强力意志沟壑永远无法填满,因为强力意志的价值取向是占有性的,而占有本身则秉承

"王一奴"原则。正如小说中一个职工说,"我不是来当奴隶的",任秋风的回答是,那么脱了你的制服走人。像当年雄心万丈、同样被帝国思想强力意志支配的拿破仑一样,表面上看,他输给了战线过长,但伏笔早已埋下,征服,占有,这才是任秋风的真正的"滑铁卢"。

尽管如此,我仍认为任秋风不失风度,他起初秉承的还是价值哲学,他最终本人也是帝国思想的受害者,他这个"君王"也只是巨大的经济轮盘中的一个棋奴,更准确地说,他是他的意志之奴,他被这个庞大的强力意志裹挟地忘记了人性,这个商业"帝国"从根基上就是架空的,只要外部一点点地加力,譬如那个记者的一篇报道,就可以訇然倒塌。无论如何,任秋风的奋斗中有着不能涂改的荣誉成分,他只是在寻求意义的过程中遭遇"失我"。他还不失为一个半截子英雄。

如果只论成败,作品不过只是一部命运交响。如果不是在道德与成败之上对人性紧追不舍,佩甫也不会显出其以往功力的沉重。对应或续接任秋风这个战败者的,是江雪的"成功人士"形象。我以为这是这部书最具深度的一个人物,这是作者人性尺度的延长。如果理解任秋风是从他对普通女人的接触来看,那么,认识一个女人则可以从她所接触的特殊男性来解读。小说写了四个细节。一是江雪在茶室与日本商人井口说的那个杜撰来的血统与遗孤的故事。二是她与任秋风讲自己不惜卷入丑闻的对话,她说:"站在黑暗中的人,是没人看的,想看也看不到。只有站在高处,站在灯光下的人,才是让人看的。目标越大,看的人越多。我不怕看。"三是她与一直的商家对手邹志刚的黑井茶社的对话,她背叛了对之信任有加委以重任的任秋风,一边编造着与局长的亲戚关系一边认可着邹志刚"合二为一,一荣俱荣,一损俱损,同进同退"的灵肉交易。四是她对齐康民的感情算计,找一个爱自己的人垫底,作为养伤和最后的退守之地。这个女人,事事争强永不言败,算盘打得细到了感情上。与任秋风的军人出身所受教育不同,这是一个一开始就信奉利益哲学的商人,为了能做人上人,她不惜出卖朋友,蒙骗商家,以致抛弃情人,交出灵魂。如果说任秋风只是价值哲学与强力意志合并出的"失我"的话,那么江雪,则是利益哲学至上的"非我"存在,这个非我王国不存在是非好坏,只存在利益,只要于"我"有益,就是"是",于"我"无益,必是"非",是非完全可以颠倒重来,是与非的转化间,以前的恩情也完全可以一脚踢开。秉承这样哲学的人没有传统,小说恰好写到她是一个孤儿,也没有底线,她可以在任秋风视为不耻的"下三路"里游刃有余,因为手段就是目的,为了目的,她可以动用任何手段,包括押上曾经苦难的灵魂。"恺撒"正是在这个时候变成了"撒旦"的。撒旦在恺撒王国覆没的地方继续攫取,只是由原来的权力到了现在的欲望,撒旦不循私情,在她感知到那艘自己也参与打造的"巨型商界航母"快要如泰坦尼克号沉没的时候,她果断地抽出股份以魔鬼的交易完成了从"金色阳光"副总到万花总经理的华丽转身,她是不会与任秋风一起往冰冷的大海里相拥而跳的;撒旦更不讲友情,她进谗言把一同毕业一同创业的同学陶小桃挤对得辞职;撒旦没有廉耻,她坐在任秋风怀里被任妻也是她的同学上官撞见时竟能面不改色地拉着任秋风的手又在键盘上敲了几个字后与上官打着招呼从容不迫地离开。如果说任秋风还有尚存于心的一些人性的愧疚与善良而只是我们时代病房中走出的有着严重内在症患、被帝国意志搞昏了头的受害者,那么,江雪则已是利益至上、其他免谈、更无包袱、人格衰竭的"经纪人"了。

小说像一个链条,也像一场循环。从"恺撒王国"到"撒旦王国",从"神"到"兽",权力与金钱完成着置换。而人们,往往对权力的专制充满警惕,却对金钱的统治表现迟钝。殊不知,金钱或可能是更加隐匿也更强大的暴力,它的无限攫取与开采也会加深异化,泯灭精神。它是资本社会以隐形方式间接作用于人且被修饰得很好的暴君。江雪这个单向度的经纪人就是一个个案,她能够翻云覆雨将商场低价收购,摇身一变地用大坑里的"东方神水"赚钱,她能够住在五百平方的别墅里抽出一支摩尔烟继续她的生意与交易,但是她无法拒绝此世的诱惑,她深陷其中,她也是那个庞大的欲望找到的一个甜蜜的奴隶。这个迷宫当然不止于十二间房,它需要人付出的奴役是全部的人性。所以,江雪会把另一个王国——齐康民的精神王国存放在这迷宫深处的骨灰盒里,像是祭奠她永逝的青春与过去,现世的她,仍然心冷似铁、打拼一切,直到人性悖异、天良丧尽。那个被她赶走的小保姆回头看到的是这样一个女人,在三楼的阳台上,在烟雾中,很瘦很孤,一张薄纸似的,透着鬼魅。什么都有的江雪,仍然掩饰不住自己的一脸悕惶。这时的她,一个有产者,一个钱奴,一方面纸上王国即银行收支簿上的数额不断递增,一方面心灵已穷到了只剩下空空荡荡的硬壳,这个不相信神话也不相信人的恺撒王国与撒旦王国的混合物,这个只信利用不信真情仅以交易作为人生唯一原则的爱情遗孀,已经深入迷宫不能自拔,真正成了这一时代的精神孤儿。

对资本权力的警觉,使20世纪由鲁迅一代知识者建立的文学启蒙在此深化。对物质的无限攫取所占据的我们生命的空间,已经将精神挤到了逼仄的地步。也许那句印第安人"别走太快,等一等灵魂"的古语,是对我们这个加速的经济消费世界的一个提醒。

"恺撒"与"撒旦",佩甫写了我们时代的两种病态人格,这两种人格常常也是我们人性中所携带的病毒,只不过在任秋风与江雪身上发作得更猛烈明显罢了。人的与生俱来的专横与占有,和他作为人的隶属与依附,正是我们人需要时时平衡的本性。小说揭示了一种居于个体人之上的力量,那只"看不见的手",或许来自外部经济或许来自内心欲望的那个更大的操盘手,他所施加于人的催眠术,于此中人性的挣扎、城池的沦陷有了铺垫展开的可能。另一方面,小说揭开了四种世界作为我们失向空茫的人格镜像。任秋风恺撒王国的强悍任性,江雪撒旦王国的冰冷无情,齐康民精神王国的脆弱与坠落,那么,还有一个王国在哪里?是逃出欲望迷宫而赴边区教书的上官云霓始终信仰、步步践行的自由王国。这个王国与恺撒王国风景迥异,前者是:一架高速运转的、吞吐着货物和金钱的机器,一艘高效率的、绝对听指挥的战舰,王者所下的每一道指令都会迅速传达到每一个神经末梢的世界。但是上官的这个王国里没有统治者和奴隶,只有创造者与自由人。这是一个"云霓"的世界。它的在的人说出的话取决于人的信。正如上官流着热泪一字一顿对着背叛她的人说出的话:

> 我,一个弱女子,站在这里,要跟这个世界打一个赌。要跟我的人生,打一个赌!我相信,这个世界上有最美好、最纯洁的东西。我相信人类有最真挚、最纯粹的爱情。哪怕全世界的人都不信了,我也信。不然,我们还活什么?

这是整部小说最为华彩的句子!这是一个女子向强力意志与欲望世界扔过去的决斗的白手套!这句话使得这部著作超越了单纯的病相报告。上官的存在,接通了百年前鲁迅一代提出的"立人"思想。

文学何尝不是在人心中建立这样的信,何尝不是借人心与这个还不算完满的世界打的一个赌!当然打赌者有时也会陷入迷茫。也会在一个个写作的深夜面对古堡的倾覆、原野的混乱、路径的无序、内心的叛变而暂时无所适从。

鲁迅《华盖集》题记中语:"现在是一年的尽头的深夜,深得这夜将尽了,我的生命,至少一部分的生命,已经耗费在写这些无聊的东西中,而我所获得的,乃是我自己灵魂的荒凉和粗糙。但是我并不惧惮这些,也不想遮盖这些,而且实在有些爱他们了,因为这是我辗转而生活于风沙中的瘢痕。"

然而,真正的作家不会止于瘢痕,如上官一样,仍要固执地向世界要一个答案:

> 今索诸中国,为精神界战士者安在?有作至诚之声,致吾人于善美刚健者乎?有作温煦之声,援吾人出于荒寒者乎?[1]

鲁迅1907年的这一问,至今正是一百年。

---

[1] 鲁迅:《坟·摩罗诗力说》,载《鲁迅全集》第1卷,人民文学出版社,1957年,第234页。

在此正是他们向百年来致力国民灵魂重铸的"灵魂工程师"表达敬意。正是他们,在剔除暗中窥视人的各种奴役形式(哪怕它披着帝国与黄金的外衣)中承受痛苦,对于完整人格而言,这是严酷的考验。除此之外,别无他途。

2007年1月29日

选自《立虹为记》,作家出版社,2009年

批判下的抟塑
——李佩甫"平原三部曲"论

黄 轶

李佩甫的"平原三部曲"《羊的门》(1999)、《城的灯》(2003)、《生命册》(2012)历经十几载终成完璧。如前两部一样,第三部的名字也取自《圣经》,《新约·启示录 21:27》有言:"只有名字写在羔羊生命册上的才得进(上帝的圣城)。"《生命册》是一本乡村"人物志",他们的故事或单独成"册"或相互纠缠,但都和"我"(吴志鹏)的生命相扭结,所以他们确实是"我"生命之书中一张又一张的"册页"——一个"册"字,一种沧桑、悲凉、厚重,还有命运无以言说的那种力度都出来了。李佩甫强调《生命册》是写"脚印"的,从城—乡二元对照的结构和对"进城者"形象的塑造上讲,"三部曲"的每一部都是写"脚印",不仅是写"人"的脚印,更是写中国乡村社会变革的脚印的,从中我们可以细细品悟李佩甫那句由衷的感慨:"这样的土地很难生出栋梁之材是有原因的。"

一

李佩甫是具有执著的历史文化批判意识和清醒的现实主义观念的作家,从他的《红蚂蚱 绿蚂蚱》(1986)、《李氏家族的第十七代玄孙》(1987)、《金屋》(1988)到《城市白皮书》(1995)、《天眼》(1995)、《李氏家族》(2000)再到《等等灵魂》(2007)和"平原三部曲",无不渗透着作者对中原文化根性、历史因袭惯性以及乡村现实处境深刻的认识,而其成功塑造的一系列人物无论乡村统治者或贫弱大众,都深深植根于平原地域的乡风世俗,他们如盘旋在乡村上空的历史幽灵,是体现平原政治文化和精神内核的主体。乡村基层政治"当家人"其实一直是新时期乡土小说所青睐的对象,近年来就有陈忠实《白鹿原》中的白嘉轩、贾平凹《秦腔》中的夏天义、《古炉》中的朱大柜、梁晓声《民选》中的韩彪、周大新《湖光山色》中的詹石磴……构成了当代文学最生动丰满的人物群像。作为乡村世相的聚焦点,呼天成这类乡村教父似的人物天赋拥有从民族文化和民族心理出发的"人治"智慧。他们有着仁厚、包容、圆滑、世故、狡黠、残忍等交相混杂的复杂人格,讲权术、擅权谋、重权威,又有敢于主持公义、为民请命、铁面无私的一面;进入当代以来,带有"家政治"特色的文化遗传基因在极左政治意识形态的催化下被发扬光大,每个个人都被束缚在集体主义、道德主义和独断专制之下,与"现世"不断妥协。作者如果把乡村基层权力人物奴化众生、经营人场的故事写活了,把庸凡百姓的狭隘自私、恃强凌弱、敬畏权力以及勤苦坚忍、渴望出人头地的复杂性写活了,其实就写活了一部中国当代乡村史。

《羊的门》中有这样一句话,就是市委书记李相义因为一时之间报刊上关于许田市的负面新闻铺天盖地,不得不去呼家堡见呼天成——他懂得那些"动静"是一方"土地爷"呼天成为了呼国庆的案子而耍的威风——李相义看到呼家堡整齐划一的农舍、工厂、民兵表演,心里暗暗地说:"这里只长了一个脑袋啊!"无疑,那个"脑袋"就是呼天成。呼天成在呼家堡四十年的经营盘根错节,树大根深,其尊严神圣不可侵犯,这里发生的每一桩事都体现出他的无敌权柄。"在呼家堡,要想干出第一流的效果,就必须奠定他的至高无上的地位。而这一切,都是靠智慧来完成的……对于那些'二不豆子'、那些'字儿、门儿'不分的货,那些野驴一样的蛮汉,他必须成为他们的脑子、他们的心眼、他们的主心骨。"呼天成处心积虑树立自己在乡民中的权威,私下里以给孙布袋说媳妇、记工分为诱饵让孙故意偷庄稼被抓,他开了一场又一场的批斗会,"孙布袋的'脸'成了他祭旗的第一刀",另一些人的"脸"则因被呼天成点名表扬而容光焕发,甚至热泪盈眶!信仰在乡间,是草民对命运无常的一种敬畏和自我安抚。刘全为溺水而亡的女儿招魂招来一条小鲤鱼,当刘全下跪感谢"神"的眷顾,呼天成却在众目睽睽之下捏死了小鱼;呼天成信"主"的母亲临死前最大的愿望是儿子能够给她举行一个基督教葬礼,呼天成毫不犹豫地把她葬在了"地下新村"。通过这两件事,呼天成既征服了当地的"神",又驱逐了异域的"主",他的气魄镇住了村人,成了呼家堡人唯一信仰的一尊神。他对待自己喜欢的女人秀丫的绝情、解除八圈的"革命"、展览麦升的指头、处理刘清河被锯"事件"、定"呼家堡法则"、建"地下新村"……呼家堡没有人敢于质疑和反对,"他的声音就像雨露一样,渗进了土地的每一个角落",他们机械地听命于呼天成"一个脑袋"发号施令,这已经无法用所谓的愚昧、无知、麻木来概括,而成为一种文化、一种民性。呼天成的人格图谱上,最迷惑人的地方是其日常行事似乎总是站在"公义"立场,培养着民间的"良心"和"面子"。"文革"地动山摇,在一车车"红卫兵"扯着大旗向呼家堡呼啸而来、带来外边世界的暴风骤雨时,每次站出来应对紧急局势的只有"长了天胆"的呼天成,他站在村口"笑迎八方客",欢迎每一支"革命队伍"的到来,一次次变更村街的大字报,低声下气地请"小将们""喝口水、喝口水",那是他一生唯——段"不硬气"的日子。呼家堡因而得以保全,没有卷入任何一派势力,这使得民众更心甘情愿成为任其摆布的木偶,甚至以此为荣,即便自己的尊严和权益受到侵害。由于害怕强权的淫威又渴望其庇护,而且崇奉"面子哲学"、"人情哲学",反过来促进了乡村社会对权力的认同和崇拜。

经营小小的呼家堡绝不是呼天成的全部深意,他主要是想经营一个体现"面子"和威权的官场,这个"场"就只能在城市。呼天成的拿手好戏是向下注重栽培新秀,向上寻求感情投资,这才是权力执掌者巩固地位的"人才经济学"。呼天成在插队知识青年和本村青年中发现可塑之才,下大气力将孙全林、邱建伟、冯云山等培养成为各级权力部门的官员,尤其是对呼国庆的培养更是不惜血本。呼家堡关系网中最密实有力的一部分当然来自老秋,"文革"时呼天成藏着的一个大秘密便是斗胆把被人打折了腰的省委副书记老秋藏在了自己住的茅屋里休养。呼天成是有远见和胆略的,在生命危难之中所结下的这种友谊坚不可摧,当老秋重新出山,他留给了呼天成一句话:"农民嘛,还是种庄稼。"这句话"点亮"了呼天成,从乡村到县城到省城和首都,一张为呼家堡编织起的权力关系网织就了,小村庄转动了大乾坤。《羊的门》结尾处是呼天成弥留之际全村男女老少为其学狗叫,这个情节有些夸张荒诞、惊心动魄,而这一结尾无疑揭示了这样一个残酷的事实:传统教化和乡村政治权力的代表者呼天成的调教下,呼家堡的村民在人格上都成了跪叫的人狗。

如果我们将李相义所谓"这里只长了一个脑袋"这句话延展到整个历史长河中来看,世世代代平原地域的国人大概也凭借着"一个脑袋"习惯了随波逐流,久而久之他们忘记了自己也长着脑袋,忘记了独立思考。这种倚赖"一个脑袋"的思维和源远流长的官本位文化相依相存,以致当官的擅权弄术,老百姓以官为尊,造成了平原人独特的"有气无骨"的生存状态。《城的灯》中的老支书刘国豆可以算作共和国乡村政治的第二代,他缺少呼天成那辈呼风唤雨的资格,也失却了为民请愿的政治荣耀感,但是却承袭了那种人术和人治的衣钵,村人尤其是上梁村孤门独户的冯家对支书是心怀敬畏的。杀猪匠"铜锤他爹"每每自行车上挂着主家让带走的一刀肉或者一挂下水,总是到村口顺手就给了支书,所以当冯家的树被铜锤家移占去找支书说说公道时只能无功而返,那份屈辱却深深埋进了冯家昌的内心。当支书的女儿刘汉香约冯家昌幽会,支书气疯了,"他没有想到'癞蛤蟆敢吃天鹅肉'","在这村里,没有一个人敢对我这样……我眼里不揉沙子"。支书带着基干民兵把冯家昌"绳"了,要截掉他的腿。要命的是,那个时代的支书的腰带上都挂着全村人的"公章",掌控着农家子弟的命运大权!

官本位文化的力量是深巨的,一套跑官、卖官、以权谋私、钱权交易的潜规则如天罗地网,防不胜防,这样的土壤会"化神奇为腐朽"。《生命册》中,"骆驼"（骆国栋）要托请隋部长办事，隋夫人单玉却很"有范儿"地挡住了箭镞。但他们打听到单玉的父亲有一个心愿，就是为家乡重建一所曾经以他祖父命名的、毁于抗战的小学，"骆驼"私下找到老人，无偿拿出两百万实现其造福乡梓的心愿，"等将来学校建起来的时候，再请这位名教授和他的女儿单教授一块儿去剪彩"，生米做成熟饭，反对也来不及了。这真是躺着也会中枪了！从乡下走出来的穷人家子弟范家福，从中国到美国苦学苦读"读到了博士，尔后又回来报效国家……骆驼一旦进去，一旦开了口，就把人家给害了"，副省长范家福在"骆驼"一环套一环的暗算中成了阶下囚。

"三部曲"写活了一批擅权弄术之人，也写活了芸芸氓隶、懵懂众生，作者将平原人特有的生存情状和生命意识具体入微地融进现代文学"国民性批判"的主题，写出了现实与历史纵深的遥遥呼应，从而揭示了这样一个振聋发聩的道理——"一个不再产生思想的民族是可怕的"。

二

"三部曲"的每一部都是双板块结构，即以村支书为代表的乡村群氓和以进城者为主体的城市官场与商界，所以有人认为李佩甫有两套笔墨，一副是乡土批判，一副是城市批判，后者主要是对进城的农家子弟被城市俘虏和异化所进行的道德批判。在我看来，"三部曲"中的城市并非一个完整的、自成体系的城市，"城市"板块是围绕"进城者"而不是围绕"城里人"来书写的，乡村与城市共同笼罩在平原文化的传统阴霾之下。"平原三部曲"重要的价值维度是从道德层面上审视城市金钱、权力与性交易的欲望与丑恶，细究起来，这种欲望和丑陋并非城市所独有，作者是将其置于整个民族文化尤其是官本位文化的视域内来考量的；作者立意不在描摹这种欲望和丑陋的种种表象，或者说不在于批判这种现象本身，而是用大量的笔墨来探究其形成的文化渊源；作者用大量的篇幅为征服城市者的堕落进行铺垫，如描写他们童年的苦难、成长中的屈辱、入城后的压抑，这其实正是他们怀抱理想而最终在精神上灵魂高度上走向自己的反面的心理积淀。因此，我们也可以把"城市"理解为乡村土地的延伸和平原思想意识的弥散地。

《羊的门》是分别以呼天成和呼国庆为中心的城—乡双板块格局，前者由呼天成的近卫组织如副村长呼国顺、民兵连长呼二豹、村秘书杨根宝、妇女主任马凤仙、女广播员姜红豆和孙布袋、刘全等愚弱民众组成，以呼家堡为势力范围，俨然一个"独立王国"，后者却并非一个"自足"的独立个体，他是贯穿乡村与城市的一个"线人",他的自我价值认定完全是官本位文化的沿袭,缺乏独立意识和决断能力。与呼国庆产生生命交集的城市人物有李相义、王华欣、范骡子、谢丽娟、蔡五等,这些人物之间的牵连、制约与渗透暴露了官场权、钱和性交易的乱局,却全部是围绕着呼国庆的权力得失——其每一点升迁沉浮最终都牵扯着呼家堡那个"脑袋"的谋划。所以,呼国庆就如乡村(呼家堡)放飞进城市的一架风筝,那个线圈掌控在有着文化隐喻意义的呼天成的手里。

《城的灯》在文本结构上以冯家昌和刘汉香为双轴心,正好呈现了城—乡的两极。在人生追求和自我定位上,冯家昌和呼国庆可谓"同胞兄弟",他们都将进城为官作为生命最高的也是唯一有效的选择,"进城"和"为官"就是二而一的,以官为贵、以官为荣的传统意识非常浓厚。而显然,把全部心思用在如何抛弃乡村上的冯家昌,也只是一个有着"农民根性"的城市异乡者。"四个兜"是冯家昌的第一个人生目标,"穿上'四个兜',这意味着他进入了干部的行列,是国家的人了。'国家'是什么?!'国家'就是城市的入场券,就是一个一个的官阶,就是漫无边际的'全包'"。最初这个决定是来自刘国豆嫁女的条件,但其实也是冯家昌自卑的内心的一个梦。在部队五年,他以忍辱负重换来一张张"五好战士"的奖状,写上"等着我"寄给乡下的刘汉香,但是他还是轻而易举地就向城市"投诚"了——在高干子女李冬冬面前他是多么卑微多么自惭形秽啊!当拥抱中李冬冬突然打开了所有的灯,"灯光是很逼人的,灯光把他照得很小,是灵魂里的小",他只有"俘虏"她或者被她俘虏才有更光明的前程,才能够光宗耀祖扬眉吐气!"成为城市人"是冯家昌无法抛舍的梦想和荣耀:"告诉你们,我不会回去了。不久的将来,你们也会离开那里,一个个成为城里人,这是我的当务之急,也是咱们冯家的大事。其他的,就顾不了那么多了。"对于刘汉香,当然,"咱们是欠了债的……如果,她非要我脱了这身军装,要我回去种地,那,我就回去。我等她一句话——不过,那样的话,咱就不欠她什么了,从此之后,也就恩断义绝了"!但是,自此他在挺进城市、进军官场的道路上就有了两套看不见的枷锁,一套来自他的背信弃义,隐隐折磨着他的良心,还要担心"东窗事发";一套来自"高攀"的婚姻,时时伤害着他男人的自尊。当他终于实现了"冯家的大事",却并没有获得预想中的满足感,"他进入了'城市',却丧失了尊严"。作者借刘汉香"走马观花"的城市之行揭穿了冯家昌所在的城市的真相:拖欠工资的工地上民工如"碗"一样空洞迷茫的眼神、穿着"羊皮"的穿梭不停的行人、狡猾行骗的行乞者、淫荡的娱乐场……这是个要有"跪的艺术"才能活人的地方啊,冯家昌在这里其实"也不容易"!刘汉香在内心释然了,得救了,当他还在防备着她的报复的时候,她其实已经宽恕了他,但是这并非一种两心相知的和解,而是一种宣判:她永远不需要他的怜悯,值得同情的恰恰是他自己,她赦免他了。无论在城市还是在乡人眼里,他既不是强者也不是胜者,他必然要面临内心的崩溃。

"树状结构"的《生命册》结构上有些散,有些乱,但实际上还是以村支书蔡国寅("老姑父")为代表的乡村和以进城者吴志鹏("我")为代表的城市的对应结构。"我"的老家是平原省颖平县吴梁村(民间叫"无梁村"),立过军功的"老姑父"在这里是一个类如呼天成似的重要人物,既是地方权力的象征,又有点家长威风,不过他没有呼氏那么大的能耐和天地,甚至在家庭生活中还是个窝囊废,但是他心里有杆秤,量得出人心的斤两,很多时候他是乡村事件中最为忠实也最为有力的调解员、和事佬,也善于利用一些小伎俩为村民谋点利益,不少事情经他的协调变得更为人性化,更为公正公道,所以他有不同于呼天成的权威。"我"是一个在"老姑父"关照下吃百家饭也吮遍全村女人的奶水长大的孤儿,因此在成人后就成了全村人的儿子。"我"研究生毕业后分配到毗邻黄河的省城大学当老师,"这是一个叫人淡忘记忆的地方,也是一个喜新厌旧的地方。它的商业氛围是含在骨头缝儿里的,欺生又怕生,是那种一次性交易、不要回头客的做派。但一旦待的时间长了,它又是宽容的、保守的、有情有义的"。这也是平原的习性。乡村人是活人情的,活脸面的,他们心照不宣地把当初那份照护"我"的索报发挥到极致:国胜的娘家兄弟的儿子考大学差了一分让"我"跑关系:"你不是在省里么?""你办了吧!"保祥家女人说:"你叔的农用车在漯河撞住人了","你打个电话,让派出所把车放了吧"!旬儿奶奶说:"你七叔都当了十六年的民师"被裁了,"你是省里大干部","给县里说说吧"!海林家女人说:"你侄子眼看就匪了呀","孬好在省里给他找个事做"……"我""身上背负着五千七百九十八亩土地"、"近六千只眼睛"、"近三千个把不住门儿的嘴巴",他们的唾沫星子是可以淹死人的,"一个无梁村就快要把我压倒了"。为了逃避这个沉重的包袱,"我"痛下决心辞了职,选择南下北上的"漂"的生活,和"骆驼"等一起尝尽人间苦辛,也阅尽官场和商界的各种钱权媾和的阴谋,终于赢得生命最大的辉煌——成为坐拥上市公司几亿资产的最大股东。但是,"我"最终也无法遗弃掉无梁村,"老姑父"的白条子会神出鬼没地传到"我"的手里,每一张上都有他的亲笔字"见字如面"或"给口奶吃",如紧箍咒一样束缚了"我",因此,"老姑父""既是我的恩人,也是我的仇人"。表面上看,乡下人对"我"无穷无尽的过分要求是出于对城市生活的无知和夸扬,认真分析会发现那却是出于对官的崇拜、对城市的敬畏和向往,因为人在城市就意味着离"官"近,离呼风唤雨的权力近,也就意味着"不分青红皂白"就能够把事情"办了",这既是身处最底层的百姓对城市、对官场一厢情愿的想象,也是从自身卑微的生存经验出发得来的启示;另一个方面则是出于他们爱面子、求报答、重私谊的心理积淀,也可以称为"乡愿哲学"。

李佩甫运思这样的城—乡二元叙事格局是有其深意的。作为当代政治的产物,城市与乡村的二元分化、政策差别、身份区隔造成了农家子弟宿命性的出身的低微、出路的狭窄,久而久之便生成一种对城市的向往、羡慕、怨怒和仇视的心理和风气,"征服城市"成为乡村人的世界观和方法论,进城者在乡村与城市"双板块"生活的心灵轨迹也成为当代中国社会城—乡结构关系嬗变的思想标本。直面城—乡区隔造成的心理问题体现了作者对共和国政治的反思和批判,当然,这也成为李佩甫的一种伦理向度,正由于如此,三部小说在结构上、人物设置上的雷同是不言而喻的,站在乡村视角对城市所进行的道德审判以及所体现的价值迷思也让人诟病,《城的灯》在这一点上更为突出。

三

正是由于李佩甫对乡村—城市二元对立结构的省思,对乡下人艰难的进城之路的清醒,其小说文本就产生了与"批判"主题息息相关的另一条别有思想价值和审美意趣的主线,那就是"抟塑农家子弟新一代",揭示平原人与土地的密切关系,并由"平原上的成长"这一条线索思考"这样的土地何以不能生出栋梁之材"的根由,进而考量在历史负累下中国尤其是中原区域的现代转型之路。

从作者早年创作中的李治国(《无边无际的早晨》)、杨金令(《田园》)、李金魁(《败节草》)等,一直到呼国庆(《羊的门》)、冯家昌(《城的灯》)和蔡思凡(蔡苇香)以及大国、骆驼、吴志鹏(《生命册》),这是一个背弃了传统的生存方式、走进城市的人物序列。他们或由依附传统到逐渐觉醒,或由决绝出走到重识故园,或由盲动自私到理性审慎,其间的困顿与迷茫、疯狂与决绝、隐忍与苦挣、迎合与拒斥……绘成了"背着土地行走"的一代农裔后人、一群读过书的乡村进城者复杂的精神图谱,正体现出李佩甫在"抟塑农家子弟新一代"这一叙事主线上的别具匠心和良苦用心。

李佩甫曾说道:"我觉得咱们中国人,或者叫中原人吧,如果查三代,我们祖先都是从乡村走向城市的,本身都带有很浓重的、这块土壤给予他的很多东西,几乎都是背着土地行走的人,每个人背后都有巨大的背景,生活的背景。"乡村作为背景,在呼国庆、冯家昌、骆驼、吴志鹏那里意义并不尽然相同,但有一点可以肯定,那既是动力,又为羁绊。呼国庆和冯家昌的"背景"浸染了他们的人生观和价值观,那就是不择手段地寻找出人头地的捷径。在个人欲望的驱使下,他们舍弃了生命作为一个独立个体所应有的审美趣味、人格尊严和理性思考,依附在一张强大无边的官文化网络中无法自拔。住在田间草屋的呼天成是呼国庆的精神领袖、事业导师："在呼伯面前,呼国庆从不敢隐瞒什么。他是呼伯一手培养出来的,他知道,在老头儿面前,是不能说半句假话的。假如有一天他知道你骗了他,你将永远得不到他的谅解!"冯家昌则在"逃离背景"的欲念下走得更为决绝,但其酒醉后学狗叫的细节似乎与《羊的门》形成互文——这个苦难出身的寒门子弟绕了好大一个圈子终于成了体面人物,实质上却像一只苍蝇一样落在了原点,仍然是呼家堡徐三妮一样的学狗叫的奴才货色!这是多大的讽刺和嘲弄!不过,作者并没有把冯家昌写得更坏,他从其成长中寻找那些坏的"诱因"即那些"背景",为其"背叛"做好铺垫:冯家昌的屈辱感是六岁那年跟着那棵"会跑的树"开始的,他看见受了屈辱的父亲"像是夹了尾巴的狗一样,掉头就往村里奔去。父亲太痛苦了,奔跑中的父亲就像是一匹不能生育的骡子";九岁那年,他偶然发现提着串亲戚的纸匣里装着的竟是八个风干的驴粪蛋儿,顿悟到"有时候,日子是很痛的";十二岁时失去了母亲,他带着四个弟弟用脚上扎蒺藜的办法克服无鞋穿的艰难;十六岁时被支书的女儿爱上,却差一点为此付出断腿的代价……故乡带给他的,除了羞辱还是羞辱,他是凭着羞辱的磨砺而成长的,进城为官、投机钻营、攀龙附凤就成了他摆脱羞辱感的救命稻草,当然也给他带来新的不安和耻辱。很显然,李佩甫并没有试图从呼国庆和冯家昌的身上找到多少"新"的思想因子,他让他们沿着一种文化惯性滑行,等待着他们在跌宕中觉醒。

在"三部曲"中,"觉醒"的探寻最初在呼国庆那里露出若隐若现的曦光,在刘汉香那里有了悲壮的尝试,在吴志鹏那里最终成为自觉。在对《羊的门》结尾部分那个"炸雷"的认识上,我认同多年前刘思谦的看法①,她认为那不仅预示着呼天成的末日来到,同时也是谢丽娟觉醒的霹雳,也是"无骨的平原"养育的呼国庆在爱情与自由的召唤下第一次对"呼伯"的权威产生动摇:"走吧。离开这里。这是一块腌人的土地!""你还是不是人?还有没有做人的骨气?"此刻,在呼国庆望着谢丽娟的惊诧的目光中或许蕴涵着"叛逆"的力量,他或许不会再拿自己的人格和自由为呼天成去殉葬了。

如果说呼国庆、谢丽娟的渐渐苏醒是代表着一代农裔后人对旧传统、旧文化,尤其是"人术"政治的背叛,是"思想的惊蛰",那么刘汉香的觉悟则是作者对社会转型期乡村城市化可能性的新探索,或者说这个人物寄托着李佩甫探索中国当下社会变革的抱负。和呼国庆、冯家昌背负的"背景"不同,乡村并不构成对刘汉香的控制或羞辱,声色俱厉的支书刘国豆对这个女儿言听计从,她的蒙羞和受伤来自"城市"——冯家昌成为"城里人"后对她的负情,但是当她看

---

① 刘思谦:《卡里斯马型人物与女性》,《当代作家评论》2000年第3期。

透了城市虚美之下的龌龊,看透了乡下进城者的卑微和无力,她选择了与呼国庆、冯家昌"征服城市"不同的道路,即"重建乡村梦想",她的理想是把自己的村镇建成一座花都,让农家的子弟在自己的家园里过上幸福的生活而再也不用进城招辱。作为新支书她面对着全村人说:"让我们重新认识自己。""让我们自己救自己吧。""日子是可以过好的。"就这样,她开始带领村民种果树,她精心培育月亮花,她拒绝巨商高价购买种花技术的企图而是要求合作开发⋯⋯刘汉香是一烛灯,她照亮了冯家昌们走向城市的路,也照亮了赵县长的政绩,照亮了月亮镇的前程——当县长的车亲自接她时,村民望着她的眼睛就已经被这盏灯"点亮"了。刘汉香就像在掮着一盘大绳,拖着这块土地行走,坚忍、吃力,但却出人意料地却死于"六头小兽"的无知和粗野,临死还喃喃着"谁来救救他们"。"香姑"最终成为一个传奇,上梁村也成了名扬海内外的花都,成了让冯家昌找不到北的城市。

不过,李佩甫还是认识到了平原民性固有的麻木颟顸、斤斤计较、鼠目寸光与中国农村现代性实现的矛盾,他写村人对种树的不解,写在果子成熟季节发生的纠纷,写他们对种花的拒斥⋯⋯刘汉香临死没有辩解也没有呼叫,那究竟是出于绝望还是出于自信?刘汉香死后全村三千人披麻戴孝在县政府前请愿的行为被称为一种"良心的发现",但他们黑压压跪在县长面前的情景是否就是传统的对青天大老爷的期待?送香姑的悲怆中有对一颗灵魂的朴素的敬意,但是否就意味着认识到了花镇的价值?从另一角度来看,开创了月亮镇未来的刘汉香在思想深处依然是活在古老的时代,她类如男性的"圣母"想象,是一个美好的道德幻影,其价值观的重建来得如此突兀,以道德主义为准绳的她最终也不可能是"新人"的精神引路人,故乡也终究不能成为离乡者的精神栖居地。仅从这个意义上说,作者在这个人物身上的探索即便不是无功而返,也有着明显的乡村乌托邦色彩。

《生命册》中,吴志鹏和蔡思凡、"骆驼"构成两对一一对应的关系,这三个人物在当下中国非常具有典型性。蔡思凡是一个值得玩味的角色。她本来是一个进城的洗脚妹,可以说是在城市化过程中乡村送给城市的一个"祭品",她在城市"见了世面",捞到了"第一桶金"后回到家乡创业,在商界厮杀拼打,在男人堆中把自己炼成了"钢"一样的女人,最终成为可以在县城里呼风唤雨的人物。我们细细品读文本会发现,虽然作者带着截然不同的情感来塑造蔡思凡和刘汉香,其实这两个人都是乡村现代化的实践者,而且前者似乎更为真实、更为切合实际,因为蔡思凡更懂得乡风乡情,更懂得"干企业有多难":"那些村里人,你用他,他说你给的工钱低,骂你;你不用他,他说你不给村里办事,也编排你⋯⋯"她告诉吴志鹏:"你要是有良心,也该回老家看看了","手里有钱了,给家乡投点资",否则他们会戳断你的脊梁骨!这就是这些"背着土地行走的人"所面临的尴尬。如吴志鹏所言:"我是一个有背景的人。"《生命册》的开篇就是:"我是一粒种子。我把自己移栽进了城市。"一颗土地里的种子移栽进了城市,难免会有水土不服。这颗"成熟的种子"的背景是"家乡的每一棵草都是我的老师",它们活得都很小——在平原,人也必须向"小处"活。对于吴志鹏来说,乡村作为"背景"是一种成长的羁绊,是永远逃之不去的"无尽关系",他在这种牵牵绊绊中学会以内省和自审的力量来面对城市与乡村的荣与喜、罪与罚。吴志鹏和"骆驼"都从底层来,苦难背景激发他们上进的欲望,但是,"骆驼"更加爱面子、爱虚荣,敢拼敢干,什么东西都要"必是拿下",欲望膨胀到不择手段。

在"骆驼"和吴志鹏的对照书写中蕴含了作者对于社会转型更深远的思索——"有些事,得慢慢来",这句话似乎轻描淡写却极有分量,是吴志鹏送给"钻进钱眼里去了"的"骆驼"的,他劝他用"慢"来对付"抢","抢时间"的弦"绷得太紧,是要死人的","骆驼"最终就是死在了一个"抢"字上。吴志鹏虽然坐拥数亿资产,但他是一个能够冷静地看待人生理想、理性地把握个人命运的人,"当一个人志得意满的时候,就该警惕了","咱得有底线",他努力保持内心的独立和自主,努力坚守与财富和名利之间的张力。当蔡思凡以反哺故乡的名誉要他给其板厂投资时,他很清醒地说:"你让我考虑考虑。"那些"乡愿"他理解,那些虚荣他则无需,他不想为了赢得村人的好感而率性盲从,他的理智告诉他:"我真心期望着,我能为我的家乡,我的亲人们,找到一种……'让筷子竖起来'的方法。"吴志鹏是李佩甫系列小说中难得一见的清醒、自律、理性、珍重孤光自照的人物,或许,这片四处漂泊的树叶再也回不到乡村那棵大树上了。这该是好事。

《生命册》在"慢慢来"的意义上是对《等等灵魂》的深化和丰富。几年前我曾猜想,写过厚重如《羊的门》者再写《等等灵魂》,是有点"小菜一碟"了,这部"中国商界的病相报告"写得有点火躁,就像一个流行的大众化的电视脚本,我读《等等灵魂》后也有点"等不及"了,我在等作者面对社会的急遽转型时更绵厚更审慎也更开阔的思考,等其在"批判"之外能够回到人性和命运的刻画本身。《生命册》终于实现了超越,"抟塑"出具有一定内省意识和自审精神的"新人"——在我看来,内省和自审才构成文学最为强大的审美力量。也可以说,从《羊的门》结尾呼国庆朦朦胧胧的叛逆萌动,到《城的灯》刘汉香悲壮自残式的创业实践,再到《生命册》吴志鹏终于逃离了"乡愿哲学"也逃离了唯利是图的城市"异化"的宿命,正蕴含着李佩甫在"批判"之外所具有的"正面建设"的愿望。

原载《当代作家评论》2012第5期

李佩甫的"两地书"
——评《生命册》及其他六部长篇小说①

程德培

十多年前，曾经留意过《羊的门》。此次读完《生命册》之后，又找李佩甫的其他五部长篇读了一遍，它们是《李氏家族》、《城市白皮书》、《金屋》、《城的灯》和《等等灵魂》。平心而论，李佩甫的长篇质量参差不齐，让人时而兴奋时而有些失望。尤其是 2007 年发表在《十月》上的《等等灵魂》，描写了商场上叱咤风云的人物任秋风的传奇，这是一个因急功近利、过度扩张而从辉煌走向毁灭的故事。但终因小说叙事的急功近利而让人颇感失望。李佩甫是个勤奋而执著的作家，他努力尝试各种不同的书写，但也不是没有规律和"模式"可循。除了《等等灵魂》是个例外，李佩甫的长篇结构基本上是一种"两地书"：乡土和城市、昨日与今天、一群人的故事和一个人的命运彼此交替运行，努力让时间呈现空间的图形，造就一种结构上的历史现实。把话说两头纳入叙事的线性是李佩甫长篇写作的惯用手法，重新洗牌，既是其叙述特色，也是其结构的套路。相比之下：《城市白皮书》在叙事视角上最富有探索性，《金屋》在象征和隐喻上有点诡异，《羊的门》在塑造具有中国特色的人物形象上功不可没，而《生命册》则可以看作《李氏家族》的续写和创造性扩容，它们甚至在结尾处都有着惊人的相似之处。总的来说，《生命册》精神意图的容积量要大大超过其他六部长篇。

近二十年的中国，以及围绕着它的中国叙事都和"变化"有着不解之缘。"变化"几近成了生活的同义反复，而追赶生活的审美却一筹莫展。文学不断重申对自己"初恋"的承诺，渴望信仰的一成不变和牢不可破，然而我们不仅仅看到的是眼前的幻象，而且只要试图抓住它们，它们就消失了。实际上"变化"是一种古怪的东西，当"变化"的意愿成为一种现实时，憧憬便化为迷惘和困惑，现代化进程就是一种充满悖论和矛盾性的生活，"变化"既是革命的也是保守的。经济的快速发展和文学的大踏步后撤有时是一种捆绑作业，是一种互为影像的

---

① 李佩甫：《生命册》，《人民文学》2012 年第 1、2 期；《李氏家族》，长江文艺出版社，2001 年；《城市白皮书》，人民文学出版社，1995 年；《羊的门》，华夏出版社，1999 年；《金屋》，长江文艺出版社，2000 年；《城的灯》，长江文艺出版社，2003 年；《等等灵魂》，《十月》2007 年第 1 期。

镜面。当无数幢高楼崛起之时,当道路充塞着车流和人群时,那些已逝去的自然和故土便成了我们难以去除的怀想。"变化"的时代,正如马克思1856年在伦敦的谈话中所说的,"在我们这个时代,每一种事物好像都包含有自己的反面"。

从某种意义上说,李佩甫的七部长篇是这个时代"变化"的产物。《羊的门》文学成就固然居高,但就可选择的现代性镜像而言,它还处于"启蒙时期"。《金屋》、《城市白皮书》和《城的灯》虽然有所探索,并在质疑的眼光中使现代化的城市逐渐步入前台,但终因不是形式与内容间难以弥合的裂缝,就是深陷"道德陷阱"的叙事而难以自拔。想想《羊的门》中那呼国庆的离婚步骤,还有《城市白皮书》那42岁的副区长为达离婚目的,不惜让司机去勾搭自己老婆的伎俩,一直到《生命册》中返城后老杜的离婚计谋,都如出一辙,就可以想象道德叙事在李佩甫小说中的分量和作用。现代性的叙事远比我们想象的要复杂得多,拿《城的灯》所讲述的现代陈世美来说,哪怕作者在冯家昌这个人物的内心刻画上如何努力揭示其复杂性,到头来也免不了道德评判的单一性。简单化是认识论的死敌,那是因为非此即彼的一厢情愿远离了生活的辩证法。同时,李佩甫的作品又告诉我们,凡是给我们留下深刻印象的场景、人物和故事都是超越了简单的机械论,尊重并深切感受人生的戏剧性变化,懂得人生的邪恶冲动及其令人迷惘的性质,对于个人和时代的关系有着广阔的视野和深切的体验。《生命册》作为最近的作品,无疑具有这方面的品质。

一

《羊的门》中有一个不起眼的角色,那就是呼家堡那个愣儿头青、面粉厂的刘庭玉,"他要脱离集体,要带着老婆孩子走"。刘庭玉的出走并不是小说的主要情节,而是为刻画呼天成这个人物的点缀,一次陪衬性事件。于是,出走后的故事便销声匿迹了。但生活中离开故土的"出走"并不因此而结束,相反,它愈演愈烈并形成一股生活的潮流。李佩甫的"两地书"绝大多数就是对这一潮流的摄录,刘庭玉之后便有《金屋》中的"狗儿"杨如意,进城暴发以后回村盖起"金屋"的复仇和炫耀;《城的灯》中便有了刘汉香进城寻找丈夫的经历;《城市白皮书》中那魏征叔叔更是用自述揭秘般的口吻,讲述一段段进城做生意赚钱的故事。出走是为了进城,这既是现代性的召唤,也是现代性的诱惑。这一有关城市之谜、乡土之惑的主题时时纠缠着李佩甫,到了《生命册》便有了一次更大规模的演练。

"这是一座挂满了牌子的城市。""路是四通八达的,也处处喧闹,汽车'日、日'地从马路上开过,自行车像河水一样流来流去,商店的橱窗里一片艳丽,大街上到处是人脸……可在她的眼里,却只有墙,满眼都是一堵一堵的墙。人是墙,路也是墙。"《城的灯》中刘汉香进城寻夫时就是这样的感觉,小说的叙述继续感叹,"是啊,这座城市里,她只认识一个人,可那个人已经不认识她了"。对乡土来说,城市是一堵堵墙,是陌生和冷漠的。1760 年,自从卢梭的浪漫主义小说《新爱洛绮思》中,年轻的主人公圣普罗伊克斯迈出了从农村到城市的第一步,这对未来的几个世纪的千百万年轻人来说就是一个原型。19 世纪许多小说的一个叙事套路就是,为了实现浪漫的自我感,即一种完美的存在,外省青年必须进城。结果总是因城市的力量过于巨大以至失去了人性的尺度。在典型的巴尔扎克的小说中,城市伸出它的铁轨,诱惑朝圣者到欲望的地域,可是欲望是那种永远不会满足的东西。恰如魏征叔叔的话:"在这座城市里,'俘虏'最多。什么'俘虏'?钱的'俘虏',钱是最压迫人的。"

"我是一粒种子。我把自己移进了城市。"《生命册》就是这样开头的。李佩甫的长篇小说只有两部是以第一人称叙述的:《城市白皮书》和《生命册》。前者的"我",是一个无处可去而无处不在的叙述视角,"十二岁我生病发烧,我就不会说话了"。我只能对自己说:"病了,却一下看到了许多东西,看到了别人看不到的东西。"来回奔波于新妈与旧妈之间,听和看成了小说的叙事方式,这方式既现实又魔幻。《生命册》不同,作为叙述者的"我",是小说的亲历者和参与者:"我之所以自己展览出来,是为了让你了解,在这个世界上人跟人是不一样的。每个人都是有背景的。一个人的童年或者说是背景,是可影响一个人一生的。比如说,在我的潜意识里,电话铃声和狗咬声是一样的突兀。不过,现在不同了。狗也到城市里来了。"在《生命册》中,"我"的故事演绎了进省城后的三十年历程。三十年的进城阅历在李佩甫的笔下是由各种噪音构成的交响乐曲,由悲喜交织重叠的东鳞西爪,加上"我"和骆驼有形的情节和断断续续的悲欢离合,"变化"便俨然登上舞台。别的不说,以前"夜里满城都是麻将声,我听见哗啦啦的麻将声在城市的上空盘旋",到现在到处都是狗叫声;以前"城市里到处都是火柴盒式的楼房,一栋栋'火柴盒',看上去没有多大的区别",现在我"坐在国贸大厦的第四十九层,感觉就是不一样啊。旋转餐厅在不经意间缓缓地转动着,眼前就像看皮影戏一样,一座城市就在你眼前了!我不敢直着往下看,因为太高了——深圳的夜晚叫人恍惚,就像是梦境,就像是坐在云端里"。这段描写既是写实,又是隐喻,从整个小说中看去更是伏笔,它预示了骆驼以后的命运。

小说取名《生命册》,来自《圣经》故事中上帝掌握的选民名册,上面记着他的选民的名字,如果有人行不义,背叛他,他便把那人的名字从生命册中抹掉,那人便要受惩罚而不能存活。引用《圣经》上的话,这在李佩甫的小说已不止一次。耐人寻味的是,这些年不少作家都喜欢引用《圣经》的语录作为小说的引文和题语,甚至有人不惜借用其叙事方式。当然,这一切似乎和上帝并无直接的必然联系。

《生命册》记录众多人物的命运,前后时间长达半个世纪。这时间有前后之分,有背景和前台之别。乡村叙事在前,是"我"的童年记忆和成长史。小说开首讲道:"我身上背负着五千七百九十八亩土地,近六千只眼睛,还有三千个把不住门儿的嘴巴,它们的唾沫星子是可以淹人的"。和小说中反反复复出现的那句话,"我身后有人"。这些都构筑了"我"叙述城市生活的背景。"前"是"后"的根,背景是前台的光。作者的布局和叙事意图是明确和一贯的,尽管"我"和骆驼进城后打拼生涯更贴近变化中的现实进程。但李佩甫自己说:"我们的土地培育了我们,给予了我们很多东西,其中有好的营养,也有糟粕。厚重的生活背景下,社会发生了巨大的变化,人容易失重,迷失。这本书可能更多的就是写这五十年间中国社会发生巨大变化的时候,人在这块土地上是怎样变形的。"①"变形"一词值得琢磨:一是指形状、格式、表象起了变化,二是童话或神话中指人、动物发生了转换。不管怎么说,用变形来指认生活巨变中的人总有些隔靴搔痒。事物与概念之间的不协调具有重要的两重性。有时概念不能与客体相一致是因为它同时留有一个剩余物,有时这种不一致是因为它们同时拥有添加剂。认定"变形",那是我们自以为有一个原型,惊叹"变化",那是我们心目中有一个不变的镜像。其实原型和不变并不是"我思故我在"的东西。一元和多元是相对而言,就人的状态而言,什么时代都是丰富而复杂的。让人疑惑的是,《生命册》的叙事效果告诉我们,所谓单一时代的人却是丰富多样的,而所谓多元时代的人却单薄得多。② 乡土怀旧和城市经历轮番交替出现,是《生命册》的叙事结构。在李佩甫的笔下,乡土仿佛就是自身的故事,是一种置身其中叙事,即使有距离,那也是远离的土地、久违的故乡,字里行间充斥着对养育之恩的情怀;而城市,则永远是异国他乡的言说,有着一种无法进入的隔膜、难以扎根的拒绝,这是一种印象式的描摹,随身携带的录音和摄像,无论是省

---

①《知识分子的内省书——访作家李佩甫》,《文艺报》2012 年 4 月 2 日。
②作者在与孙竟的访谈中这样说:"中国人在走过这 50 年的时候,就会发现过去单一的年代,我们是渴望多元的。因为单一的年代容易导致纯粹,纯粹又容易导致极端。现在社会生活多元,但是多元化之后,又会带来一种复杂、混沌、混乱,这时候人们又渴望纯粹。"《文艺报》2012 年 4 月 2 日。

城、上海、北京,还是深圳,这里到处是偶然性的碎片、形形色色的瞬间图像、看不见的线索和欲望的陷阱。乡土既是大地的代言,也是人们依赖自然的意识的对象,神圣化是其基本的表现形式。早在《金屋》一书出版的代序一文中,耿占春对李佩甫小说中的大地就有过出色的解读:"佩甫的小说更使我相信,大地,这是一种思想、一种精神状态、一种灵魂的可见的撼人的形式。唯有基于大地,我们才能建立起自身的存在,建立起人类历史的和道德的存在,唯有大地,无限回春的大地是圣洁而无罪的。"①我想,读过《生命册》以及"平原三部曲"的,一定会相信耿占春文章结尾处这段话是符合李佩甫的创作意图的。大地作为我们心灵的一种投射,就像人们把自己的生命和意识投射进一个虚幻的天堂之中一样。通过把自然看成理念所设置的东西,大地在沉思中蕴藏着人的潜在本质,然而却让它成了自身之外的某种东西。这是信仰和异化为什么经常混杂在一起的困惑,这已不是变形与不变形所能解释的。李佩甫把《生命册》概括为"这块土地上一个背着土地行走的人"。而我觉得整部《生命册》的问题依然是,背负着土地的人能否还能行走在土地上?

还有一种解读,此土地已不是那土地。一个是对象化、精神化的土地,另一个则是始终和我们纠缠在一起行走之地。所谓"两地书",除了来回穿梭于乡村和城市的叙事结构外,是否还可以有更宽泛的寓意。一边是可以无限延伸的土地,非人工制品、世界之真相、生命之本源、人类家园的象征、四季变幻的舞台、母亲与父亲、神圣与永恒;另一边则是最终自损的文明进程,我们称之为"现代性"或金钱至上的邪恶机器,心灵怠慢、感情僵化,没有节制的欲望不断制造着无边的幻灭感。一个在脚下,一个却在背上。问题不在有没有翅膀,而是我们能不能飞?抑或有人看见我们在飞吗?顺便提一下,说《羊的门》、《生命册》和《城的灯》是三部曲,我总以为有点牵强。格非在写完《春尽江南》以后,说自己这一辈子再也不搞什么三部曲了。我个人是非常赞同的。此文评《生命册》并联系作者的其他六部长篇,也包含了反"三部曲"的味道。

二

紧随时代的言说,总是一种付出代价的言说。为了进城扎下根,吴志鹏和骆国栋经历了一系列的财富人生。走出故土,进入闯荡的世界,他们满怀希望地投入时代的激流,追逐事变的旋转,最有价值的商品是快速行动,抓住金钱的

---

① 耿占春:《无罪的大地》,载《金屋》,长江文艺出版社,2000 年,第 12 页。

要素就是煎熬。作为小说叙事者"我",既是骆驼(骆国栋)的朋友,又是故事的讲述者。骆驼的故事很像历险小说所遵循的饱和原则。所谓饱和原则,指时间和空间被尽可能填满。为了不断地赚钱,骆驼疲于奔命,参与原初阶段的股市,经历那令人魂飞魄散的数次"何时见底";为了收购药厂,借壳包装上市,不惜造假、行贿,可谓不择手段,几度涉险过关,几度被人骗,又几度骗别人。这位来自大西北的才子,穷苦出身,身有残疾,侠肝义胆。在"我"的眼中,"骆驼是干大事的人,骆驼的天分一流。骆驼最伟大之处,就在他浑身上下的每一个毛孔里都充满着洞察力。他几乎是一个先知先觉者"。我知道,我们面对的是小说。我也知道,视角构成了小说,它使现实发生了变化,它本身就是小说。问题是作为叙述者的"我",又是小说中的吴志鹏,当这个"我"认定"钱"是人生的目标时,其心目中的骆驼自然头顶光环;但当作为视角的"我"要走完叙事的历程时,也必然是骆驼要退去其光环的日子。

骆驼是个奇特的形象,奇就奇在他背负着欲望的符号,却不失生命之活力。他形象单薄,却富有个性特征,他的单臂和"罗锅"不止是他的形象特征,而且充斥着隐喻和象征;他能干大事,喜闯红灯,是个疯狂、魔鬼般的越界者。尤其是他身上"逐渐释放出一种让我恐惧的,说不清楚的东西"。穷苦出身的他"一旦消除"个人的穷苦,便进入了永远无法解脱的双重饥饿:那永远无法填满的欲望和永远无法回归的真实。他的生活是符号胜过了实物,副本胜过原本,幻象取代了现实煎熬。骆驼的天才是欲望的天才,除了不断地制造欲望外什么都不会。所以他信奉:"哪里有家?有钱有女人的地方就是家。"骆驼的故事使我们不由地想起巴尔扎克的《驴皮记》,小说的主人公拉法埃尔·瓦尔得到了一张驴皮,可以让他所有的愿望都能够实现。可是,每一次拉法埃尔许愿,驴皮就会缩小。当驴皮最后完全消失不见时,拉法埃尔这才得知,他的生命已经走到了尽头。这本根据浮士德神话改编的小说,据说在巴尔扎克生活的年代享有很高的声誉,经常与莎士比亚的《哈姆雷特》相提并论。《驴皮记》也是弗洛伊德人生最后阅读的一本书。无论是在巴尔扎克的世界里,还是在弗洛伊德的世界里,享受任何一种快乐都要付出代价,没有付出就不会得到。拉法埃尔的死法也很特别。他经常违背自己清醒的意图而许诺更多的愿望。对弗洛伊德来说,拉法埃尔的思想斗争实际上就是饥饿的本我与经常感到为难的自我之间的斗争,而具有惩罚功能的超我带着死亡的面纱出现在两者面前。

"骆驼是个坚定不移的行动者。他一旦拿定主意,不达目的誓不罢休。"他最常说的一句话是:"必是拿下!"而且"在大势把握上,在'钱'途问题上,骆驼的判断是正确的"。这些都很像在驴皮作用下的愿望实现。从收购药厂到厚朴堂成功上市,"我"(吴志鹏)和骆驼之间有过数次讨论和激烈的争吵,特别是最后那次关于底线和收手的争论,更像是在讨论那张"驴皮"什么时候消失。骆驼最后因东窗事发选择了死亡。具有讽刺意味的是,在高楼林立的大都市,连死亡的方式也是跳楼。有人怀疑,临终前阅读《驴皮记》这样一本书怎么能够让弗洛伊德受得了?那是因为巴尔扎克笔下那过度烜赫、穷奢极侈的世界,富有激情的生活并不是弗洛伊德的个性与生活。而弗洛伊德在读完《驴皮记》之后,对马克斯·舒尔说:"这本书描述了人的消瘦与饥饿,很适合我阅读。"弗洛伊德关心的是死亡,死亡前是如何瘦成皮包骨头和面对死亡的恐惧。原来,关注角度的不同也会造成不同的承受和享用。从有目的的进城到有意抽身的抵抗,是叙述者给予《生命册》中城市叙事部分的时间段,死亡也许只是他赠予我们的一个休止符号。

作为小说的叙述者同时又是其中的一个角色,吴志鹏也许会有两个不同的"我":其中一个可能比另一个顺利,如果没有那些个来自乡村没完没了的电话铃声,如果没有无数乡亲们过于频繁甚至有点过分的请求,害得他四处举债而失去正常的颜面,他会一切都顺风顺水,顺利地在城市的学院中落地生根,成为学者教授,顺利地享用其圆满与不圆满的爱情婚姻。这种可能性不是没有(可能更多更普遍),但故事法则更崇尚偶然性和骤变。于是,那个可以平稳软着陆的"我"便隐遁而去,被踢出了平常人生的舞台而进入了戏剧性的旅途。面向现实的艺术很容易转而为否定现实的审美。作者有权策划、虚构其突发性的人生路线图,也许骆驼的东窗事发源自于某次偶然性的疏漏。假如骆驼的资本人生一切都顺利(如同他以前屡次涉险一样),结果会怎么样呢?没有假如,因为假如一旦成立,《生命册》的世界将重新改写。但阅读呢,是否也有权实现其意图谬误的拼图?更多的时候,我愿意把吴志鹏和骆驼合二为一,把他们之间的悲欢离合、分歧挣扎看作一个内在心灵的挣扎和搏击。现实所提供的东西与在黑暗中追求的东西不存在和谐,但这道不可弥合的裂缝很可能就存在于我们的内心。

骆驼跳楼之后,吴志鹏随即也遇上了车祸。他们都经历了死亡,不同的是,前者选择了永远的沉默,后者却从死亡线上又回来了。他们都不约而同地拥抱了死亡,但选择的命运却呈现出差异。偶然性一旦被叙述,读起来就像是必然的。歌德本人对偶然和命运进行了区分,将前者分配给小说,而将后者分配给了悲剧。而骆驼和吴志鹏的命运呢?这取决于你是向前体验它还是向后阅读它。骆驼是欲望的符号,他的行动受欲望的驱动无法也不可能停止。如果欲望将其形形色色的目标等同于那么多空洞的外壳,那是因为它真正追求的是自己,一种它只有在死亡中才能取得的成就。这种贪得无厌追求满足的内部动力,是一种死亡愿望。倔强地驱使我们向前的是一种倒退返回伊甸园的本能。

吴志鹏不同,他在恰当的时机选择中止行动,陷入沉思或反省。在行动将要越过底线时,吴志鹏刹车了。运用小说中反复出现的一句话,那是因为"背后有高人"。这句充满玄机的话,真可谓是仁者见仁、智者见智。在功利主义者看来,高人指点下的结果是既得财富又得善果。作者的意图肯定不是这样,吴志鹏的刹车是一种必要的救赎,他是一位对现代进程中残酷的必然性持有警觉、持有道德批判利剑并最终选择皈依土地的反省者。从某种意义上说,所谓背后的高人就是弗洛伊德人格结构中常说的那位"超我"。"超我"是一种道德化的自我,它包括良心和自我理想。作为内在的道德检察官,"超我"总是严厉地审视"本我"以及"本我"的各种欲望。

  吴志鹏是处在"高人"和骆驼之间的来回奔波者,试图在这充满敌意的对立之中来回奔走调停是其愿望。弗洛伊德把这称之为"自我","自我"在发展的个体里原本是"本我"的一部分,渐渐地把自己分离出来,并受外界影响而有所调整。弗洛伊德简单地说道:"'自我'代表一个人所谓的更改以及深思熟虑,并且和充满激情的'本我'相对。"①对弗洛伊德而言,生活是一场不断展开的冲突。在其名篇《自我与本我》中,弗洛伊德评论说:"'自我'是一个可怜的家伙,服务于三个主人,而且经常受到三种威胁,来自外部世界的威胁、来自'本我'本能冲动的威胁、来自严厉的'超我'的威胁,这三种危险应对着三种焦虑,而焦虑意味着对危险的逃避。"②当然,任何比喻和借用都有其疏漏和变异的一面,吴志鹏作为活生生的形象也不是"自我"所能概括的。吴志鹏与骆驼的分歧既不是焦虑也不是对危险的逃避。弗洛伊德是个决定论者,而小说则更倾向于循环和宿命。之所以将吴志鹏和骆驼进行合并论,不仅是他们两人是割头换颈的兄弟,而且还在于这故事的旅途中,他们是互为镜像的对立面,他们的关系是如影随形,谁也离不开谁,问题是我们能跳出自己的影子或看见自己看到了什么。

三

  李佩甫是否信奉轮回,我们不清楚,但是《生命册》无论从形式到内容都体现了一种轮回的辩证循环。从进城到回归故土,这是一个总的轮回。三部曲花

---

① [美]彼得·盖依:《弗洛伊德传》(下),龚卓军、高志仁、梁永安译,鹭江出版社,2006年,第50页。
② [美]马克·埃德蒙森:《弗洛伊德的最后岁月:他晚年的思绪》,王莉娜、杨万斌译,华东师范大学出版社,2012年,第95页。

费了作者整整十二年的工夫;《羊的门》写的是扎根土壤的生命状态,一种原初的形态,一种根的必需;《城的灯》用逃离和向往说话,是一种行动的生命形态、一种"光"的召唤;《生命册》有着更宽大的雄心,试图"浓缩了各种各样人物的命运和这片土地上的各种生命现象"①。我们注意到,《生命册》和作者最初的长篇《李氏家族》有诸多的相似点,大到交替运行的叙事结构,小至操场上跑步、离婚方式、相同的出走、沉默是金的哑巴和春才等。甚至尾声:《李氏家族》的尾声是七奶奶过世三周年的祭日,而《生命册》的结尾则是老姑父的迁坟仪式。总的来说,《李氏家族》是追根溯源的寻根之作,像创世纪;而《生命册》则是对故土五十年变迁的内省之书,更具启示录的味道。轮回不是简单的重复,回归故土不只是地理上的概念和距离。从某种意义上说,回归是因为我们每个人都心怀某种基本的信念,这些信念不必是明智的、充满激情的,或者是特别重要的,但它们必须是你生活方式的根本。诚如"我"在《生命册》最后所感慨的:"在我,原以为,所谓家乡,只是一种方言,一种声音,一种态度,是你躲不开、扔不掉的一种牵扯,或者说是背在身上的沉重负担。可是,当我越走越远,当岁月开始长毛的时候,我才发现,那一望无际的黄土地,是唯一能托住我的东西。""托得住"说到底是一种身份认同,对李佩甫来说,不管我们怎么努力,这些信念都不会轻易被抛之脑后。确定我认为最重要的、值得一做的事情,就确定了我是谁。

乡土的故事是五十四岁的"我"记忆中的故乡,"我"又是一个被无梁村村民集体养育的孤儿。作为无梁村的老村长,曾是炮兵上尉的蔡国寅因多少有点盲目的"爱情"来到这里,"他就像土生土长,垒在村边的一堵黄泥墙或植在路边上被风雨蚀过的泛灰色的老树桩子"。岁月使老姑父失去了军人的光环,而吴玉花本意是嫁一个军官的,却阴差阳错地嫁给了一个"农民"。仅仅几年的工夫,吴玉花已消磨了她的全部美丽。生活是残酷的,爱呈现出一种变形扭曲的接纳主义。对老姑父和吴玉花来说,仇恨竟然演变成一种生活方式。"那是一种日子与日子的对垒,是精神上的纠结与胶着。你看着我,我盯着你,宁可成灰,谁也不放过谁。这里竟然还有温情的成分,有对既成事实的默认,有以敌为外壳的相互间的照应,还有一种看似荒唐的对手间的默契。""这是个既真实又荒唐,既残酷而又美丽,既单纯而又复杂的故事。"在长达数十年的过程中,在村人的抬举下,老姑父经历了由陪酒到馋酒到醉酒的复杂过程,而我们从中瞥见了历史的纠缠不休。

老姑父与梁五方的命运是相反的:作为外乡人的老姑父,因为女人而入赘无梁,几十年认岁月定格到脸上,最终成了地道的无梁的人和鬼魂;而地道的无

---

① 李佩甫、孙竞:《知识分子的内省书——访作家李佩甫》,《文艺报》2012 年 4 月 2 日。

梁村人梁五方则是格格不入和不合时宜的,用小说中的话来说,这是个"各色"的人,"各色"不一定就是缺点,但"各色"肯定是人群中最难相处的人,最不合群的一个。梁五方就是这样一个人。他在最不应该的时候打败了师傅,他最早脱离集体,他举办世界上最吝啬、最简单的一个婚礼,四清运动他身背二十四条罪状被清除,终因性格所致和同村人们的嫉妒而成了一辈子上访的异乡人。他在上访的路上走了三十三年,"走成了一个弯腰驼背的老头。他一脸地沧桑,背着一个铺盖卷,见人就低头、鞠躬,而后规矩地往地上一蹲"。这无疑是小说中最平静、最有力的叙述。话虽不多,但其背后隐含的故事,或者说叙事背后的叙事则是无法穷尽的。表面上,梁五方是无梁村中脱离群体的一个另类,但他的故事是关乎一群或多群这样的人的故事。乡土不仅是赠予的,有时更是一种丢失,梁五方的上访之路是一种缺乏归属感的流亡,流亡可以被承受或被寻求,或在想象中被模仿,这也是一种理解丢失的方式。

看得出,李佩甫对这块平原大地上各种植物的描摹是下过一番工夫的,那些情绪饱满、笔意恣肆的段落给我们留下了深刻的印象。它们既是自然生命的本来形态,又是人的生命形态的借喻、隐喻和反讽。"在平原,有一些植物是飞来的、非人工种植的。那是一种毫无来由的,纯天意的生存方式。来也无踪,去也无影,但它仍然一岁一枯荣。"虫嫂就是这样一种飞来的"植物",一种叫"小虫儿窝蛋"的野花。虫嫂的命运是个强大的反逻辑,使我们感受到我们的眼光中存在盲点,以及我们无法忍受并经常避而不见的生活中的悖谬之处。自嫁到无梁的那一天,虫嫂就是作为笑料存在的。但这些引人发笑的文字又令人黯然神伤,喜剧成了悲剧的表达方式。身高仅一米三四的她是村子里出了名的小偷,她为此付出了人的尊严,为的只是活着,为了三个子女的活着。在生存的底线上,道德已失去了其判断力。为了三个子女的成人,虫嫂付出一切,包括子女对自己的不认同。奉献和毁灭,原来也有其词义相通的地方。一个捡破烂的,养了三个大学生,这是个奇迹,怎是用"快乐"两个字能概括的?在李佩甫的笔下,喜和悲竟如出一辙。

如果说,虫嫂的生命形态是和饥饿有关的话,那么春才的故事则是和另一种饥饿有关。性之欲导致压抑,这已是老生常谈的事情了,但压抑如何导致变形,又是怎样的变形,则是各有不同了。春才如何从凡胎肉体转而成为自残的身体,也非此种或哪种分析手段所能解释得清的。人一旦陷入恐惧症式的围场,同情心与厌恶之心会一同扑来,以至破坏本身成了一种有害的对称,欲望的无情重复总是处在自然与文化杂乱无章的交叉路口。春才的故事无疑是一段撕心裂肺的变调,作者如歌如泣的哀叹具有一种自我吞噬的魔力,阅读中的我始终被一种噬人的寂寞所吞没,黑暗中的漫游有时候是白天的行走所无法取代的。人性的重要之处在于它没有一个目标。幸福不是达到目的的手段。世界上许多原封不动的东西总是隐匿在变异的深处,我们无法捕捉和复述它,只能通过变异去隐隐约约地感受它。从暗中偷窥,到自我阉割,是个逐步走向恐惧的过程。我们需要顾及自己,部分原因就是恐惧。而源于别人信任的这种自信使得我们能战胜恐惧。生活在"后悔"之中的春才自从失去了这种信任和自信后,"就像是一个大油锅,他是自己熬煎自己"。令人信服的叙事有时让我们产生自身被煎熬的感觉。

无梁村的另一个外来户就是1962年从城市下放回村的小学老师杜秋月,老杜的故事无疑是最具中国特色的知识分子叙事,尽管作者尽可能想让此类叙事做到饶有兴味,但依然免不了老套,这是无梁村中我最不喜欢的故事。知识分子落难的故事经常表现为自卑和优越的纠葛、沉沦与升迁的循环,并且总也免不了意识形态的运动烙印。此类叙事经由无数次的重复后,免不了由最初的"悲剧"而沦为"喜剧",沦为一种套路是一种隐痛,它耿耿于怀,是一种难以言说的言说、无法言说的沉默。无梁村中老姑父、虫嫂、梁五方、春才的故事都受隐痛的驱动,而唯有老杜的故事总让人感觉少了一点什么。

四

《生命册》是部有雄心的作品,它是一次雄伟的出征,又是一次艰难的跋涉,长长几十万字的作品,人物众多且又故事繁复。半个世纪的叙事,这是作者一再强调的时间,但正如小说本身所提醒我们的那样,就历史而言,叙述总是局外人,让时间绕来绕去,在非常古老与非常新鲜的事物之间创造奇异,让古老之树长出新的树枝。非常古老的事物是我们对非常新鲜的事物的最好的比喻,因为它这么久没有出现过。现代性和传统像是一种矛盾或反义词,犹如菲德尔胸中燃烧的"黑色的火焰",又如同波德莱尔用来比喻进步的概念的"黑暗的明灯"。李佩甫的三部曲,《羊的门》倾向于一端,《城的灯》则倾向于另一端,而到了《生命册》则试图跨越两端取综合之意。在这种意义上说,《生命册》既是神话,又是虚构。神话代表着稳定,而虚构代表着变化;神话追求绝对,而虚构作品则追求有条件的赞同;神话根据时间的业已丧失的顺序来产生意义,而虚构作品,如果是成功的作品的话,则要解释此地此时,即"现在"。不论我们何时创造虚构作品,我们碰见的都只能是我们自己,而虚构作品的虚构性一旦不为人们所意识,就会蜕变成神话。人类自由的最基本意象,对于卢卡契,并不是小说主人公,因为他对终极的追求永远不会成功;而是小说家本人,他在讲述失败的故事中获得成功——他的创作是主人公枉费心机的那种精神和物质的调和。小说家的创作活动是"无神时代的否定的神秘主义"。作为小说中叙述者的"我",一头牵连着小说家本人,一头牵连着小说中的主人公。这是一个分裂的统一体,他的意义、他的存在形式只能是一种辩证的论证。借助出车祸住院那段机会,小说让主人公,也让我们认识了更多的人生和更复杂的社会现状。(在《城市白皮书》中也运用过类似手法)无论是天真的小玛莎、九床一辈子小心翼翼的老许、十一床一辈子辛劳为了一个不争气儿子的老余、三十七床那村长儿子为小小的特权所害,还有二十四床那身不由己的厂长,他们都是眼睛出毛病而聚到一起,但那眼病原来也是由各种各样、千奇百怪的原因造成的。其实,眼病还不可怕,怕的是,健康的眼睛却看不清身边的人与事,认不清自己的命运。如果我们假装没有什么,我们就会失去什么。因为我们密切关注的就是变化,就是遥远的或想象中的源头和结尾。

一个是充满渴望,希望能改变僵死现状的时代;一个则是在变化面前充斥迷惘,深陷眼花缭乱迷局而难以自拔的时代。两个时代彼此相望,此山望那山,都无法解决自身的难题。假如叙事能掌握过去的材料,现在时就表现出了丧失权力的危机。接踵而至的问题是,更有希望的现代性幻想已经衰落为忧郁、挽歌式的情绪,苦涩的困惑首先是方兴未艾的现代化的一种反应。在地球上每前进一小步,我们都要付出精神和肉体上的痛苦。不妨让我们再回到叙事赖以寄托的乡土。那场致命的车祸使"我"失去了一只眼睛,但故乡的召唤却使怀念的思绪走得更远,在小说行将走向它的终点时,叙述者不同寻常地一连用了十二个"我怀念"作为起句,如诗如吟般倾诉了对故乡的怀念之情。不知是有意还是巧合,《生命册》全书也是十二章。联想到《李氏家族》的章法也运用十二生肖与七奶奶的十二篇"瞎话"的交替运行。一年十二个月乃四季循环往复的生命寓意。当然,数字仅仅只是数字,重要的是李佩甫的"两地书"所要反省与思索的是人类与现时性和永恒性之间的关系。由于信仰总不是完整无缺的,其本质是分裂性的,因而它总是不断地为悖谬与矛盾所困扰,反讽式的存在就是生活在内在世界与外在世界的悖逆之间,含混不明地悬搁在人的否定性主体与他所面临的世界。怀念中的永恒只能在怀念中,我们已经无法退回到生机盎然的自然景观,一种永久不变的虚拟语气,一种装饰着补偿的幻想,一种隐含着救赎的期待。

《生命册》的结尾部分篇幅不长,但几经曲折,大起大落,表现出一位信奉现实批判作家的勇气。当"我"历经生死、怀着思乡之情、带着那盆汗血石榴回家时看到的又是什么呢?

这次回来,我几乎找不到回村的路了。这就是生我养我的无梁村么?往北,是一荡热土。往南,仍是一坡热土。往西靠着路,是荡荡的烟尘。往东,是一片窑场,也还是有几棵老树的,歪着,孤。是呀,村子里贴着瓷片的楼房一座座盖起来了,有两层,有三层,还有四层的。也仍有几窝旧式的老屋,像是有些羞涩地、散乱地隐在贴了白瓷片楼房的后边。可一望无际的苇荡不见了,几十亩大的深不见底的望月潭也消失了。村西是新建没几年的板材加工厂,到处是嗞啦啦的电锯声;村东是砖窑厂,不停地响着"哐哐哐哐"的机器切坯声。昔日的场院里,晒着剥成一层层筒皮状的雪白树身;村里的树就快要伐光了……再也看不到站在石碌上碾筻子的女人了。

狗呢,连狗都不咬了。

是的,村街上空没有了蒸腾的烟霞,没有了雾蒙蒙的湿气,没有了可以拽住日头的老牛的长哞……村里连吃水的井也没有了,干了……

引文有些长了,因为我们很难概括这些叙述。一连串的不见和没有与怀念中的图景形成了对抗。怀念这种人之常情转眼间成了一种怀旧的乡愁,怀旧仍是重复不可重复的事物,依赖不可逆转的时间,最终,记忆中的一切成了考古学,成了最后一瞥的爱。无梁村人的故事也走向了与过去失去联系的结局,涂抹上了变迁与被置换的色彩。诸如卖老鼠药的老八失业了;当年上访的梁五方,如今已是方圆百里有名的"阴阳先生"了;在镇上捡破烂的虫嫂衣锦还乡了;还有春才那地道的豆制品加工厂也给打败了,如春才有些悲伤的感叹:"再好的东西,不掺假,没人要。我的好东西卖不出去,没人要。"一句话,"现时"既是建构也是摧毁的时刻。

五

一方面给予信任,另一方面又拒绝赞成;一方面非常渴望投入,另一方面又是十分地厌弃和逃避;在现代性高歌猛进的时期,小说和世界形成了一种非常有趣的对峙,这种局面无疑是小说确立自身价值和地位的前提和必要条件。动力总是来自对立面的依赖。无法感觉我们生存的可悲之处,我们同样也会失去激情和趣味。终极价值毫无疑问是存在的,但它们如何存在于这个世界里,肯定依然是个秘密。有时候,精神这个词被近乎执迷地反复使用,因而开始变得有点薄弱,或者听起来有点像是护身符而非概念。崇高者以翱翔在其上的方式难以描述,替罪羊以降低到其下面的方式结束讲话,小说叙事则在这两者之间来回奔波左右为难。现实所提供的东西与在黑暗中追求的东西之间不存在和谐,而是存在着一道不可弥合的裂缝。我们现在很少用生命一词,更多的时候是被活着一词所替代。生命可能与意义有更多的瓜葛,而活着则是与死亡的区分。活着是一种图式、一种存在,没有意义也是活着,或者说活着就是活着的意义。《生命册》意图追求意义,但存在的方式是各种各样的,并不完全为意义所左右。在我看来,"两地书"之所以成立的根本,在于其间存在着一道不可弥合的裂缝。在文化与自然之间出现的分裂,同时既是我们尊严的根源,又是我们异化的真相。

李佩甫试图用无用无价之物对照这有用有价的东西,试图用对故土养育之恩的感激之情来应对已被物化的冷漠之情,用内省之书应对变化之实时,不知他有没有想过审视总是相互的。世界是我们假定或"希冀"的东西,它一定要在与我的关系中加以理解。困难的是,我们难以想象这无情的世界是如何审视叙事者心目中的德性的。小说中不断地重复提示的"让筷子竖起来"的方法,究竟谁能解,何时能解,这始终是个问题。难怪当老姑父迁坟之际,"我"回到无梁村:"在玉米田边上,我看见一个小伙子独自一人在田野里刨一棵桐树。令我惊讶的是,他一边刨坑,一边还打着手机,他对着手机大声说:'有啊,有。你说要啥吧?要飞机么?波音737,你要几架?'我几乎笑出声来。可我默默地,以多年经商的眼光打量着他,心想这世界真是变了呀!这是谁家的孩子?他又是经历了怎样的岁月,才把他锻造成这样一个骗子?不敢想⋯⋯"不知怎么的,这段突兀的叙述总让人心生疑窦,不是现实的真实性,而是我们应尊重虚构的可能性和复杂性。世界上有些事情我们知道,有些我们不知道,问题是有时候我们自以为知道的恰恰是我们的不知道。我的意思还在于,第一人称的叙事容易陷入单向思维的陷阱。不让对手阐释,剥夺他者审视的权利,最终让自省都变得空洞和乏味。

你我之间的释意之间存着什么关系?我和我的释意之间又是何种关系?应当用不同的释意来相互充实,而非相互排斥。释意的不同和分歧应是一场讨论,而非一种审判。我所拥有的最个人的、最核心的东西,即我的本体,不是在我身上,而是在你我的相互作用之中,或在一个分裂的我之中。我们永远处于关系中,永远被他人包围。《羊的门》所塑造的形象之所以今天读来也令人难忘,无外乎就在他活在不同释意的网络之中。这使我想起弗洛伊德生前津津乐道的一个故事:一个靠卖保险为生的无神论者,躺在病床上,奄奄一息。就在此刻,一位牧师前来拜访,决心拯救这个可怜男子的灵魂。牧师在男子身旁待了两三个小时,与撒旦搏斗或与阻碍这个商人的灵魂获得拯救的任何力量搏斗。当牧师离开病房时,这个男子所有的朋友都围上前去。他得到了拯救吗?他的灵魂现在纯净了吗?没有,牧师不得不承认,他所有的恳求没有奏效。但是,牧师高兴地宣布,他现在拥有了一份保险单,是从商人那里低价买来的。毫无疑问,这是一个个体和他者的意识一起呈现并发生转义的故事。转义既是一种从有关事物关联方式的一种观念向另外一种观念的运动,也是事物本身的一种关联。李佩甫的"两地书"最能吸引我们的大概是这种关联性。我们无法阻止城市化的进程,但我们也无法阻止对"自然"的精神化,如同我们无法抹杀记忆,但我们更无法扼杀人类的向往一样。转义是话语的灵魂,因而也是一种机制,没有这种转义机制,话语就不能正常运转,也无法达到其目的。从这个意义上说,"两地书"不止是一种叙事结构的方式,而是从根本上依赖意义之间的对立关系,而不是文本与意义之间的假定关系。

指出长篇小说运用第一人称叙事有可能陷入单向叙事的泥潭,并不是说《生命册》的整体。相反,李佩甫在整体思考上是努力抑制此类单向叙事的。艺术上,李佩甫的写作既恪守常规又想象诡奇,他的经验和想象经常不断地在这两种倾向中变换、交替和置换,有时一种倾向占上风,有时另外一种倾向占上风,有时这两种倾向相互混杂交糅。他对故乡人物的记忆遵循写实的法则,而对城市的感受却经常是印象主义占据上风。在李佩甫这里,我们常常惊叹于两种截然不同,表面上又呈现出对立变形的叙事才能共存的事实,一种是不厌其烦、叠床加尾式的铺陈,另一种则是趋于倏然而逝的中国传统人物描写的简约。老姑父、虫嫂、春才、骆驼等是前者,而范家福、夏小羽等则是后者。举夏小羽为例,出身书香门第的她,没有吃过苦,心高气傲,受到良好的教育,长得漂亮,"是一个在顺境里长大的女孩子"。她什么都不缺,缺的就是情感,她也是小说着墨最少但却是举足轻重的角色。我们对她的了解最少而她却造成了最多的破坏,这是一个表现美好的东西具有致命弱点的意象。因举报犯事进去以后,她从闭嘴不说到全盘吐出的转变让人震撼,不是因为信不信情感,而是因为情感的毁灭。弗洛伊德声称,坠入爱河会产生暂时的幸福感。爱情,浪漫的爱情,使"自我"不再受"超我"的苛刻愿望的支配,而是受心上人的愿望及其看法的支配。心上人暂时代替了"超我",对恋爱中的人表示期许,让恋爱中的人产生一种奇妙的幸福感。喝一两杯酒或是谈一场恋爱,会使我们内心的冲突骤然减轻,使一个内心矛盾的人变得意志果断,内心平和并获得暂时的幸福感。但是,这些形式不同的麻醉方式有其内在的局限性:喝醉酒过后会有宿醉,而热恋过后便要结婚过日子。其实,小说中不止夏小雨,还有"我"和梅村,还有那伴随而来的九十九朵阿比西尼亚玫瑰的故事,都是关于幸福的故事。幸福是短暂的,如同小说开首所叙的浪漫爱恋,因迫不得已的外力而中断。对"我"来说,伏脉千里的思念是痛苦的,对梅村来说,一错再错的寻找则是残酷的。许多年以后,当我们在小说的第七章读到"我"与梅村再次相遇的段落时,不由地感叹,现实主义之路远比短暂的浪漫要漫长得多。

六

耶稣说过一个播种的故事,那些种子有的死了,有的则长成繁荣的谷物。文学中的生命可并不这样,他们用了不起的忠实性描绘了扮演这些角色的自己。其结果是人们无法确定哪一个是"真实的"。被描绘的那个人物么?不对,那是假的。描绘行为么?不,因为描绘走出了人物。小说中,有些人死了,但依然活在我们的心中;有些人还活着,但我们早已把他遗忘。生活是场化装舞会,一方面,每个人都不得不戴上面具,另一方面谁也不得不扯下别人的面具。但文学并不遵循这一原则,这里经常翻腾着种种矛盾和疑虑,交集着种种情感和心绪,犹抱琵琶半遮面的情况是常有的事。具有讽刺意味的是,他者的注视也从根本上剥夺了我们关于自主权和控制权的真实感受。在《生命册》这部长达四十万字的作品中,涉及时间长达半个世纪,描绘的人物众多,故事千头万绪,但叙述者始终情绪饱满,给人一气呵成的感觉。阅读中仿佛有一种隐蔽的力量不为我们所知地引导着我们,走向那不是结局的结局、没有结果的结果。

小说中有很多出人意料的高潮,或奇思妙想,让我们不时地体味叙述智慧的妙用。那汗血石榴的各种传说,老姑父那一张又一张"白条儿",那不时出现的匿名信,还有上边那真假难辨的老姑父的笔迹,写着的总是那句话,"给口奶吃"。那平原上形态百样的植物,以及延伸出的比喻、借喻、暗喻和意象总让我们流连忘返,心生期待,阅读总是渴望相遇的期待,如哈罗德·布鲁姆反复强调的:是一个渴望其他人和渴望另一性的孤独者。生活在这忙碌进步的世界中,我们已很少有时间冷静反省并充分认识自身,很少有机会翻转身来认真地看看我们所走过的路,《生命册》对我们的益处在于如何尽可能深入地反省自身,而不是其他。

骆驼的人生使我们痛心,是因为我们无法摆脱它;卫丽丽的人生让我们感到惋惜,是因为她将爱的含义简化为牺牲和付出;小乔在小说中的作用不可谓小,但她总让人印象模糊,因为她说到底只是道德概念的化身,一个单向的人。印象深刻的还要数无梁村的父老乡亲,无论喜剧还是悲剧,无论剧情是跌宕起伏还是平淡无奇,他们都是有血有肉的,他们的行为可以是怪异甚至不可思议,但他们的人生都是有着生命色彩的图形。作为形象,老姑父无疑是小说中的中心与重心。这位老村长,自然会让我们联想到《羊的门》中的呼伯,相比之下,呼伯身上具有我们难以抵御的野性,尽管其非常神秘;而老姑父身上却有着我们为之向往而难以接近的神性,哪怕他个人是很世俗化的。他们都是那种一地之主、一村之长的典型人物,我们又很难想象他们能否共处。他们所共同具有的,恰如托马斯·曼在评论《堂吉诃德》时所佩服的那种"靠自我荣耀的荣耀活下去"的英雄独一无二的特质。

在李佩甫的诸多叙事才能中,最值得称道的无疑是对感官的艺术运用。这一点,以前的《城市白皮书》给我们留下特别深刻的印象,而《生命册》在这点上又有发挥。在小说叙事中,李佩甫是用语言表达视听艺术的高手。比如看,"在无梁,一旦'西伯利亚'刻在脸上,那就是岁月",这讲的是老姑父的脸;小说中讲到老姑父厚着脸皮为村民们办这办那时又写道:"老姑父早就不要脸了。他的脸已烟化在无梁那无边的田野里了。"可说是言简意赅,视觉所及之处,心灵必能抵达。又比如听,写虫嫂在玉米田偷窥:"玉米叶沙沙响着,一股黑气像是拨云穿雾一般从玉米田里游出来。在黑森森的玉米田里,在弥漫着夜气的星空下,先是有波浪一样的夜气把玉米棵分开去,接着是风的响声,随风流出来的是一个圆滚滚的东西,就像是滚动着的老鳖盖子……看得我眼皮都要炸了。"说的是看,把目光投向黑暗,实际上是借助听觉帮助叙述了这惊魂一刻。除此之外,堪称小说叙事视听盛宴的当数春才的偷窥和夜游。且看老姑父的发现:"从公社开会回来,看见他家房后一个窗户上竖着一根黑糊糊的木头桩子。他不记得他家后墙那里放有木料,一天不在家,谁伐树了么?他已经走过去了,却仍然有些疑惑,就退回来,相隔也就二十几米的距离,他大声咳嗽了一声……就是这一声咳嗽,惊了那'木头'!靠着窗户的'木头'居然动了,只听一串咚咚咚的脚步声。那真的不是木头,是一个人!"作者并不直接描写春才的偷窥,而是用眼睛背向自有眼睛的双重视线取得奇效。还有在事发后为后悔所困进入夜游状态的春才那回肠荡气的脚步声:"在一段时间里,每到夜半时分,总好像有一个影子在围着村庄一圈一圈地转悠,那脚步声一踏一踏的,在无梁村的夜空中回荡,而后一步步走向芦苇荡。""在浓密的夜气里,他那一踏一踏的脚步声深厚而缥缈,黑夜掩护着他,那夜色就是他的衣裳,他披着夜气趟过田野,显得很从容,很洒脱。地上的草时常挂着他的脚,那些野花也像是很同情他的样子,软软地铺在他的脚下,蒺藜草、马屎菜、格巴皮、小虫窝蛋……给了他弹性的呵护。他经常站住身子,抬起头,望着天上的星空。星河灿烂,一闪一闪地亮着。他会突然小跑一阵,就像是要飞起来的样子……"每每读这些文字,我们都难以想象一个遭他人唾弃、无比痛苦悔恨而又坠落深渊的"意念",是如何被诗一般的语句所打捞出来的。我想,倘若没有进入骨子里的爱和怨大概是写不出来的。同样的例子在小说里有很多,限于篇幅我们不一一列举。

如果说这个时代占支配地位的修辞是反讽,那是因为它明白,忽视物质要求得有一定的物质前提。任何东西之所以能够成为欲望的对象,最简单的原因都是由于它的匮乏。所以,金钱至上的"经济理性"是物质条件的匮乏支撑的,性欲自然也是某种生理上的匮乏所致。作为文本,《生命册》是具有高度自我意识的叙事,它经常将叙述和透过文字进行理解的问题视为首要关心的问题。在骆驼身上,所谓抢时间抓机遇的成败得失,都揭示了城市的金融商业对人性的毁灭,同时,这种毁灭的镜面又是一种对乡土的怀念和对自然的歌颂。如今,怀念中的乡土和被歌颂的自然也不复存在了,昨日的记忆已然成了明日的乌托邦。李佩甫的"两地书",所谓的城乡对峙,人物的心理冲突和情感矛盾已演变成失去依恋和试图恢复依恋的努力和追求。失去依恋造就了批判的现实,而恢复依恋的努力则打造了追求的永恒。

依恋是需要一个对象的,当我们感觉失去依恋时,依恋的对象并非具体而明确;而我们试图恢复依恋的对象,是否就失去依恋的对象,依然是个问号。《生命册》给我们留下了太多的问号,而追求明白又往往是小说的旅途。为主体和客体打上问号,这是小说家的职责,无论这是一个真实的还是虚拟的世界。何况,我们的生活经常是被颠倒的。当李佩甫无比感慨地在小说中写道:"水尽了,鱼没有翅膀,怎么飞呢?它又能飞到哪里去?我用将近一生的时间来思考这个问题,可我至今仍然没有明白。"这是人的宿命,这也是人类生活永远将背负的一个问号。一如我们前面提到的,现实的问题是你能不能飞?有人看见你在飞吗?在一个无人机日益昌盛的世界,谁还会关心有没有翅膀的问题呢?

值得一提的是,依恋故土的努力和永恒的追求很容易沦为一种激进的怀旧伤感和道德纷争。它们经常相邻为伴,中间隔着一堵并不容易识别的高墙。要警惕把恢复依恋的努力虚化为类似博物馆和遗产中心的东西:培养的是怀旧情怀、产生净化的集体记忆,培植不加批判的审美感性以及把将来可能性吸收进永远在场的非冲突舞台。正如本雅明对19世纪巴黎拱廊的评论:整个环境设计似乎是为了劝诱解脱而不是批判意识。

值得指出的是,李佩甫的"两地书"总的来说是不平衡的。"农村叙事"远优胜于"城市叙事",这仿佛也是中国当代文学的宿命。这也是为什么三部曲中,论文学成就《城的灯》远不如《羊的门》的缘故。当然,到了《生命册》情况已大有改观,在作者的精心布局下,乡村的故事表现为松散的人物志,那是因为乡村本身是一个集中稳固的生活;而城市经历则由几个人的连续故事而组成,那是因为城市是陌生人群的集聚处,那里居住着无根流动而又迷茫的人群。它们各自以不同的特征相互辉映,彼此交叉,可谓相得益彰。此等叙事结构,就是放在整个当代文学来看,也是不多见的。对李佩甫而言,《生命册》的城市叙事包裹了故乡人的命运,而乡村叙事又演绎了现代性的嘴脸,它们是彼此依存、难以割舍地充满了自身矛盾的整体。

从城镇、城市到大都市,是李佩甫"城市叙事"的进程,而不是挣钱发财就是升官争权又是李佩甫"城市叙事"的僵局,加上道德陷阱又不时从中作梗,这些无疑是令人遗憾的。我不怎么同意把那位在田野上打手机说大话的小伙子归于道德沦落,尽管其行为有点夸张,但它又是这消费社会的一个形象缩影。全球化已经将城乡共同打造成一个消费的神话,它们呈现出的是仿真的图式、复仇的水晶、为谎言加冕的反谎言,到处是弥散而综合的景观。景观已成为主导性的话语方式,因它垄断了消费在生产过程之外的大部分时间。景观是一种绥靖和去政治化的工具,它是一种"永久的鸦片战争"。通过休闲和消费的文化机制,即服务和娱乐来传播其麻醉剂。基本物质的贫困上又添加了对更高要求的"富裕贫困",异化已经被普遍化了,并变得十分舒适,而被异化的消费成了补充异化生产的加工厂。生活的变化永远是令人眼花缭乱的迷局,充斥着无数秘密的碎片,包括了大量我们不可能去读的材料。更多的时候,我总是马拉美所警告的那种角色:自以为赶得上时代的人是落伍的,或者自以为了解时代的人根本不知道今夕何夕。从这个意义上说,《生命册》最后对故乡那句满含深情的疑问是与时代同步的:"也许,我真的回不来了。"

最后,我想重复一下苏珊·桑塔格的提醒:"一部小说不是一套倡议,或一份清单,或一堆议程,或一个人未确定的、可修改的旅行计划。它本身就是旅程——实行了的、体验了的、完成了的旅程。"①而批评只能重复体验业已完成了的旅程,总有这样或那样的不可复原性。最可靠的批评还是那句话,请读原著。

2012 年 5 月 4 日于上海
原载《当代作家评论》2012 年第 5 期

---

① 〔美〕苏珊·桑塔格:《同时》,黄灿然译,上海译文出版社,2009 年,第 227 页。

剧变时世中的畸人列传

曾镇南

《生命册》以两个中原大地之子吴志鹏和骆国栋的人生轨迹为主线,其中穿插出现许多具有生命力的草根人物:梁五方、虫嫂、吴春才,他们是各具异秉、遭逢酷烈的草野"畸人"。作家各以专章,完整地写出了他们的生活命运史和性格发展史。在这些人物的绘状、捏塑上,最能见出作家写实求真的艺术功力。

草野"畸人"

梁五方曾是1960年代无梁村的"名片"。他在建造镇政府大礼堂的工程中,大胆捏塑麒麟脊,创造了具有不对称美的"龙麒麟"屋脊造型,一举成名。那时,他是何等聪明、何等自信。尔后他一个人在水塘上盖起了一座房屋,举办了最简朴的婚礼,成家立业。那时,他又是何等坚毅、何等心旺。但他的太"独"、太"各色"的立世行事,使他成了无梁村人群中的异类。一旦"运动"到来,他便为自己的傲慢和伤人付出了惨烈的代价。梁五方最终家破人散、一蹶不振,生命淋漓的元气,劳动创造的绝技,在漫长的上访路上湮灭净尽。天生异秉的生活执著者,被异化为平反后仍然纠缠不休的偏执狂,几乎成了四处流窜、诈骗的社会祸害。直到最后被安置到村福利院后,才成了远近闻名、信众广有的命相师。在这个草根畸人的命运和性格里,记录着多少历史地层深处传出的地震波,遗留着多少时代颠倒翻覆留下的折叠痕!

"小虫儿窝蛋"是生长在无梁村草野上的一种生命力极其强韧的小花,被无梁村人用作了残腿人老拐娶来的超矮小女人的外号。虫嫂和老拐组成的"一不全活、一小人国"的家庭,从一开始就面临异于常人的生存压力。尽管虫嫂又机灵又活泼,但在接连生下两儿一女之后,生存压力与日俱增,为了把三个孩子养大,虫嫂求生存、求温饱、求发展的挣扎和拼搏,以一种极度扭曲的方式,展开在无梁村的草野上,蔓延在中原大地的夜气中。她从在生产队场院里顺手牵羊的小偷小摸,渐渐变成了夜间游荡在集体庄稼地里的"惯犯"。(请注意,她只偷生产队里的,从不偷一家一户个人的!)她的活泼的、旺盛的生命能量尽情地挥洒在她那"神偷"的种种技艺之中。不幸的是,这个草根神偷,又是一个身手灵活、健旺皮实的女人。她有"短"在不怀好意的男人手中,时间长了,终于被人突破了一个女人的心理防线,破罐破摔地沦为男人们约"谈话"的对象,同时也就成了村里女人们嫉恨的公敌。这个遭到命运重创的女人,独自继续着为自己、为家人的生存的挣扎。支撑她坚持下去,并开辟新的生路的,仍然是她憋屈而坚韧、无私而温厚的妻性和母爱。当她发现自己的儿女被村里顽劣的孩子谩骂、欺负时,她找到村支书,举着农药瓶以死相争。这一幕,让我们看到了她的母性尊严,甚至是威严。虫嫂这种护犊的怒吼、生命火花的爆发形象地阐释了母性的伟大。

  虫嫂在结束了她那草根神偷的生涯之后搬到城里,以拾破烂、卖废品为生,有时甚至卖血换钱,为得恶疾的老拐送了终,把3个儿女都供上了大学,创造了让无梁人啧啧称羡的奇迹。进城搞"商品经济"后这一段生活,是虫嫂生命中最快乐、最有光彩的时光。但是,当她老了病了,不得不让3个儿女接去轮流养活时,却阴差阳错地在三九寒冬被晾在了门外,于是便孤独地又回村了。她到临终也不愿连累儿女、连累村人。在缠扇柄的破布条里,留下了3万元的存单料理后事。虫嫂的一生,让我想起了鲁迅的散文诗《颓败线的颤动》,李佩甫这里写出的是一部深厚有力的生命的变奏曲。

  还有一个生命形态更加敁侧、诡异的人物吴春才。春才曾是无梁村最帅气的小伙子,他一米八的个头,秀美硕壮、一脸红润,聪明而有艺术气质。但这样一个草根美男子,却是一个孤僻的闷葫芦。这个才禀独异的年轻生命,突然在一个诡异的日子里,在望月潭的苇荡深处,用蔑刀自宫了。作家描写了姑嫂婶娘对他的挑逗、刺激;描写了兔子家女人给他造成的别扭和尴尬;还描写了蔡苇秀与春才似有似无的接触引起的"案件"疑云等等,试图对"春才下河坡"事件给出一个社会学和心理学的解释。其实,从小说对春才与性的种种幽隐闪烁现象的描写看,春才的悲剧是"性瘾症"病患者的一种病态。"性瘾者"是一种对性欲无法控制的心理疾病患者,这种病患者并不能从性活动中获得满足,相反会因性的或纵逸或压抑而陷入不能自拔的精神痛苦和肉体冲动中,其恶性发作足以导致摧毁一个人的生理系统。春才在不能见容于环境和社会的羞耻感的驱迫下,不能自控地"下了河坡"以求解脱,结果陷入另一种社会歧视和压力之中。作家对春才这个人物的描写,并没有止步于此,而是进一步描写他成为"废人"之后重新立身于世的生活故事。在传达有关"九一三"事件时他爆出的那一声"我不相信",让我们窥见了这个"闷葫芦"内心沸腾、煎熬的底里和率真耿直的个性。此后,春才承包的豆腐坊赢得了与昔日"春才的席"一样的声誉。尔后,远方来的惠惠姑娘给予春才短暂的"幸福"之后席卷了豆腐坊的钱财,从此失踪,但春才对此却平淡处之。最后,他坚守着自己不掺假的豆腐坊慢慢老去。这个"很有骨气的失败者",在他生命临近终点的时候,似乎返回到自己人生举步时的原点,守住了自己虽然残缺却纯粹的生命本真。

山寨"畸人"

何谓畸人?《庄子·大宗师》说:"畸人者,畸于人而侔于天。"从这一回答中引出"畸人侔天"的成语,意指不合于世俗、品格清高、言行出于天然的异人。我取畸人侔天之褒义而远其高蹈凡尘之意态,弃畸人乖伦阙礼之贬词而欣其脱略形迹,率真不羁之侠气,用以评说中原大地上无梁村内外远近的芸芸众生中之奇言异行者。在点评了若干草根畸人之后,现在接着来巡掠一下几位社会层次中略高于草根而又难离莽原野气的山寨畸人吧,他们是:"老姑父"蔡国寅、"慢毒药"杜秋月、"蔡总蔡思凡"蔡苇香。他们性格的发展迁变神秘、突兀,因而更难于把捉。

蔡国寅之畸,在于他是为了追求农村姑娘吴玉花,从一个现役上尉连长复员入赘为无梁村的"老姑父"。他做村支书后成了抵御农村种种运动对村民伤害的刹车器,也逐渐沾染了山大王难免的一些坏习气。作为村支书,他举全村之力把孤儿"丢"即吴志鹏养大成人并让他上了大学,后来也因此当了用一张张"见字如面"的纸条,代表无梁村乡亲向吴志鹏求助的代言人。这个人物刚开始出现的时候,似乎是有点讨人嫌的;写到最后,却让人由衷地敬重了。作家透过他性格上浮游的暗影不断地穿掘下去,一点一点地掘出那暗影下"埋藏的光耀"和"真正的洁白"来。

与作家描写"老姑父"蔡国寅时的态度和手法颇异其趣的是对"慢毒药"杜秋月的写法——作家先悯其不幸,后刺其失德。杜秋月因"生活作风"问题以坏分子的身份被下放到无梁村,受改造、被歧视甚至批斗,在老姑父和乡亲们的帮助下,他和寡妇刘玉翠组成家庭,过起了略能温饱而不无苦涩的生活。这一知识分子融入农村,在颠簸中生存、变形、心灵渐渐粗粝化的过程,被描写得充满了喜剧色彩和反讽意味。世局变异之后,杜秋月开始了另一种磨难——这是他以欺骗手段使刘玉翠"被离婚"、被抛弃付出的代价。刘玉翠如影随形的纠缠、又泼又韧的"人肉搜寻"把他搞得颜面尽失,成了失业丧魂的废物。幸运的是刘玉翠没有抛弃他,而是一边养着这个废物,一边向人炫其余光。最有讽刺意味的,是杜秋月一心脱离无梁村的回城之旅,不但没能抛弃刘玉翠,反而开启了刘玉翠的进城经商之门。因历史的偶然性拨弄而落草成了山寨畸人的杜秋月,有时畸得可怜可爱,有时畸得可气可憎,最终让"历史的讽刺"对他作了"无情的修正"。杜秋月和刘玉翠夫妇的命运变化,像一面凹凸镜,照出了历史的变形与进步。

蔡苇香是老姑父3个女儿中最小也最叛逆的异类。她从一个被退了3次学的不良少女,到跟人跑进城在"洗脚屋"和吴志鹏相遇,再到回无梁村盖起了村里第一座小白楼,最后在滚滚红尘中变成了无梁村板材公司的"蔡总蔡思凡"。在望月潭、芦苇荡和村野莽原的绿色大片大片地消失的沧桑变化中,蔡苇香这个山寨女畸人是"尽"了她的一份"力"的。她为老姑父迁坟,为父母合葬的尽孝盛事,也是在乡亲们眼前揭开所谓"汗血石榴"的真相,澄清流言为自己"平反"、恢复名誉的有力举措。小说结尾,她向漂泊在外、与她多有交集的吴志鹏提出了"投点资"的要求,却被吴志鹏嗫嗫嚅嚅地搪塞推托掉了。在吴志鹏看来,这个叫他"丢哥"、脸上已没有水气却堆满了"钢"色,说话透着狠劲的"蔡总"如此强势地存在,说明那个在"脚屋"里曾经偶遇过的身上还散发着无梁村的气味的苇香已经永远消失了。当吴志鹏半真半假地在眼科病房对特地赶来看望的蔡苇香说"我要回去,就种树……"时,不是已听到蔡总的令人沮丧的回答了么:"好啊。你种树,我砍树。"他怎么能回去呢?!

都市"畸人"

此外,我们还应该在历史背景和时代视野上,来考察小说的两个主人公:"骆驼"骆国栋与"丢儿"吴志鹏。这两个人物形象是可以互相比照、互相映发的:一个在倏忽幻变的商品经济的涡云上头翻跟头折腾,过"度"、越"线"地利用机遇、潜规则,终于偃蹇不遂,一坠殒命;另一个转徙于城乡之间、学商边际,在理想与现实、眷念与决绝、远走与归去、忏悔与自辩的内心冲突中煎熬,终于变成了一片四处漂泊的干枯树叶。作为感觉敏锐、首当其冲的青年知识分子,他们一个是剑走偏锋的时代的尖刺,一个是惶遽失路的社会的迁客,也许可以视之为有一定典型意义的都市畸人、时代畸士吧。

骆驼逸出凡尘的最大特点是他在立身行事上对极致的追求。因为身体的残疾,他在生活自理的动作上追求逾于健全人的准确和敏捷,服饰衣着上力求表现出超过常人的精致、优雅和整饬。在学业的进修、性爱的征途上他也屡屡表现出超越常规的逆序猛进,在他身上,生命的能量因受挤压而反弹,表现为一种极致的挥洒和强劲的弹射。

这种对极致的追求,一旦注入他跃入商海后的充满颠簸欹侧的险航,便有了一连串炫酷惨烈的征战。因了童年时极度饥寒的经历,骆驼对天文数字的金钱的占有欲便分外强烈,永难满足。他像城市高楼之间呼啸而过的响箭频频出击和突进:要炒股就炒成巨富,炒成股神,炒出了"包下一周两趟的船票"去镇江"打新股"、大大提高"中签率"的豪举;若是买房就买出了"撒泡尿就挣了一千多万"的收益率;他的双峰公司一旦上市就上出了用尽威胁、利诱、诈骗种种手段一下子圈钱过亿的惊天效益;当他为了达到卑鄙的目的需要买官、养官时,他用尽了迂回包抄、无缝钻出缝来也要摘心夺魂的丑闻和劣迹……

这一切在商海、"钱途"上的搏击和得获,都是在自觉的灵魂冒险和观念更新的指导下进行的。骆驼虽然有些匪气,在吴志鹏心目中却是一个具有领袖气质的人物,浑身上下每一个毛孔都充满着洞察力。他讲信用,会用人,颇具恢弘大气,他有侠骨剑胆,也有热血琴心,他有独特的时间观,心里永远揣着一个"抢"字,他有透辟的善恶观,似乎深谙"恶"在历史发展、时局变易中巨大的杠杆作用,他还有自己的时代观,时时欢呼"一个伟大的时代已经开始",抓住机会的时刻就在眼前。他又认为这是一个方向不明、规则不细、法律边界模糊、道德底线沉降的时代,他相信钱砸下去,事无不成。正当他志得意满、眼高于顶的时候,他无意中伤害了"烧包文盲"房地产商宋心泰,踩到了年轻气盛、疾恶如仇的京城记者"宋剑"宋保平的剑刃,立即像膨胀的气球瞬间爆裂一样,在被"边控"后的第9天跳楼自尽。被他漠视、蔑视的法制规则、道德律令终归成了这个天才的投机客无法逾越的天网。

骆驼这个人物形象,是作家观察时代现象、体验社会生活之后的一个发现。这个形象被作家用钻旋尖利的笔触刻画得活力四射、邪气冲天、灵府洞张、声态并作,具有咄咄逼人的气势、令人难忘的艺术魔力,是一朵剧变时势中怒放贲张的"恶"之花。

比起写得如此盈实灵动、斩钉截铁的骆国栋来,作为小说的叙事代言者和第一主人公吴志鹏的形象就显得有些虚大于实、思过于行、漂浮难系了。吴志鹏是喝无梁村乡亲们的百家奶、吃百家饭长大的孤儿,乡亲们又推荐并供养他上了大学,毕业后成了省财贸学院的初展才华的青年教师。他成长的故事是对中原大地上尚存的民族美好道德风尚的生动演绎。这也成了他独特的、由一次次逃离和回顾组成的人生道路的一个背景。这个背景一再提醒他"背后有人",给他压力也促他反顾,使他不管走得多远,不管过上多少异样的生活,也颠沛造次不敢或忘。

从骨子里看进去,吴志鹏是一个决绝的乡村逃离者。被推荐上大学,在他看来,是一次"成功的逃离"。毅然辞职下海,跟着骆国栋走上一条先当"枪手"、后当"黄马甲"、"红马甲",终于当上双峰公司的经理、厚朴堂药业的代表的道路,是他的第二次逃离。他宣称要割断与无梁村的一切联系——扯不断理还乱的"狗狗秧"关系,但这一次就没有那么容易做到了。站在吴志鹏身后,对他知根知底的老乡亲,既是稳住吴志鹏、帮助他在商界搏战中守住道德底线不沉沦的无形的镇石,又是他视回乡为畏途、生怕在家乡被照出自己的影像的一面无可回避的镜子。在吴志鹏的内心自省里,充满着矛盾惶遽的状态。在理智上,他是表示过要回无梁村去为乡亲们做点什么的,他在内心里以散文诗的形式哼起了长长的怀念乡土、乡风、乡情的思乡曲。即便如此,他也曾打车回到村口又往回转,终究把回乡的念头当成了一次仅停留在精神上的"自我救赎"。他的有些言行是难免显得虚伪、支绌的,难怪蔡苇香会尖刻地讽刺他是"得了便宜卖乖"了。小说最后一章,因车祸伤了一只眼睛的吴志鹏,对同病房里的病友所遭遇的致伤之由进行沉思,在颇有些伤心"悟道"之后,最终婉言谢绝了卫丽丽要他重返公司主事的请求。即使在这时,吴志鹏也没有给出今后到哪里去的回答。因其内心的矛盾、言行的犹豫,我们的主人公并不能在"卒章显其志",他还徘徊在屡进屡退的彷徨的路上,这与其说是他的个性所致,毋宁说是时世使然。

在我们所浏览的畸人诸列传中,吴志鹏可能是所有"畸于人"却最少"侔于天"的一个破绽较多的形象。而这很可能与吴志鹏在小说结构中的作用有关。吴志鹏实际上并不是作为小说主人公而存在,他是作为穿起小说的诸多人物、诸多故事的一条引线而存在的。小说是集合了许多短篇或中篇故事、连缀而成的长篇小说。它的组织法是穿珠花式的,很见匠心,易失自然,不容易讨好。吴志鹏这个人物,有其柔软性、不确定性,很难成为小说硬实挺拔的主干。虽然作家自述小说是一个树状结构,即使认同此说,那么攒成这树的树冠的人物和故事,也是一堆无骨花卉、缠枝花果,有奇颖之状,欠稳实之基。

人类个体的生活,特别是有特异个性和禀赋者的生活,是活的、变动着的历史结构和社会结构。这样殊异的人的命运和生活的活生生的展现,总是显示着人类重要的历史时代的内在结构和剧烈变动,总是昭示着人类超越一段段苦难而前行不息的脚印。在李佩甫的《生命册》上,我看到了林林总总许多质量各有等差的畸人形象,也看到了在这些人物形象前后左右激荡的一个火海。

原载《文艺报》2012年8月29日

超越城乡对立的精神生态演绎
——从《红蚂蚱 绿蚂蚱》到《生命册》

马治军 鲁枢元

对于李佩甫，评论界多以乡土作家冠名并在这一视阈下阐释其创作和作品。的确，乡土情感的裸露，乡土情结的纠缠，乡土精神的宣喻，渗透在李佩甫几乎所有的作品之中；即便是他的以城市为题材的小说，也明晰地展示出乡村记忆和乡土精神支配下的叙事立场。但是，大约自新世纪始，李佩甫创作的一个渐次显在的轨迹是，尽管其作品仍然弥漫着浓郁的乡土气息，但作者已经试图超越城乡二元对立价值框架下的道德关怀和价值评判，着力在"人"作为"精神存在"的层面上追问生命的价值和意义，这种追问的轨迹在其长篇新著《生命册》中得到了全景展示。基于此，从精神生态的角度阐释李佩甫小说尤其是《生命册》，或许更能追索到其创作的价值根蒂，更能看清他的文字作为精神性存在的超越性意义。

一

毋庸讳言，李佩甫是从乡土文学起步并以此立足文坛的。同时，也正是其作品中表现出的难以割舍的乡土情感和顽强的回归乡土的情感意向孕育了其作品在生态批评视阈下的精神生态基因。所以，分析李佩甫作品的乡土精神应当是生态阐释的基础和前提。

纵观《生命册》之前的李佩甫小说，可以说，乡土精神支配下的"乡村记忆"和"道德批判"构成了其创作母题和基调。李佩甫的创作从20世纪70年代末期开始到80年代中期，《小小吉兆村》《红蚂蚱 绿蚂蚱》等小说引起文坛瞩目。在这一时期，李佩甫小说主要展示的是饱含着柔情和温馨的乡村记忆，内容清新，格调轻快，虽然也时时透递出乡民生活的艰辛，但鲜活的群像、平行的故事往往阻滞了作者朝着更深意蕴的开拓。20世纪90年代前后，尽管《村魂》等作品仍然持续着对于乡土风情的留恋，但《金屋》《无边无际的早晨》《田园》《乡村蒙太奇》等作品的发表则显露出李佩甫的小说创作已经呈现出新的气象，对于乡土沉疴执着的思考以及对于乡土背叛者的道德评判遂成为其创作的母题和基调。《羊的门》无疑是李佩甫登上的第一座高峰,《李氏家族》和《城的灯》也表现出更为广阔的视界,但是,就创作母题和基调而言,这些作品好像是一个个同心圆,扇面有大有小,圆周有长有短,核心并没有质的改变。

在展示乡村记忆方面,《红蚂蚱 绿蚂蚱》堪称典型和代表。程德培先生曾将李佩甫小说结构精辟地概述为"两地书","乡村与城市、昨日与今天、一群人的故事和一个人的命运彼此交错运行,努力让时间呈现空间的图形,造就一种结构上的历史现实"①,而在《红蚂蚱 绿蚂蚱》中,李佩甫显露出的仅仅是后期作品结构的一半,是"乡村、昨日和一群人的故事"。但是,需要特别指出的是,我们之所以将《红蚂蚱 绿蚂蚱》视为李佩甫创作前期的标志性作品,不仅因为它更显著地体现出了作者的乡村情感,而且,如果说程德培先生将《生命册》看作《李氏家族》的"续写和创造性扩容"②大致不缪的话,《红蚂蚱 绿蚂蚱》则可看作李佩甫创作的长征出发地,在狗娃舅、队长舅、德运舅、瞎子舅、村孩儿等人物形象及对这些人物的刻画中已经孕育了李佩甫中后期作品的精神基因、情节胚胎和人物雏形。在《红蚂蚱 绿蚂蚱》中,李佩甫引用泰戈尔的一句话作为题记:"旅客在每一个生人门口敲叩,才能敲到自己的家门;人要在外面到处漂流,最后才能走到最深的内殿。"并非巧合的是,在《生命册》扉页,李佩甫仍然引用了这句话。由此可以推论的是,这句话实际上昭示了李佩甫二十多年一直坚持的创作视角和吁求;其间一以贯之的是,李佩甫始终以走出土地的身份来看待自己最早生活的土壤;其间所不同的是,前期作品更多的是对于"有姥姥的村庄"中人和事的感佩,其中弥漫的是作者对于乡土人物表现出的仁义、真诚、坚韧等乡土精神的推崇与褒扬,中后期的作品则更多地表现了回归乡土时的迷茫和沉思,其中夹杂着矛盾的道德叩问和评判,这种变化也正显示了李佩甫认识的深入和思考的递进。

如果说《红蚂蚱 绿蚂蚱》集中传导了李佩甫创作的"乡村记忆"母题,《无边无际的早晨》则集中体现了李佩甫创作的"道德评判"基调。《红蚂蚱 绿蚂蚱》描写的是"一群人的故事",《无边无际的早晨》叙述的则是"一个人的命运"。如果打破每一部中篇的界限从宏观的角度看,《红蚂蚱 绿蚂蚱》与《无边无际的早晨》的结合就基本构成了《李氏家族》乃至《生命册》的框架轮廓。值得探究

---

① 程德培:《李佩甫的"两地书"——评〈生命册〉及其他六部长篇小说》,《当代作家评论》2012 年第 5 期。
② 程德培:《李佩甫的"两地书"——评〈生命册〉及其他六部长篇小说》,《当代作家评论》2012 年第 5 期。

的是,《无边无际的早晨》的主角"国"的前世今生隐约出现在许多作品中,《红蚂蚱 绿蚂蚱》中的"村孩儿"、《羊的门》中的呼国庆、《李氏家族》中的李金魁、《城的灯》中的冯家昌,实际上都在演绎着"国"的命运,也在传导着李佩甫的道德情怀和价值观念。在"国"们身上,无论是对于乡村的依赖与背叛、回归与逃离,还是对于城市和权利的拒斥与向往、批判与攀附,李佩甫的叙述充满着游移、矛盾乃至撕裂,而支配作者创作心理的矛盾根源恐怕便是对于乡村记忆的感性认同和理性质疑。

需要进一步指明的是,李佩甫小说的"乡村记忆"母题和"道德评判"基调往往在城乡对立的文化空间中展开。可以说,城乡二元对立是李佩甫寄寓"乡村记忆"、展示"道德关怀"的惯用模式。在城乡二元对立的结构模式中,李佩甫小说的情感指向明晰而持久,尽管作品中也经常展示出乡村人物的势利、盲从、愚昧乃至奴性等人格缺陷,但更多的是对乡村生活和情感的追念、咏叹和赞美;尽管作者也对吉昌林(《小小吉兆村》)、杨书印(《金屋》)、呼天成(《羊的门》)等乡村权力执掌者在仁义掩盖下玩弄权术、愚弄乡民的行为有所批判,对国(《无边无际的早晨》)、李金魁(《李氏家族》)、冯家昌(《城的灯》)等乡土背叛者投机攀附、忘恩负义的心路历程有所揭示,但作者往往同时展示了形成这些行为的文化因素和滋生土壤,从而映衬出这些行为和心路历程的自在和无奈。相反,当作者的笔墨触及城市生活和城市人物时,其价值判断则显得无情和决绝,相对于乡村生活和乡村人物的宁静、素朴、真诚、善良、仁义和忍辱负重,城市生活和城市人物则喧嚣、庸俗、虚假、丑恶、无情和浮躁刻薄。这种对比在一系列女性形象身上显得格外炫目,前者如《黑蜻蜓》中的二姐、《郑魂》中的二奶奶、《无边无际的早晨》中的梅姑、《画匠王》中的香叶、《城的灯》中的刘汉香等乡村女子,后者则如"国"们的所有城市妻子。对此,李佩甫曾有一段直露的表述:"城市女人的浅薄是无法想象的。……我知道城市女人一向都用肉体的眼睛看人,而从来不会用心灵的眼睛看人。因此城市女人的眼里没有温情和体谅,更没有厚道和宽容,只有刻薄与挑剔。"(《黑蜻蜓》)应当说,李佩甫类似的表述显示了其有失偏颇的城乡对立思维观念,透露出其对于城市人物的隔膜与拒斥。对此,我们更愿意推论的是,在李佩甫笔下,城市女人只是作者传导乡村情感、拒斥城市生活的载体,由于乡村情感的浓郁和沉重,这个载体选择得有些简单、浮泛和武断。就印证李佩甫创作的情感指向和道德立场而言,我们尽可以忽略"城市女人"这一能指符号,而直接观照其意义所指,因为"国"们的城市妻子本来就没有一个完整的人物轮廓。

无论是乡村记忆的展示,还是道德评判的传达,李佩甫都在实践着一个文学观念。在他看来,"文学是一个个体化的精神劳动,是对人类的生存状态发出一种声音",文学创作"是对生存状态的一种研究,研究如果不进入精神,它的价值意义也就不存在了。"①从这里可以看出,尽管《红蚂蚱 绿蚂蚱》《无边无际的早晨》等小说因浓烈的乡土气息将读者引向了乡土小说的阅读定势中,但关注人物的生存状况和精神迷茫,无疑是在关注生态尤其是精神生态问题,正是乡村记忆和乡村情感指引着李佩甫创作的回归意向,也正是顽强地面向乡村的回归意向,使得李佩甫自觉地暗合了文学的生态指涉和生态蕴含。在这里,我们虽然不能因为李佩甫作品应和了"乡村"、"回归"等属于生态批评的关键词而在其作品中强行植入生态观念,事实上,城乡二元对立的模式和单一的价值判断也阻滞着李佩甫中前期作品的超越和升华,但是,作为生态起点的"乡村"和作为生态路径的"回归"的确使得李佩甫作品具有了走向生态的基因,正是这些基因的存在,《生命册》中生态的蕴含和意义才可能裂变和生发。

二

如果说《红蚂蚱 绿蚂蚱》《无边无际的早晨》《城的灯》等小说只是在乡村情感的裸露和褒乡抑城的价值评判中偶尔显现了生态的基因,《生命册》则让李佩甫的创作由于更为关注"土地上的生命现象和生命状态",从而实现了对于城乡二元对立模式和单一道德判断的超越。这个超越是城乡对立的淡出和生命现象的凸显,是乡村情感的升华和大地精神的张扬,是生态基因的生发和文学视界的拓展。

初读《生命册》,探究的愿望首先来自这一借用于《圣经》的小说题目。按照《圣经》故事,"生命册"是上帝掌握的选民名册,只有"生命册"上的上帝的臣民才能被允许进入圣城,如果有人背叛上帝,便会被上帝从"生命册"中划掉名字并受到惩罚,由此,《生命册》也便有了某种宗教意味和神秘色彩。同时,由于《城的灯》的扉页曾经出现过"只有名字写在羔羊生命册上的才进得去"的题记,评论界也将《生命册》视为继《羊的门》《城的灯》之后李佩甫"平原三部曲"的收官之作,我们自然会想到《生命册》与《城的灯》的关联。但是,细读文本后发现,仅仅从字面上去理解"生命册"或许更接近作者的本意。在我们看来,《生命册》是五十多年来"我"(吴志鹏)所经历的一个个生命个体命运和生存状态的裸露和展示,"生命"个体命运和生存状态的展示是小说的核心,"册"则是生命状态展示的形式。"生命册"这一题目,实际上传达了两个内涵,一是作者关

---

① 李佩甫、鲁枢元:《与李佩甫谈精神生态》,《莽原》1994 年第 4 期。

注的重心不再仅仅是对于扭曲的权力或者城市物欲的批判,而主要是生命状态的展示或者生存意义的追问;二是串联生命个体的作品结构是平行的册页或树状结构,这样更容易"浓缩各种各样人物的命运和这片土地上的各种生命现象",更容易展示生存状态的复杂性与丰富性,也更容易体现作者所谓"文学是社会生活的沙盘"①的观念。

在生态批评的视阈下,《生命册》的意义在于作者对于人的精神性存在的追问超越了城乡对立框架内的社会学批判。在中国乡土文学史上,乡村与城市从来就不仅仅是一对地理概念,而是承载着传统与现代、落后与进步、没落与勃兴、愚昧与开明,抑或清新与昏暗、素朴与炫丽、宁静与喧嚣、诚实与狡黠等等复杂观念的文化空间。同时,"现代意义上的'乡土小说'这一由鲁迅奠基、绵延至今的文学潮流,无论是最初的发生或者以后的发展,就其主导的精神线索来说,它是现代文化和中国乡土文化冲突的结果,是两种文明比较与参照的直接产物。但是不同的历史时期,不同的地域文化背景,甚至是个人不同的文化个性与文化心态都会导致'乡土小说'品格上的差异,即在'乡土小说'这一基本相同的表意体系中,作家的文化价值取向却是不一致的。有时则是明显的向背"②。以中国新文学史上两位'乡土小说'的宗师——鲁迅和沈从文为例,他们在文化价值取向上就存在明显的差异乃至对立。无疑,以鲁迅为旗帜的众多乡土作家,以"改造国民性"为旨归,试图引进西方现代文明,借科学、民主、理性等现代性观念努力革除国民心灵中愚昧落后、麻木迟钝的精神传承,构成了乡土文学的正面场景。同时,作为乡土文学重要一翼的沈从文则几为个案,"与'五四'时代盛行的启蒙理性、科学精神相背离",沈从文展示的"挑剔现代进步,留恋往昔的'抒情诗气氛'"、"守望农业文明,耻与现代都市人为伍"、"沉湎田园视景,钟情于山野自然"、"追思往古神圣,呼唤原始野性"等文学观念与实践,尽管一度被斥为没落反动并与鲁迅居天壤之别,但终在20世纪80年代后期得以认可并跻身大师之列。沈从文的沉浮可谓中国近乎荒谬的文坛公案,其中理论上的是非曲直还有很多讨论反思的空间,但其在1980年代被重新认识的直观原因应当基于人性的永恒和现代性的反思。相对于鲁迅、沈从文等乡土文学大师,受五四新文学和"十七年"文学的熏陶和浸润、又亲历新时期改革开放大潮和文学繁盛历程的李佩甫,多重资源的左右使其对于乡村与城市的认识远没有大师们纯粹。这种不纯粹的表现,一是因乡村情感的弥漫而在国民性批

---

① 李佩甫、孙竞:《知识分子的内省书——访作家李佩甫》,《文艺报》2012年4月2日。
② 孙先科:《理性精神与"乡村情感"——河南近期小说创作透视》,《当代作家评论》1992年第3期。

判的维度上表现出无力和游移,一是因忧患意识的强烈而在回归乡土的维度上表现出迷茫和矛盾。其结果是,《生命册》之前的作品大多纠缠在城市与乡村的对立框架之中,城乡互为参照的封闭思维模式阻滞了作者的视野,要么进城、要么返乡的二元选择使得其追问多于应答,作品传达的更多的是迷茫和无奈。而在《生命册》中,虽然城市与乡村仍然是吴志鹏等生命个体活动的物理空间,但李佩甫关注的已经不是城乡之间的排他性选择,而是生命册页上骆国栋、吴志鹏等土地背负者的人物心灵史。如果说《羊的门》《城的灯》是作者基于关于城市与乡村的观念积淀,对其中的人和事作出的文学社会学观照,作品的终点止于城市批判;《生命册》则是基于超越城乡的土地意象,对土地背负者的生命状态和精神存在作出的文学生态批评,实现了对于城乡对立思维框架的突破和超越。

从城乡空间到大地意象,从城乡对立到大地精神,李佩甫作品实现了生态意义上的升华。早在 2000 年,耿占春曾经敏锐地指出:"如果要为李佩甫的小说世界找到一个精神象征的话,那么这个形象就是大地。"①对于大地,李佩甫在中前期作品中倒是很少提及。在《黑蜻蜓》中,当"我"面对二姐的两个儿子希望走出乡村的祈求时,"我"曾发出:"我想问苍茫大地,这是为什么?"但"大地沉默不语"。这是李佩甫作品中昙花一现的关于"大地"的叙述。到了《生命册》,李佩甫则将大地看成滋生生命、托付生命的方舟,在这里,民间世代相传的根深蒂固的意识已经植入"背负土地行走"者的灵魂之中,为土地背负者在任何迷茫和困顿时提供反哺和滋养。对此,李佩甫曾借吴志鹏之口发出一段直白的叙述:"在我,原以为,所谓家乡,只是一种方言,一种声音,一种态度,是你躲不开、扔不掉的一种牵挂,或者说是背在身上的沉重负担。可是,当我越走越远,当岁月开始长毛的时候,我才发现,那一望无际的黄土地,是唯一能托住我的东西。"②至此,我们才更深深地理解耿占春评述李佩甫小说时关于大地意象的解读:"佩甫的小说更使我相信,大地,这是一种思想,一种精神形态,一种灵魂的可见的撼人的形式。唯有基于大地,我们才能建立其自身的存在,建立起人类历史的和道德的存在,唯有大地,无限回春的大地是圣洁而无罪的。""最终担当起生命圣职的人就是那个最具有大地精神并怀有刻骨铭心的大地意识的人。"③耿占春的解读主要是针对《金屋》等作品而言,但是,将其移植于《生命册》,似乎更为贴切准确,因为《生命册》中"背负土地行走"的一个个生命的背

---

① 耿占春:《无罪的大地》,载《金屋》序,长江文艺出版社,2000 年,第 11~12 页。
② 李佩甫:《生命册》,作家出版社,2012 年,第 424 页。
③ 耿占春:《无罪的大地》,载《金屋》序,长江文艺出版社,2000 年,第 11~12 页。

景和土壤已经不再仅仅是对立的城乡，而是在生态的意义上日渐凋零的大地，不再仅仅是道德意义上的乡村情感，而是存在意义上的大地精神。

三

基于超越城乡对立和道德关怀的大地精神，《生命册》展示了一系列生命、生存、生态层面上的文学思考。《生命册》共十二章，主要展示了吴志鹏、蔡国寅、骆国栋、梁五方、虫嫂、杜秋月、蔡苇香、范家富、春才、夏小羽等城乡人物；这些人物，性情各异，经历有别，但在大地苍茫的背景上，他们都仅仅在演绎着简短的轮回，面对背负的土地，他们的轮回几乎全部表现为偶然中的必然，在大地面前，个体生命的存在尽管会有短暂的壮怀激烈，但最终结局只能归于无情的生命法则。骆国栋，果断的商海弄潮儿，但在膨胀的欲望驱使下，最终只能跃下高楼，归于泥土；蔡国寅，意气风发的炮兵上尉，为了近似盲目的爱情，成为无梁村的农民，尽管当了几十年的村长，但在"日子与日子的对垒"中郁郁逝去，辉煌的葬礼来自死后数年女儿为证明清白的求证之举；梁五方，年轻气盛，敢于越师的乡村能人，但在"运动"中成为一位上访或曰逃亡几十年的流浪者，其最后的归宿是进了福利院仍然不敢说实话的清醒者；虫嫂，柔弱矮小的母亲，为了子女的生存，不惜丧失道德的底线和做人的尊严，最后老无所养，死去后很快像小草一样被人遗忘；春才，曾经青春洋溢的漂亮小伙，因为压抑和诚实，成为一个"很有骨气的失败者"，活到接近晚年的时候，人生仍停留在起步时的原点上；范家富，勤奋的学子，严谨的干部，从农家子弟到博士到高官，因为爱情或曰女人，身陷囹圄，最终的愿望只是想回老家种玉米。不必再一一罗列，必要的则是探究这些生命轮回的背景和蕴含，对此，我想引用《生命册》中的一句话——"我说过，在无梁，没有一片树叶是干净的。那是风的缘故。"——作为"互文"。在这句话中，推究"风"所具有的丰富的语义场，我更愿相信的潜台词应当是，不论城市与乡村，一个时期的风尚会影响到这个地域生活的人们，在时代的潮流中，个体的命运有时是被动的，草民也罢，高官亦然；从生态的角度看，这是渺小的人在苍茫大地上存在的必然。

评论《生命册》，吴志鹏是不可能绕过的主要人物。从生态批评的角度看，吴志鹏承载了更多的信息和意义。作为一部"土地背负者的心灵史诗"，吴志鹏的心理流动不仅串联了上述所有人物的生命历程或片段，充当了整部作品树状结构的树干，而且传导了更为直接的生存感悟和生态意象。在《生命册》中，吴志鹏的生命存在表现为观照、反思和回归，即观照他人、反思自身、回归心灵。

观照他人主要承载了文本结构的意义,反思自身主要传导了精神的重负,回归心灵则昭示了生态的理想和价值。探究吴志鹏的反思回归之路,有一个细节或曰意象特别需要关注和分析。骆国栋跳楼自杀后,吴志鹏随即出了车祸,当他被医生从"鬼门关"拉回后,躺在医院的病床上,吴志鹏开始了真正的反思。此时,作者让吴志鹏在"孩儿,回来吧"的呼唤声中,一连说出来十二个对于家乡的怀念。但是,当吴志鹏最后因老姑父的葬礼真正回到无梁村时,他发现自己记忆中的温馨乡村已经生机不再。在这里,李佩甫在描述无梁村的诸多变化时,突兀地用一个段落写下了一行字:"狗呢?连狗都不咬了。"在我看来,这一行字一个段落决非作者随意为之,而是传达了一个重要的生态意象。在乡村,狗不是简单的动物,它代表着忠诚、殷实、繁盛乃至生机,狗的叫声不仅仅表达防御和排斥,还表达热情和欢迎。而"狗的沉默"让人很自然地联想到了中国古代最为著名的乌托邦——陶渊明的"桃花源"。在那里,陶渊明给我们描述的是"土地平旷,屋舍俨然"、"阡陌交通,鸡犬相闻"、"黄发垂髫,并怡然自乐",显然,"鸡犬相闻"代表着祥和的氛围和盎然的生机。相反,我们可以推论的是,李佩甫设置的"狗的沉默",实际上蕴含着对于乡村生机的凋敝、乡民情感的冷漠乃至乡土生命的枯萎的深刻体察。正因为此,吴志鹏在作品的最后,发出了"一片干了的、四处漂泊的树叶,还能不能再回到树上"的疑问,并作出了"也许,我真的回不来了"的感叹。透过吴志鹏已然不可能的回归之旅,作者的体察和思考是具有超越意义的,它意味着吴志鹏生命历程的阻滞,意味着这位走出乡村又逃离城市的回归者已经没有归途。联系生态批评界关于推进城市化和建设"桃花源"的争论,吴志鹏的结局是否也意味着生态建设之途的悖反和艰辛?回归是每个人都会有的心里渴望,不论回归何地,回归本身可以是一种信念,一种追求,一个目标,但是,当渴望回归者发现归途阻断、回归无门时,回归者的生命存在便处于比逃亡更迷茫的无根的流浪状态。相对于骆国栋的回归大地,吴志鹏的漂浮和流浪实际上是一种更为艰难的生存状态,由此,我们不得不叹服李佩甫体察的细微和眼光的冷峻。

  李佩甫的冷峻之处在于,吴志鹏无根的流浪状态传达了当下一个带有普遍意义的土地背负者的生存状况。在生态批评的视阈下,这种生存状况实际上也在昭示着一个严酷的事实,那就是面对日益严峻的生态失衡、道德滑坡和精神困顿,吴志鹏这类知识分子已经找不到一个精神安顿之所。人生之初,走出乡村曾经是吴志鹏的奢望、动力和荣耀,如今,逃离城市又是吴志鹏的精神需求,但是,厌倦城市、试图逃离城市并渴望回归乡村的吴志鹏,已经不为乡村所接纳。在中国古代,"达则兼济天下,穷则独善其身"曾经是士大夫普遍的信条,"何谓'独善其身'?远离庙堂,隐于茅庐,放浪于山水,垂钓于江湖,总之,农业文明提供了他们的精神回归之途"。"相对于庸俗的、繁杂的甚至凶险万状的社会交往,体验自然无疑是一件心旷神怡的事情。"所以,"亲近农事是士大夫的一种大雅若俗的文化骄傲"①。但是,吴志鹏的结局昭示的现实是,面对日益全球化的工业化和城市化,面对记忆中已经面目全非的无梁村,吴志鹏乃至当下的知识分子实在难以再现或模仿类似古代士大夫的"文化骄傲"。

回望出版于 2003 年的《城的灯》,如果说冯家昌和吴志鹏"走出乡村"的历程尚属近似,那么,他们逃离城市的可能和结局则完全不同。在《城的灯》中,李佩甫尚且对乡村精神抱着希望和期待,刘汉香的无私、宽厚、高尚乃至圣洁无疑是作者为冯家昌回归之途点燃的一盏指路明灯,冯氏兄弟在刘汉香坟前的忏悔也试图让读者相信,乡村精神仍然是匡正道德滑坡、精神衰败的重要元素。但是,到了《生命册》,昔日清新、静穆的乡村和宽厚、圣洁的乡村人物都已淡出、退场,吴志鹏成了无家可归、无所归依的精神流浪者。从《城的灯》到《生命册》,李佩甫对于城乡文化和人物的拷问实现了从道德评判到生存追问的跨越。家园何处?精神归途何方?《生命册》已然展示了一个真正的生态问题。

四

随着全球性生态危机的加剧,生态问题已经成为全人类必须共同面对的时代问题。面对自然生态、社会生态、精神生态的全面失衡,作为精神产品创造者的作家已经敏锐并努力探讨和承担着时代的责任,中西方生态文学的逐步繁盛便是这一共同努力的结果。就中国生态文学而言,生态报告文学奏响了生态文学的序曲,生态小说则弹出了生态文学的强音。

在关注生态问题的小说家中,李佩甫具有鲜明的特色。作为植根于中原沃土的地域作家,理性精神和乡村情感的双重浸润使得他的作品更多地表现出对于乡村精神的回望和留恋,更急切地表达出对于传统道德准则的坚守和传承,正是在这种回望和坚守中,逐步裸露出了精神和生态层面上的追问与思考。较之于郭雪波、陈应松、姜戎等对于拯救自然生态的激越,李佩甫显得更冷静;较之于迟子建等对于清新山村的吟唱,李佩甫显得更沉重;较之于贾平凹等对于民俗、传统文化的悠然玩味,李佩甫显得更急切;较之于张炜等对于城市化批判的直接与彻底,李佩甫显得更矛盾与游移。《生命册》的推出,吴志鹏的出现,使得李佩甫显示出了纯粹和跨越。吴志鹏的心路历程印证了一个现代人伴随着

---

① 南帆:《启蒙与大地崇拜:文学的乡村》,《文学评论》2005 年第 1 期。

物质文明的进步而出现的精神的失落,而在对于吴志鹏的生命展示中,李佩甫在乡村情感与理性精神的双重拷问中触及了文学的精神性核心。

系统论的创始人、生物学家贝塔朗菲曾说:"我们已经征服了世界,但是却在征途中的某个地方失去了灵魂。"①吴志鹏的文学意义就在于他正是一个在征服物质世界的过程中寻找灵魂的人。人们在生存的困境与危机中开始承认,人不仅是物质性的存在、经济性的存在、政治性的存在、社会性的存在,人同时也是情感性的存在、宗教性的存在、艺术性的存在、精神性的存在。在生态学的时代里,精神在现象之上的超越将取代精神在物欲之中的沉沦,精神的进化将成为人类追求的目标,精神这一内在尺度将冲破物质的牢笼,同时作为人类世界的支撑点。正是在展示人物灵魂、匡正人类精神的意义上,文学体现着存在的价值;正是在超越城乡对立、关注生命存在的价值立场上,李佩甫发扬着文学的精神。

原载《南方文坛》2013 年第 2 期

---

① 〔美〕冯·贝塔朗菲:《人的系统观》,华夏出版社,1989 年,第 19 页。

多维批判视野下的《生命册》

王海涛　张纪娀

　　这是一部容量很大的小说,浓缩了五十年的时代变迁和人物的命运纠葛,呈现出不同时代境遇下人们的生存状态和内心世界。这也是一部颇能体现作者写作雄心的小说,是作者调动所有创作资源对平原世界的全景展示,是一次对自身生命历程的凝神回眸。本书的写作对作者而言是前所未有的考验,因为他的着眼点是大时代的风云变迁。但作者采用第一人称叙事视角,通过几个主要人物将众多人与事串联起来,并运用复调叙事手法交叉展开两个不同时代的画卷和话语空间,巧妙地避免了叙事的繁复和似乎理所应当的宏大叙事。

无根之树:城乡之间的漂泊

　　作为一位扎根于平原文化土壤中的作家,李佩甫对故乡的深入体察是有目共睹的,这在"平原三部曲"中得到了集中体现。从《羊的门》中的呼家堡到《城的灯》中的上梁村再到《生命册》中的无梁村,李佩甫对乡村世界作了全方位的审视。他笔下的乡村不是传统意义上封闭自足的地理空间,而是开放变化的文化空间。可以说呈现乡村的文化内涵、剖析其传统积弊并探寻其发展走向是作者一贯的创作意图,而这也成就了他鲜明的创作特色。中国式的乡村有其特异性,是存在于长期形成的城乡二元对立结构中的,因而单一地剖析乡村无法真正进入其文化的深层结构。李佩甫清醒地意识到这一点,因而在"平原三部曲"中贯穿了城乡的二维叙事。只是相较之下,他对乡村空间的观照和书写明显优于对城市空间的处理。程德培指出:"李佩甫的'两地书'总的来说是不平衡的。'农村叙事'远优胜于'城市叙事',这仿佛也是中国当代文学的宿命。"①"宿命的"提法有些夸大,但两种叙事的"不平衡"是显而易见的。尽管在《金屋》《城市白皮书》《等等灵魂》等小说中,李佩甫逐步深化了城市书写,但他的乡村经

---

① 程德培:《李佩甫的"两地书"——评〈生命册〉及其他六部长篇小说》,《当代作家评论》2012年第5期。

验储备还是占据更大优势。比如,我们可以看到在三部作品中乡村政治的传统权力在弱化,这成为乡村文化变迁的表征之一。如果呼天成是可以呼风唤雨的绝对权威,刘国豆是仍有部分特权的当家人,蔡国寅则经历了权力急剧萎缩的痛楚。而通过呼国庆、冯家昌、吴志鹏呈现的城市空间则显得单一而粗疏。当然,若如作者所说是要着力书写"背景",塑造"背负着土地行走的人",则小说城市书写的欠缺也是可以理解的。

  在不可逆转的现代化和全球化浪潮下,城市因其独特优势而成为农民(特别是农村青年)追逐的理想归宿。尽管李佩甫在《城的灯》中极力高扬刘汉香的理想人格,批判城市生活的种种病灶,但仍要面对大多数农民急切的进城情结。《生命册》也由吴志鹏艰辛的进城经历开启。作者借"我"之口说"一个人的童年或者说是背景,是可以影响一个人的一生的",但那是在回视走过的路之后才有的感悟。最初,"我"是"强行嵌进城市里的一只柳木楔子",想要在城里扎根,是"一匹狼"想要征服城市①。但"我"无法摆脱来自乡村的种种纠缠,也无力面对爱恋的梅村,只有选择逃离。所谓逃离也只是从一个城市迁移到另一个城市,无法挣脱乡村和土地的无形羁绊,因为:"我们的颜色来自于土地,我们与平原一个色调。"老姑父的白条如影随形,成为这种牵绊的有形象征物。此外,无法真正融入城市使"我"陷入另一重精神困境,并最终成为游走于城乡之间的精神漂泊者。小说直接描述了这种失依的精神状态:"我无法融入任何一座城市。在城市里,我只是一个流浪者。并且,永远是一个流浪者。"相形之下,"身后有人"的独特感受倒透露了乡村对"我"挥之不去的影响。在城乡两极的扯拉下,"我"陷入难以辨识的迷局中,而因车祸失明的左眼则成为这种迷失的形象喻体。

  从根本上讲,任何人都栖息在大地上。大地是人的大地,人是大地上的人。人的思想、言语和行为方式都来源于大地。平原文化是农耕文化,有着深厚的传统积淀,这在塑造它坚实厚重的文化品格的同时,也使它经受着传统的重压,从而造就了它的文化惰性。大地给人滋养,也制约人的成长,特别是像平原这样的大地。在这个意义上可以说《生命册》是一部灵魂之书,是对平原文化(进而对整个传统文化)的精神叩问之书。如作者所说:"这是一部自省书,是一个人五十年的心灵历程。还可以说是一部中国版的变形记。"他要研究的是土壤与植物的关系,是把人当作"植物"来写的②。小说开头就写道"我是一粒种子"。不仅如此,小说的结构也是树状的,不同时代的分叙固然是两个分枝,不

---

① 李佩甫:《生命册》,作家出版社,2012年,第2页。(下引该书不再注出)
② 孙竞:《知识分子的内省书——访作家李佩甫》,《文艺报》2012年4月2日。

同人物的交替出现则使整棵树枝叶更为稠密。但整体上看,"我"是这棵树的主干,其他人物是枝杈,但"我"是孤儿,"我"的无根状态决定了这棵树是无根之树。事实正是这样,不论是乡村的老姑父、梁五方,还是走出乡村进入城市的骆国栋、范家福、杜秋月,抑或离乡又回乡的虫嫂、春才,都处于无根状态。尽管如此,土地还是与他们保持着千丝万缕的联系,决定着他们的基本生存状态。所以监狱里的范家福想申请二十亩地回家种玉米,他把乡土当作救赎之地。

作者对无梁村的感情是复杂的,简单说是爱恨交织,这是由他矛盾的写作心态决定的。而这种矛盾不仅存在于李佩甫身上,也是一些乡土作家共通的精神困境。我们通过作者对乡土风物的描绘可以看到他对平原大地的深情。"我"在左眼失明后听到了家乡的召唤,也回忆起家乡的牛毛细雨、瓦沿儿上的雨水、夜半的狗叫声……作者对这些风物的描写细腻入微,透露出对乡土的挚爱和怀恋,折射出显明的返乡倾向。但是叶子落了就再也回不到树上,漂泊的游子也很难找到回家的路。结尾处的"也许,我真的回不来了"直接道破了作者的心迹。

爱之悖谬:道德批判的延续

李佩甫是一位有着浓重道德情怀的作家,他的小说大都显示出自觉的道德批判倾向。他专注于书写变化时代中变化的人,紧密贴近现实生活而又力图有所创新。但时代剧变下是否有不应改变的、应该坚守的品格呢?这是李佩甫的道德化叙事不得不面对的问题。因为一个显明的道理是:单纯的道德批判是无力的,解构需要与建构并行。这并不是说小说有为时代病开药方的义务,而是说对于李佩甫的小说而言似乎是绕不开的话题。虽然《城的灯》为此受到了不少的批评,但我们不能因此断然否定作者道德建构的努力本身的现实意义。毕竟,所谓多元时代的价值观愈单一,需要真正多元的价值取向介入。在这一点上,《生命册》在延续以往道德批判的同时又有所深化,突出体现为对爱的缺失的批判和对爱的悖谬的揭示。

亲情是维系传统社会的重要纽带,血缘亲情更是具有不容置疑的牢固性。当然,转型社会的价值观紊乱对传统亲情关系也提出了巨大挑战,曾经牢固的维系作用也已严重弱化。这是变革时代对社会学、伦理学等学科提出的重大课题,并非文学所能独自承担,但包括小说在内的文学创作仍需直面挑战。《生命册》特别关注人物的情感世界,其中对老姑父、虫嫂遭遇的书写尤能体现出作者的思考深度。老姑父蔡国寅本可以有光明的前程,但因为与农村姑娘吴玉花结婚而变成了地地道道的农民。脱下军装的老姑父不仅在村民眼中形象不再高大,甚至吴玉花也不愿跟他一道出门,因为:"她本意是要嫁给一个军官的,却阴差阳错地嫁给了一个农民。"失去军官光环的老姑父终日生活在与吴玉花的争吵中,一直到吵不动了,"剩下的只有沉默",但还是:"你瞪我一眼,我瞪你一眼,恨恨的。"甚至直到临终前,老姑父也是在跟他过了一辈子的老婆的辱骂声中度过的。吴玉花的恨真是透入骨髓了,但这恨的根源何在?难道只是因为没有得到她想要的生活?几十年的朝夕相处还不足以消弭那恨吗?同样,三女儿蔡苇香也一直记恨着父亲,其理由是父亲不关心家人,还把唯一的上大学的名额给了"我"。这看似理由充分,实则根本站不住脚,因为老姑父是关心家人的,也四处寻找失踪的蔡苇香。实际上,正是人们现实功利的考量标准扼杀了自己爱的本能,从而也使自己陷入爱的悖谬中。"我"这个文化人,看似是有理性的,会思考的,但也无法从这种悖谬中摆脱出来,甚至一直到老姑父去世都没能给他买一部收音机以满足他听听"国家的声音"的愿望。无怪乎作者发出这样的感慨:"感情这东西谁能说得清呢?在时间中,既然任何物质都会发生变化,那么非物质的感情,本就虚无缥缈,又怎么能恒久不变呢?"然而,感情是不能拿物质作为坐标来衡量的,它是一种精神存在,是不应被漠视的。感情世界的荒芜比物质条件的匮乏更值得我们警醒。

老姑父的爱没有得到回应,他救过全村人的命,保护过许多受迫害、受歧视的人,但直到死才得到一个铺张得近乎虚无的葬礼。相比之下,受尽嘲笑但仍顽强得像"小虫儿窝蛋"一样活着的虫嫂更让人为之扼腕、为之垂泪,甚至可以说,虫嫂是整部作品中给人留下最深刻印象的人物形象。我们不能用美丑对照原则评价她,因为她不是那种外表丑而内在美的人物,如果内在美是指一种高尚的品行的话。

但虫嫂顽强的生命力和无私的母爱还是具有让人无法抗拒的力量。她宁愿做贼乃至放弃女性的尊严也要尽力养活一家人,正是这种卑贱中的伟大让人动容。诚然,从社会伦理层面看,虫嫂的言行恰是反面教材,与"饿死不食嗟来之食"的人格教化背道而驰,但我们不能断然否定其人性深处的光辉。而当她遭受到来自儿女的疏离时,我们对待她的态度会发生逆转,就像村民们的态度转变一样。因为,我们不能接受虫嫂如此的付出却得不到来自家人的理解。老拐、大国、二国(包括三花)没有给予虫嫂同样无私的爱,他们与虫嫂之间的爱不是对等的,这显现为爱的悖谬。虫嫂可以为了孩子改邪归正,她卖血给二国交学费,用收破烂挣的钱给大国买自行车,供出了三个大学生,但最终无家可归。在作者笔下,乡村不是诗意的,它同样是世俗的,但这样的乡村仍然让人无法割舍。

文化之疡：文化批判的力度

《生命册》对传统乡土文化和现代城市文化的批判是并行的，从国民性批判延展到时代文化的纵深。李佩甫说："《生命册》无论从宽阔度、复杂度、深刻度来说，都是最全面、最具代表性的，是一次关于平原的总结。"①作者的自信是有理由的，因为《生命册》没有停留在历史和现实的表层，而是沉潜下去探入隐秘的文化心理层面。有的研究者曾指出李佩甫的"神性书写"弱化了其小说的批判力度，并将之与鲁迅比较："与鲁迅的国民性批判不同，鲁迅的揭露是不达痛处誓不罢手的。人性的黑暗作为批判的最终归宿，没有指明出路便是出路所在。而神性的批判是有所保留的，它在批判的同时亦在寻找精神寄托。"②这种阐释对于李佩甫的早期作品是基本适用的，但要看到作家对"人性的黑暗"的批判是在逐步深化的。我们在《生命册》中仍能看到鲁迅式的国民性批判的延续，而人物和土地的神性消失了，其批判未必彻底但体现出文化反思的自觉意识。

在文化一元的年代人们看似单纯，实则不然；在文化多元的时代人们看似复杂，实则亦不然。因为，人们的功利诉求和狭隘心理并未有根本性的变化，所谓单纯或复杂的人性认定只是表象。无梁的村民和城里人都有单纯的一面，也有复杂的一面。作者力图通过批判国民性达到揭示不同时代文化病灶的目的。实际上，不仅那个逝去的时代有问题，我们正身处其中的时代也是有问题的。在特殊政治意识形态主导的年代，人们的生活稳定而单一，哪怕是一丁点儿的变动都会引起人们极大的关注。虫嫂和杜秋月的出现就像是给村民们寡淡的生活里加了盐。但是，当虫嫂的行为威胁到他们的正常生活的时候，他们就收敛起笑容，集体清算她的"罪行"了。于是，我们看到了女人们对虫嫂的群体施暴，也看到了那些占过便宜的男人们的怯懦。这种"合理暴力"甚至影响到了懵懂的孩子。虫嫂的三个孩子随之成为同龄人的施暴对象。这正是鲁迅所批判的"对羊显凶兽相"和"拿残酷做娱乐"的国民劣根性。此外，这种群体暴力是有传染性的，哪怕不相干的人也会热情地投身其中。村民们将平日里积蓄的无端的仇恨发泄到特立独行的梁五方身上，从而上演了另一场群体暴力。作者不失时机地站出来借"我"之口表达了对国民性的理性批判："我告诉你，在一定的时间和氛围里，恶气和毒意是可以传染的。"同样，村民们也对杜秋月施加了同

---

① 孔会侠：《以文字敲钟的人——李佩甫访谈录》，《创作与评论》2012 年第 8 期。
② 李丹梦：《李佩甫论》，《文艺争鸣》2007 年第 2 期。

样的暴力。但对待老姑父的态度变化则暴露出无梁人的功利和机巧。当"人们需要老姑父'哈一下'的机会越来越少"的时候,"脸上的笑容就淡了许多"。

当然,无梁人也有同情和扶助弱者的善举,但作者并未因此而淡化对其劣根性的批判,而是较为成功地协调处理了二者的关系。比如,在虫嫂死后,人们骂过大国的不孝,但后来"又开始主动找上门去",因为大国当上了县教育局的副局长。而"虫嫂的事,没人再提了,一句也不提,好像世上根本就没有这个人",就如祥林嫂、孔乙己等的被淡忘一样。这善忘的国民性被作者举重若轻地拈出作了批判。

在延续鲁迅国民性批判的基础上,李佩甫也清醒地意识到平原文化深处的种种弊病。在作者笔下,无梁是无法孕育栋梁之地。春才的悲剧集中体现出作者在这一层面的思考。能人梁五方的悲剧与他性格的"各色"固然有关,但主要还是由特殊时代造成的,春才的悲剧则不是时代造成的,而是由乡土文化的消极面造成的,正所谓"一方水土养一方人"。我们看到,周大新、乔典运等豫籍作家都对乡土文化的负面效应表现出极大的关注,这成为小说豫军的重要特色之一。

与贾平凹、莫言等通过性书写呈现乡土或民间鲜活的生命力不同,李佩甫通过春才要反思的是乡土的性文化对人的本能欲望的戕害。本来"春才的腼腆是出了名的,要是谁当着他的面开句玩笑话,他会脸红的"。但女人们那些"半含半露、有荤有素的话,就像民间生活的密码,终日包围着年轻的春才",他不知道该如何应对,也不敢向蔡苇秀大胆表白,于是只能保持沉默。但本能欲望是无法遏止的,春才在欲望的驱使下去偷窥蔡苇秀洗澡,这加剧了他的负罪感和对正常欲望的恐惧,并最终导致他自戕。"我"觉得不是"单纯"害了他,也不是"愚昧"和"耻"的意识,那是什么呢?归根结底是乡土文化中复杂的性观念作怪。因为,"在乡村,在我们的家乡无梁,对于性的态度是最原始、最保守、也是最开放的"。这看似矛盾,其实正是乡土性文化的真实存在状态,是由封建伦理的规训、封闭的生活环境、文化娱乐的匮乏等多种因素造成的。春才正是这种畸形的性文化的牺牲品。这与贾平凹在《晚雨》中写天鉴、在《秦腔》中写引生的自戕是颇有些不同的。

与乡土文化相比,城市文化显示出更大的诱惑力和破坏力。李佩甫在对城市文化的批判维度上引入了更多人物,涉及了更多现实问题,但批判的重心落在骆国栋这个人物身上。骆国栋有魄力、有胆识、有努力的方向,但在欲望的驱使下一步步走向毁灭。如果说乡土文化的负面效应主要表现为压抑,城市文化的负面效应则主要表现为释放,释放人的种种欲望。骆国栋在享受成功喜悦的同时,也陷入了欲望的陷阱,无法停顿,无力自拔。从编书到炒股再到筹划公司上市,骆国栋一次次挑战着人性的底线,也成为范家福、夏小羽等人悲剧的幕后推手。如果说城市文化自身缺乏自控机制,那么每个局中人的自控能力就显得尤为重要了,紧要处是不能突破底线。但遗憾的是人们对底线的认知是模糊的,对底线的坚守是无力的。范家福、夏小羽从最初的坚守底线到突破底线昭示出坚守的艰难。不过,人们需要不时停下脚步,从快节奏的、看似目标明确的城市生活中抽离出来思考人生的方向和意义。"梅村是为寻找而生的",她走在寻找的路上,是整部小说中最具象征意味的人物,但她并未找到最后的归宿。而"我"也是直到躺在病床上才静下来重新审视自己走过的路,从而获得了人生的感悟。

题记引用的泰戈尔《吉檀迦利》中的诗句也曾被用作中篇小说《红蚂蚱 绿蚂蚱》的题记。这样的呼应正可看作作者对自身创作和人生经历的一次检视。人只有经历过漂泊后才能找到最后的归依。但这最后的归依可能就在起点上,而曾经的漂泊只是离家渐行渐远,就如德国作家伯尔在《优哉游哉》中借助渔夫和游客的对话所揭示的那样。

原载《小说评论》2013 年第 2 期

论李佩甫长篇小说《生命册》

周志雄

一

　　李佩甫在谈论作家张宇的时候说:"他用笔建起了一座剖解人生的试验室,他的笔紧紧地猫着'存在'之刀,拿出的是一张张人生的切片。"①这何尝不是李佩甫自己创作的夫子自道。李佩甫的小说有浓郁的乡土背景,所写的人物大多是现实中的平民,他们处于社会的底层,没有丰厚的"资源",他们从小生长在农村,接受的是农村的环境影响,他们的精神之根深深地扎在乡村的土地上,他们或在乡土世界中靠着"智慧"和"聪明"经营"自己的地盘",或在一个充满变革的时代里走向城市,在城市的"裂缝"中寻找他们的生存空间。李佩甫熟悉他们的生存方式和生存法则,写出了他们人生成长的轨迹,相对于李佩甫早期小说中对农民式生存之"道"和"术"的关注,《生命册》有更饱满的情感、更厚实的内容、更成熟的关于生命的整体把握。《生命册》是关于人的生命之书,每个人都有自己的生命轨迹,出身、气性、生存环境、经历都会对个人的人生之路有根本性的影响。已近耳顺之年的李佩甫,对生命的感悟,对人生的总体性把握之中,多了一些宿命和沧桑的意味。

　　"其实,说白了,人也是植物。每个地域都有它特殊的植物和草木,那是由气候和环境造成的。人的成长也是由气候来决定的。我所说的气候,是精神方面的,指的是时代的风尚。什么样的时代风尚,产生什么样的精神气候,什么样的精神气候,造就什么样的人物。"(《城的灯》)这是一个叫老梅的人对刘汉香的话,这句话是理解李佩甫小说人物的一个角度,李佩甫小说中的人物有自己独特的精神个性,他们走出了乡村,但乡村的成长土壤给他们梦魇般的羁绊和咒语般的影响。《生命册》的开篇说:"我之所以把自己展览出来,是为了让你了解,在这个世界上人跟人是不一样的。每个人都是有背景的。一个人的童年或者说是背景,是可以影响一个人一生的。"这也是小说中所有人物成长的逻辑,生命是有限度的,他们的幸与不幸都注定在他们的精神个性和成长的环境

---

①李佩甫:《放逐城市的田园游子——张宇散记》,《中国作家》1995年第2期。

之中。

《生命册》中的每个人物几乎都是残缺的,或是精神的残缺,或是生理的残缺。骆驼身有残疾,虫嫂是身体上的侏儒,春才因身体苦闷而自宫,这都是身体的残缺。"我"(吴志鹏,小说的叙述人,小说的主要人物之一)出生不久就失去了父母,蔡国寅(老姑父)的执意而行,蔡苇香的叛逆,骆驼膨胀的个人野心,梁五方的倔强傲气,梅村的过于理想化,春才的腼腆,杜秋月的"罪过",范家福、夏小羽的爱情伤痕,都从根本上影响甚至制约了他们的一生。骆驼是个才子,有领袖气质,因为"作风问题"被免职,被逼下海,会同几条"杂鱼"来到北京,做枪手,写通俗小说,被书商坑骗,后和"我"一起讨回的10万元成为第一桶原始积累资本金。随后炒股,收购药厂,用不法手段借壳上市。赚到了一千万,想赚一个亿,后来的目标是赚十个亿。骆驼赚钱的野心越来越膨胀,做事越来越胆大妄为,发财后有严重的忧郁症,最终因为案发跳楼自杀。小说总结说,"骆驼犯的错误是每一个中国人都会犯的"。骆驼的失败是一个时代的病症,那种依仗金钱的魔力为所欲为的野心膨胀是骆驼自我毁灭的根本原因。梁五方是个很"傲糙"的人,年轻的时候很有本事,独自一个人挑战师辈唐大胡子,不用任何人帮忙一个人盖起一栋房子。这个过于"各色"的人,太惹眼了,太与众不同了,在政治运动中受到乡民的殴打,他的房产被没收,家被拆散了,倔强的个性让他走上了33年上访的路,后来无师自通,成为一个算命先生。一个热爱劳动、聪明能干的手艺人沦落为一个乞丐,学会了耍赖和行骗,这是谁之罪?"性格即命运"是对梁五方最好的写照。夏小雨和范家福都有感情上的"创伤",这是他们的软肋,因为这一层缺失,他们才会陷入骆驼布下的"局",发展成为一对恋人,并接受骆驼的贿赂,最终毁掉了前程。身材矮小的"小虫儿窝蛋"虫嫂,内心却很强大,从不服输,为了自己三个孩子的生存,丢掉自己的尊严去偷,不顾廉耻地获得食物,通过拾破烂的方式供养了三个大学生大国、二国、三花,死时保留着一百零四份邮局的汇单和三万元的存折,卑微的生命以卑贱的方式获得了精神的崇高。

《生命册》写出了生命中的必然性和偶然性,有一种生命的流逝感和生命莫测的慨叹。叙述人"我"处在一个静观的角色位置,看着芸芸众生在苦难中挣扎,期待能洞悉生命之谜。"那么小的一个门鼻儿,怎么会扎进人的眼里去?这应该算是一个偶然。可在这个世界上,所有的正在发生和已经发生的事,都是一个一个的偶然。于是,所有的偶然,就组成了必然。"(《生命册》)"我"在眼科病房里看到,几乎每个人都有一份奇奇怪怪的经历,那眼病也是由各种各样、千奇百怪的原因造成的。面对生命之谜,小说是设问式的,那种命运感、哲学式的追问不是明晰的,而是混沌的,涵盖世间万象的,这正是《生命册》超越李佩甫以往作品的地方。

二

"小说家应当从蕴藏于自身的经验,而不是从蕴藏于文化的、宗教的传统之中提炼主题;换句话说,应当从正在行进的历史,而不是已经实现的历史之中,去提炼自己的思想意识。"①《生命册》是有时代感的,小说所写的事件是当代现实历史的折射。小说中的人物在一个时代的总体性的历史语境中活动,他们的精神焦虑代表着某种时代病,那种紧张的"抓"、"抢"、"一定拿下"的骆驼的心态,就是一种典型的中国社会历史转型期的人们的精神状态。骆驼的失败表现了小说对时代过于追求"速度"的批判。

《生命册》写出了在历史转型期的社会现实,那种拉关系、走后门的做法很盛行,这是一个时代的病症。小说中写道:"一个伟大的时代就要来到了。""这是一个伟大的时代,同时这又是一个在行进中、一时又不明方向的时代。如果等各项法律、法规都完善、齐备了,也就丧失了发展的大好机遇……""我很清楚,在目前的情况下,无论是做证券,还是搞实业……你都不可能不拉关系、不行贿。我断言,这在任何企业,都是一样的。一旦进入了,那也只能是大小之说、多少之说,没有区别……"在这些段落中,作者对中国改革开放以来的历史中所呈现的现实悖论作出了自己的判断。李佩甫小说的悖论是一个由来已久的现代化进程对传统道德的冲击。黑格尔说恶是历史的推动力;马克思说,资本来到世间,每一个毛孔都流着血和肮脏的东西,但这并不能阻止资本主义前进的脚步;韦伯将这个历史的悖论解释为价值伦理和责任伦理的冲突。李佩甫对中国当代社会的现实怀着深深的忧虑感,他清醒地看到:一面是社会发展的进步,一面是人心道德的失落。小说在内在的精神气脉上,继承了批判现实主义的传统,上升到对中国社会问题的现实诊断的整体性思考上。一部经典的作品唤起的是我们对现实世界的重新认识,李佩甫的《生命册》以故事的方式对当代社会历史重新作了回顾,在这种不规范的"初级阶段"的市场条件下,不正当手段的运用充斥了各个行业,李佩甫的小说对此提出了疑问。

---

① 〔意〕阿·莫拉维亚:《小说文论两篇》,吕同六编《20世纪世界小说理论经典(下)》,华夏出版社,1995年,第36页。

黑格尔在《小逻辑》里说:"绝对理念可以比作老人,老人讲的宗教真理,包含着他全部生活的意义。即使小孩也懂宗教内容,可是对他而言,这个宗教真理之外,还存在全部生活和整个世界。人的整个生活与构成生活内容的事迹,关系也是如此。一切工作只指向一个目的,当这目的达到了时,人们不禁诧异,为何除了自己意愿之物,没有得到别物。一个人追溯自己的生活经历时,会觉得自己的目的很狭小,可是他全部生活的迂回曲折都包括在目的里了。"①李佩甫的小说有执著地追求"生活意义"的冲动,《生命册》中"让筷子竖起来"的追求,是一个隐喻性的表达,在李大国、李金魁、呼国庆、冯家昌们身上,那种于连式的自我奋斗最终获得了成功,可是他们在审视自身"成功"的时候,他们并没有过多的快乐感,这就是黑格尔所说的"觉得自己的目的很狭小",他们没有更高的追求,《生命册》的故事叙述超越了个人得失,站在时代的高处,在人物命运中隐喻着对时代的更深的精神反思,在人物悲剧性苦难的讲述中寻找着精神的家园。

三

《生命册》在写法上不是简单地奔跑在故事之中,而是用很多的闲笔去写景、写物,以此来衬托人物的精神个性。比如小说用了很多的篇幅去写平原上的各种树,柳树、榆树、槐树、楝树、椿树、枣树习性个个不同:"平原上的树有一个最可怕的、也是不易被人察觉的共性,那就是离开土地之后:变形。"(《生命册》)这就不是单纯的写树,而是以物写人,以树的变形喻人的精神变形。再如小说中写花,小说历数平原上一些非人工种植的花,翎子花、地龙花、仙人花、野生的喇叭花等等,也是以花来表现人物的精神气质,这些花看上去并不起眼,但形态各异,各有自己的习性,"小虫儿窝蛋"顽强的生命力是虫嫂精神个性的写照。小说中一些关于命相的资料看似闲笔,实则极大地丰富了小说的内容,将读者引入到对人物命运的思考之中。再如小说中对吴梁村风俗的介绍,对三大美味的介绍,等等,蕴含着作者浓郁的乡土情怀。吴梁村的三大美味是:第一大美味是榆钱妈做的柿糠沙,第二大美味是井拔凉水蒜泥薄荷叶拌合乐面,第三大美味是泥蛋子红薯麻雀,这些美味散发着泥土的香气,与小说的整体基调极为合拍,极大地增加了小说的闲情逸致,使小说具有一种生活的诗性感。

---

① 〔德〕黑格尔:《小逻辑》,李智谋编译,重庆出版社,2006 年,第 228 页。

李佩甫小说的基本手法是传统现实主义的,很清晰的故事推进,很紧张的情节,悬念、细节很抓人,对由底层往上爬的天才和野心家式人物的上升过程写得很好看,有实用性、传奇性,让读者看得很有意思。《生命册》也很讲究笔力的节制,如上文分析的梁五方的故事、蔡思凡的故事都有一些空白的处理。小说在总体的布局结构上,是用故事组接的方式,"我"——蔡国寅——蔡苇香——骆驼——梁五方——春才——梅村的故事依次展开,人物之间的故事又相互穿插交融串在一起。《生命册》也借助一些悬念的方式来结构故事,比如骆驼跳楼的结局是一开始就交代了的,比如"我"不断地劝骆驼要收手,比如双峰公司藏在保险箱里的绝密材料,汗血石榴盆景底下是否有老姑父的人头,等等,这些小说设置的悬念,草蛇灰线,起到了隐线穿珍珠的作用。小说在语言上也极有特点,借用乡村语言系统,如"傲造"、"各色"、"耸"、"瓦损"、"各料"、"砸磕"、"喷大空儿",这些词汇的运用既恰当地写出了人物的精神气质,也极大地增加了小说的可读性和趣味性。

　　《生命册》以"我"作为叙述人,但"我"同时也是小说中重要的人物,"我"是清醒的,"我"是在这个时代中保持着一丝良心和反思态度活着的,"我""功成而退"似乎是有高人指点,但只有自己知道,"我"是一个"背着土地行走的人","我"的慧悟是因为自己"身后有人",吴梁村村人的人生之路是"我"的镜鉴,正如"我"和骆驼之间的暗号,"老蔡"代表"要注意分寸","梁五方"代表"过头了","杜秋月"表示"面临危险,要立即回头",正是在这些村人的人生教训之中,"我"获得了警示式的智慧。小说在不同章节的结尾多次重复着老姑父的条子:见字如面,小说中巧妙地借助老姑父写给"我"的白条以及"我"和骆驼之间的"暗号",把人物关系中内在的精神血脉联系揭示了出来。最后小说戏剧性地让"我"经历一场车祸,这个偶然的情节又让"我"有机会看到了更多的残缺的生命,在更深的意义上思考生命的本真性问题。《生命册》以倒叙的方式展开故事:"老夫今年五十四岁,命书上说,五十四岁是一道坎。所以,该把我知道的一些事情告诉你了。现在外边乌云密布,正在下雨,趁天上的炸雷还没打下来,我对天起誓:我这里所说的每句话都是真实的。"(《生命册》)这是小说的叙述基调,是一个已过中年的人对世事的旁观和解析,在这样的叙述中,对人情世态的描写很细致,那种世态沧桑的命运感很强。"人到中年了,已无心再去具象地批判什么了,没有激烈的呼号,也不再拷问,那审视的目光透出了更多的理解和宽容。"[1]年龄,还有在外漂泊的经历让"我"成长,"我"对人物命运的审视多了成

---

[1] 李佩甫:《渐入佳境》,《时代文学》2000 年第 4 期。

长的经历的底蕴,亦如小说题记所引用的泰戈尔的文字":旅客在每一个生人门口敲叩,才能敲到自己的家门;人要在外边到处漂流,最后才能走到最深的内殿。"这些题眼式的文字启示读者对故事的微言大义去作更深一步的思考,这也是《生命册》在叙述层面上所追求的阅读效果。

原载《小说评论》2013 年第 2 期

"坐标轴"上那些沉重异常的灵魂
——评李佩甫长篇小说《生命册》

王春林

肯定是无意间的一种巧合,当我再次从李佩甫的《生命册》(作家出版社,2012年3月版)中走出的时候,读到了作家夏榆谈论文学与社会关系的一段文字:"社会现实是我们存在的场域。了解和认识社会现实,熟悉它的运行方式,洞察它的内在构造和肌理,这是写作者必须做好的功课。写作是个人的,也应是公共的,当个人的写作具有公共意义和普世价值的时候,它的价值会有不同的显现。"①文学与社会现实之间的关系,可以说是一个老生常谈的话题。然而,在当下这样一个特别强调文学写作个人性特质的时代,如同夏榆这样一种看重个人写作的公共意义与普世价值的写作理念,其实有着不容忽视的现实针对性。尽管很可能会有被别人讥为观念落后陈旧的危险,但我自己却还是特别认同夏榆所持有的这种文学观念。也正因为如此,对于如同李佩甫这样一贯坚持以自己的小说创作深度触摸表现时代现实的作家,我一向持有深深的敬意。李佩甫多年来一直从事于所谓"平原三部曲"的写作。第一部《羊的门》与第二部《城的灯》早已问世多年,这次推出的《生命册》乃是这个系列长篇小说的精心收官之作。

小说之所以命名为"生命册",原因当然在于李佩甫在他这部长篇小说中成功地展示出了包括"我"(吴志鹏)、骆驼、老姑父、梁五方、杜秋月、虫嫂、春才、蔡苇香、梅村、范家福、夏小羽、卫丽丽、小乔等大约十多位具有人性深度的生命形态。然而,对于李佩甫来说,尽管说这些人物形象早已烂熟于心,但一个必须面对的关键问题,就是采用怎样一种方式才能够把这些不同的生命形态有机地连缀在一起。这里,李佩甫所必须首先考虑解决的实际上也就是长篇小说的结构问题。稍有文学经验的读者都知道,对于一部小说尤其是长篇小说来说,小说结构是一个不容忽视的重要问题。"当我们提到结构的时候,通常想到的是充满奇思异想的现代小说,那种暗喻和象征的特定安置,隐蔽意义的显身术,时间空间的重新排列。在此,结构确实成为一件重要的事情,它就像一个机关,倘

---

① 纳兰妙殊等:《全民写作时代的散文》,《人民文学》2012年第3期。

若打不开它,便对全篇无从了解,陷于茫然。文字是谜面,结构是破译的密码,故事是谜底。"[1]既然结构问题对于长篇小说如此重要,那么,李佩甫要想更好地为自己的"平原三部曲"收官,也就必得在小说结构的设定上下一番大的功夫才行。事实上,李佩甫为这部《生命册》所设定的结构方式确实堪称精妙。根据我自己的阅读体会,我愿意把李佩甫这种具有相当独创性的小说结构方式称之为一种"坐标系"式的结构方式。所谓"坐标系"式结构,就意味着李佩甫以小说叙事的方式在文本中成功地建构一个类似于数学中的坐标系。具体来说,这部采用了第一人称叙事方式的长篇小说,其坐标系那个相互交叉的轴心,就可以说既是小说的叙述者同时却也是小说中一个重要人物的"我"(即吴志鹏)。因为"我"经历了一个从乡村走向城市的生命发展历程,所以,以"我"为轴心,李佩甫就能够非常有效地实现把乡村与城市编织为一个有机整体的艺术目标。既然是一个坐标系,那么,也就需要有横与纵向的两条坐标轴。这一点,落实在李佩甫的小说中,就变成了乡村与城市两条不同的结构线索。首先是小说文本中的单数章,这些部分主要讲述的是"我"离开乡村进入城市之后的生存历程,也可以被简略地称之为"我"的城市故事。在这一部分,通过"我"的生存历程的充分展示,李佩甫相当成功地把骆驼、范家福、夏小羽、梅村、小乔等主要生存活动于城市背景之中的人物形象逐一呈现在了读者面前,故而,可以被看作这个坐标系的纵向轴。接下来就是小说文本中的偶数章,到了这个部分,叙述者"我"的思绪就回到了自己离开之前的故乡无梁村,成为了一个乡村生活的回忆者。诸如老姑父、梁五方、虫嫂、杜秋月、春才等乡村人物,都是在这一部分悉数登场的。既然单数章可以被看作坐标系的纵向轴,那么,这些偶数章也就应该被看作坐标系的横向轴。就这样,以"我"为轴心,一个乡村的横向轴,一个城市的纵向轴,一个完整的小说坐标系也就得以有效地建构完成。我们此篇文章标题中的"坐标轴"自然由此而来。需要指出的是,李佩甫的这种小说结构方式,很显然是由中国的本土小说传统转化而来的。说实在话,阅读李佩甫的《生命册》,很容易就让我们联想到《水浒传》。之所以如此,一个重要的原因就在于二者之间人物的出场方式非常相似。《生命册》中的诸多人物,他们的故事并无交叉,具有相当的独立性。《水浒传》的情形也同样如此,众多人物的故事也有着相对的独立性。二者的差别在于,《水浒传》是依靠着所谓的梁山聚义大业,把这众多人物整合到一起,而到了李佩甫的《生命册》中,把这些人物整合到一起的,却是作为坐标系的轴心而存在的叙述者"我"。第一人称叙述者的设定,对于《生命册》艺术结构的重要性,于此即不难得到有力的证实。按照相关专家的

---

[1] 王安忆:《雅致的结构》,上海书店出版社,2011年,第16~17页。

研究考证,第一人称叙事在中国小说作品中的出现,是19世纪末20世纪初的事情。① 某种意义上说,小说叙事模式上的这样一种变化,乃意味着中国小说创作的一种现代性转型。既然第一人称叙事可以被看作中国小说现代性的某种标志,那么,李佩甫《生命册》中通过第一人称"我"的叙事,有效地把乡村与城市整合在一起的这样一种结构努力,也就完全可以被看作对于中国本土小说传统一种转化过程中的创造。

实际上,对于中国小说本土传统的创造性转化倒也还在其次,关键的问题在于,小说的结构形式绝不仅仅只是结构形式,李佩甫只有通过如此一种结构形式的创造性运用,方才把那些飘荡在城乡之间的沉重灵魂捕捉在他的小说文本中,并进一步对于这些沉重异常的灵魂进行了足称深入的挖掘与表现。所谓对于沉重灵魂的挖掘表现,换一个角度来说,自然也就是对于人物形象的刻画塑造。在小说美学的层面上,人物形象刻画塑造得成功与否,绝对是衡量一部长篇小说艺术成功与否的重要尺度。举凡那些曾经给我们留下过深刻印象的长篇小说,大约都少不了对于具有人性深度的人物形象的成功塑造。从这一层面来看,李佩甫这部《生命册》一个突出的思想艺术成就,正在于作家以其积累深厚的艺术功力对于他笔端这些沉重异常的灵魂世界进行了深度的挖掘与表现。首当其冲的,当然就是那位最吸引人眼球的知识分子骆驼。身体严重残疾的知识分子骆驼的人生遭遇,在当下时代可以说有着极大的代表性。骆驼本名骆国栋,他之所以被人们称为骆驼,与他身有残疾,背上多了一块类似于"驼峰"的东西有直接的联系。在"我"的印象中,"骆驼是一个有大抱负的人","骆驼的身上虽然有点匪气,却是一个具有领袖气质的人"。正因为对于骆驼有着发自内心的信任,所以,当"我"因为无梁村人的不断骚扰终觉走投无路决计离开学校另谋出路的时候,所想到的自然就是这位曾经在研究生阶段有过不凡之举的同学。没想到的是,等到骆驼与"我"以及湖北的廖、安徽的朱四个人在北京会面之后,本来想着要编一百本古典文化经典的他们却发现自己上当受骗了。却原来,那个姓万的书商其实是要他们四位"捉刀"弄一套关于"男女性关系"的系列小说。于是,四位文化人就这样变成了"垃圾文化"的生产者:"我们躲在阴暗潮湿的地下室里,去给老万打工,制造一个虚拟的、号称来自美国的'艾丽丝'……很堕落啊!"但即使如此,他们却仍然没有能够彻底摆脱被骗的命运。当他们耗费了两个月的时间和精力,终于炮制完成了老万所要求的"男女性关系"系列小说之后,却被老万以专家审阅不合格为由,拒付稿酬,继续修改。面

---

① 根据 M·D·维林吉诺娃主编的《世纪转折时期的中国小说》(华中师范大学出版社,1990年)中的说法,吴沃尧在《二十年目睹之怪现状》中第一次运用了第一人称的叙述模式。

对着如此凄惨的遭际,廖和朱终于无法忍耐坚持下去,悄悄地不辞而别了。只有到这个时候,骆驼才把自己之所以放弃副处级职务到北京来闯天下的真实原因告诉了"我"。原来,"骆驼先是被免了职,又夹在两个女人的中间,实在是待不下去了,这才有了出走北京的'计划'"。需要注意的是,就在骆驼与"我"彻底交心,把"我"当作亲兄弟一般看待的时候,"我仍然隐隐约约地感觉到,就在骆驼醉了的时候,就在骆驼扒肠扒肝地跟我交心的时候,在他醉眼的后边,仍醒着一双眼睛……这也许是我的错觉"。然而,这绝非是错觉,这样的一种描写与骆驼的交心行为结合起来,才初步地显示出了知识分子骆驼的心计之深,才凸显出了这一人物形象的人性复杂性。一方面,骆驼确实有着敢作敢为侠肝义胆的一面,这一点在接下来终于搞清楚被骗的情况之后,骆驼向老万讨要所欠稿酬的过程中表现得非常突出。但不能忽视的是,骆驼却也有着老谋深算欲望膨胀的另一面。这一点,在此后骆驼日渐发达起来的过程中有着淋漓尽致的表现。

由于手中拥有了从书商老万处以命相拼讨要来的第一桶金,更由于遭逢了一个中国经济顺风顺水大发展的历史时期,胆识过人且又一向善于审时度势的骆驼,连带着"我",很快就走出了曾经一度的困境:"可骆驼不满足。骆驼是干大事的人,骆驼的天分一流。骆驼最伟大之处,就在于他浑身上下的每一个毛孔里都充满着洞察力。他几乎是一个先知先觉者……"实际上,也正是依凭着骆驼惊人的洞察力,依靠着他的先知先觉与强劲欲望,骆驼和"我"二人联手在股市投资,终于在市场上获得了很大的成功:"分手后,按照我和骆驼重新定下的'铁律',我们两人先后躲过了两次股市下跌,又赶上了两拨牛市……于一九九七年的五月,在近六千点的高位登顶,而后,顺利出局!"光"我"独自一人套现取出来的钱就多达四百二十八万。而骆驼本人,一种含含糊糊的说法则是一千多万。从当初身无分文的穷光蛋到一九九七年的腰缠万贯,身为知识分子的骆驼与"我",终于得以跻身于我们时代的所谓成功人士行列。然而,当"我"向骆驼提出建议,应该适时收手,应该考虑筹划出版一百本文化经典著作的时候,骆驼却断然拒绝了"我"的建议。这个时候的骆驼的精神世界在巨额金钱的强烈刺激之下,其实已经发生严重的倾斜:"我看着骆驼,我在骆驼眼里看到了一种亮光,那光汇聚成一个极亮的、燃烧着的、足以慑服人的亮点,像火焰一样!他刚刚说过一个亿,现在一月不到,他想的是十个亿了!"但实际的情况是,即使已经拥有了十个亿,骆驼也依然还是不满足的。当"我"劝告骆驼"厚朴堂走到今天,股票市值一百六十七个亿,做得够大了。你已经不缺钱了,收手吧"的时候,骆驼的回答是:"鸟,收什么手?做得好好的,我为什么要收手?"到了此时此刻,骆驼的欲望已经处于极度膨胀的状态,用他自己的话说,叫做"我现在只信一个字：钱"。用"我"的体会就是："我知道，骆驼心里一直藏着一个字，那是个'抢'字……他揣这个字已经揣了十多年了，他停不下来了。"正是因为怀揣着这样一个实在欲罢不能的"抢"字，所以骆驼才要拼命地做大做强，要无休无止地累积财富。想方设法收购药厂，千方百计通过夏小羽拉副省长范家福下水，即使弄虚作假也要实现上市的目标，费尽心机也要养一两个"官"，骆驼的所有这些努力，在根本上也只是为了一个"抢"字，围绕一个"钱"字。说实话，李佩甫的这样一种描写，马上就让我回想起了他曾经的一部长篇小说的名字《等等灵魂》。是的，绝对应该等等灵魂，面对着这样一种极度物欲化的时代现实，骆驼确实已经彻底地迷失了自己的心魂。为什么会如此呢？导致骆驼精神世界极度扭曲变异的一个重要原因，就是他曾经切实体验过的极度贫穷："兄弟，咱们过去实在是太穷了……后来，我哥死了。我哥不是饿死的，是害病死的。但肯定营养不良……在我们家，正因为我哥哥死了，我才得到了更多的关爱……"尽管早已时过境迁，但我们却完全能够想象得到，哥哥的死与曾经的极度贫穷，作为一种无法摆脱的精神情结，一直都潜藏在骆驼的内心世界深处，时不时地就会如同毒蛇一般探出头来噬咬骆驼的灵魂。或者也可以说，在后来的物质财富以其巨大的侵蚀力量扭曲骆驼的灵魂之前，极度的贫穷早已经把骆驼的灵魂扭曲过了。更进一步地说，扭曲骆驼灵魂的力量，绝不仅仅只是现在的物质财富与曾经的极度贫穷，请想一想他的身体残疾吧。一般情况下，越是身有残疾者越是有着过度的自尊心，越是需要通过事业的成功来满足内心中的过度自尊需求。骆驼的情况显然就是如此。他之所以形成那样一种过分贪婪的物欲膨胀心态，与他的身有残疾之间，绝对存在着某种不容忽视的内在隐秘关系。

随着财富的日渐积累与增加，骆驼的精神世界逐渐地呈现为一种倾斜状态："我发现，自从当了董事长之后，骆驼的变化很大，他的声音里有了一种让人很难接受的东……"这个时候的骆驼不仅已经听不进去朋友的谏言，而且作为一个从底层奋斗起家的知识分子，居然也开始蔑视底层民众了："我一下子愣住了。在言谈中，骆驼的语气完全变了。在他的话中，已经开始称底层社会的人为'下人'了。"尽管说底层民众肯定存在诸多问题，但当骆驼不无轻蔑地把底层民众称为"下人"的时候，首先就意味着骆驼的精神世界出现了巨大问题。从这个意义上说，李佩甫之设定骆驼是一个身有残疾者，就是别有深意的。除了我们前面已经提及过的那样一种过度自尊心态之外，作家如此一种艺术设定的象征意味也是十分明显的。从象征的角度来看，骆驼的身体残疾，绝对可以被解读为他精神残疾的一种隐喻式表达。必须注意到小说关于骆驼身世来历的一种描写："骆驼说：我的祖上，原也是中原人。是当年逃难逃到甘肃那边去的……"如此一种艺术设定，当然是为了更有机地把关于骆驼的故事整合到《生命册》这部长篇小说当中。但既然把骆驼与中原联系在了一起，那我们就不能不注意到李佩甫在小说第四章中关于中原树木的一种传神描写："这里一马平川，雨水丰沛，四季分明，按说应是最适宜植物生长的地方。可坦白地说，这里不长栋梁之才。""在平原，树与风的搏斗是长年的、持久的，也是命对命的，就像是一对老冤家……平原上的树有一个最可怕的、也是最不易被人察觉的共性，那就是离开土壤之后变形。"接下来，李佩甫不无细致地对于柳树、榆树、槐树、楝树、椿树、枣树等等的扭曲变形状况一一进行了形象生动的描摹。必须承认，小说中的这样一些文字，包括第六章中关于平原上若干花草的描写，包括第十一章关于平原上各种乡村事物比如牛毛细雨、狗叫声等等在内的描写，都是李佩甫这部《生命册》中最动人的文字部分。别的且不说，单只是把这些文字摘取出来，本身就是非常棒的散文作品。我们很难想象，若不是作家对于这些乡村事物有着深厚的感情寄托，有过日复一日的长期悉心观察，这样动人的文字会从李佩甫的笔下流淌而出。这样一些文字在《生命册》中的出现，一方面固然是要达到真实呈现一个乡村世界的艺术目标，但在另一方面，一种象征意味的存在恐怕绝对无法被忽略。单就小说中对于生长在平原上的这些被扭曲的树木状况的描写来说，象征性色彩的存在就是极其明显的。这样看来，如果说骆驼的远祖也是中原人，那么，李佩甫关于平原上树木扭曲性的描写，自然也就可以被看作人性被异化的骆驼一种隐喻性描写。更进一步说，作家关于平原上树木的描写，也并不仅仅只是关于骆驼，而且是关于《生命册》中所有灵魂被扭曲异化者们的象征性展示。之所以这么说，关键在于俗话所说的"一方水土养一方人"。那么，究竟何为水土呢？李佩甫在小说中写道："古人云：水有润下助土之功，滋生万物之德；土有化象和水之绩，舒纵欲托之能。四维之中，水为命之象，土为命之基。而这里所说的'水土'是一体的。""在这里，水土又不等同于风俗。风俗是有时间性的，是可以改变的。而水土，则说的是特定的气场和依托，是亘古不变的。这里指的是一个特定的地域的'生气'，或者说是磁场效应。"很显然，只有在如此一种意义上来看待李佩甫关于水土、关于平原上那些树木变形的描写，我们才能够更准确到位地理解其中强烈的象征隐喻意味。

  实际上，作为《生命册》非常突出的艺术特点之一，李佩甫对于象征手法的运用，并不只是体现在关于平原上树木变形状况的描写这一个方面。我们注意到，小说第十一章关于"我"遭遇意外车祸之后，眼睛受伤，在医院里治疗眼疾时基本状况的描写，象征隐喻的意味也同样是非常突出的。从小说的整体艺术结构上说，这一章的出现多少显得有些突兀。对于这一点，多年从事小说创作有着足够丰富创作经验的李佩甫应该非常清楚。既然存在着与整体小说结构不够和谐协调的问题，那么，李佩甫为什么还要坚持插入这样的一个独立性章节呢？作家的如此一种艺术处理，显然有其特别用意。那就是，他要通过对于当下时代这些罹患眼疾病人状况的一种罗列性描写，最终要在一种象征的意义上说明这个时代的人们眼睛都已经出了问题，都处于不同程度的目盲状况："上苍赐予了我们一双眼睛，本是看路的，可我们的眼都出了问题。是命运把我们抛在了这里，使我们聚在一起，同病相怜，在眼科病房里，几乎每个人都有一份奇奇怪怪的经历，那眼病也是由各种各样、千奇百怪的原因造成的。""若是走在大街上，你是绝不会看到的。"某种意义上说，正因为在大街上看不到，所以李佩甫才特意地插入了眼科病房这一章节，才把这些形形色色的眼疾状况展示在了广大读者面前。作家之所以要作此种特别描写，当然是要充分凸显传达"我们的眼都出了问题"这样一种隐喻性洞见。是啊，何止是突遇车祸的"我"呢？从十八层高楼上纵身跃下的骆驼，不更是一个眼睛出现了重大问题的自我迷失者么？

当然了，说到骆驼，除了一再强调他的精神扭曲与自我迷失之外，我们也还必须同时注意到这一人物形象侠肝义胆、勇于担当一面的存在："到今天为止，我仍然不认为骆驼是个十恶不赦的坏人。""骆驼身上虽然有投机的成分，但也还有很传统的东西，有侠肝义胆的部分，还有……"这一点，不仅表现在当年在北京落魄时与"我"之间的兄弟情谊上，更突出地表现在自己企业的问题东窗事发之后，骆驼的跳楼举动上。由于小乔的彻底坦白交代，骆驼非常明白，自己被弄进去调查审讯，是迟早都无法回避的一件事情。自己进去倒不要紧，关键的问题是，自己的事情肯定会牵连到曾经帮助过自己的官员："更重要的是，这还会牵连到两个副部级以上的干部。在骆驼眼里，他们都是好人，都是给企业有过很大帮助的人，并不是人们所说的贪官，尤其是范家福。范家福是从乡下走出来的穷人家的孩子，他苦学苦读，从中国读到了美国，读到了博士，而后又回来报效国家，骆驼一旦进去，一旦开了口，就把人家给害了。"当自己面临着如此巨大的人生困境的时候，骆驼想到的不仅仅是自身的安危，而是更多地想到了如同范家福这样曾经给予过自己很大帮助的人，这样的一种情怀不是侠肝义胆、勇于担当又能够是什么呢？应该怎么办呢？"骆驼是个才华过人、绝顶聪明的人。骆驼犯的错误是每一个中国人都会犯的，当时，骆驼承受着巨大的压力。骆驼肯定会想到：他是所有环节中最重要的一环。假如他这个环节断了，那么所有的环节都会在他这一节戛然而止……"当然，骆驼在想到范家福他们的同时，也想到了自己的妻儿："骆驼不想给他的孩子带来灾难。"很显然，正是出于这样一种心理作用，所以骆驼最后才毅然决然地从十八层高楼上跳楼身亡。这样的一种决绝行为，所充分凸显出的，正是骆驼人性中的正面因素所在。某种意义上，我们只有把这样一个侠肝义胆、勇于担当的骆驼，与此前那个四处投机内心贪婪物欲极度膨胀的骆驼结合在一起,才是一个真实意义上的骆驼形象。我们所谓李佩甫以其犀利的笔触切入并成功地挖掘表现了人物形象的人性复杂性,很大程度上正是落实在如同骆驼这样的人物形象身上。

作为一部具有展示人物群像意味的长篇小说,李佩甫《生命册》能够给读者留下深刻印象的人物形象,实际上并不只是骆驼,其他诸如老姑父、梁五方、虫嫂、杜秋月、春才、梅村、范家福、夏小羽、小乔,甚至于身兼小说叙述功能的"我",这些人物形象都可圈可点,都应该被看作《生命册》中具有人性深度的人物形象。由于篇幅的原因所限,在这里,我们当然不可能如同剖析骆驼一样,对于这些人物形象展开充分而深入的细致分析,只能择其要者进行相对简略的分析。比如电视台的主持人夏小羽,可以说是一个才貌双全的绝色女子。不仅天生丽质,而且还出身于几代知识分子的书香门第,既有足够的道德修养,也有十足的傲气。但就是如此优秀的一个女孩子,却遭受过两次致命的打击。一次是考大学,"她报考了北京广播学院,却仅以两分之差落榜,不得不屈就了北京服装学院。"又一次是感情受挫:"她在北京读书时,谈了一个男朋友,那男朋友是'北广'的,她有'北广情结'。"没想到,她的男朋友在读完博士之后,却一个人悄没声地出国了。这两次打击,尤其是第二次打击,自然也就成了夏小羽内心中永远的痛:"一个女人,尤其是品位高的漂亮女人,情感上的缺失是最大的缺失。"实际上,也正因了这种情感缺失的存在,夏小羽被骆驼给盯上了,最终成了骆驼的商业"目标"。精明的知识分子企业家骆驼,要通过这位情感上严重失意的电视台主持人达到拉范家福副省长下水的目的。尽管什么都不缺的夏小羽几经抗拒,但终归还是无法抵挡巨额金钱,尤其是这金钱还能够给她带来实现情感可能的诱惑:"是呀,她条件优越,她不缺钱。你说给她一百万,她自己也许就有那么多,她看不到眼里。你给她五百万,她仍然还占据着道德上的优越感,她守着一份矜持,仍然不答应……可你把她的生活'标尺'再次拉高,她一旦拥有了爱情,她的爱人还是留美的博士,双博士,又是副省长……这就有了缺口了。这个'缺口'又是在一日日地诱惑下铺垫起来的,就像天上的火烧云一样,让你眼花缭乱,五内俱焚,可顷刻间又是雷鸣电闪,人生无常啊!况且,她还是个姑娘,你让她怎么办呢?""人在病中,是最脆弱的时候。也许,崩溃就是那一刹那间产生的……"就这样,面对着骆驼强烈的攻心战术,被骆驼抓住了根本的情感弱点的夏小羽,终于还是被自己的内心情结所左右,不仅自己最终落得个身败名裂,而且还连带着把自己的爱人副省长范家福也拖下了水。刻画塑造人物形象时,总是能够准确地抓住其内在一种根深蒂固的情结来大做文章,绝对应该被看作李佩甫这部《生命册》一个根本的艺术特点所在。骆驼如此,夏小羽如此,其他一些成功的人物形象也同样如此。

比如说，无梁村人生遭际特别悲惨的那位梁五方。梁五方可以说是无梁村里的一个少见的大能人。十八岁的时候，跟着九爷学习泥、木匠活的他，就已经在盖房封顶造脊时，为了与唐大胡子一拼高下，背着师父自作主张，本来要塑龙，结果却塑了一个麒麟的造型出来。按照当地的行内规矩，既然梁五方已经自作主张了，那么九爷也就不能够再承认他是自己的徒弟了。如此一种细节，所凸显出的一方面是梁五方出众的才能，另一方面更是他那突出的个性，用小说中的话语来说，就叫做"傲造"。是的，就是"傲造"："那时候，梁五方常说的一句话就是：你吃过大盘荆芥么？这是多么傲慢的一句话呀！在平原，谁都知道，说'荆芥'不是荆芥，指的是'见识'。就这么一句话，说得一村人侧目而视。在人们心里，老蔡是支书，是村里第一人。他连支书都看不上了，他认为他的'见识'已超过当年的上尉军官了。那么，他还会看上谁呢？就此，村里人就不高兴了，谁见了他都翻白眼。""梁五方实在是太傲造了。那时的梁五方就像是个'红头牛'，说话戗人，他几乎把一村人都得罪了。他很忙啊，每日里骑着他自己买零件组装的自行车，日儿、日儿地从村街里飞过，车瓦上的亮光一闪一闪的……很扎眼！可他浑然不觉。"实际上，梁五方性格上的"傲造"与其能力的超强存在着密切的内在联系："大凡傲造的人，都是有本事的。"这一方面，一个突出的表现就是，在那个政治高压、人们日常生活普遍困难的时代，梁五方居然凭借着自己一人之力盖起了一座房子："一个人，不央人，不求人，独自盖起了一栋房子，这已经很让人吃惊。那年月，更让人眼黑的是：他盖的还是一砖到顶的一间新瓦房！"个性"傲造"的梁五方，根本就没有意识到，他这样的一种特立独行早就在有意无意间触犯了众怒，村里人早就对他的所作所为愤愤不平了："我告诉你，在平原，人要是太'各色'了，就会受到众人的反对。"梁五方无论如何都不可能料想到，自己到最后居然会为了自己的"傲造"而付出特别惨重的代价。因为平时就把村里人得罪光了，所以，村里人便借用"运动"的名义大整特整性格"傲造"、"各色"的梁五方了："你没见过这种阵势吧？那就像突然刮起一股黑风，'呜'一下几百人一齐拥上去，就像是筛粮食一样，把梁五方当作一个混在麦粒中的'石子'，在人群中你推过来，我搡过去……在平原的乡村，这叫'过箩'。""你可以想象人们在庸常的日子里心里聚集了多少怨恨，埋藏了多少压抑！特别是女人，女人需要忍耐多久才有这么一次发疯的机会！""我还看见，几乎是全村的人，都下手了……"

为什么会有如此这般的深仇大恨呢？生性一贯"傲造"的梁五方就是再得罪人也不可能把全村人都得罪光吧？为什么差不多所有的村里人都会对梁五方下手呢？在这里，其实潜藏着一种极其可怕的"场"效应："我必须诚实地告诉你，在这种时候，在这种场合里，我也很想上去扇他一耳光。我跟梁五方没有任何仇恨,也没有过节,他甚至可以说是我崇拜的偶像。当偶像倒在地上的时候……我只是、只是兴奋。我的手忍不住发痒,发烫,有一种指甲里想开花的感觉!这是真的。所以,我告诉你,在一定的时间和氛围里,恶气和毒意是可以传染的。"必须承认,李佩甫在这里通过对于"我"一种真实心态的描述,揭示出了一种具有普遍性的"场"效应。那就是,当你处于某种带有狂热性质的时间和氛围当中的时候,你的心里免疫力就降到了最低程度,你内心中潜藏着的人性之恶,往往会借助于这样的机会溜出来为非作歹。梁五方被无梁全村人无端毒打的这一场景描写,肯定是李佩甫《生命册》中最令人难忘的场景之一。说实在话,也只有在读过这样的一种场景描写之后,你才能够真正明白,当你置身于某种历史狂潮中的时候,你自我控制的意志力会衰弱到何种地步。《生命册》当然不是一部专门描写表现"文革"的长篇小说,但很显然,只要你认真地读过关于梁五方的这个场景描写,你就会真正地理解"文革"期间的全民狂热究竟是怎样形成的。李佩甫在这里,极其深刻地揭示了一种深层内在的群众心理学。如此一种"运动"的结果可想而知,梁五方的精神意志受到了极大的打击,从此之后,这位生性"傲造"、"各色",曾经不可一世的梁五方就走上了一条上访的不归路,成为了平原上一个大名鼎鼎的上访专业户,被称作颍河镇的那个"流窜犯"。请看被残酷折磨成为上访者之后的梁五方形象:"可他仍旧像被捆着似的,显得很滑稽:他走路两只胳膊紧贴着身子,头往前探,动作僵硬,身子佝偻,脖子梗着,往前一窜一窜地走,就像根本没有手一样……"从当年那个"傲造"不已、能力极强的青年匠人,到后来这样一位形象滑稽可笑的"流窜犯",我们完全可以想象得到,在这个过程中,梁五方究竟付出了怎样巨大惨烈的代价。在这个意义上说,梁五方当然也应该被看作平原上的一位灵魂畸形扭曲者。只不过,由于身处具体时代的差异,梁五方所呈现在读者面前的扭曲状态明显地不同于我们前面已经展开分析过的骆驼或者夏小羽。

最后不能不提及并进行深入分析的,就是同时身兼叙述者功能的知识分子"我"(吴志鹏)这一人物形象。正如同我们在前面已经强调过的,"我"在《生命册》中的重要性首先体现在叙事层面上。设若离开了"我"这样一个轴心,那么,李佩甫的小说结构坐标系就无论如何都无法建立起来。然而,需要注意的是,"我"不仅仅是故事的观察与传达者,不仅仅是小说的叙述者,同时也还是一位重要的介入者、行动者,是《生命册》中不可或缺的一位重要人物形象。如果超越小说的艺术形式层面来看,"我"的存在,实际上为整部长篇小说提供了一种殊为关键的叙事哲学,或者叫做基本的叙事立场。要想讨论"我",就不能不再次提及骆驼。因为,"我"与骆驼在小说中属于同质化的一类人物,具有极其相似的人生轨迹。从基本身份上说,他们都是曾经接受过高等教育的知识分子,但后来却都涉足市场,成了所谓市场经济时代的弄潮儿。他们都曾经有过贫困痛苦的幼年生活,都是从乡村世界走向现代城市,都是依靠着自己的打拼奋斗而立足于这个社会。他们虽然内心中不乏善良淳朴,但为了适应时代却不得不虚与委蛇,都曾经有过欲望的膨胀与人生的投机。然而,尽管人生轨迹极其相近,但他们各自的人生结果却又大不相同。骆驼被迫跳楼自尽,"我"虽然不幸遭遇车祸,付出了一只眼睛的代价,但却终归是一个幸存者。之所以如此,与他们各自不同的人生态度有着紧密的内在联系。骆驼如同驰上了人生快车道的赛车手一样,一味地贪求巨额财富的积累,根本不知有度,根本就停不下来,以致最后只能落得个车毁人亡的悲剧下场。而"我"尽管内心中也有过贪欲,也有过造假投机行为,但与根本就不知有度的骆驼相比较,"我"的难能可贵却在于知道有"度"存在。这一点,在他们俩人的北京交锋过程中表现得特别明显。在北京,当"我"恳切地奉劝骆驼一定要有自己人生道德底线的时候,骆驼却一点都听不见去。"我说,老兄,还是那句话:咱得有……底线。说句不好听的话,早些年,咱无路可走,不得不投机。说得好听些,那叫抢抓机遇。现在,晚了。已不是投机的年代了。""骆驼说:什么底线?底线在哪里?我怎么看不见呢?鸟。在我眼里,在这样一个时代,必是投机,也就是抢时间。"

　　为什么会这样呢?"我"为什么就要比疯狂的骆驼多了一份特别难能可贵的清醒有度呢?在小说中,李佩甫对于这一点有着透辟的揭示。请注意,在"我"的叙事过程中,经常会说到"我身后有人"。"其实,到了上海之后我才明白,我是带有黄土标记的,我已经无法融入任何一座城市。在城市里,我只是一个流浪者,并且,永远是一个流浪者。我记得我给你说过,我身后有人"。"可我知道我身后有人"。"是的,我身后有人。可我无法解释,也不需要解释,就是解释也解释不清楚"。为什么"身后有人"?"我"的身后到底会有什么人呢?"你记住,我只要一提'老蔡',你就要注意分寸了"。"再进一步,我会说:'梁五方'来了。这就是说,戏过头了"。"再往下,面临危险,要你立即回头的时候。我会说:'杜秋月',或是'老杜'……"却原来,由这些老蔡、梁五方、杜秋月们所组成的,也就是"我"背后的那个乡土世界平原上的无梁村。是这些人,构成了"我"身后的人。正因为如此,所以,在小说的开头处,李佩甫才会这样刻意强调:"每个人都是有背景的。一个人的童年或者说是背景,是可以影响一个人一生的。"很显然,正因为"我"身后有人,因为"我"在自己的成长历程中已经亲眼目睹过发生在无梁村那么多的人生悲喜剧,所以,才会在关键的时候保持一种相对清醒的认识,才能够及时地抽身而出、急流勇退。说到底,"我"的节制有度与骆驼的贪欲无度才是导致他们各自不同人生结果的根本原因所在。某种意义上说,骆驼是一个只知一味贪婪前行而不知有所反省忏悔的知识分子形象;而"我",

则很显然是一个感恩心理与忏悔意识均十分突出的知识分子形象。说到这一点,就不能不注意到李佩甫在小说最后一章中的相关描写:"近乡心怯,回村那一天,我的心是抖的。""在我,原以为,所谓家乡,只是一种方言,一种声音,是你躲不开、扔不掉的一种牵扯,或者说是背在身上的沉重负担。可是,当我越走越远,当岁月开始长毛的时候,我才发现,那一望无际的黄土地,是唯一能托住我的东西。"论述至此,就必须说一说李佩甫对于乡村与城市艺术表现的差异了。尽管我们强调李佩甫建立了一个很好的小说结构坐标系,强调其横纵二轴一是乡村一是城市,强调他的这部《生命册》是一部对于乡村与城市的现实与历史进行了深入思考表现的优秀长篇小说,但严格地对比衡量一下,我们却又不能不承认,二者之间的艺术表现力度实际上还是处于不平衡的状态。而这,也就意味着,尽管李佩甫试图打通自己的乡村与城市视域,但从具体的文本状态来说,一种无法被否认的客观情况确实,作家对于乡村世界的表现,明显要比对于城市生活的表现成功许多。导致此种情形的一个根本原因,显然在于李佩甫有着足够丰富深入的乡村生活经验,对于乡村世界有着远胜于城市生活的理解与把握。所以,读过《生命册》之后,关于城市生活,给我们留下的,大概也只能是充满着罪恶与欲望这样一种印象,否则,为什么骆驼、梅村、范家福、夏小羽他们都会成为城市的迷失者呢?这就意味着,李佩甫并没有把现代城市生活的复杂性呈示出来。相比较而言,作家对于乡村世界的展示却是非常成功到位的。请注意,出现于李佩甫笔端的乡村世界,既是温厚的也是残酷的,既是博大的也是褊狭的,既是深邃的也是肤浅的。一句话,李佩甫在广大读者面前呈示出的乃是一个复杂真实的乡村世界。某种意义上,也只有从这样的一种前提出发,我们才能够理解"我"对于无梁村、对于乡村世界所持有的那样一种爱恨交加的复杂感情,才能够理解到了小说结尾处"我"的一种真切忏悔之情:"乡人供我上了十九年学,整整十九年哪!我真心期望着,我能为我的家乡,我的亲人们,找到一种'让筷子竖起来'的方法。如果我此生找不到,就让儿子或是孙子去找。""我知道,我身后长满了'眼睛'。可我说不清楚,一片干了的、四处漂泊的树叶,还能不能再回到树上?""我的心哭了"。"也许,我真的回不来了。"

是啊,如同骆驼,如同"我"这样一些沉重异常的灵魂真的还能够回得去吗?

原载《文艺评论》2014年第1期

作品年表

李佩甫作品年表

1978 年
　　《青年建设者》,《河南文艺》1978 年第 1 期。
　　《在大干的年月里》,《河南文艺》1978 年第 5 期。
　　《谢谢老师们》,《河南文艺》1978 年第 10 期。

1979 年
　　《小小老百姓》,《郑州文艺》1979 年第 5 期。

1980 年
　　《有这样一个厂长》,《奔流》1980 年第 5 期。
　　《疑问》,《郑州文艺》1980 年第 4 期。

1981 年
　　《夜长长》,《百花园》1981 年第 1 期。
　　《憨哥儿》,《奔流》1981 年第 11 期。
　　《二怪的画》,《莽原》1981 年第 3 期。

1982 年
　　《多犁了一沟田》,《奔流》1982 年第 2 期。
　　《我们锻工班》,《奔流》1982 年第 9 期。
　　《十辈陈轶事》,《奔流》1982 年第 12 期。

1983 年
　　《小城书柬》,《莽原》1983 年第 1 期。
　　《青春螺旋线》,《奔流》1983 年第 7 期。
　　《蛐蛐》,《长江文艺》1983 年第 9 期。

1984 年

《森林》,《奔流》1984 年第 5、6 期合刊。

附李佩甫:《这里会出现森林》。

1985 年

《车上没有座位》,《广州文艺》1985 年第 10 期。

《小小吉兆村》,《奔流》1985 年第 10 期。

1986 年

《红蚂蚱 绿蚂蚱》,《莽原》1986 年第 1 期。

《李氏家族的第十七代玄孙》,《小说家》1986 年第 5 期。

1987 年

《女犯》(纪实文学),《莽原》1987 年第 2 期。

《李氏家族的第十七代玄孙》,百花文艺出版社,1987 年。

《李氏家族的第十七代玄孙(续篇)》,《小说家》1987 年第 6 期。

1988 年

《湛建新与〈娘娘泉〉——编辑札记》,《中州文坛》1988 年第 1 期。

《女囚春梦》,李佩甫等著,中国文联出版公司,1988 年。

《金屋》,《当代作家》1988 年第 6 期。

《红炕席》,《奔流》1988 年第 12 期。

1989 年

《送你一朵苦楝花》,《莽原》1989 年第 3 期。

《关于〈苦〉稿的自白》,《莽原》1989 年第 3 期。

《在"瞎话儿"中长大》,《中篇小说选刊》1989 年第 4 期。

1990 年

《画匠王——一九八八》(系列小说),《上海文学》1990 年第 1 期。

《金屋》,长江文艺出版社,1990 年。

《找一块自留地》,《新闻爱好者》1990 年第 8 期。

《无边无际的早晨》,《北京文学》1990 年第 9 期。
《黑蜻蜓》,《中国作家》1990 年第 5 期。
《村魂》,《时代文学》1990 年第 5 期。

1991 年

《一抔"老娘土"》,《中篇小说选刊》1991 年第 1 期。
《田园》,《小说家》1991 年第 2 期。

1992 年

《豌豆偷树》,《长城》1992 年第 2 期。
《"泡"豌豆》,《中篇小说选刊》1992 年第 4 期。
《颍河故事》(长篇电视连续剧剧本),1992 年创作,河南电视台 1993 年拍摄并首播。

1993 年

《乡村蒙太奇》,《小说家》1993 年第 5 期。

1994 年

《麦穗意识》,《公安月刊》1994 年第 1 期。
《满城荷花》,《上海文学》1994 年第 3 期。
《钢婚:一九九二的永恒》,《天津文学》1994 年第 4 期。
《红蚊子:城市白皮书之一》,《时代文学》1994 年第 4 期。

1995 年

《夏天的病历:城市白皮书之二》,《莽原》1995 年第 1 期。
《放逐城市的田园游子:张宇散记》,《中国作家》1995 年第 2 期。
《种植"声音"》,《公安月刊》1995 年第 3 期。
《桃毛:特异功能诊所病历之三》,《牡丹》1995 年第 5 期。
《城市白皮书》,人民文学出版社,1995 年。

1996 年

《长眼睛的树叶:城市白皮书之四》,《钟山》1996 年第 2 期。
《读山》,《牡丹》1996 年第 3 期。

《学习微笑》,《青年文学》1996 年第 6 期。
《一个老警察的故事》,《公安月刊》1996 年第 7 期。
《拾来的"微笑"》,《中篇小说选刊》1996 年第 6 期。
《李佩甫》,人民文学出版社,1996 年。

1997 年

《生命的呐喊——感觉正渠》,《热风》1997 年第 2 期。
《底色——电视连续剧〈平平常常的故事〉文学版》,河南文艺出版社,1997 年。
《平平常常的故事》(长篇电视连续剧剧本),1997 年中央台 8 频道播出。
《无边无际的早晨——李佩甫中短篇小说自选集》,华夏出版社,1997 年。
《挺立潮头》(电影剧本),1997 年拍摄上映。

1998 年

《败节草》,《十月》1998 年第 5 期。
《难忘岁月——红旗渠故事》(长篇电视连续剧),1999 年 1 月中央电视台 1 频道黄金档首播。

1999 年

《李佩甫小说自选集》,河南文艺出版社,1999 年。
《李氏家族》,百花文艺出版社,1999 年。
《羊的门》,《中国作家》1999 年第 4 期。
《羊的门》,华夏出版社,1999 年。
《带豁口的月亮》,《中国青年》1999 年第 10 期。

2000 年

《生活的丝结出了文学的茧》,《河南日报》(人文副刊)2000 年 6 月 30 日。
《渐入佳境:张宇小说》,《时代文学》2000 年第 4 期。
《打磨"中国之中"的家族盛衰故事》,《中国青年报》2000 年 10 月 12 日。

2001 年

《访俄散记:从莫斯科到彼得堡(上)》,《中州统战》2001 年第 3 期。
《访俄散记:从莫斯科到彼得堡(下)》,《中州统战》2001 年第 4 期。

《李佩甫文集》(四卷)(包括《李氏家族》、《城市白皮书》、《申凤梅》、《黑蜻蜓》),长江文艺出版社,2001年。

《在和平的日子里》,《公安月刊》2001年第9期。

2002年

《中国作家经典文库·李佩甫卷》,光明日报出版社,2002年。

《一个时代的标本》,《人民日报》2002年12月14日。

2003年

《城的灯》,长江文艺出版社,2003年。

《背上的土地》,《中篇小说选刊》2003年第3期。

《会跑的树》,《小说月报》(原创版)2003年第2期。

2004年

《会跑的树》,长江文艺出版社,2004年。

2005年

《钢婚》,江苏文艺出版社,2005年。

2007年

《等等灵魂》(长篇小说),《十月》2007年第1期。

《等等灵魂》,花城出版社,2007年。

《红旗渠的儿女们》(二十四集电视连续剧),《当代电视》2007年第3期。

《离我们很近》,《长篇小说选刊》2007年第3期。

2011年

《文学的标尺》,《文艺报》2011年4月22日。

《通天人物》,江苏文艺出版社,2011年。

2012年

《生命册》,《人民文学》2012年第1、2期。

《生命册》,作家出版社,2012年。

《我的文友吴万夫》,《牡丹》2012年第3期。

《乡村记忆》,《散文百家》2012 年第 5 期。

《无梁的树》、《无梁的风》,《农村·农业·农民》(A 版)2012 年第 6 期。

《虫嫂》,《东京文学》2012 年第 6 期。

《怀念》,《创作与评论》2012 年第 8 期。

《我的"植物说"》,《文艺报》2012 年 8 月 29 日。

《上流人物》,江苏文艺出版社,2012 年。

2013 年

《寂寞许由》,《鸭绿江上》2013 年第 8 期。

《时刻准备着》,《文艺报》2013 年 9 月 27 日。

《红蚂蚱 绿蚂蚱》,上海文艺出版社,2013 年。

研究资料索引

李佩甫研究资料索引

报纸期刊文章

杜田材:《深情地咏叹生活的变革》,《莽原》1984年第4期。

乐平:《李佩甫小说漫谈》,《奔流》1984年第10期。

张宇:《实实在在的李佩甫》,《文艺报》1987年第3期。

刘忱:《从蛛网里挣脱出来——简评〈李氏家族的第十七代玄孙〉》,《理论月刊》1987年第1期。

甘以雯:《深沉的性格 多彩的人生——读〈李氏家族的第十七代玄孙〉》,《小说评论》1987年第1期。

杜田材:《创新:宽阔而狭窄的路——从李佩甫近作说到创作的突破》,《奔流》1987年第4期。

亦文:《从〈红蚂蚱〉到〈李氏家族〉》,《小说家》1987年第6期。

小风:《老实人,却不是弱者》,《小说家》1987年第6期。

南丁:《李佩甫与他的小说》,《文艺报》1988年4月16日。

庄众:《琐记李佩甫》,《百花园》1988年第5期。

林焱:《现实与神话的二重走向——评〈李氏家族的第十七代玄孙〉》,《当代作家评论》1989年第1期。

周百义:《历史进程中的人性谛视——读长篇小说〈金屋〉》,《小说评论》1989年第2期。

杜田材:《思辨理性的追求与表现——评〈送你一朵苦楝花〉》,《莽原》1989年第3期。

曾凡:《李佩甫和他的小说》,《人民日报》1989年6月6日。

庄众、曾凡、李佩甫:《象征的金屋与〈金屋〉的象征——一次没有结束的讨论》,《小说评论》1989年第6期。

陈继会:《善与恶的悖论:〈李氏家族〉的历史哲学——读〈李氏家族的第十七代玄孙〉札记》,《小说评论》1990年第2期。

张宇:《早晨的风景——读〈无边无际的早晨〉》,《北京文学》1991年第1期。

吴方:《乡土情思与李佩甫近作》,《北京文学》1991年第1期。

王鸿生：《李佩甫和他的神话视界》，《上海文学》1991第6期。

潘年英：《李佩甫小说语言的文化意味：读〈黑蜻蜓〉札记》，《今日文坛》1991年第2期。

梅蕙兰：《凝冻的厚土与跃动的大地——李锐与李佩甫创作比较》，《中州学刊》1992年第1期。

梅蕙兰：《大地恋歌——读李佩甫的中篇小说〈田园〉》，出自梅蕙兰著《水之性情与山之精神》，河南大学出版社，1992年。

张剑桦：《"喧哗与骚动"之后的思索——读〈金屋〉札记》，《许昌学院学报》1992年第1期。

汪淏：《"问讯"与"审判"——李佩甫〈无边无际的早晨〉读评》，《小说评论》1993年第1期。

陈继会：《永恒的诱惑：李佩甫小说与乡土情结》，《文学评论》1993年第5期。

鲁枢元、李佩甫：《关于文学与精神生态的对话》，《莽原》1994年第4期。

何向阳、李佩甫：《文学与人的神话》，《文学世界》1995年第4期。

乔美丽：《描述对象的转型：评李佩甫中篇小说〈夏天的病历——城市白皮书之二〉》，《莽原》1996年第2期。

何向阳、李佩甫：《对话：文学与人的神话》，《莽原》1996年第3期。

何弘：《铁肩担道义 妙手著文章：李佩甫新作〈城市白皮书〉研讨会纪要》，《莽原》1996年第5期。

何弘：《促进河南文艺迈向新目标——李佩甫新作〈城市白皮书〉研讨会纪要》，《中华文化选刊》1996年第5期。

陈继会：《拷问"城市"》，《东方艺术》1996年第5期。

陈继会：《〈城市白皮书〉当代城市精神生态的忧思和拷问》，《小说评论》1997年第2期。

张喜田：《城乡、古今中的挣扎与修炼——李佩甫创作论》，《河南师范大学学报》（哲学社会科学版）1997第3期。

孙荪：《捕捉变化中的乡土精灵——李佩甫散论（上）》，《中州大学学报》1998年第1期。

晓慧：《失业不失志 自尊得自立——评李佩甫的小说〈学习微笑〉》，《西安教育学院学报》1998年第2期。

申艳霞：《"现实主义冲击波"冲击什么——从〈学习微笑〉谈起》，《中山大学研究生学刊》1998年第4期。

胡勇：《一部反映下岗职工生活的好小说——读李佩甫的小说〈学习微

笑〉》,《河南教育学院学报》(哲学社会科学版)1999年第1期。

李少咏:《画出当代人的困窘与希望——读解李佩甫中篇小说〈学习微笑〉》,《周口师范高等专科学校学报》1999年第1期。

孙荪:《初识呼天成:读李佩甫的长篇新作〈羊的门〉》,《文论报》1999年第9期。

李胜先:《李佩甫的长篇小说〈羊的门〉》,《中外文化交流》1999年第5期。

何弘:《众说纷纭〈羊的门〉》,《莽原》1999年第6期。

李伯勇:《"村妇性生存"的全息裸示——〈羊的门〉阅读笔记》,《小说评论》2000年第1期。

丁增武:《"批判"的恢复——析〈羊的门〉的主题意向》,《小说评论》2000年第1期。

黄书泉:《长篇小说札记》,《小说评论》2000年第1期。

占春:《无罪的大地》,《金屋》序,长江文艺出版社,2000年。

甘以雯:《一部13年后依然走红的长篇》,《全国新书目》2000年第3期。

聂雄前:《绝对的错误:〈羊的门〉之我见》,《芙蓉》2000年第2期。

摩罗:《悲悯与拯救》,《读书》2000年第5期。

刘思谦:《卡里斯马型人物与女性——〈羊的门〉及其他》,《当代作家评论》2000年第3期。

曲春景:《权力文化的叙述结构》,《当代作家评论》2000年第3期。

张宇:《打开〈羊的门〉》,《当代作家评论》2000年第3期。

曲春景:《放牧人群:从苏格拉底到呼天成》,《文艺争鸣》2000年第3期。

江曾培:《强烈震撼,几许冷意:〈羊的门〉读后感》,《文学报》2000年第6期。

张宁:《我们的"现在"和"现代"》,《上海文学》2000年第7期。

奚同发:《创造富有民族特色的形象:与作家李佩甫谈长篇小说〈金屋〉》,《文学报》2000年8月31日。

赵修广、晏立东:《乡土恋歌与悲歌——论李佩甫乡土小说的双重主题》,《淮北煤师院学报》(哲学社会科学版)2000年第3期。

翟业军:《棋子走不出棋盘——李佩甫〈羊的门〉片论》,《徐州教育学院学报》2000年第3期。

郭力:《穿行于历史与现实之间的寓言写作——〈羊的门〉阅读札记》,《北方论丛》2000年第6期。

周志雄:《论李佩甫小说中的"成功者"形象》,《河海大学学报》(哲学社会科学版)2000年第4期。

张景超、马宇飞:《一半是海水 一半是火焰——呼天成形象文化构成面面观》,《克山师专学报》2001年第1期。

侯运华:《论李佩甫的小说创作》,《河南大学学报》(社会科学版)2001年第2期。

孟繁华:《中原文化与生活政治》,《想象的盛宴》,云南人民出版社,2001年。

郭海军、李向明:《现实的寓言图式——关于〈羊的门〉的一种疏解》,《内蒙古民族大学学报》(社会科学版)2001年第2期。

刘学林:《种植声音的李佩甫》,《热风》2001年第7期。

姚晓雷:《乡土呈现中的一种知识分子批判——李佩甫小说的一个主题侧面解读》,《平顶山师专学报》2001年第3期。

杨玉东:《生命与生存——从〈活着〉和〈羊的门〉看生命的意义和生存的本质》,《南京理工大学学报》(社会科学版)2001年第4期。

曾镇南:《中国乡土小说三家略论》,《理论与创作》2001年第5期。

蔡莹:《析〈羊的门〉和〈软弱〉中的豫中文化》,《伊犁教育学院学报》2001年第3期。

朱菊香:《呼天成形象的文化意蕴——评李佩甫的小说〈羊的门〉》,《芜湖师专学报》2001年第4期。

李少咏:《倾听李佩甫》,《倾听与阐释》,远方出版社,2002年。

赵修广:《天使与祸水——〈静静的顿河〉、〈白鹿原〉与〈羊的门〉男女关系模式散论》,《淮北煤师院学报(哲学社会科学版)》2002年第1期。

颜婉蓉:《〈败节草〉人物精神赏析》,《内蒙古电大学刊》2002年第2期。

姚晓雷:《试论李佩甫笔下的反叛一族》,《杭州师范学院学报》(社会科学版)2002年第2期。

方向真:《背叛的尴尬》,《中州大学学报》2002年第2期。

李灵萍:《揭开人情文化封建陋习的冰山一角——论〈羊的门〉对传统人情交往的反思》,《浙江海洋学院学报》(人文科学版)2002年第2期。

胡焕龙:《沉痛的历史与文化反思——读李佩甫长篇小说〈羊的门〉》,《淮南师范学院学报》2002年第4期。

文贵良:《话语与权力的互动生长——呼天成形象分析》,《书屋》2002年第11期。

赵卫东:《"村支书"和"他的反抗者"——〈羊的门〉等五部乡村叙事文本解读》,《小说评论》2002年第6期。

周百义:《李佩甫:我一直在研究"土壤"》,《中国文化报》2003年3月

20 日。

尹季:《家族小说〈羊的门〉中的乡村国民性格》,《河北工程技术职业学院学报》2003 年第 1 期。

蔚蓝:《城灯光照下的尘世意象》,《文艺报》2003 年 3 月 25 日。

李凌俊:《李佩甫点亮〈城的灯〉》,《文学报》2003 年 4 月 3 日。

闵云童:《一粒麦子死在了地里》,《中国图书商报》2003 年 4 月 4 日。

周百义、秦文仲:《李佩甫用激情点燃"城市之灯"——关于长篇小说〈城的灯〉与作者的对话》,《人民日报》(海外版)2003 年 4 月 22 日。

董丰:《城的灯 耀眼明》,《中国保险报》2003 年 5 月 9 日。

雷达:《雷达专栏:长篇小说笔记之十七——李佩甫〈城的灯〉李科烈〈山外还是山〉》,《小说评论》2003 年第 3 期。

贺绍俊:《农业文明的最后晚餐》,《中华读书报》2003 年 5 月 28 日。

张锲:《村魂·国魂·民族魂》,见《寻梦录——张锲散文精选》,昆仑出版社,2003 年。

雷达:《〈城的灯〉中的圣洁与龌龊》,《中华读书报》2003 年 6 月 11 日。

唐小娟:《城灯的诱惑》,《辽宁日报》2003 年 6 月 12 日。

高慧斌:《"人与土地"的对话》,《辽宁日报》2003 年 6 月 12 日。

张亦嵘:《文明代价》,《法制日报》2003 年 6 月 20 日。

《中原高悬〈城的灯〉》(研讨会纪要),《河南日报》2003 年 6 月 20 日。

侯耀忠:《生命意义的永恒追寻》,《光明日报》2003 年 7 月 2 日。

贺绍俊:《印象点击(040－049)——〈城的灯〉》,《当代作家评论》2003 年第 4 期。

樊希安:《向往城市的代价》,《光明日报》2003 年 8 月 21 日。

王洪辉、郝崇:《〈羊的门〉的家族神话与悲剧性反讽——陷落的乌托邦》,《北华大学学报》(社会科学版)2003 年第 3 期。

杨庆东:《解读〈羊的门〉》,《山东省青年管理干部学院学报》2003 年第 5 期。

王伯文:《从农村走向城市的代价》,《中国审计报》2003 年 9 月 10 日。

刘海燕:《李佩甫:来自平原的声音》,《作品》2003 年第 10 期。

庄桂成、岳凯华:《善与恶是人性中的天使和魔鬼——读李佩甫的长篇小说〈城的灯〉》,《当代文坛》2003 年第 6 期。

王健、赵志英:《〈羊的门〉三题》,《江苏教育学院学报》(社会科学版)2003 年第 5 期。

李建树:《走进李佩甫》,《越说越近》,宁波出版社,2003 年 1 月第 1 版。

张正华:《李佩甫〈羊的门〉的创作特点》,《郑州航空工业管理学院学报》(社会科学版)2004年第1期。

舒坤尧:《荣格与牧羊群》,《美与时代》2004年第2期。

姚晓雷:《"绵羊地"里的冷峻剖析——李佩甫小说的主题方面的解读》,《文艺争鸣》2004年第2期。

何西来:《道德的和宗教的救赎——读〈城的灯〉》,《南方文坛》2004年第3期。

何向阳:《羔羊生命册上的绳记——评李佩甫长篇〈城的灯〉》,《南方文坛》2004年第3期。

陈宣良:《"我们"的道德意识结构——从小说〈羊的门〉说起》,《开放时代》2004年第3期。

张延国:《试论李佩甫小说中的传奇化叙事》,《理论与创作》2004年第4期。

卜海艳:《中原民众性格管窥——论〈羊的门〉中"'败'中求生、'小'处求活"的生存术》,《美与时代》2004年第7期。

姚晓雷:《"绵羊地"和它上面的"绵羊"们——李佩甫小说中百姓一族的一种国民性批判》,《山东社会科学》2004年第8期:

卜海艳:《何处是我家园——李佩甫面对乡村和城市的两难选择》,《信阳师范学院学报》(哲学社会科学版)2004年第4期。

汪树东:《直面城乡二元结构的价值迷思——评李佩甫的长篇小说〈城的灯〉》,《理论与创作》2004年第5期。

陈昭明:《永远的乡土情结——李佩甫小说的人文情怀与审美范式》,《南昌大学学报》(人文社会科学版)2004年第5期。

黄艳芬:《试论李佩甫笔下的基层权力》,《合肥学院学报》(社会科学版)2004年第3期。

郝崇:《〈羊的门〉的文化选择》,《长春工业大学学报》2004年第4期。

赵红杰:《矛盾心态下的双重认同——评李佩甫的长篇新作〈城的灯〉》,《许昌学院学报》2005年第1期。

张晓辉:《明灯抑或幻象？——解读李佩甫长篇小说〈城的灯〉》,《名作欣赏》2005年第2期。

路庆平:《病的隐喻与城市批判——李佩甫〈城市白皮书〉的"病相"解读》,《平顶山学院学报》2005年第1期。

刘涵华:《简论李佩甫创作思想的嬗变——以〈金屋〉和〈城的灯〉为例》,《殷都学刊》2005年第1期。

蔚蓝、小韩：《城乡批判李佩甫》，《文化艺术报》2005年3月30日。

郭东辉：《欲望与疼痛——论李佩甫小说人物形象》，《美与时代》2005年第4期。

刘绪义：《家政治：城乡冲突中的生态符号——以李佩甫〈城的灯〉为例》，《理论与创作》2005年第3期：

翟苏民：《欲望·尊严与其他——评李佩甫中篇小说〈败节草〉》，《美的寻觅与阐释》，中国文史出版社，2005年。

张月萍：《刘汉香：一身诗意千寻瀑》，《平顶山学院学报》2005年第4期。

《新时期中原农村社会变革的记录者》，李振邦等著《河南籍著名文学家评传》，大众文艺出版社，2005年。

李佩甫、宋华震：《劳动与创造即是美——著名作家李佩甫谈美与人生》，贾玉民主编《对话：与当代文艺名家面对面》，远方出版社，2005年。

张云：《隐忍、冲撞、突围——〈城的灯〉中冯家昌"活"的哲学》，《许昌学院学报》2005年第6期。

潘称意：《此城到彼城——〈城的灯〉中冯家昌形象的现实意义》，《时代文学》（双月版）2006年第1期。

张磊：《城市边缘人的尴尬与悲哀——〈城的灯〉主人公人物形象解读》，《咸宁学院学报》2006年第2期。

荆爱珍、孙荣秀：《试论李佩甫〈城的灯〉中的恶魔性因素》，《华北电力大学学报》（社会科学版）2006年第2期。

孙爱霞：《生存困境中的人格裂变——〈城的灯〉之冯家昌的生存哲学解析》，《小说评论》2006年第z2期。

刘新锁、刘英利：《道德立场的坚守与困境——对李佩甫小说的一种解读》，《江苏社会科学》2006年第5期。

胡峰：《城市的罪恶与乡村乌托邦——评李佩甫〈城的灯〉》，《山东教育学院学报》2006年第5期。

李春：《由李佩甫的小说创作看作家关于"乡土"的三种状态》，《时代文学》（双月版）2006年第6期。

何向阳：《为国民的"善美刚健"写作——李佩甫长篇小说〈等等灵魂〉》，《文艺报》2007年2月10日。

左丽慧：《李佩甫：给时代"提一个醒儿"》，《郑州日报》2007年2月13日。

沈新燕：《从权欲叙述看作品精神内涵——以〈沧浪之水〉、〈城的灯〉、〈红煤〉为例》，《安徽文学》（下半月）2007年第2期。

李丹梦：《李佩甫论》，《文艺争鸣》2007年第2期。

奚同发:《一切尚待精神的救赎》,《文艺报》2007年2月17日。

丁河月:《谁的灵魂走失于权力之城》,《中华读书报》2007年3月21日。

李春:《由李佩甫的小说创作看作家关于"乡土"的三种状态》,《郑州大学学报》(哲学社会科学版)2007年第2期。

李博微:《论李佩甫小说的文化批判主题》,《开封大学学报》2007年第1期。

周飞伶:《农民叙述的一种理性回归——试解读〈城的灯〉与〈天高地厚〉》,《广西师范学院学报》(哲学社会科学版)2007年第2期。

朱晓科:《李佩甫:〈等等灵魂〉》,《中文自学指导》2007年第3期:

黄惟群:《与其等等灵魂,不如等等文学》,《山西文学》2007年第5期。

汪政:《什么是最重要的》,《长篇小说选刊》2007年第3期。

汪政:《别走太快,等一等灵魂》,《招商周刊》2007年第10期。

洪兆惠:《别走太快,等一等灵魂》,《辽宁日报》2007年6月8日。

王志勤:《李佩甫的艺术特征》,《宝鸡文理学院学报》(社会科学版)2007年第3期。

赵立功:《导读〈羊的门〉》、《李佩甫乡土政治小说的姊妹篇——〈羊的门〉和〈城的灯〉》、《一个作家的小说世界——〈钢婚〉的我读》,《编外文谈》,中州古籍出版社,2007年。

马珂:《物质之城与精神之城:突围中的挣扎——论〈城的灯〉中人物形象塑造》,《平顶山学院学报》2007年第4期。

刘全志:《用精神救赎异化的人性——论李佩甫小说〈等等灵魂〉的主题意蕴》,《平顶山学院学报》2007年第4期。

刘全志:《关注"时代"的人性——论李佩甫的〈等等灵魂〉中人性的异化》,《理论与创作》2007年第6期。

张玉凤:《李佩甫小说的复仇者形象》,《文学教育》(上)2007年第12期。

段永建:《论李佩甫小说对乡土叙事的固守与突破》,《天中学刊》2007年第6期。

王志勤:《论李佩甫的"权力情结"》,《郑州航空工业管理学院学报》(社会科学版)2007年第6期。

肖建国:《善良的李尚枝》,《作品》2008年第1期。

李博微:《论李佩甫小说的文化批判主题》,《名作欣赏》2008年第4期。

李娟、马臣:《男性的"圣母"想象——论李佩甫小说〈城的灯〉女性叙事的谬误》,《陕西理工学院学报》(社会科学版)2008年第1期。

谭晋宇:《论〈羊的门〉对现代性和国民性的思考》,《湖南人文科技学院学报》2008 年第 1 期。

卜海艳:《赤子情围成的藩篱——论中原传统地域文化对李佩甫创作的负面影响》,《中州学刊》2008 年第 2 期。

张艳:《平原上的小草花——李佩甫小说中"花"的意象分析》,《安徽文学》(下半月)2008 年第 4 期。

《李佩甫:生命的根部在中原》,《中华读书报》2008 年 4 月 23 日。

王志勤:《论李佩甫笔下的女性形象》,《牡丹江师范学院学报》(哲学社会科学版)2008 年第 3 期。

冯源:《憬悟与隐喻》,《绵阳师范学院学报》2008 年第 12 期。

赵秀莲:《从中原草根阶层的生存之道看现代乡村国民性格——评李佩甫小说〈羊的门〉》,《时代文学》(下半月)2009 年第 1 期。

孙德喜:《从〈羊的门〉看一个政治神话的诞生》,《常熟理工学院学报》2009 年第 1 期。

赵淑芳:《论〈羊的门〉对鲁迅小说的精神传承》,《河南师范大学学报》(哲学社会科学版)2009 年第 2 期。

蒋有红:《试析李佩甫小说创作中的男权意识》,《漯河职业技术学院学报》2009 年第 4 期。

张林贺:《从李佩甫小说文化呈现看现代精神重塑的重要》,《河南商业高等专科学校学报》2009 年第 4 期。

曾凡:《叙述的节奏与作家的心态——致李佩甫的一封信》,《文学报》2009 年 8 月 6 日。

何向阳:《恺撒王国的欲望迷宫——评李佩甫〈等等灵魂〉》,《立虹为记》,作家出版社,2009 年。

陈英群:《乡村社会权力的流变——李佩甫乡土小说的社会意义》,《当代文坛》2009 年第 5 期。

张磊:《李佩甫的乡土文学世界》,《咸宁学院学报》2009 年第 5 期。

王文参:《从〈等等灵魂〉看李佩甫对河洛文化的背离与超越》,《小说评论》2009 年第 6 期。

陈英群:《挥之不去的乡土眷恋——管窥李佩甫的乡土小说世界》,《郑州大学学报》(哲学社会科学版)2009 年第 6 期。

邵燕君:《画出中原强者的灵魂——李佩甫和他的〈羊的门〉》,《中国作家》2010 年第 5 期。

孙宝灵:《村支书原型呼天成——文学豫军笔下的村支书与河南人的官本位文化》(一),《学理论》2010 年第 13 期。

侯运华:《"城的灯"映出人性的阴影——论李佩甫都市题材的小说创作》,《理论与创作》2010 年第 3 期。

自由:《脱壳而出的灵魂》,《新前程》2010 年第 5 期。

谷显明:《现代化语境下农民进城的艰难历程——以〈人生〉、〈城的灯〉和〈泥鳅〉为例》,《文史博览》(理论)2010 年第 5 期。

艾军:《论李佩甫小说〈等等灵魂〉》,《河南农业》2010 年第 12 期。

段晓会、傅宗洪:《城乡之间的人格路——评李佩甫的长篇小说〈城的灯〉》,《宜春学院学报》2010 年第 6 期。

杨建锋:《权力欲求下的自我挣扎与精神迷失——浅谈〈羊的门〉中呼天成的权力经营》,《湖北经济学院学报》(人文社会科学版)2010 年第 7 期。

马书红:《漫漫求索路,启蒙当歌哭——我读李佩甫长篇小说〈城的灯〉》,《大众文艺》2010 年第 13 期。

孙宝灵:《村支书群像——文学豫军笔下的村支书与河南人的官本位文化》(二),《学理论》2010 年第 22 期。

孙宝灵、孙云华:《官文化与精神边缘化——文学豫军笔下的村支书与河南人的官本位文化》(三),《学理论》2010 年第 24 期。

洪治纲:《"人场"背后的叩问与思考——论李佩甫的〈羊的门〉》,《名作欣赏》2010 年第 27 期。

孟凡东:《病态社会的启示录——李佩甫〈城市白皮书〉散论》,《才智》2010 年第 28 期。

郝崇:《论李佩甫小说〈羊的门〉的生命哲学与批判精神》,《长城》2010 年第 10 期。

孔会侠:《盘旋在乡村上空的历史幽灵——论李佩甫笔下乡村统治者形象》,《三峡文化研究》2010 年。

冻凤秋:《中原厚土孕育优秀作家群》,《河南日报》2010 年 11 月 16 日。

迟丽:《李佩甫小说〈送你一朵苦楝花〉叙述视角分析》,《大众文艺》2011 年第 3 期。

王慧:《犹疑与突破:新世纪语境下李佩甫城乡书写姿态》,《开封教育学院学报》2011 年第 1 期。

陈英群:《浅析李佩甫小说中的下岗女工形象》,《作家》2011 年第 6 期。

王平:《解读李佩甫的〈羊的门〉》,《文学教育(下)》2011 年第 4 期。

艾燕萍:《何为明灯:〈泥鳅〉与〈城的灯〉农民工进城叙事比较》,《青春岁月》2011 年第 10 期。

周阳、周水涛:《冯家昌的进城之旅及其精神困厄——兼谈农民后代进城的精神历程》,《名作欣赏》2011 年第 27 期。

赵柳月、刘保亮:《论李佩甫小说的爱情叙事伦理》,《名作欣赏》2011 年第 27 期。

阿让:《学习不微笑》,《长江师范学院学报》2011 年第 5 期。

刘刚:《传奇及其背后——论〈羊的门〉的悲剧意义》,《殷都学刊》2011 年第 3 期。

杨海羽:《〈生命册〉和〈城的灯〉中"回不去"的意蕴层分析》,《青春岁月》2014 年第 1 期。

李中华:《李佩甫小说创作与道家文化》,《名作欣赏》2012 年第 5 期。

赵丽萍:《呼天成的权力运作之术——评李佩甫的〈羊的门〉》,《群文天地》2012 年第 3 期。

王晓君:《李佩甫·书写中国版的〈变形记〉》,《新华书目报·社科新书目》2012 年 3 月 19 日。

赵丽萍:《〈羊的门〉中呼天成形象分析》,《青年文学家》2012 年第 3 期。

谢红丽:《也论李佩甫笔下的权力一族》,《文学界》(理论版) 2012 年第 3 期。

刘菲:《城乡之间的人生致命飞翔的生命:评李佩甫〈城的灯〉》,《北方文学》(中旬刊) 2012 年第 7 期。

黄梦琪:《从〈城的灯〉看小说中的"城"与"乡"》,《北方文学》(中旬刊) 2012 年第 6 期。

侯耀忠:《一部平原人厚重的"人生哲学":读李佩甫的长篇小说〈生命册〉》,《党的生活》2012 年第 6 期。

刘意:《从乡村到城市的生命"浮世绘"》,《文艺报》2012 年 4 月 2 日。

姬小琴:《一部土地背负者的心灵史诗》,《文艺报》2012 年 4 月 2 日。

孙竞:《知识分子的内省书——访作家李佩甫》,《文艺报》2012 年 4 月 2 日。

金涛:《让认识照亮生活》,《中国艺术报》2012 年 4 月 9 日。

李少咏:《楔进城里的乡下"恶"人——〈城的灯〉中"冯家昌"形象分析》,《洛阳理工学院学报》(社会科学版) 2012 年第 2 期。

潘启雯:《土地孕育忠诚也滋生叛逆——评李佩甫〈生命册〉》,《大众日报》2012 年 4 月 20 日。

逄春阶:《"俗心佛胆"李佩甫》,《大众日报》2012 年 4 月 20 日。

《李佩甫·"平原声音"的种植者》,《大众日报》2012 年 4 月 20 日。

舒晋瑜主持:《李佩甫:上网写字不能叫创作》,《中华读书报》2012 年 4 月

25 日。

宋庄：《李佩甫：回头看看自己的脚印，会走得更好》，《工人日报》2012 年 5 月 7 日。

孙竞：《李佩甫：文学因无用而无价》，《羊城晚报》2012 年 5 月 13 日。

潘启雯：《土地孕育忠诚也滋生叛逆》，《北京日报》2012 年 5 月 24 日。

陈超：《新世纪底层叙事中农民市民化审美形象的构建——以李佩甫〈城的灯〉为中心》，《长春工业大学学报》(社会科学版) 2012 年第 3 期。

艾燕萍：《农民还是知识分子——试论〈泥鳅〉与〈城的灯〉中的叙事立场》，《剑南文学》(经典教苑) 2012 年第 5 期。

杨艳全：《故乡之恋与家园突围：冯家昌"侉子"形象分析》，《文学界》(理论版) 2012 年第 5 期。

杨秋意：《你能逃离乡村有多远——读李佩甫长篇小说〈生命册〉》，《农村·农业·农民》(A 版) 2012 年第 6 期。

苗梅玲：《用生命细述：李佩甫访谈"生命"》，《东京文学》2012 年第 6 期。

刘涛：《一篇乡村女人的史诗：读李佩甫〈虫嫂〉》，《东京文学》2012 年第 6 期。

王群芳：《用生命书写的〈生命册〉》，《牡丹》2012 年第 6 期。

双落：《〈生命册〉对乡土叙事的坚守与超越》，《民生周刊》2012 年第 22 期。

何弘：《盘活了现实生活经验》，《光明日报》2012 年 7 月 3 日。

王阳：《权力笼罩下的男女关系模式——浅析李佩甫〈羊的门〉、〈城的灯〉、〈等等灵魂〉》，《北方文学》(下半月) 2012 年第 7 期。

陈歆耕：《疯人呓语》，《文学自由谈》2012 年第 4 期。

曾洪军：《一部批判"权力"现象的力作——重读李佩甫〈羊的门〉》，《名作欣赏》2012 年第 23 期。

杨春风：《歌者·思者·忧者——李佩甫精神形象》，《创作与评论》2012 年第 8 期。

甘浩：《轻俏时代的文学忧伤——李佩甫小说的叙事伦理分析》，《创作与评论》2012 年第 8 期。

孔会侠：《以文字敲钟的人——李佩甫访谈录》，《创作与评论》2012 年第 8 期。

邓小红：《李佩甫对叙事视角转换的探索》，《平顶山学院学报》2012 年第 4 期。

杨秀丽：《欲望都市下的人性裂变与文化转向》，《安徽文学》(下半年) 2012 年第 8 期。

曾镇南:《剧变时世中的畸人列传》,《文艺报》2012年8月29日。

刘先琴、王国平:《坚守"平原"这片写作领地》,《光明日报》2012年8月31日。

姬小琴:《从乡村到城市的生命图册》,《光明日报》2012年9月15日。

黄轶:《批判下的抟塑——李佩甫"平原三部曲"论》,《当代作家评论》2012年第5期。

程德培:《李佩甫的"两地书"——评〈生命册〉及其他六部长篇小说》,《当代作家评论》2012年第5期。

霍艳:《通天人物,一只变味的羊》,《中国图书评论》2012第10期。

汤晨光:《〈羊的门〉和道家思维》,《广西师范学院学报》(哲学社会科学版)2012年第4期。

舒晋瑜、李佩甫:《看清楚脚下的土地》,《上海文学》2012年第10期。

束辉:《你是我对那土地的回忆——李佩甫小说美学分析》,《北方文学》(下旬)2012年第11期。

束辉:《悬念生辉——谈李佩甫〈生命册〉的情节设置特点》,《平顶山学院学报》2012年第6期。

舒晋瑜:《李佩甫:〈生命册〉是我的"内省书"》,《中华读书报》2012年12月26日。

吴彬:《"戏"说〈申凤梅〉——评李佩甫长篇小说〈申凤梅〉》,《石河子大学学报》(哲学社会科学版)2012年第6期。

晏杰雄、周刍:《人与土地的融合或背离——〈生命册〉中的人物群像》,《文艺争鸣》2013年第1期。

王学谦、汪大贺:《焦虑的心灵,破碎的大地——李佩甫长篇小说〈生命册〉的情感世界与价值指向》,《华夏文化论坛》2013年第1期。

曾云:《"母亲、爱人、妻子"与"目标、道德、结果":浅析李佩甫小说〈城的灯〉中的女性形象和挺进城市之路》,《剑南文学》(经典阅读)2013年第2期。

马治军、鲁枢元:《超越城乡对立的精神生态演绎——从〈红蚂蚱 绿蚂蚱〉到〈生命册〉》,《南方文坛》2013年第2期。

王海涛、张纪娥:《多维批判视野下的〈生命册〉》,《小说评论》2013年第2期。

周志雄:《论李佩甫长篇小说〈生命册〉》,《小说评论》2013年第2期。

张维阳:《论李佩甫的"平原三部曲"》,《小说评论》2013年第2期。

王学谦:《李佩甫:一个被低估的作家》,《小说评论》2013年第2期。

何弘:《坚忍的探索者和深刻的思想者》,《小说评论》2013年第2期。

申霞艳:《乡土中国的权力结构及其变迁——〈生命册〉与〈羊的门〉对照阅读》,《扬子江评论》2013年第2期。

张正华:《解读李佩甫"平原三部曲"中的女性人物》,《长城》2013年第4期。

陈进武:《高度警惕"恶"对文学价值的损害》,《中国社会科学报》2013年5月6日。

王陌尘:《李佩甫:黑暗王国的揭秘者》,《北京日报》2013年5月16日。

王学谦:《田园与反田园叙事的混合——论李佩甫〈红蚂蚱 绿蚂蚱〉及现代田园小说审美传统》,《文艺争鸣》2013年第6期。

成艳军:《人性的扭曲与裂变——论〈羊的门〉中孙布袋的人物形象》,《开封教育学院学报》2013年第2期。

刘军:《〈生命册〉:"爱欲与文明"的纠葛与疏离》,《扬子江评论》2013年第4期。

孔会侠:《写意中原——李佩甫印象》,《扬子江评论》2013年第4期。

侯芳:《寻找属于自己的精神家园——解读李佩甫〈生命册〉》,《淮海工学院学报》(人文社会科学版)2013第16期。

杨艳全:《农裔知识分子入城的生命图册》,《文学教育》(中)2013年第9期。

王学谦:《人物与灵魂的深度:评李佩甫的长篇小说〈生命册〉》,《芒种》2013年第11期。

徐光临:《从〈羊的门〉看讽刺手法的运用》,《芒种》2013年第22期。

苗变丽:《〈生命册〉:乡村和城市相继溃败后乡关何处》,《河南大学学报》(社会科学版)2014年第1期。

王春林:《"坐标轴"上那些沉重异常的灵魂——评李佩甫长篇小说〈生命册〉》,《文艺评论》2014年第1期。

李文:《谈李佩甫〈生命册〉中城乡互照关系的书写》,《重庆工贸职业技术学院学报》2014年第1期。

罗光琼:《周大新、李佩甫小说中农村女性形象的比较研究:以〈湖光山色〉、〈城的灯〉为例》,《北方文学》(下旬)2013年第4期。

沈昕苒:《李佩甫〈生命册〉中吴志鹏形象解读》,《文学教育》(下)2014第3期。

楚天遂:《用真情和灵魂写作——论李佩甫长篇小说〈生命册〉》,《郑州师范教育》2014年第2期。

王萍:《论〈生命册〉城乡叙事中的精神生态》,《兰州学刊》2014年第4期。

孔会侠:《论三位老人形象的现实寓意——从呼天成、夏天义、孟八爷的形象谈起》,《小说评论》2014年第3期。

余海燕:《〈送你一朵苦楝花〉的叙事矛盾和矛盾叙事》,《合肥师范学院学报》2014年第4期。

博士、硕士学位论文

赵修广:《徘徊与传统与现代之间——李佩甫小说创作论》,河南大学硕士学位论文,1999年。

卜海燕:《对中原大地的守望与挣脱:李佩甫创作论》,北京外国语大学硕士学位论文,2003年。

郝崇:《〈羊的门〉的家族神话与文化选择》,吉林大学硕士学位论文,2004年。

王志勤:《李佩甫论》,郑州大学硕士学位论文,2005年。

孔会侠:《在大地与现实的平台上悲歌——论李佩甫的小说创作》,山东师范大学硕士学位论文,2005年。

李晓娜:《李佩甫创作综论》,华中科技大学硕士学位论文,2006年。

张磊:《坚守中原大地的批判》,湖北大学硕士学位论文,2006年。

蒋兴普:《呼天成与呼家堡的命运》,吉林大学硕士学位论文,2006年。

刘烁:《"第二性"的生成与"她们"的命运:〈羊的门〉女性主义解读》,吉林大学硕士学位论文,2006年。

荆爱珍:《李佩甫小说人物形象及文化精神》,河北师范大学硕士学位论文,2006年。

栗军芬:《乡土的守望、迷失与离弃:论李佩甫小说中的乡土描写》,人民大学硕士学位论文,2007年。

梅露:《论李佩甫的小说创作》,华中科技大学硕士学位论文,2007年。

胡永吉:《李佩甫家族小说与文化选择》,广西师范大硕士学位论文,2007年。

官璐:《乡土的眷恋与权力的忧思——李佩甫乡土小说研究》,华中师范大学硕士学位论文,2007年。

曹华:《从李佩甫看乡村城市化背景下的乡土小说》,武汉大学硕士学位论文,2008年。

孙方禾:《潘多拉的魔盒——李佩甫小说中的权力场研究》,西南大学硕士学位论文,2008 年。

张艳:《小说叙事的一种可能:论李佩甫小说中的意象》,苏州大学硕士学位论文,2008 年。

申显丽:《人性的悲歌》,西北师范大学硕士学位论文,2009 年。

张相梅:《逃亡与还乡:寻找人类的栖息地——论李佩甫小说对"乡村人进城"命运的解析》,山东师范大学硕士学位论文,2009 年。

齐全:《人治的叙事与反讽:李佩甫〈羊的门〉的文化解读》,哈尔滨师范大学硕士学位论文,2010 年。

郑真真:《李佩甫乡村权力叙事研究》,扬州大学硕士学位论文,2010 年。

刘颖:《李佩甫小说论》,郑州大学硕士学位论文,2011 年。

林洁:《匍匐于中原大地的悲悯情怀:论李佩甫乡村小说的权力叙事》,浙江大学硕士学位论文,2011 年。

谢红丽:《论李佩甫的乡村书写》,东北师范大学硕士学位论文,2012 年。

菅伟薇:《论李佩甫乡土小说中的离土叙事》,华中师范大学硕士学位论文,2013 年。

编后记

初读李佩甫的小说,即为作品中熟悉的乡风民俗所感动,也为中原大地司空见惯的生活表象下依旧存在的沉滞落后心理习惯而感到震惊。如今,搜集整理李佩甫创作的研究资料,乃视为幸事:一是愿以自己的不才为李佩甫研究尽微薄之力,提供基础;二是兴趣所在,能在此项工作中深化对李佩甫作品的理解和认识。

俗话说:"文如其人。"李佩甫的创作如同他本人一样,严谨、踏实、执着、进取,至今,已经取得了众所瞩目的成绩。在纷繁多变的时代和文学思潮中,李佩甫始终把目光投射到自己魂牵梦绕又爱恨交织的豫中平原上,一如既往地表达着内心审视与思念、批判与眷恋的复杂情感。而他自己,也因对中原大地民风民性集中而深刻的表现而成为最具地域色彩的河南作家。如今,评论界关于李佩甫作品研究论文的大量出现,也说明了李佩甫创作正以其独特的价值意义在文坛受到越来越多的关注。

本书在研究资料的编选上尽量呈现李佩甫研究各阶段的代表性成果,在论文的选择上也尽量将全面评价和单篇解读、名家评论和新锐批评兼顾,在所选篇目的排列上则以时间为序。不过,在对资料的阅读中发现,名篇佳作实在太多,由于篇幅有限,取舍之间不得不忍痛割爱,在此深表歉意。

编选此书是一个艰难但也愉快的过程,有那么多师友同行一路相伴、商讨切磋,也受益匪浅。首先感谢李佩甫先生在百忙之中对我的耐心指导,您对我所整理资料的认真阅读和及时回信使我避免了不该有的错误;其次感谢程光炜、吴圣刚、沈文慧、王雨海等老师,正是你们的关怀和督促使我不敢懈怠,这本书才得以顺利完成;最后,感谢一起工作的同仁们,你们的学识和坦诚也使我大受裨益。

本书的编选历时一年多,其间虽然倾力而为,但是鉴于编者的种种局限,还是难免有疏漏之处,敬请各位读者批评指正。

樊会芹